AF371280

LE CINQIESME LI-
ure d'Amadis de Gaule, conte-
nant partie des faictz cheuale-

reux d'Esplandian son filz, & aultres: mis en François
par le Seigneur des Essars Nicolas de Herberay,
commissaire ordinaire de l'ar-
tillerie du Roy.

Acuerdo Oluido.

Auec priuilege du Roy.

A PARIS,

Pour Estienne Grouleau, à l'image saint Ian Baptiste, en la rue neuue
nostre dame, pres sainte Geneuieue des Ardens.

1550.

PRIVILEGE DV ROY.

Rançois, par la grace de Dieu Roy de France:au pre
uoſt de Paris,ou ſon lieutenant,ſalut. Comme nous
ayons cy deuant octroye, & fait expedier à noſtre
cher & bien ame Nicolas de Herberay ſeigneur des
Eſſars,cõmiſſaire ordinaire de noſtre artillerie, noz
letres de priuilege, & permiſsion pour faire imprimer les quatre premiers liures d'Amadis de Gaule,
que ledit des Eſſars a traduitz de langaige Eſpaignol en langue Frãçoiſe:.
& nous ait à preſent fait entédre qu'il cõtinue de paracheuer les aultres,
& meſmes le cinqieſme pour le nous preſenter.& pource qu'il deſireroit
bien auſsi les faire imprimer,& mettre en lumiere,il nous a humblemét
ſupplie & requis luy vouloir,à ceſte fin,octroyer aultres noz letres de per
miſsion.Pource eſt il,que nous inclinãs à la ſupplication & requeſte du-
dit de Herberay,à celuy (pour ces cauſes & aultres à ce nous mouuans,)
auons permis & octroye,permettons & octroyõs par ces preſentes, qu'il
puiſſe,& luy loiſe faire imprimer par tel imprimeur de noſtrediĉte ville
de Paris que bon luy ſemblera,lediĉt cinqieſme liure,& aultres qu'il a ia
traduitz, & traduira encores cy apres dudiĉt Amadis de Gaule.Et afin
que celuy qui les imprimera ait moyen de ſe r'embourſer des fraiz qui
luy conuiendra faire pour ceſt effeĉt,auons inhibe & defendu,inhibons
& defendons à tous imprimeurs de noſtre Royaulme, qu'ilz n'ayent à
imprimer ne faire imprimer, ou expoſer & mettre en véte icculx liures,
ſoit qu'ilz ſoient de la traduĉtion dudiĉt de Herberay, ou d'aultres,iuſ-
ques à ſix ans enſuyuans, à conter de la date que celuy qui aura charge
dudiĉt de Herberay de ce faire, les aura imprimez, ſi ce n'eſt du vouloir
& conſentemét deſdiĉtz de Herberay & imprimeur: & ce ſur peine d'a-
mende arbitraire, & de confiſcation deſdiĉtz liures. Si voulons & vous
mandons, & enioignons par ces preſentes, que de noz preſens grace,
priuilege,licéce & permiſsion,vous faſsiez,ſouffriez & laiſsiez lediĉt de
Herberay,enſemble lediĉt imprimeur, iouir & vſer plainement & paiſi
blement durant lediĉt téps,& ainſi que deſſus eſt diĉt:ſans en ce leur faire,mettre,ou donner, ne ſouffrir eſtre fait, mis, ou donne aulcun arreſt,
deſtourbier,ou empeſchemét en aulcune maniere.Et ou aulcuns ſe trou
ueront contreuenans à noſtre preſente permiſsion, procedez à l'encontre d'eulx,à la cõfiſcation deſdiĉtz liures,& adiudication deſdiĉtes amé-
des, ainſi que de raiſon : car tel eſt noſtre plaiſir. Donne à Fonteineble-
au,le ſeptieſme iour de Decembre,l'an de grace mil cinq cens quarante
trois. Et de noſtre regne le vingtneufieſme.

Ainſi ſigne,   Par le Roy.   L'eueſque de Tulles preſent.

Delaubeſpine.

Et ſéele ſur ſimple queuë,de cire iaulne.

Au treſ-

Au treschrestien Roy de Fran-

ce, François premier de ce nom.

Nicolas de Herberay, l'vn des commissaires ordinaires de
son artillerie, baise les mains de sa maiesté.

Ire, au retour des guerres d'Artois & Luxembourg,
poursuiuant la cronicque d'Amadis, cõme il vous à
pleu me cõmãder, il m'a semblé que ce qui est escrit
du Roy Perion & sa posterité, n'est aultre chose que
la figure de vous, & de messeigneurs voz enfants. Et
qu'ainsi soit, si on a leu deuãt vo' le premier volume
de ceste histoire, vous y auez veu que le Roy Perion
(regnant en la mesme Gaule, ou vous cõmandez) print à femme madame Helisenne, fille du Roy de la petite Bretaigne, duquel est issue (cõme
il est vraysemblable) la feue Roïne, que Dieu absolue: & eurẽt ce Roy Pe
riõ & la Roïne sa femme, entre aultres enfants Amadis, Galaor, & Meli
cie, ausquelz ie puis comparer monseigneur le Daulphin, monseigneur
d'Orleans, & madame Marguerite. Et croissant l'aage de ces ieunes prin
ces, leurs affaires & celles du Roy leur pere creurent tellement, qu'ilz furent assailliz de l'Empereur de Rome, & du Roy d'Angleterre ioinctz
ensemble: toutesfois ilz les repoulserẽt. Si le semblable est aduenu à voz
deux anciens ennemis, ie m'en rapporte au siege de Landrecy, & à celuy
de Carignan. Mais encores n'est ce rien au pris du bon heur qui vous est
promis: car vous les rengerez (auecq' le temps) ou pour le moins les mettrez à telle raison, qu'ilz seront trop plus contents d'entendre à vne perpetuelle paix auecq' vous, qu'à esprouuer d'aduãtage voz forces. D'Ama
dis est semblablemẽt descendu Esplandian, duquel traite ce cinqiesme
liure, & auquel ie puis comparer vostre petit nouueau duc de Bretaigne,
qui (cõme Esplandian) cõmandera (si Dieu plaist) durant voz iours aussi
tost en Asie & Affrique, que vous faites en la meilleure, & plus grande
partie de l'Europe: laquelle se tient pour tresheureuse d'estre si longuement gouuernée par vn tel prince, tant saige, tant bon, & cheualereux
cõme vous estes. Et pour le reste (Sire) il ne tiẽdra qu'à vous que ie n'aye
aultant de grãds biens qu'eut maistre Elizabel: lequel escriuit en langue
estrangere ceste presente histoire, que i'ay mise en la vostre Françoise:
pour quelquefois, sortãt de voz affaires plus recõmandées, dõner recrea-
tion à vostre esprit, au moins si mon labeur vous est agreable. Ce que cognoissant, m'esforceray de plus en pl' à le cõtinuer & embellir, si la paix
ou quelque trefue m'en donne le loisir: car durant la guerre (il y a vingt
ans & plus) que ie m'employe à vous faire seruice, & feray toute ma vie.

á ij   Enuoy

Enuoy sur les liures d'Amadis,

fait par Claude de Marle, seigneur de Vaugien.

Qvand Alexandre arriua dedans Troye,
Comme il eust veu d'Achilles la figure,
La coronnant tout esprins de grand' ioye,
Il dit tout hault: O benigne Nature!
Tu feis beaucoup pour ceste creature,
L'ayant pourueu d'amy en son viuant
Si bon, & puis apres sa sepulture,
D'vn croniqueur si gentil, & sçauant.

Mais s'il viuoit, & qu'il vint à veoir celle
Du Roy de Gaule, or pense qu'il diroit:
(Combien qu'il n'eust vn amy si fidele
Que Patroclus) apres qu'il entendroit,
Que des Essars, en nostre langue auroit
Si bien descrit ses vertus, & prouesses:
Trop plus heureux, lors il l'estimeroit,
Qu'oncques ne feit ce bon prince de Grece.

Au lecteur, huictain.

En ce cinqiesme d'Amadis
Les Essars a si hault monté,
Qu'en maints beaulx propos qu'il a dis,
Il s'est luymesmes surmonté.
Si Dieu donne, par sa bonté,
Qu'il puisse au monde prosperer,
De luy (plus que ie n'ay conté)
Lon peult encores esperer.

A vn t'humilie.

Vn amy du seigneur des Essars,

Aux lecteurs d'Amadis.

Vers Alexandrins.

PReux Cheualiers François, qui desirez sçauoir
Ce, que faire vous peult los immortel auoir:
   Il vous conuient sur tous aultres liures eslire
Le liure d'Amadis, si vous en voulez lire.
Non celuy qui d'Espaigne aultresfois est issu:
Mais celuy que la France a, n'a gueres tissu.
Car comme le soleil toute clarté surpasse,
A bien parler aussi, France l'Espaigne passe,
Et la grace qui est au François translateur,
Fait oublier le nom de l'Espaignol autheur:
Ayant si tresbien sceu son oeuure contrefaire,
Qu'on ne pourroit iuger lequel a voulu faire,
Ou bien le premier trait comme estant imparfait,
Par decentes couleurs rendre entier & parfait:
Ou du tout l'effaçant, vn aultre ait voulu peindre,
Pour son nom faire luyre, & l'Espaignol esteindre.
   Là vous voirrez au vif, l'imaige de Vertu,
De laquelle doit estre vn coeur noble vestu,
Peincte en langue Françoise, elegante & pollie.
De naïue couleur des armes ennoblie.
L'inuenteur de l'oeuure est Amour, le dieu puissant:
Le peinctre est en l'estat d'vn prince florissant,
Duquel le noble chef, à bon droit, enuironne
Le chappeau de Laurier, pour royalle couronne.
Pour nous il l'a fait peindre, à luy l'hõneur est deu:
Au peinctre, que loyer soit du labeur rendu.

ã iij

Mathurin Behu, bailly

de Giuaudan,

Aux lecteurs.

Qvand d'*Amadis* i'ay veu le premier liure,
Il me fait estre amoureux du second:
Et ceste amour ne me veult laisser viure
Sans veoir le tiers, tant me semble facond:
Et puis ce tiers, qui au quart me semond,
Me fait plus fort desirer le cinqiesme.
Mais n'y voyant encor' point de sixiesme.
Ie me souhaite estre au commencement,
Pour le plaisir, & grand contentement,
Que c'est de veoir ce liure gracieux:
Ainsi traduict aux hommes proprement,
Comme s'il eust esté fait pour les dieux.

Au lecteur.

Dixain.

Qvand des *Essars* escrit, soit de plaisir, ou dueil,
Croyez qu'il vous fait rire, ou ieter larmes d'oeil.
　　Quand il deschiffre amour, mort, feu, paix, ou ba-
Tout ayme, brusle, meurt, tout appaise, ou detaille,　(taille:
Si l'homme il veult depeindre, au vif le peinct, & tire:
Si la femme, il en fait tout ainsi que de cire:
Oncques Prometheus n'en feit d'aussi parfaicts,
Et s'il a grace en dictz, il n'en a moins en faicts.
Brief, de sa plume il vse en tout, si proprement,
Qu'elle le fait voller iusques au firmament.

S'ensuit

S'enfuyt la table du cinqiefme

liure d'Amadis de Gaule.

Et premierement.

qu'il

Fin de la table.

Le cinqiefme liure d'Amadis de

GAVLE, CONTENANT PARTIE DES FAITS
cheualereux d'Efplandian fon filz, & aultres: mis en François par le Seigneur des Effars Nicolas de Herberay,
commiffaire ordinaire de l'artillerie du Roy.

Comme Efplandian endormy
au nauire de la grand' Serpente, fe trouua à fon reueil ioignant la Roche de la damoifelle enchante-
reffe, & de ce qu'il aduint.

Chapitre premier.

Splandian (qui eftoit endormy dedás le nauire de
la grand' Serpente, au fon melodieux des trom-
pettes que les fix damoifelles feirent refonner le
long de la marine, apres qu'il eut receu l'ordre de
cheualerie, comme il vous a efte' recite' fur la fin
de noftre quatriefme liure) fe trouua à fon reueil
fort esbahy : car il ne voyoit nul de ceulx qui feu-
rent prefents, lors que le Geát Balan l'arma Cheualier, ains fe trouuoit
feul entre les aefles de cefte befte, au pied d'vne roche à luy incogneue,
& fi haulte, qu'elle luy fembloit inacceffible. Neantmoins il penfa bien
qu'Vrgande la defcogneue (les entreprinfes de laquelle eftoiét admirables) l'auoit ainfi ordóne': & à cefte caufe cómença à prédre fes efpritz,
& defcendre en la falle, ou le iour precedét auoit efte' cefte gráde affem
blée: mais il n'y trouua aulcun. Parquoy paffa outre, vint en la chappelle, & aduifa Sergil fon efcuyer, qui dormoit profondemét, & aupres de
luy deux vieillardz, veftuz à la Turcque, de Caphetans & Tolopans en
leurs teftes. Lors f'approcha de Sergil, & le poulfa fi rudement du pied,
qu'il fe leua en furfault, & parlant à fon maiftre, cóme f'il ne l'euft oncques veu, luy demanda qui le mouuoit, dont Efplandian fe print à rire,
& luy refpondit : Ce maiftdieux Sergil, pour m'auoir frequente' toute ta
vie, tu as à prefent bien peu de cognoiffance de moy. Si le print par la
A   main,

main, & le tira tellement à foy, qu'il l'efueilla tout honteux d'auoir fait
telle faulte, dequoy il voulut f'excufer, difant à fon maiftre: Par ma foy
monfieur, i'eftois fi endormy quand vous m'auez appelle, qu'il ne me
fouuenoit de vous, ne de moymefmes, & fuis maintenant plus esbahy
que deuant, comme vn tel fommeil m'auoit fi fort abbatu. Ie ne fçay,
refpõdit Efplãdian, encores qu'il m'en foit quafi aduenu autãt. A dõcq'
luy racõta comme à fon refueil il f'eftoit trouue au deffus des aefles de
la Serpente feul, & fans nul de ceulx qui auoient efte prefents quand il
feut fait Cheualier: & fi fommes, dit il, arriuez au pied du plus hault rocher que ie veis oncques, & tant difficile à monter, que ie n'y cognois
voye ne fentier, combien que ie l'aye regarde de toutes parts: mais à ce
que i'en puis cognoiftre, il eft circuy de cefte mer, en forte, que bien cõ
fidere l'afsiete du lieu, ie croy fermement que ce foit la roche de la damoifelle enchantereffe, dont quelque fois tu as peu ouyr parler à Ama
dis mon pere. Et comme il eftoit en ces termes, Sergil entendit ronfler
les deux vieillards qu'ilz n'auoient encores apperceuz, & demanda à E-
fplandian f'il les cognoiffoit: Ce maiftdieux, refpondit il, non: car ie ne
les veis oncques, que ie fçache: toutesfois i'eftime qu'Vrgande les a laiffez icy, pour nous fecourir aucunement. Ie vous prie, dit Sergil, efueil-
lons-les. Lors les appella fi hault qu'ilz fe leuerent : & leur demanda E-
fplãdian qui les auoit mis leans, mais ilz luy mõftrerét par fignes qu'ilz
eftoient muetz. Or pouuoit il eftre midy & plus, & euft Efplandian mã
ge voluntiers, f'il euft eu dequoy, & pour cefte caufe dit à Sergil: Amy,
ie n'euz de ma vie tel appetit, & fi doubte que ne trouuerons ceans dequoy repaiftre. Ie te prie beaufire, cherchõs par tout: car à ce que ie veoy
fi nous attendons à ces muetz, nous fommes taillez d'eftre mal traitez.
Bien f'en apperceurent ceulx de qui il parloit: parquoy fortants de la
chapelle, entrerent en vne chambre ioignante de la grande falle, ou ilz
retournerent foubdain, portants diuerfite de viandes en fi grande abõ-
dance, qu'oncques Efplandian & Sergil ne feurent mieulx feruis à leur
gre. Puis eftãts les tables haulfees, eulx deux vindrent au lieu propre ou
Efplãdian auoit fait fi long fomme, d'ou il monftra à Sergil la roche de
laquelle il luy auoit parle, & luy dit: Affeure toy, puis que la Serpéte ne
fe meut aultrement de ce lieu, que c'eft figne qu'il me fault monter là
hault, veoir f'il y a aulcune aduenture, pour y donner fin fi ie puis. Ie ne
fçay, refpondit Sergil, que vous ferez, mais fi vous voꝰ fiez au confeil de
noz muetz, nous feiournerons icy longuement fans auoir gueres les teftes rompues pour chofe qu'ilz nous prefchent. Prenõs terre, dit Efplãdian. Adoncq' appella les vieillardz, & leur feit figne qu'ilz deualaffent
l'efquif du nauire: à quoy ilz obeirét, & le premier qui entra dedãs feut
Sergil: puis Efplandian ainfi en ordre comme il eftoit quand le Geant
Balan l'arma Cheualier, & à force d'auirõs aborderét le rocher, au pied
duquel

duquel ilz defcendirent,laiffants les deux muetz feulz dedās la Serpen-
te.Et ainfi qu'ilz regardoient par ou ilz monteroient à mont,choifirent
la fente qu'Amadis,& Grafandor auoient aultresfois prinfe,pour aller
veoir les eftranges merueilles qu'y laiffa la damoifelle enchātereffe:tou
tesfois ilz n'eurent gueres cheminé,que Sergil f'aduifa que fon maiftre
eftoit fans efpée: car de toutes armes, cefte feule luy feut referuée quād
il receut l'ordre de cheualerie,parquoy il luy dit : Ie ne fçay pas ou vous
youlez aller : mais fi nous paffons oultre , & il fe prefente quelque danger au hault de cefte roche,vous n'auez moyen de vous defendre , portez aumoins quelque tronçon des rames de noftre vaiffeau : car bien
fouuent l'effort des plus hardiz eft abaiffé,non par faulte de courage,&
de grand deuoir: ains pour n'auoir armes à les fouftenir. Lors retourna
à l'efquif, & print l'vn des auirons qu'il luy bailla , & en tel equipaige
commencerent à monter contremont le rocher, non fans grād trauail,
tant eftoit le chemin penible,le temps fort efchauffé , & Efplādian pe-
famment armé. Neantmoins ilz cheminerent iour & nuiȼt, en forte
qu'ilz arriuerent en l'hermitage,ou eftoit la ftatue de Bronze, & l'efcriteau à fes piedz, ainfi qu'il vous a efté recité au quatriefme liure, laquelle ilz ne peurent choifir à l'heure pour l'obfcurité du temps, & du
lieu. Et à cefte caufe deliberoit paffer la nuiȼt foubz la porte,fans entrer
plus auant: car la chaleur eftoit extreme . Adoncq' Efplādian ofta l'efcu du col,& fon heaulme de la tefte , puis mengea de fi peu que fon Efcuyer auoit apporté,& fe couchāt fur l'herbe, f'endormit iufques à l'au
be du iour,que luy & Sergil entrerent en la chappelle,ou à leur aife vei
rent l'imaige & efcriteau : mais ne le peurent lire,pource que les cara-
ȼteres eftoient Grecz, & à eulx incogneuz. Si delibera Efplandian paffer oultre,& dit à Sergil : Amy, il vault mieulx que tu m'attēdes ceans:
car fi ce lieu eft la roche,en laquelle mon pere, & Grafandor vindrent,
ou par fortune,ou de leur gré,il me fouuient leur auoir ouy dire, qu'en
tēps d'efté la chaleur y eft fi vehemēte , que maintes beftes venimeufes
y repairent,defquelles tu pourrois receuoir oultraige, n'eftāt non plus
armé que tu es:Quant à moy,tu fçais que ie fuis appellé aux chofes ou
tous les aultres ont failly,qui me donne efperāce,ou que ie viuray peu,
ou que i'acompliray ce qui eft predit de moy,en forte que ie cōquerray
l'efpée , & le trefor que lon tient pour certain eftre là hault en vn palais
ruiné.Cōmēt?refpondit Sergil, eftimez-vous que pour mourir de mille mortz,ie voulfiffe vous abandonner ? Non fur ma foy, fçachant bien
que hors voftre prefence,la vie me feroit trop plus ennuyeufe,que toutes les morts enfemble que lon fçauroit penfer.Mon amy,refpondit E-
fplandian,ie le croy, neantmoins f'il t'en auenoit inconuenient,oultre
le blafme que i'en pourrois auoir,cefte feule entreprinfe te feroit plˀ at-
tribuée à follie, qu'à hardieffe: nō pas à moy, qui ay efcu & haulbert af-

fez bon pour endurer le combat du plus grand ennemy, qui fçauroit fe
prefenter,ainfi ie te prie encores vn bon coup , obeir à mon cõmande-
mět.Bien cogneut lors Sergil,que c’eſtoit vn faire le fault:& à ceſte cau
fe tournãt la teſte,fe meit ſi fort à pleurer,qu’il fondoit quaſi en larmes.
Cependant Efplandian laiſſa fon heaulme,& ayãt l’efcu au col,& l’aui-
ron fur l’efpaule,fuiuit le fentier qui le conduiċt au hault du rocher,ou
finablement il paſuint. Et approchant les ruines des baſtimẽts, ſ’adreſ-
fa à l’endroit de l’arc de pierre,& veit l’aultre imaige , & la table qu’elle
portoit en la main feneſtre, l’efcriture de laquelle ne luy feut moĩs mal
aiſée d’entendre,que celle de l’hermitage: parquoy marcha oultre vers
la chãbre ou eſtoit le trefor,garde’ ordinairement par vn Serpent grand
& horrible:& cõme il ſ’approcha plus pres,aduiſa que les portes eſtoiẽt
de pierre dure , & qu’vne efpée les trauerſoit ſi auant , qu’il n’en reſtoit
hors que la poignée. Adoncq’ penſa en foymefmes,que c’eſtoit celle de
laquelle il auoit ouy parler,& efmeu d’vn defir merueilleux à la cõque
rir,delibera(encores qu’il n’euſt qu’vn feul baſton de bois)d’aſſaillir ceſte beſte,quelque peril qu’il luy eu deuſt aduenir . Et executant fon entreprinfe,marcha d’vne trefgrande hardieſſe au lieu ou elle eſtoit:mais
le Serpent qui dormoit à l’heure ſ’efueilla , & ietãt fon regard eſtincel-
lant fur Efplandian , fe meiſt à ſiffler & vomir feu & flamme par la
gueule, de forte qu’il fembloit proprement qu’il le deuſt engloutir.
Neantmoins Efplãdian couuert de fon efcu,l’approcha de ſi pres,qu’il
luy donna entre les deux aureilles tel coup de rame, que peu ſ’en fallut
qu’elle ne luy fortit du poing:ce nonobſtant la beſte fe lança contre luy
tant rudemẽt,qu’elle le renuerfa,& luy paſſa fur le ventre , dequoy il fe
trouua eſtonne’:& cognoiſſant le danger ou il eſtoit, fe releua prompte
ment,& petit à petit gaigna la porte ou eſtoit l’efpée , laquelle finablement il faiſiſt à deux mains, la tirant ſi fort à foy,qu’il l’arracha,& ſ’ouurirent les portes auecq’ vn ſi efpouentable fon , que le Serpent tõaba
mort fur le plãcher,& Efplãdian ſi eſtourdy,qu’il ne fceut qu’il deuint:
dont il ne fault ſ’esbahir,veu que Sergil,qui eſtoit encores en l’hermitai
ge,en eut la plus grãd’ frayeur qui luy aduint oncques, & les mariniers
mefmes nauigeants à l’heure le long de ceſte coſte, eſtimerent aſſeurément que la roche ſ’abifmaſt,tant donna hault l’efclat & retentiſſemẽt
de ceſte ouuerture. Ainſi demoura Efplandian efuanouy,iufques apres
minuiċt qu’il ouurit les yeulx,& veit vne grande clarte’ qui illuminoit
le lieu,& le Serpẽt mort,auecq’ l’efpée faée ioignãt de luy qu’il reprint.
Et eſtãt fus piedz,entra en la chambre ouuerte , au meillieu de laquelle
il aduiſa vne tumbe,plus ardente que feu: & au deſſus vn grand Lion de
metail,qui tenoit en fa patte dextre la gueine de l’efpée,d’ou procedoit
ceſte grande refplandeur : & en la feneſtre vn rouleau de letres latines,
qui contenoyent ce qui ſ’enfuit.

Comme

Comme Esplandian ayant leu

les lignes mises au roulleau que tenoit le Lion, print la gueine luisante : & des propos que luy & Sergil eurent ensemble.

Chapitre   II.

ES cris espouentables, au temps de la grand' contrainte, te forceront (Cheualier qui as gaigne' l'espée) à retourner, pour conquerir le grãd tresor, par lequel ta ioye perdüe sera restituée, en sorte que les flammes allumées (par rayons, desquelles tu seras naüre' de loing) en seront refroidies, & te contente auecq' ceste conqueste glorieuse que tu as faite: car la muable fortune t'a esleue' entre tous, & as acquis l'hõneur ou tant de bons Cheualiers n'ont sceu paruenir par prouësse ou bonte' qui ait este' en eulx. Ayant doncq' Esplandian leu & releu le contenu du roulleau, demoura bien long temps sans cesser d'y penser, & finablemét cogneut bien, que (encores qu'il eust mis fin à ceste aduenture, pour le regard de l'espée) si seroit il contraint, quant au surplus, d'attendre le temps desti ne', suiuant le contenu des letres: toutesfois il ignoroit les fins esquelles elles tendoiét, estant lors à soymesmes, & libre de toute passion amoureuse. Neantmoins le cruel tyran Amour, feit sur luy depuis telle conqueste, qu'il le rédit aymãt celle qu'il n'auoit oncques veuë, ny cogneue par presence, ainsi que poursuiuant nostre liure, il vous sera amplemét recite'. Lors se saisit du fourreau, & engueina l'espée qu'il tenoit, remerciant deuotement nostre seigneur de la grace qu'il luy auoit faite. Puis tournoya longuement la tumbe, pour veoir s'il y auroit moyen de l'ourir sãs la briser, & apperceut que le cristal, duquel sortoit partie de ceste clarte', estoit couuert d'vne aultre lame de couleur azurée, si estrãge, que difficilement on eust peu iuger, si c'estoit marbre, metail, ou aultre matiere. Et à ceste cause laissa son entreprinse, & retourna à la salle ou gisoit mort le Serpent. Mais ny le fourreau ny l'espée conquise, ne rendoyét plus la clarte' qu'ilz souloyét, tant estoit le iour grãd. Si passa oultre, & cõméça à deualler vers l'hermitaige, ou il auoit laisse' sõ escuyer: leql ennuye' du lõg retour de son maistre (craignãt qu'il luy feust surue nu quelq malheur) s'estoit mis en chemin pour l'aller trouuer & l'aduisa tost apres auecq' l'espée, dont il feut si aise, que d'assez loing s'escria: Haa monseigneur! benoist soit Dieu qui vous a donne' tel commence ment, que chascun s'en esmerueillera! Mon amy, respondit Esplan-

A iij   dian,

dian, il a encores plus fait pour moy que tu ne penfes. Adoncq' commença à luy declarer par le menu, le danger ou il f'eftoit trouue': & continuant ce propos, le iour faillit droitement ainfi qu'ilz arriuoyent en l'hermitaige: parquoy delibererent ne paffer oultre, & fe coucherent foubz les prochains arbres, deuifants enfemble des merueilles du lieu, dequoy Sergil plus esbahy que deuät, ne fe peut tenir luy dire: Ce maift dieux môfeigneur, on vous peult bien par raifon eftimer meilleur Cheualier qu'Amadis voftre pere, qui vint en cè lieu, veit la ftatue de l'hermitage, l'efcriteau fur l'arc de pierre, le Serpent & l'efpée qui eftoit plä-tée dedans la porte ou vous auez trouue' la tumbe refplendiffante: & neantmoís il n'ofa oncques f'efprouuer en l'vne de ces chofes. Et difoit vray Sergil: car Amadis auoit bien cogneu par le contenu des letres Grecques, que cefte aduenture eftoit deftinée à fon filz Efplandian, & à cefte caufe il retourna arriere: mais tous aultres l'auoyent iufques a-doncq'ignore', fors Grafandor & Vrgande. Et combien que Sergil pen faft faire plaifir à fon maiftre, parlant ainfi à fon auantage, fi monftra il bien qu'il n'en eftoit content, & luy refpondit: Ie te prie Sergil, ne me tiés iamais tel propos: car fi les prouëffes & cheualeries de mô pere euf fent auffi bien efte' employées à l'augmentation de la Chreftiente', cô-me pour la gloire & honneur du monde, ie croy qu'il ne fe trouueroit fon femblable: & toutesfois ayant paffe' fa ieuneffe es chofes vaines & tranfitoires, indubitablemét fa gloire en eft moindre, non q̃ ie le vueil-le accufer, & Dieu ne le permette. Auffi eft il cogneu en tant de lieux & pour tel, que celuy qui le pourra feulement fecôder, fe deura eftimer bien heureux entre les mieulx fortunez: parquoy ie te prie parlôs d'aul-tres chofes. Ainfi deuifants quelquesfois, & quelquesfois dormants, le iour furuint hault & clair, & fe leuerent reprenant le chemin de la ma-rine, vers laquelle ilz deuallerent, tant qu'ilz trouuerét les deux muetz qui les attendoyent: l'vn dedans la nef, & l'aultre en vne petite barque, ou entra Efplandian, fuiuant le figne que luy donna le muet, & Sergil dedans la Serpente, & peu apres fe feparerent: car la barque commença à voguer, en forte qu'en peu d'heure ilz fe perdirent de veuë. Et partant nous laifferons Sergil auecq' fon muet, faifant vn dueil extreme, pour fe veoir priue' de la prefence de fon maiftre: & vous dirons d'Efplan-dian, qui dorefenauant fe nommera le Cheualier Noir, à caufe des ar-mes qu'il portoit: lequel eftant en la petite barque, auecq' celuy qui le conduifoit, trauerferent tant de mer, qu'ilz prindrent port pres du lieu ou le Roy Lifuart eftoit prifonnier.

Comme

Comme la barque ou eſtoit le

Cheualier Noir, & le muet, arriua es marches de Turcquie, pres la montaigne defendue, & des propos qu'vn Hermite & le Cheualier
eurent enſemble.

Chapitre　　　　III.

Ix iours & dix nuictz demeura ſur la mer le Cheua
lier Noir auecq le muet, ſans cognoiſtre ꝗlle part il
eſtoit: car de ſ'en enquerir à celuy qui le cõduiſoit,
c'euſt eſte peine perdue. Et l'vnzieſme iour enſuiuãt il deſcouurit vne iſle belle & grãde: parquoy en
nuyé de l'impetuoſite des vagues, pria ſa guide de
prédre terre: mais il n'en tint à l'heure conte, ains
poulſa ſa barque iuſques pres d'vn hault rocher taille par nature, en ſor
te qu'il ſembloit vn mur approprie à la defenſe du lieu: & eſtoit ceſte
contrée ſi pleine de haultz bois & gros buiſſons, qu'elle ſembloit quaſi
inhabitable. Lors le muet luy mõſtra vn ſentier qui cõduiſoit à mont le
roch, & luy feit ſigne d'y aller. Si ſortit de la barque arme de toutes pieces, & cõmença à mõter à mont. Or eſtoit la chaleur grãde & extreme,
& le Cheualier ſi eſchaufe en ſon harnois, qu'il feut cõtraint oſter ſon
heaulme de la teſte, & le porter en ſes mains, iuſꝗs à ce qu'il apperceut
entre les halliers vne petite maiſon d'hermite, vis à vis de laꝗlle eſtoit
plãtée vne haulte croix, dõt il feut treſaiſe, non ſeulemẽt pour eſperãce
de trouuer à qui ſ'enquerir de la contrée ou il eſtoit, ains pour eſtre certain qu'aulcun Chreſtien y habitoit. Et à l'inſtant aduiſa vn hõme veſtu
d'habit de religion, ſi vieil & caduc, que la barbe blãche luy couuroit la
ceinture, & portoit vne cruche pleiɴe d'eaue, qu'il auoit puiſée en vne
fontaine aſſez prochaine, & paſſoit oultre quand le Cheualier luy dit:
Pere, Dieu voˢ gard de mal. Mais quãd le bon hõme entẽdit ceſte voix,
il deuint ſi eſperdu, que de grand' frayeur ſon vaiſſeau luy tomba des
poings, & ſe briſa: toutesfois il ſ'aſſeura peu à peu, voyãt celuy qui parloit, & luy reſpõdit: Mon enfant, pour auoir la grace du ſeigneur dont
vous parlez, il y a vingt ans que i'ay laiſſe la mõdanite, & le propre païs
ou ie feus ne. Et ce qui m'eſbahit le plus, c'eſt que depuis le temps que
ie vous dy, ie n'ay trouue creature en ces marches qui m'ait donne vn
tel ſalut: auſſi eſtes vous eſtranger, comme ie penſe, ou voſtre langaige
& l'habit vous deſguiſent du tout. Mon pere, dit le Cheualier, eſtrãger
ſuis-ie vrayement, amene par deça d'vne telle aduenture, que ie n'y cognois homme ne femme, ny la contrée meſmes, auſſi eſtes vous le pre-

A iiii　　　mierque

mier que i'ay trouué, pour m'en enquerir, vous asseurât que ceste croix m'a dône vn singulier plaisir, quâd ie l'ay aduisée pres de moy: car c'est l'enseigne du maistre que ie sers. Côment, respondit l'hermite, cognoissez vous la vertu qui est en elle? Ouy, dit le Cheualier, asseuré qu'en vne semblable le redempteur, duquel ie vous parle, print mort & passion. Helas, respondit le sainct homme, vous dites vray: loué soit son sainct nom, quand il m'a fait la grace de veoir encores deuant la fin de mes iours, homme pardeça qui croye en luy, vous asseurant Cheualier, que vous & moy sans plus, sommes les deux que ie pêse y estre pour le iourdhuy, & le surplus sont payens & idolatres. Et comme il vouloit dire dauantaige, la parole luy faillit, doubtant que celuy auquel il parloit, feust quelq fantosme: toutesfois en la fin il s'ehardit, & par maniere de coniuration luy demanda s'il estoit mortel, ou non. Mortel, dit le Cheualier, oy certes & pecheur, dont il me desplaist. Et si vous esbahissez de me veoir à present icy, aussi fais-ie moy vous: car certainemét la forme de mon arriuée en ces marches a esté telle & si estrange, que ie ne vous en sçaurois rendre raison aulcune: mais si vous sçauez le païs ou nous sommes, ie vous supplie pere me le dire, & me ieter hors de peine. Voluntiers, respôdit il. Lors le print par la main, & le mena en son hermitage: puis s'afsirent sur vne tronche de bois, & cômença le preudhomme son propos de telle sorte: Or ça, Cheualier, dites moy de quel païs vous estes. Mon pere, respondit il, la grand Bretaigne est la contrée, en laquelle ie fuz nay & nourry en mes premiers ans, ie ne sçay si oncques vous en ouistes parler. Et côbien y a il que vous en estes sorty? dit l'hermite. Quinze iours & plus, respôdit il. Auez vous point cogneu le Roy Lisuart, qui y regnoit de mon temps? Oy certes, respondit le Cheualier, comme celuy que i'ay veu maintesfois. Quelle chere faisoit il quand vous partistes? dit l'hermite. Cela ne vous sçaurois pas bien dire, respon dit le Cheualier, car il estoit perdu, & ne pouuoit on sçauoir comme ne par qui ce malheur estoit aduenu, quelque trauail que grand' partie de ses gents eussent prins à en auoir nouuelles. Quand l'hermite l'entédit ainsi parler, il demoura tout pensif, dont le Cheualier s'aperceut, & luy tomba au coeur qu'il en auoit aprins quelque chose: parquoy cômença à le regarder fermement au visaige, pour veoir s'il changeroit point de couleur. Adoncq' l'hermite, qui cogneut la fantasie du Cheualier, luy dit: Certes ie ne vous ay tant enquis sans propos, toutesfois premier que vous en declarer l'occasion, ie veulx que vous entendiez que ie suis de la grand' Bretaigne comme vous, ou i'ay encores la plus grand part de mes proches parens, lesquelz i'abandonnay du temps qu'vn Geant seigneur de ceste contrée se maria auecq' vne dame à qui i'estois lors, & auecq' elle passay la mer, tant en esperance d'auoir aulcune recompense de mes seruices, qu'esmeu d'vn desir cômun à ieunes gents, de veoir
le mon-

le monde, mais il aduint que ma maiſtreſſe, delaiſſée de Dieu, auſsi toſt
qu'elle feut arriuée, print la loy payenne que tenoit ſon mary: parquoy
conſiderant en moy meſmes, que tant par ſa fragilite, que pour hanter
les hommes de ceſte côtrée, ie pourrois tomber en quelque erreur, deli
beray me retirer en ce lieu, auquel i'ay paſſe maintz trauaulx, au grand
danger de ma vie, pour la controuerſe de la loy de Ieſus Chriſt, que ie
garde, & celle des idolatres, qui taſchent de iour en iour à la deſtruire:
tellement que ſans la faueur de ma maiſtreſſe, qui auoit deſplaiſir que
l'on m'offenſaſt, ie n'euſſe tant veſcu entre eulx: mais quand il plaira à
Dieu i'en ſortiray, & retourneray en mon païs. Or auez vous ouy comme i'ay veſcu iuſques icy: ie vous prie Cheualier, me dire voſtre fortune, & qui vous a conduit en ce lieu, dont malaiſémét vous pourrez retirer, ains eſtes en danger d'y mourir cruellement, ou endurer la plus
cruelle priſon, dont vous ouiſtes parler de voſtre vie, qui me ſeroit vn
grand deſplaiſir, tant pour la ieuneſſe & beaulte qui eſt en vous, que
pour eſtre de la contrée meſmes ou i'ay prins nourriture. Mon pere, reſpondit le Cheualier, vous auez beaucoup fait pour moy, me racontant
fidelement voſtre deſconuenue: neantmoins auant que ſatiſfaire à ce
dont vous me priez, dites moy, ſil vous plaiſt, pourquoy (parlant du
Roy Liſuart) vous eſtes deuenu ſi triſte, que vous m'auez fait péſer que
ſçauiez quelque choſe de ſa perte. Entendez, mon enfant, dit l'hermite,
qu'vne mienne fille, ſeruante de la dame, dont ie vous parlois n'a gueres, me vint l'aultre iour viſiter, & me conta, que retournant ſa maiſtreſſe de la grand' Bretaigne, ou elle eſtoit allée, pour la priſon d'vn
ſien frere, r'amena quant & elle, fort couuertement, vn Cheualier de
grande eſtime, comme elle diſoit: toutesfois ie ne vous ſçaurois aſſeurer qui il eſt. Mais à ce que i'ay peu entédre, les deux Géants ſes enfants
en ont eſte treſaiſes: qui m'a fait eſtimer, veu ce que vous m'auez de-
claire du Roy Liſuart, que ce pourroit il bien eſtre, par ce qu'elle ſçait
tant d'art de magie & de nigromance, qu'elle cauſe ſouuent maint ennuy à tel qui ne luy meſfeit oncques. Et en quel païs ſommes nous? dit
le Cheualier. Entre les marches de Turcquie & de Grece, reſpondit
l'hermite, car ceſte montaigne garde tous les deux royaulmes: mais elle eſt ſi forte, tant de nature que d'artifice, que l'vn ne l'autre de ſes deux
princes ne la ſceurent oncques prendre, quelque puiſſance qu'ilz y ayét
menée. Et en eſt maintenant ſeigneur vn Geant, filz de madame, l'vn
des plus forts Cheualiers qui ſoit au païs de Leuant, comme l'ont eſ-
prouue maintz de ſes voiſins, deſquelz il a vſurpe le bien par force, &
malgre l'Empereur, ou aultre qui y ait contredit. Ou eſt ſa demeure? dit
le Cheualier. Là hault, reſpondit l'hermite, en vne place qu'il a fortifiée
à merueilles, laquelle eſt gardée ſongneuſement par vn ſien frere Géát
comme luy, & quelques aultres auſsi gents de bien qu'eulx: & ſi n'en
                                                        peult on

peult on approcher, que par vne petite sente, que la mer bat sans cesse, & au bout est vne eschelle taillée au roch : par laquelle on monte iusques à vne porte de fer, ou fait guet ordinairement vn paillard, à qui le seigneur de leans se fie du tout : car il n'y a aultre entrée, fors le port, qui est defendu de platesformes & grosses tours puissantes oultre mesure. Et au meilleu est vn portail si estroit, qu'vn homme à cheual n'y peult passer qu'a peine, & par là sortent le plus souuent ceulx de la forteresse. Deuant qu'il soit nuict, dit le Cheualier, ie verray tout ce qui en est, & sçauray si ie puis, qui est celuy qui y a este ainsi amene nouuellement. Nostre seigneur vous en garde, respondit l'Hermite, vous seriez cause de vostre mort, ou pour le moins, de vostre captiuite perpetuelle. Aduienne ce que venir en pourra, dit le Cheualier, si esprouueray-ie l'aduenture qu'il plaira à Dieu m'enuoyer. Ce sera tresmal fait à vous, respondit l'Hermite, attendu que les hommes sont (sans plus) obligez d'employer leurs forces es choses de raison, pour r'apporter fruict de leur labeur, aultrement on les doit estimer folz desesperez, non pas hardiz ne cheualeureux : aduenturans (sans propos) non seulemét leurs corps, mais leurs ames, qui est pis. Ce que Iesus Christ nous a clairement defendu par exemple, car lors que l'ennemy le vint tenter, luy conseillant faire choses vrayement à luy possibles estant le Christ, mais impossibles quant à l'humanite, il luy respondit qu'il ne tenteroit son seigneur Dieu. Ainsi, mon filz, ie vous conseille vous deporter de si desraisonnable entreprinse. Vous m'en desguiserez tout ce qu'il vous plaira, dit le Cheualier, si fault il que ie fasse ce à quoy ie suis appelle, qui est de m'esprouuer sur les aduentures qui semblent estre hors le commun but des hommes : aultrement ceulx qui ont predit de moy auroyent non seulement trauaille en vain, ains seroyent estimez folz & mensongers. Si doncques leur dire est veritable, quel honneur pourrois-ie acquerir plus grand, que donnant fin aux choses admirables, intimider d'oresenauant maintz, qui contre Dieu & raison nuisent au monde ? Et filz se treuuent menteurs, i'aime trop mieulx qu'ilz soyent reprins de leur faulx sçauoir, que moy accuse d'vn tout seul poinct de couardise. Au pis aller i'employeray mes forces à l'encontre de ceste mauldicte gent, membres & ministres du diable, sur lesquelz i'auray victoire, auec l'aide du seigneur Dieu, en qui ie croy & ay fiance (si ie meurs) que mon ame sera receue de luy comme bien heureuse. Esmerueille estoit le sainct homme, oyant parler si prudemment, & d'vne telle asseurance le Cheualier noir : neantmoins la grande beaulte & ieunesse qui estoyent en luy, l'esmeurent à telle compassion, que les larmes luy vindrent aux yeulx, & luy respondit : Haa bon Cheualier, celuy en qui tu esperes te vueille garder, & donner longue vie : & puis que tu es resolu de passer oultre, ie te supplie differer encores pour ceste nuict, car il est

ia si tard,

ia si tard, que quand bien tu aurois assez temps, pour arriuer à la porte
deuant iour failly, si la trouuerois-tu fermée, ainsi qu'elle a de coustume: & partant le Cheualier luy tint compaignie, iusques au lendemain
matin.

Comme le Cheualier Noir

monta à la Roche, ou par force d'armes, il meit à
mort trois Cheualiers Geants, & deliura
le Roy Lisuart de prison.

Chapitre   IIII.

AInsi demoura le Cheualier noir en la compaignie
du preudhõme, qui le traita au mieulx qu'il peut:
& eulx deux coucherent sur vn petit de paille, puis
venant l'aube du iour se leuerent. Et apres q̃ le Che
ualier eut fait ses deuotiõs en la chapelle (armé de
toutes pieces) print congé de l'hermite, qui le con
duit assez loing: & plusauãt eust passé, sans la crain
te qu'il auoit des geants:parquoy le recõmãda en la garde de nostre seigneur,& s'en retourna. Lors cõmença le Cheualier à marcher si bõ pas,
                                                                qu'ayant

qu'ayant coſtoye longuemét la mer, & la liſiere d'vne foreſt longue &
eſpaiſſe, deſcédit en l'vne des belles prairies qu'il euſt oncques veue : de
laquelle il choiſit la fortereſſe, aſsiſe au ſommet de la roche taillée. Et tirant celle part, ſe trouua ioignant vn long pont, ſans qu'il y eut aultre
voye pour aller au chaſteau : au bout duquel eſtoit vne large chauſſée de
pierre, & la mer qui batoit continuellemét contre les tours, ou il aduiſa
aux feneſtres deux Cheualiers, dont l'vn, à ſon aduis eſtoit geant, filz de
la dame. Mais il ne ſ'arreſta pourtant, ains tira à main gauche, & montant côtremont les degrez, vint pres d'vn portail de pierre de taille, garde par vn Cheualier arme de toutes pieces, qui d'aſſez loing luy eſcria :
Chetif malheureux, le taint de tes armes noires ne te promit oncques
tant d'ennuy, que tu auras ceans de malencontre : qui tous les diables t'y
a amene ſi ieune que tu es ? Ce pédant le Cheualier gaignoit petit à petit le hault de la montaigne ſans faire ſemblant de l'ouir, car il auoit aſſez à faire à ſe guider, tant eſtoit le lieu eſtroict & malaiſe : & pour ceſte
cauſe portoit ſon heaulme entre ſes bras. Mais quãd il feut pres du portail, oyant l'autre continuer en ſes braueries, luy reſpondit : Ceulx qui
ont peur menaſſent voluntiers ainſi de loing comme tu fais, & pourtãt
ſi as deſir que ie te réde raiſon, ouure moy l'huis, & tu verras ſi ie te ſçau-
ray contenter. A ceſte parole le portier deſcédit, & tandis le Cheualier
meit ſon armet en teſte, & feut la porte ouuerte, ou l'aultre ſe preſenta,
criant à haulte voix : Entre malheureux, entre au lieu ou oncques hôme
eſtranger ne receut bon traitement. Si ſ'aduança le Cheualier noir, &
deſcendit en vne voulte, ce pendant la porte feut refermée : au moyen
dequoy le lieu ſe trouua fort tenebreux, car il n'y entroit lumiere que
par vn petit ſouſpirail qui auoit regard au trauers de la roche. Et côme
il vouloit paſſer oultre, le portier qui eſtoit demeure derriere l'arreſt
par le haubert, & luy dit : Pendart, laiſſe tes armes, puis ie te conduiray
ou les ſeigneurs de ceans te chaſtieront ainſi que tu le merites. Il vaut
mieulx, reſpondit le Cheualier, ſans me donner peine de me deſarmer
que tu m'y meines en l'eſtat que ie ſuis, & voluntiers ie te ſuiuray. Non
feray dea, dit l'aultre, i'y perdrois trop : mon côpaignon auroit ton harnois, qui m'appartient pour mon droit. Lors haulſa la hache, penſan
luy fendre la teſte, quand le Cheualier noir ſe recula à coſte, & tenan
l'eſpée au poing, luy en donna ſi grand coup, qu'il le renuerſa par terr
puis ſe lança deſſus & le feit mourir. Mais comme il ſe releuoit, ſuruin
par la porte (qui ſortoit au donion) vn valet arme de bringandine & d
cabaſſet : lequel cuidant parler au portier, dit aſſez fierement : Argante
que tardes tu à amener là hault ce malheureux, qui eſt n'agueres ent
ceans ? Ayes patiéce, reſpondit le Cheualier noir, i'y ſeray aſſez à tem
pour toy, & pour ceulx qui me demandent, ſi les portes ſont ouuert
Bien cogneut celuy auquel il parloit, qu'il eſtoit deceu : car il adu

Argant

Argantes mort en la place . Parquoy fans plus tarder tourna le dos , &
tirant à foy l'huis par lequel il eftoit venu , laiffa le Cheualier enferme,
qui fe trouua bien esbahy , doubtant mourir là de faim . Mais il aduint
tout aultrement : car peu apres il veit ouurir derechef la porte , & entrer
vn Cheualier Geant arme d'vnes armes verdes : lequel aduifant le portier eftendu de fon long , & celuy qui l'auoit fait mourir , feut fi defplaifant , qu'il luy dit : Ie m'esbahis malheureux , comme tu es venu ainfi te
prendre au file, duquel ne fortiras de ta vie : ains apres longue & dure
prifon feras contrainct finir tes iours , auecq' vn millier de tourmens qui
te font preparez . En es tu la ? refpondit le Cheualier , i'ay bien intention
premier que nous nous feparions , que tu tiendras compaignie à ce paillard , qui me menaffoit naguieres comme tu fais. Comment? dit le Geát,
ie l'aymois autant que moymefmes , & le trouuant ainfi deuant mes y-
eulx , tu fais encores le braue : Par mon chef tu le compareras . Voyla,
refpondit le Cheualier , ou gift le comble de tes malheurs , ton amy eft
mort ainfi que tu vois , & fi perdras par mefme occafion ton ame , que
les diables efpient des le temps que tu commenças à mal faire . Il y paroiftra , dit le Geant . Lors marcherent l'vn contre l'aultre , & d'arriuée
feirent fi grand effort , qu'a les ouir chamailler , on les euft eftimez eftre
plus de dix à la meflée : & tant fe maintindrent , que le Geant commença à affoiblir grandement : ce que cognoiffant en foymefme , ayant perdu la plus part de fon efcu , & quafi tout fon fang , fe print à fuir , & le
Cheualier Noir à le pourfuiure de fi pres , qu'auant qu'il peuft fortir de
la voulte , il feut abbatu mort d'vn coup d'efpée , qui luy fendit le heaulme , & le cerueau iufques au meilleu du taiz. Et ainfi que le Cheualier
paffoit oultre , deux efcuyers venants veoir l'iffue de ce combat , l'apperceurent tenant encores l'efpée fanglante au poing . Adoncq' luy deman
derent qu'il auoit fait de leurs gents . Ce que Dieu en a ordonne, refpondit il . Et quoy? dirent les aultres . Vne fin malheureufe à leurs
iours , refpondit le Cheualier , pour eftre tourmentez au fond d'enfer ,
tant qu'enfer aura nom de tourment . Lors iecterent leurs veues plus a-
uant , & veirent Argantes d'vn cofte, & l'aultre affez pres de luy , fecou-
ant encores le iarret, dont ilz eurent tant de frayeur, qu'ilz f'en retournerent trop plus legerement qu'ilz n'eftoyent venuz , criants à haulte voix:
Sortez feigneurs , fortez , voftre oncle eft mort , & la garde aufsi . A ce
cry vint à la porte du donion vn aultre Geant fans armes , icune & de
belle taille , nomme Furion : lequel voyant le Cheualier Noir marcher
hardiment , tint l'huis à demy ouuert , & d'affez loing parla à luy de telle forte : Par l'ame de mon pere , il fault bien dire que tu foys quelque
diable defguife en creature humaine: car aultrement il euft efte impoffible que tu euffes peu vaincre deux des meilleurs Cheualiers du mon-

B

de &

de, & maulgré eulx paſſer iuſques icy, D'vne choſe ſuis-ie deſplaiſant,
c'eſt que pour peine, ou mort que ie te face ſouffrir, ie ne ſeray vengé du
moindre deſplaiſir que i'aye receu de toy. H à beſte brute, & ſans raiſon,
tu es certes pire que celuy meſmes duquel tu parles: car luy iugé du Seigneur Dieu, n'a moyen de ſoy repentir, ny eſperance de ſalut: Mais toy à
qui il a donné ſens & entendement de cognoiſtre bien, ou mal, tu perſe-
ueres de iour en iour en tes meſchanſetez, faiſant de vice vertu, de ſorte
que par raiſon ie te puis nommer plus diable, que ceulx qui ſ'ennuyent
de ſi longuement attendre ton ame malheureuſe : laquelle ie mettray
promptement en leur mains, ſi tu veulx ſortir en ceſte place, ou me laiſſer entrer. Attends moy doncques, dit Furion, & tu verras comme ie
t'apprendray à bien preſcher d'aultre ſorte. Lors poulſa l'huis de grand'
roideur, & ſ'en alla armer. Ce pendant le Cheualier Noir demoura aſsis
ſur vne pierre de Marbre, & apres retourna le Geant, lequel portant vn
grand couſteau d'acier ſur ſon col, vouloit ſortir dehors, quand le Cheualier luy dit : Eſcoute, ie te prie, auant que tu paſſes oultre, octroye moy
vne requeſte que tu ne me dois bonnement refuſer : car encores que
courtoiſie (ny choſe qui luy reſemble) n'euſt oncques place en ton
coeur, ceſt accouſtrement de Cheualier te doibt pourtát inciter à quelque gentilleſſe, & gracieuſeté, plus que ton naturel ne le permet. Demandes, reſpondit le Geant, & peult eſtre ſeras tu refuſé. Tu es, dit le
Cheualier, à pied, & moy auſsi, ie te prie combatons en la court de ce
donion, aumoins ceulx de dedans pourront mieulx veoir à leur aiſe le
paſſetemps de noſtre meſlée. Et ce diſoit il, afin qu'on ne luy peuſt denier
l'entrée ſ'il auoit le deſſus de ſon ennemy, comme il eſperoit. Par mon
chef, reſpondit le Geant, ie penſoye au commencement que tu me
deuſſe demander pardon, ce qui t'euſt peu prouffiter : Toutesfois puis
que ta requeſte eſt aultre, ie ſuis treſcontent : combien que la fuite t'euſt eſté plus aduantageuſe, ce que ces haultes murailles ne te per-
mettront, ſi tu es vne fois enfermé dedans. Tu parles ſelon ton naturel, dit le Cheualier Noir, & moy comme la vertu m'oblige, Dieu
paracheue le demourant ſ'il luy plaiſt. Paſſes, reſpondit Furion, puis
te gardes de moy ſi tu peulx. Ainſi entra le Cheualier Noir, en vne
court pauée de marbre blanc, & enuironnée de haultes galleries, ſou-
ſtenues par coulonnes de profire, & au meilleu eſtoit le portail d'vn ex-
cellent corps d'hoſtel, & pluſieurs damoiſelles au deſſus, qui tenoyent
compaignie à vne dame fort ancienne, vers laquelle le Geant ſ'adreſſa,
& en mettant le genoil à terre, luy dit : Madame, ie vous ſupplie treſ-
humblement que pour bien, ou mal qui m'aduiéne auecq ce Cheualier,
nul ne ſoit ſi hardy de m'aider, ne fauoriſer en quelque ſorte que ce
puiſſe eſtre : car moy ſeul le veulx faire mourir, au trenchant de mon
cymeterre.

cymeterre. Puis se releua, & tenant son escu deuant soy, & son branc d'acier au poing, marcha côtre son ennemy, lequel ayant Dieu pour aide, à qui il s'estoit deuotement recommãde, l'attédit de pied quoy. Lors commencerêt vn tel combat, qu'à les ouyr frapper l'vn sur l'aultre, on eut dit propremét que c'estoient deux forgeurs battãs leur fer sur quelque grosse enclume, & à veoir estinceller leurs heaulmes & haulberts, ilz ressembloyent fournaises de feu allumées à force de vent & de souffletz: & certes le Cheualier y eust à la fin mal fait ses besoignes, n'eust este la trempe qu'Vrgande auoit mise à son harnois, que nul glaiue ne pouuoit endommaiger, & l'espée mesmes qu'il conquist en la montaigne de la damoiselle enchanteresse, dont il ne frappoit coup, qu'il ne tirast le pur sang de Furion: lequel neantmoins faisoit vn merueilleux effort à se defendre & assaillir. Mais de malheur, ainsi qu'il cuidoit attaindre le Cheualier sur le bras droict, l'aultre se retira à coste, & auançant vn pas, luy donna tel coup au plus hault du heaulme, qu'il luy en aualla grand' partie, & le cercle de fer dont il estoit lasse. Et côbien que ce coup feust grand & quasi incroyable, si ne s'en effraya le Geant: ains se monstroit d'heure à aultre aussi frais, que s'il n'eust tire coup d'espée tout le iour. Toutesfois le sang luy sortit à la fin en tant de lieux, que le paue blanc en changea couleur, & feut si affoibly, qu'on peut aiséement iuger qu'il auoit le pire, aussi reculloit il à toutes heurtes, sans faire aultre chose que parer aux coups de l'ennemy. Lors la vieille qui les regardoit, considerant l'extremite de son filz, iecta vn hault cry: Helas, dit elle, mon enfant, est il possible que ie te veoye meurdrir deuant mes yeulx? Et toute furieuse courut à eulx pensant les separer, mais il estoit trop tard: car comme elle desmarchoit le premier pas, le Geant tomba mort en terre, de deux coups que luy donna le Cheualier Noir, l'vn sur la teste au lieu desarme, & l'aultre droictement au meilleu de la iambe, qu'il luy separa du corps: dequoy la vieille eut tel ennuy, qu'elle cheut esuanouye, & l'emporterent ses femmes en la chambre: puis la meirent sur son lict, mauldissant celuy qui en estoit cause: lequel toutesfois les suiuit iusques à l'entrée de l'huis, ou la vieille (estant desia reuenue à soy) l'apperceut entrer. Si recommença ses plaintes & disoit fondant en larmes: Helas Cheualier destructeur de toute ma ioye & felicite, n'es tu encores content? veulx tu auoir ma vie auecq' celle de mon filz? Ie te supplie executes ton vouloir, ou bien sors de ceans, & emporte tout ce qu'il te plaira, me laissant viure le reste de mes iours en tristesse, auecq' ces miserables femmes. Mais toutes ces paroles estoyent pour le faire entrer en sa chambre, qui estoit si fort enchantée, que nulle personne ne pouuoit passer le sueil de l'huis, qu'il ne perdist toute cognoissance, & tomboit sur le plancher comme endormy. Neantmoins peu luy proffita son sçauoir enuers le Cheualier Noir, pource que l'es-

B ij   pée luypée luyfante auoit en foy telle propriete, que nul enchantément, pour grand qu'il feuft, ne pouuoit nuire à celuy qui la portoit. Et à cefte caufe oyant les doleances de la vieille, vint vers elle, & luy dit gracieufement: Madame, il me femble que deuez prendre en meilleure part l'offenfe que ie vous ay faite, veu que ce font hazards communs à tous Cheualiers defirants acquerir louenge, & pourtant ie vous prie vous appaifer, & me monftrer celuy que vous auez emmene ceans prifonnier de la grand'Bretaigne. Quand la vieille le veid fi auant fans aulcun deftourbier, mefmes qu'il demandoit à veoir le Roy, elle (prefque hors du fens) fefcria tant qu'elle peut: Haà malheureufe, qu'ay ie fait, penfant venger la mort d'aultruy, i'ay donne fin à la vie des miens propres! Lors fe print tellement à foufpirer, qu'il fembloit que le coeur luy deuft fendre, & regretant fon aultre filz abfent, difoit: Helas Matroco, ou eftes vous maintenant! Quel malheur vous a ainfi eflongne de voftre frere & de moy? Certes quand vous entendrez fa mort, & qu'à voftre retour trouuerez vn aultre maiftre de cefte place: ie doubte que n'aurez la conftance de fupporter vn tel defplaifir, & que penfant vous venger, ce diable vous traicte ainfi qu'il a fait les aultres, car il eft immortel : & fi aultre feuft, il eut trouue ceans plus de refiftence qu'il n'a fait. Puis f'adreffant au Cheualier, luy demanda f'il cognoiffoit celuy qui eftoit en fes prifons. Ouy certes, refpondit il, c'eft le Roy Lifuart dont ie fuis defplaifant, fçachant bien que Rois effeuz de Dieu, pour le gouuernement de fon peuple, ne doiuent eftre ainfi traictez. Partant, dame, monftrez moy ou vous le tenez enferme, aultrement ie feray encores pis que ie n'ay fait. Ie ne fçay, dit elle, qui tu es, n'en quelle vertu tu as autant de pouuoir : mais ie fçay bien que ie n'euffe iamais péfe que vingt, telz que ie t'ay ce iourdhuy eftime, euffent peu venir au deffus d'vne telle entreprinfe, & moins corrompre mon grand fçauoir comme tu as fait : tellement que tout confidere, ie penfe que ta puiffáce eft caufée de celuy auquel i'ay creu en mes premiers ans, & depuis laiffe, pour cóplaire à l'ennemy des crëatures raifonnables : lequel fuiuant fon naturel, m'a iuftement donne la peine que i'ay meritée : & par ainfi toy qui as pour garde celuy auquel toutes chofes obeiffent, ce feroit follie de te contredire. Suis moy doncques, & ie te monftreray le Roy, lequel n'eft pas celuy que tu cherches, comme ie penfe. Lors fe leua, & vint en vne chambre fort obfcure, & le Cheualier apres: puis ouurit vne porte de fer, & luy dit: Entre leans, tu y trouueras le prifonnier. Dame, refpondit le Cheualier, f'il ne falloit que combatre, ie ne differerois de faire voftre commandement, mais fi i'eftois enferme par tromperie, vous vous m'ocqueriez de moy, & de la fiance que i'aurois eue en vous: par ainfi paffez la premiere, afin que vous ayez part à tout ce qui me pourra furuenir. Ie cognois bien, dit la vieille, que ie trauaille en

vain, &

vain, & que tout mon art eſt nul enuers toy, ie feray ce que tu vouldras,
& toutesfois nous n'auons lumiere aucune pour nous eſclairer. Ne vous
en donnez peine, reſpõdit il, i'y pouruoyray. A dõcq' deſcouurit le fourreau de ſon eſpée qui eſtoit enuelope d'vn ſandal, & fut à l'inſtant la clar
te ſi grãde par tout le lieu, qu'on voyoit auſsi cler, que ſi le ſoleil euſt paſſe au trauers: puis deſcendit le Cheualier en vne voulte, ou il aduiſa le
Roy Liſuart, couche ſur vn petit de paille, ayant encores les fers aux
piedz, & vn gros carquan de fer au col, qui luy dõnoit beaucoup de peine: dont il eut telle compaſsion, que les larmes luy en vindrẽt aux yeulx.
Neantmoins il diſsimula pour l'heure ce qu'il en penſoit. Et ſans aucunement ſe donner à cognoiſtre, luy dit: Sire, vous auez trop longuement
eſte en ce lieu, leuez vous & me ſuiuez. Mais quand il ouit ce cõmandement, penſant eſtre arriue à la fin de ſes iours, ne ſe peut tenir de larmoyer, & ſ'adreſſant à la vieille, luy demanda ſi elle le cognoiſſoit: car
depuis, dit il, que ie fus mis ceans, ie n'ay veu aucune clarte, ny perſonne à qui i'aye peu parler, auſsi a on touſiours deualle ma pitance par le
pertuis de ceſte voulte. Lors elle luy reſpondit, comme par deſpit: Roy
malheureux, ſi ie ne t'euſſe cogneu, ie n'euſſe pas prins la peine de t'aller
querir ſi loing comme i'ay fait, que maudite en ſoit l'heure, toy ſeul es
cauſe de ma miſere, & de l'entiere perte de ma ioye. Sur ma foy, dame,
dit le Roy, ie ne ſçay dequoy vous me parlez, & ſuis treſdeſplaiſant de vo
ſtre ennuy, veu que ie ne fis oncques qu'honneur & plaiſir à toutes dames, ou damoiſelles qui m'en ont requis, & pour elles me ſuis trouue
ſouuent en maintz grandz dangers de ma perſonne: parquoy ſi le contraire vous eſt aduenu, c'eſt bien ſans mon ſceu, & du tout contre mon
vouloir: ainſi ie vo⁹ ſupplie ne m'en ſçauoir malgre, & me dire en quelle
part, & au pouuoir de qui ie ſuis maintenant priſonnier, auecq' tant de
miſere: car ſur mon ame ie n'en ſçay rien, & ne puis meſmement penſer
la ſorte que i'y ſuis arriue. Bien me ſouuient il, que pour ſecourir vne da
moiſelle qu'vn paillard vouloit forcer, i'entray en vne tente: mais du
ſurplus ie n'ay aucune ſouuenance, fors que ie me voy maintenant ſur
ceſte paille, & enferre comme vn larron. Roy, reſpondit elle, le peu de
temps que tu as demoure en ces tenebres, n'ont pas ſatisfait(comme i'e-
ſperois) au grand mal que ie te veulx: & à bon droit, veu que par toy i'ay
ſouffert tant d'amertume, que ſi on m'arrachoit le coeur, ou les entrailles du ventre, on les trouuerroit auſsi ardãtes que charbon enflambe: ſpe
cialement pour le nouueau deſplaiſir que i'ay de te veoir ſi toſt deliure,
eſperant bien par ta longue captiuite, ſatisfaire à ma perte paſſée: toutef-
fois ie me treuue deceuë, d'aultant que Fortune m'a fait maintenãt payer
l'vſure de la ioye qu'elle m'auoit appreſtée, t'ayant fait ces iours paſſez
tomber en mes mains, deſquelles ie te voy hors par l'effort de ce diable,
qui apres auoir mis à mort les gardes de ceſte place, & mon filz propre

B iij

m'a

m'a contrainte te monftrer à luy : ce que i'eufle penfe n'eftre en fa puiffance, & moins en la mienne, pour luy obeïr, cognoiffant l'ire de femme
n'auoir frain ny moyen aucun, tant que la vengeance defirée, ait forty
effect. Et ainfi t'en euft il prins, fans l'effort de ce mien ennemy, en defpit duquel, & de toy aufsi, ie me dōneray la mort de mes propres mains,
fi mon malheur ne f'auance de me l'enuoyer. Que maudit de Dieu puif-
fe-tu eftre, dit elle au Cheualier Noir, & ton Roy que tu as trouué : Or le
prens & en fais ce qu'il te plaira. Ie vous prie dame refpondit le Cheualier, oftez luy les fers & le carquan qu'il a au col, & m'aidez à le conduire là hault. Si print les clefz qu'elle portoit en fa pochette, & ouurit les
cadenatz, en forte que le Roy eut moyen de fe leuer fur piedz. Lors em-
braffa le Cheualier Noir, & luy dit : Mon amy, quel grād bien vous feis-
ie oncques, pour m'auoir pourchaffé vne telle liberté ? Sur mon ame,
oultre l'hōneur que vous auez acquis ceans, vous m'obligez tant à vous,
qu'il ne fera iour de ma vie, qu'il ne m'en fouuienne : mais pour Dieu
que ie fçache voftre nom. Sire, refpondit il, quel que ie fois, ie m'eftime-
ray heureux de vous pouuoir faire feruice. Au refte excufez m'en f'il vo⁹
plaift, & fortez de ces tenebres, louant noftre feigneur, qui enuoye fouuent de telles verges à ceulx qu'il aime, afin de les conferuer en fon a-
mour, par la recognoiffance qu'ilz ont de luy. Bien penfa le Roy aux
propos du Cheualier, qu'il ne vouloit eftre defcouuert, aufsi auoit il
tōufiours fon heaume en la tefte, parquoy delibera ne f'enquerir d'aduā-
taige de fon nom, ains fortirent eulx trois de la voulte, & vindrét en vne
grand'falle, ainfi que le foleil commençoit defia fort à f'abaiffer.

Comme apres que le Roy Li-

fuart fut mis hors de prifon, Matroco frere aifné de
Furion le Geant, arriua en fes nauires, au pied
de la Roche defendue : & du combat
que luy, & le Cheualier Noir eu-
rent enfemble,

Chapitre   V.

Eftans donc-

Stans dōcques le Roy Lifuart, le Cheualier noir, &
la vieille dame du chaſteau entrez en la ſalle, ainſi
qu'ilz regardoyent par les feneſtres le long de la ma
rine, ſuruint vne damoiſelle, laqͣlle faiſant vne gran
de reuerēce dit aſſez hault: Madame, voſtre filz Ma
troco eſt preſentemēt arriue' au pied de ceſte roche,
auecq'ſes fuſtes, & gros nombre d'aultres vaiſſeaux
qu'il a prins ſur la mer. Que vous plait-il luy māder? Quand la vieille entendit ce meſſaige, elle deuint toute bleſme, & ayant la larme à l'oeil luy
reſpondit: Pleuſt à Dieu qu'il fuſt auſsi loing d'icy, comme il en eſt pres:
le coeur me treſſault ſi fort, que ie doubte qu'il luy aduienne ny plus ne
moins qu'aux aultres. Et cōme elle acheuoit ceſte parole, le Roy Liſuart
& le Cheualier ieterent l'oeil ſur la marine, & veirent ceſte flote ſurgir le
long de la coſte, hors le danger des ventz: entre laquelle ilz recogneurēt
Elizabet, Libéc ſon nepueu, & aultres qui eſtoyent à la cadene, faiſans vn
merueilleux dueil. Mais nulz des gens de Matroco oſoit mettre pied en
terre, ayants deſia eſte' aduertiz par aulcuns du chaſteau, du grand deſordre qui y eſtoit. Et partant ilz ſe tindrent ſur leurs gardes ſi longuement,
que le Geant apperceut aux feneſtres ceulx qui les regardoyēt. Lors tout
furieux ſ'eſcria contre le Cheualier noir, qu'il veit arme': Paillard infa-
me, es-tu celuy qui a mis ſi laſchement à mort mon oncle, mon frere, &
la garde de ceſte fortereſſe? Quand le Cheualier l'entendit ainſi patler, il
luy reſpondit, & ſans ſ'eſmouuoir: I'ay fait ce qui eſtoit en moy, pour te
mōſtrer qu'il ne t'appartient ny d'empriſonner les Rois, ny de moleſter
tant de gens comme tu fais. Par tous mes dieux, dit adoncq' Matroco,
Fortune te monſtre trop eſtre amie, quand ie te treuue à mon arriuée arme' d'vne telle muraille qu'eſt celle de mon chaſteau: car ſi ie te tenois
ſur ce riuaige, ie t'enuoyerois du premier coup ſeruir de paſture aux poiſ
ſons, ainſi que i'ay fait maintz aultres auſsi folz & temeraires que tu t'es
monſtre', ayant entreprins ſans aulcune contrainte, venir ſur mes limites. Mais deuſſe-ie demourer en ceſte place dix ans, ie n'en partiray que
ie ne te tienne en ma mercy: adoncq' ſçauras-tu quel traitement ie donne à ceulx qui te reſſemblent. Eſcoute, reſpondit le Cheualier noir, il y a
entre le faire & le dire trop plus grande difference, que n'eſt la diſtance
du lieu ou tu es, & ceſtuy duquel ie te regarde. Tes menaſſes m'aſſeurent,
parquoy ie te crains moins beaucoup qu'auparauāt: & qu'ainſi ſoit, choi
ſis ou que ie deſcende vers toy pour te combatre, ou que tu montes ça
hault: adoncq' tu verras par apparence à qui Dieu dōnera la victoire, ou
à toy qui te fies en tes forces, ou à moy qui n'ay eſperance qu'en luy. Les
gros beufz & gras toreaux, grandz & membruz, ſont plus ſouuét menez
que tous les iours à la boucherie. Ainſi, groſſe beſte que tu es, recognois
toy, auant que tu ayes pis, laiſſant la vie & creance miſerable que tu
B iiij　　　　　　　　　maintiens,

maintiens, aultrement fois affeuré que la fureur de Dieu defcendra fur
toy, comme elle a fait n'a gueres fur les tiens. Il y paroiftra, dit Matroco,
& fi tu as le couraige de m'attendre, defdiras les paroles mefchantes que
tu as maintenant proferées. Fais feulement ouurir la porte, car puis que
tu me mets en choix, ie te vois trouuer, & fuft-ce dedans la foffe d'ou tu
as deliuré le paillard que ie veoy auprcs de toy. Adoncques laiffa fa trou
pe, & armé de toutes pieces commença à monter contremont la roche,
droit au chafteau. Mais quand il arriua à la porte de fer (que ceulx qui
f'en eftoyent fuiz auoyent laiffé ouuette) y trouuant Argantes le portier
mort eftendu, il cuida creuer de defplaifir, tant pour la prouefle qui e-
ftoit en luy, que pource qu'il auoit efté nourry ieune par le feu Geát fon
pere. Toutesfois il diffimula fon dueil, efperant bien f'en venger à fon
aife: & paffant oultre, rencontra à fes piedz le Cheualier aux armes verdes, tout enfanglanté. Lors feut fi efmeu, qu'il demoura tout court. Et
ietant vn hault foufpir, commença à f'efcrier:Helas! Arcalaus mon bon
oncle, que tant m'eft dure la perte de vous, en quelque lieu qu'elle m'euft
fceu aduenir! & par plus forte raifon en ceftuy mien chafteau, ou ie pen
fois vous faire bonne chere, & longuement. Helas! falloit il apres auoir
paffé en la fleur de voftre aage, tant de rencontres & aduentures dange-
reufes, & tant de perilz infiniz, venir fur la fin de voz ans vieulx receuoir
vne telle mort en ma maifon, que i'eftimois la feureté, non feulement de
vous & de moy, ains aufsi de tous mes parens & amis?Dieux immortelz!
quelle vengeance pourray-ie iamais prendre du traiftre qui m'a fi fort
offenfé, veu que le faire mourir cent fois le iour eft moins que rien, au
refpect du mal qu'il m'a pourchaffé? Aumoins fi ce feuft Amadis de
Gaule, tant eftimé entre les hommes, ou aulcun de fes deux freres, ou
bien tous trois enfemble: mon dueil pourroit auoir quelque relafche,
pour le mal que ie leur ferois fouffrir. Mais quoy? force m'eft de combatre contre vn, qui par raifon, & veu l'effort qu'il a fait tout le iour, fe deuroit defia eftimer vaincu. Quelle gloire doncques pourray-ie rapporter pour fa victoire?certes toute telle comme fi ie combatois vne fimple
femme, debile ainfi qu'elle eft de fa nature: & par ainfi luy indigne de
ma prefence, augmentera en gloire, f'il aduient que ie face feulemét con
tenance de le vouloir oultraiger. Toutesfois aduienne ce qui en pourra
aduenir, à mon honneur ou aultrement, il fault qu'il meure. Ainfi fe la-
mentoit le Geant fur le corps d'Arcalaus fon oncle, duquel il ne fe pouuoit feparer, quand il ieta fon regard plus loing, & apperceut le Cheualier noir, qui l'efcoutoit. Lors tout honteux marcha vers luy, penfant entrer au donion fans empefchement. Neantmoins il trouua le Cheualier
noir à la porte, qui le repoulfa rudement, & luy dit: Befte brute, & fans
raifon, cuides-tu ainfi me forcer?A cefte parole le Geant tout esbahy f'ar
refta, & luy refpondit: Tu m'as appellé pour venir à toy, te fais-ie tort
de t'obeïr

de t'obeïr. Non pas,dit le Cheualier,mais à veoir ta contenãce,il femble
que tu vueilles vfer d'autorite. Et fe tirant à cofte luy dit:Or paffe maintenant,& fais ce que tu pourras.Quand la vieille(que le Roy Lifuart entretenoit) les aduifa preftz à cõbatre , elle toute efplourée fortit de la
falle,& fe vint ieter aux piedz de fon filz:Helas Matroco,dit elle,par celle obedience que l'enfant doit à la mere , ie te prie & commãde ne paffer
oultre en cefte meflée : car tu fçais bien que de tous tes freres toy feul me
reftes fans plus,dont i'ay le coeur fi tranfy,que fans l'amour extreme que
ie te porte , tu m'euffes trouuée à ton retour en aufsi piteux eftat , que tu
veois Furion:aufsi n'y a il femme au mõde,qui doiue(auecq' raifon)plus
fouhaiter la mort. Helas! quel befoing eft il maintenãt que ie renouuel-
le en moy les douleurs,que le temps & longue patience auoyent enfeue-
lies comme ie penfois? Haà miferable que ie fuis, moy feule ay efmoulu
le coufteau qui a fait la playe, dont ie reçois mon prefent dommaige,
penfant venger l'ennuy qui entra en mon ame, le iour propre que feu
mon feigneur & mary deceda : & au contraire, i'ay aduance ma ruine
honteufe , receuant iuftement le guerdon que meritent ceulx , qui laiffants la meilleure part cuident remedier à vn mal , par l'acheminement
d'vn aultre pire.Madame,refpondit le Geant,fi iufques à prefent vous a-
uez receu grand' perte par le trefpas d'aulcuns voz amis,vous ne vous deuez pourtant ainfi contrifter , veu qu'ilz ont finy leurs iours en combatz
honorables, & faifans le deuoir que font obligez faire tous bons Cheualiers comme ilz eftoient.Quant à moy,eftimez vous que pour crainte de
mort ie delaiffe à faire ce à quoy Cheualerie m'a oblige?Non,non.Aufsi
quelle raifon, ne quelle excufe pourrois-ie auoir, eftant tel que ie fuis,
frais & difpos, de vouloir refufer le combat contre vn feul & fimple Che
ualier? Ie ne dis pas,madame,qu'affection ne vous trãfporte, & faffe parler en femme:mais penfez que ie vous refpond comme ie doy, preferant
ma gloire à toutes voz larmes & foufpirs : partant ie vous prie fouffrez
que ie prenne du paillard qui m'a offenfe fi peu de vengeance qu'il en
aduiendra . Matroco, dit le Cheualier, tu comptes fans ton hofte : ie ne
vouldrois pour rien du mõde perdre vne telle occafion que cefte cy:qui
f'offre à prefent tant à mon honneur & grand aduantaige . Crois moy,
que ny les pleurs de ta mere ,ny l'obligation que tu luy dois, comme enfant, ne pourront retarder la fin de toy ou de moy, fi preallablement tu
ne m'affeurois par ferment, d'eftre aufsi bon à l'aduenir,que tu as efte
mefchant par le paffe . Ainfi il vault mieulx que tu me faffes cognoiftre
par effect cefte prouefle dont tu te vantes, & à moy la courtoifie : de laquelle,peult eftre,i'vferay enuers toy fi i'ay le deffus. Quand la vieille co
gneut que fes prieres n'auroyent lieu en ceft endroit, elle fe retira arriere, & commencerent les deux Cheualiers à courir fus l'vn contre l'aultre fi brauement & de telle fureur,que le Roy Lifuart les regardant pen-

fa lors

fa lors n'auoir veu de fa vie bataille fi cruelle, & ce qui l'esbahiffoit encores plus, il ne pouuoit prefumer comme le Cheualier noir l'auoit trouué en lieu fi eftrange, & fi ne le cognoiffoit. Vne fois luy tomboit en l'efprit que c'eftoit Amadis : mais quand il confideroit l'amitié qu'il portoit à Oriane, qu'il auoit nouuellemēt prinfe à femme : cefte opinion mouroit aufsi toft qu'elle eftoit née. Et (qui plus eft) il luy fouuenoit tresbien des combatz qu'il eut tant à Vindilifore contre Dardan le fuperbe, que depuis auecq' Ardan Canille, ou il defploya toutes fes forces. Et toutesfois elles n'approchoyent à celles qu'il veoit au Cheualier noir, lequel fe trouuoit lors aufsi frais & difpos, que f'il n'euft trauaillé du iour. Et f'il luy venoit en fantaifie que ce pouuoit eftre fon petit filz Efplandian, felon ce que la faige Vrgande auoit predict de luy : il y trouuoit beaucoup moins d'apparence, veu qu'il le laiffa auecq' la Roïne, fans que feuft en propos de reccuoir Cheualerie. Et quant bien il euft depuis acquis ceft hōneur, fi eftoit il impofsible qu'il peuft faire vn tel effort pour vn commencement. Dauantaige Vrgande auoit toufiours affeuré que les premieres armes qu'il feroit, feroient renommées par l'eftrange & efpouentable nauigation de la grand' Serpente, en laquelle il f'embarqueroit, & il eftoit arriué en vne barque affez mal equippée : ainfi il ne pouuoit eftre vrayfemblable que ce feut Efplādian. Bien eftimoit il en foymefmes n'auoir oncques veu de fi bon Cheualier : car tant plus il alloit auant, & tant plus dōnoit d'affaires à Matroco. Toutesfois ilz fe maintindrét l'vn contre l'aultre plꝰ de deux heures, fans que l'on peuft iuger au vray qui demoureroit vainqueur. Mais à la fin le Geant fe fentit nauré en tant de lieux, & furét fes armes tant defclouées, & fon efcu fi endommaigé, qu'il commença à fe deffier de fes forces. Parquoy fe tirant vn peu à cofté, dit au Cheualier noir : Ie te prie reprenons halaine, & entens vn party que ie te veulx faire : lequel ne peult eftre qu'a ton honneur & grand aduantaige. A cefte parole f'arrefta le Cheualier, & Matroco cōmēça à dire : Ie m'esbahis (beau fire) qui t'a meu de venir ainfi en cefte roche, en laquelle nul aultre que toy ofa oncques entrer tandis que mon pere a vefcu, ny depuis, que par fon trefpas i'en fuis demouré feigneur. Et neantmoins aiant fait ce que iufques icy tout aultre auoit craint d'entreprendre, tu as mis à mort trois des miens : defquelz les deux, à mō aduis, eftoient bien les meilleurs Cheualiers qui fuffent fur la terre, & par ainfi i'ay raifon de te haïr plus qu'homme qui viue. Et nonobftant quand ie confidere que tu as fait en cela comme Cheualier preux & hardy, i'ay quelque raifon de te pardonner, & t'eftimer pour l'vn des plus vaillants champions que ie vey oncq' de ma vie, encores que i'en aye efprouué & vaincu maintz plꝰ vfitez aux armes, & plus puiffans que toy. Et par ainfi fi ton arriuée en ce lieu a efté caufée feulement pour la deliurance du Roy qui nous regarde : ie fuis trefcontent que tu l'emmeines en feureté, & par mefmes moyen ie te

quitte le

quitte le combat,pourueu que sans faire plus long seiour par deça,tu sor
tes de ce chasteau qui m'appartient.Quand le Cheualier noir l'eust long
temps escoute,il luy respondit:A ce que ie vois(Geant)tu fais cas & tiés
à grande hardiesse l'entreprinse que i'ay faite de te venir chercher en ce
lieu, ou par ma main ont este tuez ceulx que tu regretes tant . Mais si tu
auois cognoissance du maistre auquel ie suis , & que comme leal seruiteur luy obeisses, tu verrois incontinét ce que tu estimes beaucoup, estre
moins que rien,au respect de ce qu'il peult.Veu que de luy,& non d'aultre procede tout ce que i'ay fait , & par ainsi la gloire est deue à luy seul.
Et au contraire, vous aultres idolatres seruez ceulx qui pour recompense ont de coustume vous endormir en certaines malices, cruaultez, oul-
trecuidances , larcins, homicides,& aultres infinies meschancetez , qui
par aulcun temps resplédissent en vous auecq' honneur,richesses,& aultres telles mondanitez, lesquelles vous acheminent à tout vice : de sorte
que tel bastiment construict sur arene tant mobile, ne peult guieres de-
meurer en son entier qu'il ne tóbe, lors qu'on l'estime plus entier & per-
manent. Et aultant en aduint à Lucifer & à ses complices,duquel (peult
estre)tu as quelque fois ouy parler. Neantmoins si tu te veulx recognoistre , & de meschant, que tu as este toute ta vie, deuenir à present vertu-
eux, & ainsi que tu as este cruel tu fusses humain & pitoyable, laissant ta
folle creance pour prendre celle que ie tiens,qui est la bonne & seure, ie
te quitteray, non seulement ce combat auquel tu as du tout le pire : ains
te laisseray ton chasteau libre, & demourerons amis,par telle condition
toutesfois, que toy & moy employerons nostre pouuoir à ruiner desormais tous ceulx qui comme toy cheminent es tenebres,desquelles tu sor
tiras si tu me crois . Ceste remonstrance esmeut le Geant à telle ire, qu'il
commença à escumer comme vn verrat , & dit au Cheualier noir : Malheureux entre les plus chetifz , as tu mes forces en si peu d'estime , que tu
me penses desia tenir en ta mercy ? Ce disant arracha de son col les courroyes esquelles pendoit encores quelque peu de son escu, & le ietant par
terre, print son espée à deux mains , de laquelle il pensoit bien fendre le
Cheualier noir, quand il apperceut le coup venir , qui se lança de si pres,
que passant l'espée par dessus sa teste , rencontra le paue en vain de telle
roideur, qu'elle se brisa en pieces,& le reste luy sortit des poings:se trou-
uants les deux combatans en telle sorte, qu'ilz ne se pouuoyent offendre
qu'à coups de poings, ou du pommeau : dont le Cheualier noir l'oultra-
gea grandement, premier qu'il eust moyen de releuer si peu de son espée
qui restoit.Mais finablement trouua façon de se deffaire de luy. Et ainsi
comme il se retiroit arriere, fuyant la fureur de son ennemy, la vieille
veoyant son filz en tel danger , se ieta entre deux , & en pleurant à grosses larmes,dit au Cheualier : Helas, gentilhomme, si tu feuz oncques en
ventre de mere, qui t'ait meu à auoir compassion des poures vefues,ie te

supplie

supplie en l'honneur du seigneur auquel tu crois, me regarder en pitie,
& me laissant cestuy seul de tous mes filz, te contentes de ceulx que tu as
mis à mort cruellement deuant mes yeulx. Dame, respondit il, faites
qu'il demande mercy, & il la trouuera en moy, aultrement vous trauaillez en vain. Mercy, dit le Geant, ie ne sçauroye estre blasme de te le re-
querir, quand ie cognois par espreuue estre veritable, que telle force ne
vient de toy, ains procede de la faueur de ton Dieu: car sans luy tu n'eus-
ses non plus dure contre moy, que la paille fait au feu bien enflambe.
Ainsi doncques ce seroit à moy grand'follie vouloir combatre Dieu, &
les hommes ensemble : & aime trop mieulx (voyant la fin de mes iours)
luy demander pardon & misericorde, que plus longuement croire en
ceulx esquelz ie me suis fie par le passe, dont ie me repens : de sorte qu'a-
uecq'le combat, ou sans combatre, ou auecq'la mort, ou la vie, ie prote-
ste doresenauant n'adorer aultre que Iesus Christ ton seigneur & maistre. Dis-tu à bon escient? Oy certes, respondit le Geant : lequel mettant
les genoulx à terre, & leuant les yeulx & les mains au ciel, s'escria : Iesus
filz de la vierge, ie crois indubitablement que tu es la vraye verite, & que
tous les aultres dieux, esqlz i'ay toute ma vie adhere, sont faulx & pleins
de mensonges : parquoy les laissant pour me rendre tien, ie te supplie me
daigner receuoir. Et faisant du doigt la croix contre terre, s'inclina, & la
baisa reueremment. Ce que voyant le Cheualier noir, loua nostre Seigneur de tout son coeur, puis print son espée par la poincte, & tendit la
poignée à Matroco, luy disant : Certes bon Cheualier, entre tant de belles victoires que vous auez eues par le passe, oncques ne vous en aduint
vne si glorieuse que ceste cy, veu que vous ne m'auez seulement vaincu,
mais vous mesmes aussi, qui estiez inuincible selon l'effort de Nature.
Ainsi doncques receuez, comme victorieux, mon espée que ie vous presente. Haà, respondit alors Matroco, ce sera bien le côtraire: car moy qui
suis le vaincu, me submetz doresenauant à faire du tout vostre volunte:
& de ceste heure, disposez de moy, de mes biens, & de mon hôneur tout
ainsi qu'il vous plaira. Ie vous prie, dit le Cheualier noir, auoir pitie de
ces poures captifz que i'ay n'a gueres veuz en voz vaisseaulx, & les faire
monter ça hault que ie parle à eulx. Oy vrayement, respondit le Geant.
Et à l'instant appella sa mere, & luy dit: Madame, enuoyez, s'il vous plait,
querir là bas ceulx que demande ce Cheualier, & que nul aultre qu'eulx
ne parte de là, iusques à ce que ie leur mande. A quoy elle donna ordre
sans tarder. Mais quand maistre Helizabet, Libée, & le surplus des for-
çaires entendirent ce messaige, pensants estre (pour le mieulx) logez en
quelque prison miserable, commencerent à eulx contrister grandemét.
Toutesfois ainsi qu'ilz passoient la premiere voulte, ou gisoient mortz le
portier, & Arcalaus, le coeur leur reuint, & l'esperance meilleure qu'au
precedent. Mesmes qu'ilz rencontrerent le Cheualier noir, qui venoit au

deuan

deuant d'eulx, lequel fans fe faire cognoiftre, que à maiftre Elizabel, le print par la main, & luy dit. Mon grand amy, Pource que ie ne veulx, qu'aultre que vous entende qui ie fuis. Ie vous prie me venir demain trou uer en vn hermitage qui eft au pied de cefte montaigne, ou ie vous attendray. Ce pendant voyez le Roy Lifuart, que i'ay l'aiffé en ce donion, & fur voftre vie taifez luy ce que ie vous dis priuéement. Bien esbahy feut lors maiftre Elizabel, quand il recogneut Efplandian: Et voulontiers euft parlé à luy plus longuement n'euft efté la deffence qu'il luy faifoit, mefmes qu'a l'heure furuint vne damoifelle, qui luy dit. Bon Cheualier, fi voulez iamais voir Matroco vif, haftez vous car il eft prefentement tombe du hault de foy mort (comme ie penfe) tant à perdu de fon fang. Allez, dit il à maiftre Elizabel, le fecours que vous luy pouez faire, luy feruira beaucoup plus que ma prefence. Adonc le laiffa auecq'elle, & deuala le plus droit chemin qu'il peult, vers l'hermitage, ou il auoit logé la nuit precedente, & eftoit ia foleil couché, quand il arriua, fi las & trauaillé qu'il n'en pouuoit quafi plus. Si trouua le muet & le preudhomme enfemble, lefquelz le defarmerent incontinent & le firent manger, car il n'auoit repeu de tout le iour. Puis le coucherent en vn lict: ou quelque fois dormoit la fille de l'Hermite, quand elle le venoit veoir. Et vifitans fes playes luy virent le corps meurdry en plufieurs endrois, fans eftre aulcunement entamé: à caufe de la bonté de fon harnois, fur lequel aucun glaiue ne pouuoit mordre tant en eftoit dure la trempe. Lors luy applicquerent certains vnguens, qui luy appaiferent la douleur, & peu apres f'endormit, iufques au lendemain matin.

Du grand defplaifir, que print

le Roy Lifuart par l'abfence du Cheualier noir, & des propos que luy tint Arcabonne, mere de Matroco fur les infortunes paffées.

Chapitre.   VI.

C   Le Che-

E Cheualier noir sorty du chasteau, qu'il auoit nouuellemēt conquis, & les forçatz entrez dedãs, le Roy Lisuart recogneut entre les aultres maistre Elizabel. Parquoy se leua d'aupres Arcabóne, mere de Matroco, qu'elle tenoit en son girõ. Et le vint embrasser, luy demãdãt quelle fortune l'auoit là amené si à propos pour saluer la vie au Geát, qui estoit en l'extremite. Sire, respõdit il, ie pensoye bien ce matin, qu'il eust moins à faire de moy qu'il n'a. Mais ce que m'asseura vn Cheualier que i'ay rencõtre deuallant là bas, il est en grand dãger de sa personne. Toutesfois pour l'honneur de celluy qui m'a commande le secourir, ie m'y employray voluntiers. Ie vous en prie (dit le Roy) Lors maistre Elizabel, feit doulcement emporter Matroco en son lict. Puis estant desarme, regarda ses playes, cogneut bien qu'elles estoyent mortelles, parquoy n'y voulut faire aultre appareil, que restraindre le sang, remettant le surplus au sortir d'vn fort sommeil, qui l'auoit prins. Ce pendant le Roy (qui n'auoit pas oublie ce que maistre Elizabel luy auoit dit d'entrée) luy demanda qu'estoit deuenu le Cheualier noir. Sire, respondit il, entrant ceans, ie l'ay trouue qui s'en alloit secrettement, en deliberation de plus ne retourner vers vous. Saincte Marie, dit le Roy, ayant receu tant de secours de luy, seray ie bien si malheureux, qu'il s'absente ainsi de moy, sans le cognoistre aultrement? Sur mon Dieu ie me repens, de m'estre ainsi arreste apres Matroco, car, pour le moins, ie l'eusse suiuy, & importune si bien qu'il m'eust dit son nom. Par vostre foy maistre mon amy, le sçauez vous point? Ie vous prie ne me le taire plus longuement si me voulez faire plaisir: ve

qu

que ie n'euz oncques tel defir de cognoiftre Cheualier, non feulement
pour le fecours qu'il m'a fait : mais pour la haulte entreprinfe, qu'il a mife à fin. Sire, refpondit maiftre Elizabel, ie vous fupplie me pardonner,
ie le cognois vrayement, toutesfois fi ie vous en difois dauantage,ie luy
feroye tort, d'autant qu'il me l'a expreffément deffendu . Encores pis, dit
le Roy, vous voulez m'augmenter le defir,& par mefmes moyen me faire perdre toute efperance de le recouurer. Lors entrerent en la grand falle, ou furuint Arcabonne plus morte que vifue, laquelle le Roy pria
courtoifement de fe repofer vn petit, luy demandant comme fe portoit
fon filz. Il fe porte, refpondit elle, comme celuy, duquel i'ay aufsi peu
d'efperance que de l'aultre qui eft mort en cefte court : Et à dire vray, il
femble que fortune effaye à m'ennuyer & fafcher de iour à aultre par ren
gregement d'ennuyz trop defefperez . Neautmoins ie fçay tresbien comme ie m'en fçauray venger : En defpit d'elle, & de fes effortz ie donneray fin à mes iours & à fon pouuoir enfemble . Ce que ie ne doibs differer,veu qu'elle ne m'a laiffé vne feule heure en repos depuis que ie me cognois, fans me donner tour, ou dure attainte. Mais entre tous, nul aultre
ne m'eft tant grief que l'effort du Cheualier par lequel, (dit elle au Roy)
ie te voy maintenant hors de mes mains, & du danger que ie t'auoye preparé, fi mon malheur n'y euft contredit . Dame, refpondit le Roy, quel
defplaifir vous feis ie de ma vie, pour m'auoir voulu tant de mal ? Ie vous
prie me le declarer . Ie le feray, dit Arcabonne, non pas pour te complaire, ains pour t'ennuyer dauantage, quand fçauras que ie feuz née &
nourrye au mefme pays ou as trop longuement regné à mon grand defplaifir : Et là Arcalaus & moy frere & feur, & malheureux tous deux
feufmes engendrez de mefme pere & mere: & apprinfmes enfemble l'art
de magie & maintes fubtilitez, defquelles nous auons quelquefois, &
bien fouuent, tormenté plufieurs perfonnes, fans grande occafion . Et
croiffant ce mien fait en aage & malice, print cognoiffance à Cartadaque,lors feigneur de cefte montaigne,auecq' lequel il eut telle amitié,
que finablement luy feuz donnée à femme : & emmenée en ce chafteau,
ou quelque temps apres acouchay d'vn filz nommé Lindoraque, puis de
Matroco : qui gift en ce lict. Et pour le tiers, de Furion : lequel tu as mis
à mort, & mon frere mefme qui alloit fecourir Argantes le portier. Ainfi doncques ayant vn tel mary que Cartadaque, tãt craint & redoubté en
cefte contrée,& trois filz les plus vaillans & cheualeureux qu'on euft fceu
veoir: Ie me foucioye fi peu de fortune, qu'il me fembloit impofsible,
qu'elle me feift fafcherie.Mais il m'eft bien aduenu autrement: car petit à
petit,elle à conuerty toute ma ioye en vne douleur trop vehemente.Sçais
tu par quel moyen ? Ie croy qu'il te peult encores fouuenir des difcords,
qui ont efté par le paffé entre toy, & le Roy Cildadan d'Irlande, & du
iour que tu le vainquis en la bataille afsignée:ou fe voulut trouuer feu mõ
mary. Et de fait partit expreffément de ceans pour y aller, & mena, a la

C ij　　　malheu-

malheure, mon filz Lindoraque, lefquelz ayant trauerſe maint grãd païs
arriuerent ou les attendoit mon frere. Et eulx enſemble ſe mirent en chemin, en bõne deuotion de te nuire, & porter tout le dõmaige qu'ilz pourroyent. Neautmoins à peine ſeurent ilz entrez en la prochaine foreſt de
Londres, qu'ilz rencontrerent vn Cheualier, ſurnõme lors le beau tenebreux : conduiſant vne damoiſelle qui portoit ſur ſa teſte vn couurechef
ſeme d'eſtranges fleurs, lequel mon filz (trop infortune) trouua ſi beau,
que d'vn deſir merueilleux, de le recouurer, pour en faire vn preſent à la
belle Madaſime ſamie, commanda à l'vn de ſes eſcuyers l'aller oſter à
ceſte femme, & luy apporter. Toutesfois ce beau tenebreux, dont ie te
parle, ne le voulant ſouffrir, ains renuoya le meſſaiger auec ſa courte honte, dequoy mon filz irrite cuida vſer de force. Mais il luy aduint ſi mal,
que de la premiere rencontre le glaiue de ſon ennemy luy trauerſa les
entrailles, & cheut mort ſur le champ. Et aultant en feuſt il pris à ſon oncle Arcalaus, ſi ſon deſtrier ne l'euſt garenty, par vne ſoubdaine fuite, a-
pres auoir perdu les quatre doigs de la main dextre. Et ce nonobſtant fortune non contente de tel malheur, m'en prepara encore vn pire. Car mon
mary(qui par prouëſſe eſtoit lors redoubte, en toute l'Aſie & Europe)
feut cruellement occis, par le meurdrier meſmes de Lindoraque, le propre iour que ſe donna la bataille, ſil t'en ſouuient. Ainſi demouray veſ-
ue auec mes deux aultres filz ieunes, & de peu d'aage, & auecq' eulx ay
paſſe grande partie de mes iours, pleurant, lamentant en continuelle tri-
ſteſſe qui euſt eſte plus extreme, ſans l'eſperance q̃ i'auoye en leur nourriture. Or pour venir au point, ayant le temps & la raiſon quaſi vaincu mes
doleances paſſées : Suruindrent aultres nouuelles par deça, de la derniere
victoire, que tu as obtenue, par la meſme faueur de ce beau tenebreux,
(maintenant appelle (comme lon dit) Amadis de Gaule,) & de la priſon
de mon frere, dont ie feuz ſi ennuyée, qu'oubliãt le repos de ma vieilleſſe,
ie me mis auſſi toſt en chemin, eſperãt le tirer hors de tes mains par quelque moyen que ce feuſt. Toutesfois auant que d'arriuer chez luy, i'euz certain aduertiſſement, qu'il auoit eſte remis en liberte. Neautmoins conſiderant les dõmages paſſez, que i'auoye receuz de ſi long tẽps par ceulx de
ta maiſon, meſmes de ce meſchãt Amadis, deliberay premier q̃ de retourner ceans trouuer façon de luy faire cognoiſtre le peu de bien que ie luy
vouloye. Et apres y auoir employe tout mon ſçauoir, & le ſçachant inuti-
le en ſon endroit, par l'empeſchement d'vn anneau qu'il porte ordinairement au doig, lequel ceſte meſchante Vrgande la deſcogneue luy a donne : ie vouluz eſprouuer en toy, ce que ie n'auoye peu en luy, eſtãt lors aduertie que tu allois ſouuent à la chaſſe, aſſez mal acõpaigne ou ie atiltray
l'vne de mes femmes, laquelle tu vouluz ſecourir en vn tailliz, pẽſat qu'vn
Cheualier la vouluſt forcer. Et ſi tu me recognois, ie ſuis celle propre q̃ tu
trouuas au pauillon, pourſuiuãt celluy qui fuyoit deuãt toy, & la demou-
ras enchãte. Lors te portaſmes en ma barque, puis ſãs cognoiſſãce d'aultr
que de

que des miés, feuz emmené ceans par mer auecq propos deliberé de te
faire languir en prison, & ce pendãt enuahir tes païs par l'aide & faueur
de mes alliez. Et toutesfois ie me treuue bien loing de mõ compte. Car
ce lieu qui ne feut oncques subiugué pour puissance qui ayent sceu admener, non seulemét les Roys de Turquie, ains les propres Empereurs
de Constãtinople, a esté conquis à moins d'vn iour, par vn simple Cheualier, auecq' la perte de mes deux filz & aultres, estimez vn paragõ entre les meilleurs Cheualiers du monde. Et par ainsi on peult veoir clairement, que de ta prinse m'est sorty beaucoup plus de malheur, que ie
n'en esperoye en ta propre personne. Tandis qu'Arcabonne faisoit ses
plaintes, le Roy qui la regardoit ententiuement, recogneut que vrayement c'estoit celle à qui il auoit parlé au pauillon. Parquoy il luy dit.
En bonne foy, dame, ie vous croy maintenant mieulx que iamais.
Neautmoins il me semble qu'a tort vous m'auez fait porter penitence
du mal que vous auez receu par aultruy. En es tu là? respondit elle, ta
prison seule cust esté dommageable à plusieurs, & profitable à moy &
aux miens. Peult estre, dit le Roy, Mais pour cela ie ne laisseray à vous
faire tout le plaisir que ie pourray. Et ce pendant ie vous prie prendre
vostre fortune le plus constamment qu'il vous sera possible. Par mon
ame, respondit elle, tu parles bien à ton aise. Et d'vne grand colere se re
tira en la chambre de Matroco laissant le Roy seul, qui n'auoit encores
mengé de tout le iour, parquoy appella maistre Elizabel, & les aultres,
qui luy auoit apresté à soupper. Lors se meit à table, deuisant des propos d'Arcabonne. Puis estant l'heure d'aller coucher, s'en alla mettre au
lict, commandant à Libée la garde du chasteau.

Comme le Geant Matroco

mourut, dont Arcabonne feut si perturbée qu'ayant
failly à tuer le Roy Lisuart se precipita
elle mesmes en la mer.

Chapitre   VII.

A Peine estoit le Roy Lisuart endormy, qu'il fut re-
ueillé en sursault: d'vn cry de femmes qu'il entre-
ouit pleurans & souspirãs sans cesse. Parquoy se leua incontinét, & appellant maistre Elizabel & les
aultres, print vne hache qu'il auoit fait mettre au
cheuet de son lict, & alla veoir que c'estoit. Et ainsi
qu'il trauersoit la salle, veit venir à luy Arcabon-
ne couuerte seulement d'vn manteau, qui destordoit ses mains, arrachoit se cheueulx, & faisoit vn dueil extreme. Lors s'aprocha le Roy

diſſant,car le Geant l'auoit mis à la cadene,& luy faiſoit tirer la rame, côme aux aultres eſclotz . Monſeigneur, reſpondit maiſtre Heliſabel, auſsi toſt qu'euſtes receu l'ordre de cheualerie, & que fuſmes endormis au ſon des neuf buccines, le Roy Bruneo, Quedragant, & la plus part de ceulx qui eſtoyent lors auec Amadis voſtre pere, Graſinde ma maiſtreſſe me commanda retourner vers le Marquis Saluder ſon frere,pour luy faire entendre comme elle eſtoit mariée auec le prince de Sanſuegue,& pour ceſte cauſe ie m'embarquay,& euz vent ſi à propos, que peu de temps apres i'arriuay en Conſtátinople, ou pour lors eſtoit l'Empereur, qui eut grand plaiſir de m'oyr racompter ce qui eſtoit aduenu depuis le retour de Gaſtilles ſon nepueu : Et le lendemain , ainſi que ie voulois prendre congé de luy, pour paracheuer mon voyage, l'Infante Leonorine, qui eſt à mon aduis la plus belle princeſſe du monde,m'enuoya querir,me priant treſinſtamment,qu'en la preſence de la Royne Minoreſſe & aultres dames & damoiſelles, ie luy diſſe tout ce que i'auois apris du Cheualier à la verde Eſpée : Car,diſoit elle,encores que nous ſçaichons bien que maintenant il ſe nomme Amadis de Gaule,ſi ne changera il de nom en noſtre endroict, tant qu'il nous ait enuoyé quelqu'vn de ſon lignaige, ou luy meſmes retourné vers nous, pour nous ſeruir comme il nous a promis . Adonc ie leur comptay les merueilles de l'arc des loyaulx amans, les ſingularitez de l'iſle, dont ilz n'auoyent oncques oy parler,la perte du Roy Liſuart,la ſorte que vous receutes cheualerie,les ceremonies qu'Vrgáde la deſcogneue y feit obſeruer, le commandement que vous donna Amadis voſtre pere de les venir ſeruir en ſon lieu : Et comme finablement nous nous endormiſmes en la grand Serpente,de laquelle nous feuſmes tráſportez ſans ſçauoir par qui,iuſques au palais d'Apolidon, ou à noſtre reſueil no' nous trouuaſmes tous,fors vous,Manely, le Roy de Dace, Ambor & Talenque,qu'oncçs puis nous n'auions veuz:Et ainſi que ie leur faiſois ce diſcours, la princeſſe Leonorine n'eut patience de me laiſſer paracheuer: ains en interrompant mon propos me dit : Quand mon couſin Gaſtilles retourna vers l'Empereur mon peré, il me ſouuient qu'il faiſoit cas entre aultres,du damoiſel dont vous parlez, & par ainſi declairez nous au long tout ce que vous ſçauez de luy. A quoy ie luy vouluz obeir, cômençant au iour de voſtre natiuité, & depuis comme le Roy Liſuart vous trouua en la foreſt auecq' la lionne, les lettres qu'il receut le iour meſmes,& les caracteres que vous apportaſtes ſur vous du ventre de la mere,les vns auſsi blancz que neige qui eſt voſtre nom, les aultres rouges comme ſang, ou eſt celuy de voſtre amie, encores incogneue pour ne cognoiſtre leſditz caracteres. Lors me demáda en riant,côme donc ques vous en pourriez auoir nouuelles, & ie luy reſpondiz qu'Amour la vous enſeigneroit auec le téps,& que l'on tenoit pour tout ſeur qu'el

le ſeroit

veoir:Et cogneut affeuréement que ce n'eftoit aultre.Toutesfois,dit il,
ie le penfois encores prifonnier en l'ifle Ferme. Sire, refpondit maiftre
Helifabel,il eftoit deliuré auant que ie partiffe. Lors luy compta la maniere ainfi qu'il eft amplement declaré à la fin de noftre quatriefme li-
ure.Voila,dit le Roy,comme les iugemens de Dieu font grandz,faites
mettre fon corps en quelque lieu fraifchement: car ie fuis feur que fon
ame aura deformais plus de chaleur,qu'elle n'a eu en ce monde,foit en
rofty ou en boully.

Comme maiftre Helifabel

alla trouuer le Cheualier noir en l'Hermitaige,
ou il f'eftoit retiré,& des propos
qu'ilz eurent enfemble.

Chapitre   VIII.

A   Rcalaus mis en fepulture,& les aultres femblablement,
le Roy Lifuart fe retira en fa chambre , & ainfi qu'il ieta
l'oeil fur la marine,ne veit plus les vaiffeaulx qui eftoyét
arriuez auec Matroco.Adonc f'enquit comme ilz f'en e-
ftoyent allez, & il luy fut refpondu, qu'auffi toft qu'Arcabonne fe feut precipitée en l'eaue,ilz auoyent recueil-
ly le corps & mis en leurs vaiffeaulx,& fait voile. Aillent à tous les diables, dit le Roy , nous ne laifferons pas à difner fi nous auons dequoy.
Sire,refpondit maiftre Helifabel, il eft preft quand il vous plaira. Lors
feut la viande apportée,& mengea le Roy de bon appetit: mais il auoit
fi peu repofé la nuiĉt precedente,qu'il dormoit quafi tout debout. Parquoy auffi toft qu'il feut hors de table fe ieta fur fon liĉt, commandant
expreffément que nul ne l'efueillaft , dont maiftre Helifabel feut trefaife,voyant qu'il pourroit(ce pendant) aller trouuer Efplandian,com-
me il luy auoit promis: Et de fait fortit fecretement du chafteau,& deuallant contre bas la montaigne,chemina tant qu'il arriua en l'Hermitaige,ou il trouua à la porte l'Hermite & le muet,lefquelz il falua , leur
demandant fi le Cheualier noir eftoit leans . L'Hermite qui le vouloit
celer, feit l'ignorant: mais le muet monftra par figne qu'il entraft en la
prochaine chambrete,ce qu'il feit,& l'aduifa couché fur vn liĉt,fi penfif que rien plus . Toutesfois auffi toft qu'il apperceut maiftre Helifabel, luy tendit les bras & luy dit : Maiftre mon amy, vous foyez le tref-
bien venu.comme auez vous ainfi abandonné l'ifle Ferme, pour feruir
Matroco & les aultres de nation tant Barbare? Et ce difoit il le gau-
C iiii   diffant

diſſant, car le Geant l'auoit mis à la cadene, & luy faiſoit tirer la rame,
côme aux aultres eſclotz. Monſeigneur, reſpondit maiſtre Heliſabel,
auſsi toſt qu'euſtes receu l'ordre de cheualerie, & que fuſmes endormis au ſon des neuf buccines, le Roy Bruneo, Quedragant, & la plus
part de ceulx qui eſtoyent lors auec Amadis voſtre pere, Graſinde ma
maiſtreſſe me commanda retourner vers le Marquis Saluder ſon frere, pour luy faire entendre comme elle eſtoit mariée auec le prince de
Sanſuegue, & pour ceſte cauſe ie m'embarquay, & euz vent ſi à propos,
que peu de temps apres i'arriuay en Conſtãtinople, ou pour lors eſtoit
l'Empereur, qui eut grand plaiſir de m'oyr racompter ce qui eſtoit aduenu depuis le retour de Gaſtilles ſon nepueu: Et le lendemain, ainſi
que ie voulois prendre congé de luy, pour paracheuer mon voyage,
l'Infante Leonorine, qui eſt à mon aduis la plus belle princeſſe du mon
de, m'enuoya querir, me priant treſinſtamment, qu'en la preſence de la
Royne Minoreſſe & aultres dames & damoiſelles, ie luy diſſe tout ce
que i'auois apris du Cheualier à la verde Eſpée: Car, diſoit elle, encores
que nous ſçaichons bien que maintenant il ſe nomme Amadis de Gau
le, ſi ne changera il de nom en noſtre endroict, tant qu'il nous ait enuoyé quelqu'vn de ſon lignaige, ou luy meſmes retourné vers nous,
pour nous ſeruir comme il nous a promis. Adonc ie leur comptay les
merueilles de l'arc des loyaulx amans, les ſingularitez de l'iſle, dont ilz
n'auoyent oncques oy parler, la perte du Roy Liſuart, la ſorte que vous
receutes cheualerie, les ceremonies qu'Vrgãde la deſcogneue y feit obſeruer, le commandement que vous donna Amadis voſtre pere de les
venir ſeruir en ſon lieu: Et comme finablement nous nous endormiſmes en la grand Serpente, de laquelle nous feuſmes trãſportez ſans ſçauoir par qui, iuſques au palais d'Apolidon, ou à noſtre reſueil no' nous
trouuaſmes tous, fors vous, Manely, le Roy de Dace, Ambor & Talenque, qu'oncõs puis nous n'auions veuz: Et ainſi que ie leur faiſois ce diſcours, la princeſſe Leonorine n'eut patience de me laiſſer paracheuer:
ains en interrompant mon propos me dit: Quand mon couſin Gaſtilles retourna vers l'Empereur mon pere, il me ſouuient qu'il faiſoit cas
entre aultres, du damoiſel dont vous parlez, & par ainſi declairez nous
au long tout ce que vous ſçauez de luy. A quoy ie luy vouluz obeir, cômençant au iour de voſtre natiuité, & depuis comme le Roy Liſuart
vous trouua en la foreſt auecq' la lionne, les lettres qu'il receut le iour
meſmes, & les caracteres que vous apportaſtes ſur vous du ventre de la
mere, les vns auſsi blancz que neige qui eſt voſtre nom, les aultres rouges comme ſang, ou eſt celuy de voſtre amie, encores incogneue pour
ne cognoiſtre leſditz caracteres. Lors me demãda en riant, côme donc
ques vous en pourriez auoir nouuelles, & ie luy reſpondiz qu'Amour
la vous enſeigneroit auec le téps, & que l'on tenoit pour tout ſeur qu'el
le ſeroit

le feroit iffuë de lignée Royalle , & belle entre les plus excellentes de là
terre. En verite, dit elle, il le merite bien, & vous prie tant qu'il m'eſt poſſible, quand vous le verrez , le perſuader venir pardeça acquitter la promeſſe , de laquelle ſon pere nous eſt redeuable : car i'ay grand deſir de le
veoir , & le ſçauoir autant noſtre qu'a eſte aultresfois Amadis : Ce que ie
luy promis faire , combien que ie doubtaſſe que ce ne ſeroit ſi toſt que ie
deſirerois : Et ainſi, monſeigneur, demouray quelques iours entre elles,
parlant ordinairement de vous. Puis m'embarquay auecques ma compaignie , & nous courut ſus fortune en ſorte que nous tõbaſmes es mains
de Matroco, eſcumant lors en la marine . Durant que maiſtre Heliſabel
entretenoit le Cheualier noir, de ce que luy auoit demande la belle Leonorine, & des perfections d'elle, Amour luy rauit tellement la liberte,
qu'il mua couleur plus de ſix fois : Neautmoins il diſſimula pour l'heure
(au mieulx qu'il peut)ce qu'il en penſoit: Et changeant de propos deman
da à maiſtre Heliſabel comme il auoit trouue le moyen d'eſchaper d'a-
uec le Roy Liſuart. Le mieulx du monde,reſpondit il, auſſi toſt qu'il a eu
diſne il ſeſt mis à dormir , & ce pendant ie vous ſuis venu veoir . Ie vous
prie, dit le Cheualier, qu'il ne ſçaiche rien de tout ce que vous auez entendu. Et pourquoy,reſpondit maiſtre Heliſabel, vous cachez vous ainſi
de luy ? veu qu'il n'y a prince au monde plus digne d'eſtre aime & ſeruy
de tous bons Cheualiers. Il eſt vray, dit le Cheualier, mais i'ay encores ſi
petit commencement, que ie ſerois honteux qu'il m'euſt en ſi peu d'eſtime : puis i'eſpere auec le temps faire telles choſes, qu'elles me renomme-
ront d'elles meſmes, ſans aultre truchemen : par ainſi gardez vous ſur voſtre vie que ie ne ſoye à preſent deſcouuert. Puis qu'il vous plaiſt,reſpon-
dit maiſtre Heliſabel, ie le feray,combien que ce luy ſeroit vn plaiſir d'en
tendre tel ſecours ineſpere luy eſtre aduenu de vous,& non d'aultre . Ce
ſera pour vne autre fois, dit le Cheualier : & pource qu'il vous pourra de-
mãder à ſon reſueil,retournez vous en, & venez de fois à aultre me veoir.
Lors maiſtre Heliſabel print conge, & luy donnant le bon ſoir, ſuyuit le
chemin qu'il eſtoit venu.

Comme la damoiſelle Car-

melle trouua en l'Hermitaige le Cheualier noir dormant, & eut fantaiſie de le tuer : mais le
voyant ſi beau,feut ſoubdainement
eſpriſe de ſon amour.

Chapitre   IX.

A tant

Ant chemina maiſtre Heliſabel depuis qu'il fut party de l'Hermitage ou il auoit laiſſe le cheualier noir,
qu'il r'étra au chaſteau ſans eſtre de nul aperceu, encores q̃ le Roy feut deſia eſueille, lequel l'aduiſant à
la baſſe court (d'vne feneſtre ou il eſtoit appuye) luy
demãda ſ'il auoit dormy. Non ſire, reſpõdit il, ie me
ſuis promene le long de ceſte coſte, qui eſt enuiron-
née du plus beau païs q̃ i'ay oncq̃s veu. Mõtez ça hault, dit le Roy, & nous
en deuiſerons. Mais à peine eut il mis le pied en la chãbre q̃ Carmelle fille
de l'Hermite ſuruint: laq̃lle ſe mettant à genoulx dit au Roy: Sire, ie vous
ſupplie treshũblement vous ſeruir doreſnauãt de moy, cõme de celle qui
eſt voſtre ſubiecte, & vous monſeigneur lige & droicturier. Lors la leua
le Roy doulcement, & luy reſpondit: Damoiſelle m'amie, ſi voulez quelque choſe de moy, vous n'en ſerez pas refuſée: Car oncques de ma vie
n'eſſayay qu'a faire honneur & plaiſir à toutes celles qui vous reſſemblent: & poſe que telle faueur me ſoit tournée ſouuent à deſplaiſir, ſi n'en
donnéie le tort qu'a moy meſme, veu que noſtre ſeigneur enuoye iuſte-
ment les biens & les maulx quand & à qui il luy plaiſt, ainſi ie vous prie
me dire qui vous eſtes. Adonc Carmelle luy feit vn long recit comme en
ſes premiers ans elle auoit ſuyuie Arcabonne ſa maiſtreſſe, & l'occaſion
qui meut ſon pere de ſe rendre Hermite, ainſi qu'il vous a eſte amplement deſduict aux chapitres precedens. Vrayement m'amie, dit le Roy,
ſi voulez retourner en la grand' Bretaigne, ie vous y meneray quant &
moy. Sire,

moy. Sire, respondit ellle, ie feray ce qu'il vous plaira, & ce pendant permettez moy que ie face entendre à mon pere qui vous estes: car il sera
tresioyeulx de vous faire seruice. Ouy dea, & faites que ie le voye, dit le
Roy. Treshumblement le remercia Carmelle: Et par ce qu'il estoit ia tard
se retira iusques au l'endemain matin qu'elle sortit de la forteresse, ainsi
que l'aube du iour commençoit apparoistre, & deuallant par vne adresse
qu'elle sçauoit, arriua en l'Hermitaige droictement à l'heure que le muet
& l'Hermite estoyent allez à la barque querir quelques necessitez, dont
le Cheualier noir auoit besoing, & dormoit ce pendant: Car depuis que
maistre Helisabel luy eut entame les propos de l'Infante Leonorine, il
n'auoit peu reposer, sinon à l'heure qu'elle entra en la cellule de son pere
ou elle ne le trouua: Parquoy, sans se doubter de rien, vint en l'aultre châbre, & entendit le Cheualier noir ronfler. Lors bien esbahie entreouurit
la fenestre & le veit dormant, & l'espée pendue au cheuet du lict, laquelle elle print, & doulcement la tira du fourreau, si la trouua encores tain-
cte de sang en plusieurs endroitz, qui luy donna soufpeçon que c'estoit
il sans aultre qui auoit mis à mort Furion, Matroco & ceulx du chasteau:
Et comme elle ieta sa veue plus auant, recogneut les armes noires, dont
feut surprinse de telle crainte, que peu s'en faillut qu'elle ne laissast tomber ce qu'elle tenoit & soymesmes quant & quant: Neautmoins elle s'es-
uertua tellement qu'elle s'aprocha pour mieulx le recognoistre, bien deliberée si c'estoit il, de le faire mourir à l'heure: Et à ceste cause luy descouurit petit à petit le visage: Mais il luy sembla tant beau, que soubdain
la fureur qu'elle luy preparoit se mua en vne si forte amour, que iour de
sa vie ne se peult distraire de l'aymer, par telle vehemence que tant plus
elle le regardoit & plus s'augmentoit en son coeur ce feu nouuellement
allume: Et comme il se feut endormy pensant à la belle Leonorine (apres
que Carmelle eut este long temps à le contempler) se tourna vers elle,
& sans s'esueiller ieta vn hault souspir disant: Haà poure que sera ce de
moy. Bien cogneut lors la damoiselle qu'il ne l'auoit aduisée: parquoy
s'enhardit iusques à le baiser, si luy trouua le visage couuert de grosses
larmes, & eut doubte qu'il eut quelque grande melancolie: Encores que
elle n'en feit cas, sentant son nouueau mal trop plus que celuy d'aultruy,
de sorte que prenant tout à son auantaige esperoit dela en auant trouuer moyen de le faire sien: Toutesfois elle estoit bien loing de son compte: car Amour pour monstrer son pouuoir les auoit tous deux naurez
diuersement en vn mesme lieu & mesme temps, chose quasi incroyable:
Car qui eut iamais pense que ce petit dieu se feut ainsi trouue en telle
maisonnette? ou vn seul bon homme d'Hermite viuoit austerement ne
mengeant pain qu'a demy son soul, auec quelques racines bien froides,
ce nonobstant il les vaincquit tous deux à la saison quasi la plus mal à pro
pos qu'il eut peu choisir comme il semble: veu que le Cheualier auoit
tant souf-

tant souffert aux combatz precedens, & la damoiselle veu à vn instant mourir tant de ses propres amis, que l'vn n'auoit meilleur besoing de cõ solation que l'aultre de repos . S'il est doncques ainsi(comme il est vray) que nous soyons tous subiectz à ce tirant, celuy qui aura passé la fleur de son aage, sans esprouuer sa fureur ne s'en d oit estimer plus heureux, veu qu'il contrainct les ieunes à aymer, & bien souuent les vieilz à radoter. Ainsi estoit la damoiselle faisant penitence du mal qu'elle auoit seule-ment pensé contre le Cheualier noir, & plus longuement y eut demou-re n'eust esté qu'elle ne vouloit estre descouuerte : Parquoy se retira auec l'espée qu'elle tenoit, puis commença à remonter contre mont la roche, & que sans estre descouuerte r'entra par vn poultiz au chasteau dont elle auoit la clef, & iusques en sa chambre . Et quasi aussi tost que l'Hermite & le muet retournerent de la barque, & trouuerét le Cheualier dormant encores, lequel s'esueilla peu apres, mais il ne veit plus son espée au lieu ou elle auoit accoustumé de pendre, parquoy leur demanda s'ilz l'auoy-ent ostée. En verité non, respõdit l'Hermite, aussi ne faisons nous qu'en-trer ceans,du retour de la mer dont nous venons . Lors pésa bien Esplan-dian qu'elle estoit perdue, estimant que tout ainsi qu'il l'auoit conquise par vne estrange sorte, qu'elle seroit esgarée par vne plus grande . Et fei-rent l'Hermite & le muet toute diligence de la trouuer, encores que ce feut en vain.

Cõme le Roy Lisuart aduer-

ty par la damoiselle Carmelle du lieu ou estoit le Cheualier noir, s'en partit seul auecq' elle pour l'aller voir.

Chapitre   X.

La damoi-

A damoiſelle Carmelle retournée au chaſteau, cōme il vous à eſte' dit, vint auſsi toſt trouuer le Roy
qui à l'heure ſe cōplaignoit à maiſtre Elizabet, du
tort que luy auoit fait le Cheualier Noir, pour ſe-
ſtre ainſi abſéte' de luy ſans ſe vouloir faire cognoi
ſtre, & taſchoit par tous moyens à luy tirer les vers
du nez, afin d'entendre ce qu'il en ſçauoit . Mais il
parloit à vne trop fine mouche, & qui pour mourir n'euſt voulu paſſer
la defenſe qu'on luy auoit faite : Et combien que la Damoiſelle euſt au
parauant delibere' de luy racompter tout ce qu'elle en auoit apris, eſpe-
rát par ſa faueur venir à ſes attainctes : Neantmoins la preſence de Helizabet fut cauſe qu'elle s'en teut, iuſꝗs à ce qu'il s'en fut alle'. Lors voyát
le Roy ſeul, cōmença à luy dire:Sire, s'il vous plaiſt me faire tát de bien
de m'eſtre aydant en choſe qui m'importe de mort ou de vie enuers le
Cheualier que vous deſirez tant veoir,ie le vous monſtreray deuát qu'il
ſoit demain nuict, ſi bon vous ſemble, en lieu ou vous pourrez facilement parler à luy, & àfin que vous n'en doubtiez, i'ay telles enſeignes
en ma chambre, que les ayant veues, ie ſuis ſeure que me croirez ayſé-
ment. Damoiſelle, reſpondit il, ſi vous faites cela pour moy, ie feray
pour vous tout ce que ie pourray. Sire, dit elle, ie vous ſupplie quand
vous ſerez enſemble le prier tant qu'il m'octroye vn don, que ie veulx
auoir de luy.Foy de mon corps, reſpondit le Roy, il ne tiendra à cela,
n'y à plus grand' choſe ſi ie puis. Or me ſuiuez, dit la damoiſelle. Lors
D   le mena la

le mena là ou elle auoit enfermé l'efpée, laquelle elle luy monftra, luy demandant s'il ne l'auoit oncques veue. Oy vrayement, refpondit il, que pleuft à Dieu que celuy qui la fceut fi bié employer feuft aufsi pres de moy, comme elle eft. Ie le vous monftreray, dit elle, demain au plus matin, fi voulez me fuiure. Ie le feray, refpondit le Roy, armé, ou defarmé, ce m'eft tout vn mais que ie le voye. Or vous tenez donc-ques pres, dit elle, quand ie le vous iray appeller, & vous contentez de ma compaignée : car ie ne veulx qu'aultre que vous fçache rien de noftre entreprinfe. Et bien, refpondit le Roy. Si fortit de la chambre, & paffant par la court, rencontra Libée & quelques aultres, aufquelz il dit qu'il vouloit aller f'esbatre le lendemain par la montaigne (pource que maiftre Helizabet luy auoit fait entendre qu'il n'eftoit pofsible de veoir contrée plus plaifante) & que Carmelle, fans plus le conduiroit. Puis tombants de propos en propos, pafferent le iour, tant qu'il feut heure d'aller repofer : toutesfois le Roy dormit trefmal, pour le defir qu'il auoit d'aller trouuer le Cheualier. Et à peine commençoit il à fommeiller, que Carmelle le vint efueiller, luy difant : Sire, ne vous plaift il pas venir ou vous m'auez promis? Allons, refpondit il. Adõcq' f'habilla promptement, & manda que lon luy tint deux cheuaulx preftz, fur l'vn defquelz il monta, & la damoifelle fur l'aultre, puis fortirent du chafteau, prenãts le droict chemin vers l'hermitaige. Mais ilz n'eurent guieres cheminé, qu'ilz aduiferent vn hõme courant vers eulx à bride abatue, & comme il fut pres, la damoifelle le recogneut, & luy demanda qui le preffoit ainfi & ou il alloit. La hault au chafteau, refpondit il, prier Matroco, & Furion, venir haftiuement fecourir Lindoraque leur oncle : lequel venant vers eulx de fes païs, a rencontré en la plaine deux cheualiers armez d'vnes armes blanches, qui ont tué ceulx qui luy tenoyent compaignie, & l'ay laiffé au plus grand danger ou il fut de fa vie, comme ie croy. Quand le Roy l'entendit ainfi parler, il péfa aufsi toft que c'eftoient quelques vns des compaignõs du Cheualier Noir, & dit à la damoifelle : Ie vous prie demourez auecq' ceft homme, & i'iray veoir que c'eft. Lors brocha le cheual des efperons, & prenant le chemin que l'aultre eftoit venu, aduifa (d'affez loing) ceulx qui affailloient le Geãt, lequel fe defendoit brauemét, & à coups de maffe les faifoit quelquesfois reculer : mais les deux Cheualiers eftranges, prõptz & hardis, luy donnerent tant d'affaires, qu'il ne fçauoit bõnemét comme fe garantir, & n'euft efté qu'il affomma le cheual de l'vn d'eulx, encores eut il eu pis : Toutesfois celuy qui eftoit demouré feul à la meflée (voulant venger fon cõpaignon) ne fe trouua eftonné, ains tandis qu'il fe releuoit, recõmença le combat contre le Geant, plus cruel qu'au parauãt en forte, qu'ilz vindrent à fe ioindre bras à bras, & f'embrafferent l'vn

l'aultre

l'aultre, meiſrent toutes leurs forces à ſe deſrocquer. Lors ſ'approcha celuy qui eſtoit à pied, & print le Geant par la iambe gaulche, qu'il luy tira
ſi rudement, que tous deux enſemble tomberent ſur le champ, & ſe tenants encores embraſſez, le Geant eut le deſſoubz la veue contremont,
dedans laquelle, celuy qui les auoit fait cheoir luy meit haſtiuement
l'eſpée ſi auant, qu'il feut contrainct laſcher la prinſe : neantmoins il ſe
releua de grand force, & ſaiſiſſant le Cheualier qui l'auoit naüré, le ieta
contre terre : cependant l'aultre luy donna tel coup d'eſpée ſur la teſte,
qu'il commença à chanceller, & ſecouant le iarret, rédit l'ame à qui elle
appartenoit. Adoncq' ſ'aduança le Roy vn peu plus oultre, & apperceut
les deux Cheualiers porter ſur leurs harnois croix noires, qui luy teſ-
moigna eſtre Chreſtiens : parquoy marcha hardiment vers eulx, & ſ'approcha ſi pres, qu'ilz le recogneurent : ſi vindrent luy faire la reuerence,
bien esbahis qui l'auoit là amené. Mais le Roy qui ſe veoit ainſi honnoré, ne l'eſtoit moins qu'eulx, & leur dit : Mes amis, ie ne ſçay qui
vous eſtes, ie vous prie oſtez voz heaulmes que ie vous veoye, ce qu'ilz
feirent, & cogneut que c'eſtoient Talanque filz de Galaor, & Ambor
de Gadel, filz d'Angriote Deſtrauaulx : leſquelz il embraſſa de grand'
amour, leur diſant : Par ma foy mes bons amis ce n'eſt pas ſans cauſe
ſi vous auez plaiſir de me veoir : car toute ma vie i'ay deſiré voz peres
en ma compaignie, & le pareil ſouhaitois de leurs enfants : & pour
Dieu comptez moy quelle aduenture vous a fait venir en ces païs eſtran
ges. Sire, reſpondit Talanque, nous allons apres vn Cheualier qui
porte vnes armes noires, duquel n'auons encores eu nouuelles. Sçauez
vous ſon nom ? dit le Roy. Oy bien, reſpondit Ambor, c'eſt voſtre petit
filz Eſplandian. Il ſuffit, dit il, ſuiuez moy ſeulement, & ie vous conduiray là ou il eſt. Lors Ambor, qui pour honnorer le Roy eſtoit deſcendu de cheual, remonta auſsi toſt, & Talanque ſur celuy du Geant, qui
auoit aſſommé le ſien. Puis eulx trois enſemble, reprindrent le chemin
que le Roy eſtoit venu, tant qu'ilz aduiſerent la damoiſelle qui l'attendoit encores : laquelle les veoyants marcher au grand pas vers elle, feut
en branſle de ſ'en fuir, craignant qu'ilz amenaſſent le Roy oultre ſon
gré : toutesfois à la fin cognoiſſant par leurs geſtes qu'ilz eſtoient ſes a-
mis, demeura quoye iuſques à ce qu'ilz feurent ioignant d'elle, qu'elle
dit au Roy : Sire, ou auez vous ſi toſt recouuert compaignie ? Damoiſelle, reſpondit il, vous le ſçaurez tout à temps : mais vous meſmes qu'auez
vous fait de celuy que i'auois laiſſé auecq' vous ? Faites nous part des
nouuelles qu'il vous a apprinſes. Sur mon ame, dit elle, ie ne luy ay plus
toſt aſſeuré la mort de Matroco & des aultres, qu'il ſ'en eſt fuy au trauers de ceſte montaigne, comme ſi tous les ennemis d'enfer l'emportoyent : neantmoins il m'auoit aſſeurée au parauant, que le Geant ſon
maiſtre en auoit ouy quelque bruit, & qu'à ceſte cauſe il ſ'en venoit

D ij   pardeça,

pardeça, pour en ſçauoir la verite, accompaigne ſeulemét de deux Cheualiers qu'il faiſoit marcher aſſez loing deuant luy, & mal pour eulx:
car il les a trouuez morts, ſans ſçauoir qui a ce fait, fors deux Cheualiers
eſtrangers qu'il a rencontrez toſt apres: leſquelz l'ont aſſailly, & les a
laiſſez (à ce qu'il m'a dict) au fort de leur combat. Par Dieu, dit le Roy, ſi
les premiers y ont mal fait leurs beſoignes, le dernier qui eſt leur maiſtre n'a gueres mieulx ioue ſon perſonnaige qu'eulx: car ilz y ſont tous
demourez pour eſpies: & voicy ceulx qui eſtoyent de la partie que ie
vous prie laiſſer venir auecq' nous, car ilz ſont amis & compaignons de
celuy que vous m'auez promis monſtrer. Allons doncques, puis qu'il
vous plaiſt, reſpondit elle. Lors cheminerét enſemble vers l'hermitage,
à l'entrée duquel ilz trouuerent le preudhomme aſsis ſur vne pierre, lequel tout effraye de veoir ſa fille auecq' tant de gens, luy demanda ou
elle alloit. Mon pere, reſpondit elle, voicy le Roy Liſuart voſtre prince,
& le mien que ie vous ameine, comme celuy qui a deſir de vous veoir.
Et combien que l'hermite ne l'euſt veu de long temps, ſi le recogneut il,
& ſ'aduança pour luy baiſer les piedz, ce qu'il ne voulut permettre, ains
l'acolla, & deſcendant du cheual ſuiuit la damoiſelle, & rencontra le
muet, lequel entendant le bruit & haniſſement des cheuaulx, venoit
veoir qui ce pouuoit eſtre, quand il aduiſa le Roy, contre lequel il ſ'en-
clina la teſte en bas: toutesfois le Roy paſſa oultre ſans ſ'arreſter, & entra auſſi toſt que Carmelle en la chambre du Cheualier qu'il trouua aſ-
ſis ſur le pied de ſon lict. Si le recogneut Eſplandian incontinent, & ſe
vint ieter à ſes piedz: mais le Roy l'embraſſa pleurát de trop grand'ioye.
Et à l'inſtant ſuruindrent Talanque & Ambor, leſquelz aduiſans leur
compaignon (qu'ilz auoient tant quis) feurent merueilleuſement aiſes,
& ſ'approchants pour le ſaluer, le Roy dit à Eſpládian: mon filz, encores
que vous ayez prins grád' peine à vous celer de nous, ſi a noſtre Seigneur
permis que tous trois vous ayós trouue à vn coup: parquoy ie vous prie
ſortir de ceans, & vous en reuenir là hault au chaſteau ou vous ſerez plus
à voſtre aiſe que non pas en ceſte poure maiſon. Sire, reſpódit il, ie feray
ce qu'il vous plaira. Adócq' vint embraſſer Taláque & Ambor, ſ'enque-
rans à eulx, & eulx à luy, des fortunes qu'ilz auoient paſſées depuis que
Vrgande les feit armer Cheualiers. Ce maiſtdieux, dit le Roy, vous attendrez à en ſçauoir d'auantaige, iuſques à ce que nous ſoyons là hault: car
vous en pourrez deuiſer mieulx à voſtre aiſe. Puis appella la damoiſelle
Carmelle, & la pria retourner en toute diligence dire à Libée qu'il luy
admenaſt vn des cheuaulx de Matroco pour Eſpládiá. Sire, dit Ambor,
il ſeroit tard quand il arriueroit, il prendra le mien & ie le ſuiuray à
pied. Non ferez, dit le Roy, montez ſur celuy de Carmelle & la portez
en crouppe. Ainſi ſ'equipperent pour retourner en la Roche defendue
ou les ſuiuoyent tout bellement l'hermite & le muet. Mais à peine feu-
ren-

rent ilz entrez dedans, & Ambor, & Manely defarmez, que Carmelle
pafsionnée de l'amour extreme qu'elle portoit au Cheualier Noir, fe
cuida tuer de l'efpée propre qu'elle auoit defrobbée le iour precedent.
Et l'occafion de fon defefpoir, procedoit de ce qu'elle penfoit bien qu'il
la defdaigneroit, eftant indigne de luy, qui eftoit filz d'Amadis, ainfi
qu'elle auoit fceu nouuellement: toutesfois il luy fouuint de la promeffe
que le Roy luy auoit accordée, parquoy delibera de le fupplier faire tant
enuers luy, qu'il promift feulement qu'elle ne l'habandonnaft iamais,
ains demouraft tant qu'elle viuroit en fa compaignie, pour le feruir en
toute fidelite'. Et de fait executant fa deliberation, ainfi qu'ilz eftoient
tous enfemble, fe vint ieter aux piedz du Roy, & luy dit: Sire, ne vous
ay-ie pas tenu promeffe? Oy vrayement, refpondit il, aufsi ne fera il iour
de ma vie que ie ne vous en fçache gre'. Sire, dit la damoifelle, ie croy que
vous auez encores bien fouuenance du don que vous m'auez promis, &
pour fatisfaire à voftre parole, faites tant enuers le Cheualier Noir, qu'il
m'octroye ce que ie luy demanderay. Damoifelle, refpondit le Roy, affeurez vous que ie m'y employeray de tresbon coeur. Sire, dit elle, vous
me donnaftes hier conge' d'aller veoir mon pere en fon hermitaige, qui
de fortune eftoit abfent quand i'y arriuay, dont ie feuz grandement ef-
bahie, pour n'auoir couftume de f'en efloigner: Et trouuant l'huis ouuert entray en vne chambrette que i'ay fait accouftrer, en laquelle ie
dors quelque fois, quand l'heure ou le mauuais temps me furprend en
fa compaignie, & i'aduifay dormant ce Cheualer (dit elle monftrant E-
fplandian) que tous auez tant regrete', & fon efpée pendue, au cheuet de
fon lict, de laquelle il a ces iours paffez fait mourir ceulx qui m'auoient
efleuée depuis l'aage de mon berceau: Lors efmeue pour ma perte non
petite, d'vn defir de venger moy & les miens, feuz en termes de le mettre à mort, & de fi pres de l'execution, qu'ainfique ie tenois le glaiue nud,
& le bras leue' pour paracheuer mon entreprinfe, il me fembla tant beau
qu'à vn inftant ie feuz efprinfe de fon amour, fi ardemment, que fans la
promeffe que vous m'auez faite, ma vie n'euft efte' efloignée iufques à ce
iourdhuy. Et toutesfois ayant depuis cogneu celuy qui me tient en telle extremite', me fentat indigne de luy eftre femme ny compaignie, i'ay
modere' ma premiere deliberation, en forte que ie me tiendray plus que
fatisfaite, f'il luy plaift feulement que ie demeure pour iamais auecques
luy, le feruant en tout ce qu'il luy plaira me commander, chofe qu'il ne
me peult refufer par raifon: car faffe ce qu'il vouldra, tant que l'ame me
refide au corps, ie ne l'habandonneray, fi force ne m'y contrainct. Et
pourtant, fire, ie vous fupplie en l'honneur de Dieu trouuez moyen que
ma requefte me foit octroyée. Et vous aultres Cheualiers, dit elle à Ambor & Talanque: priez le femblablement pour moy, afin qu'à voftre faueur, la vie de cefte trifte amante non aimée, puiffe durer de quelque

D iij   peu d'a_

peu d'auantaige.Le Roy oyant parler ceſte damoiſelle, qui d'affection
rougiſſoit, & palliſſoit à toutes heures,eut treſgrande enuie de rire,con-
ſiderant l'extremité en laquelle elle eſtoit tombée inconſiderément, &
eut crainte ſil luy faiſoit reſpóſe aultre, qu'à ſa fantaſie, qu'elle ne meſ-
fit à ſoymeſmes,parquoy il luy reſpódit gracieuſement:Damoiſelle m'a
mie, voſtre requeſte eſt ſi raiſonnable, que ie ſuis d'auis qu'il la vous o-
ctroye: Et quant à moy ie l'en prie aultant qu'il m'eſt poſsible . Sire, reſpondit Eſplandian, ie feray ce qu'il vous plaira me commander. Accordez luy doncques ce qu'elle demande,dit le Roy,à ce que d'icy en auant
elle ſe puiſſe nommer voſtre loyalle ſeruante, gardant ſon honneur en
toutes choſes,comme la raiſon le veult.Ie le feray, reſpódit Eſplandian,
& ainſi le vous prometz, dit il à Carmelle : laquelle ſe ietant à ſes piedz,
les luy baiſa,puis remercia le Roy,& luy bien humblement, ſe reputant
plus que treſheureuſe de telle faueur.

Comme Talanque & Ambor

raconterent au Roy les aduentures qu'ilz auoyent eues,
cherchants leur compaignon Eſplandian, depuis le temps qu'ilz receurent l'ordre de Cheualerie.

Chapitre   XI.

Vous auez

VOus auez peu entédre aux chapitres precedéts com-me le Roy Lifuart fut deliuré de prifon par fon petit filz Efplädian, mais il n'auoit encores pas fceu la ma-niere qu'il auoit efté armé Cheualier. Parquoy vn iour entre aultres (au fortir du difner) le Roy Lifuart le pria de luy reciter fidelemét, enfemble ce que luy eftoit aduenu depuis: afin, dit il, que Taláque & Am bor en facent autant de leur part. Lors Efplädian commença à difcourir par le menu comme Vrgande la defcogneue eftoit retournée à l'ifle Fer-me, dedans le nauire de la grand' Serpente, les propos qu'elle eut auecq' Amadis, & aultres qui trouuerét, la forme qu'elle tint pour l'armer Che-ualier, auecq' Talanque, Ambor, Manely, & le Roy de Dace: le fommeil dont ilz furent furprins, & comme à fon refueil il fe trouua au pied de la Roche de la damoifelle enchanteréfie, acompaigné feulement de Sergil fon efcuyer, & de deux muetz. Aufsi la maniere qu'il conquit l'efpée, & mefmes fon arriuée à la montaigne defendue, ou il trouua l'hermite, qui le diffuada à fon pofsible de combatre les Geants. Par mon chef, refpon-dit le Roy, ie n'ouys oncques parler de fi grádes merueilles. Et vous Am-bor, que deuintes vous? Sire, refpondit il, mon compaignon & moy feuf-mes endormis ainfi q̃ les aultres, & au fortir de noftre fomme nous nous trouuafmes en vne barque auecq' noz deux cheuaulx, en vn port de mer nommé Artimata, qui eft au Royaulme de Nuruege (lors à nous inco-gneu) parquoy defcédifmes à terre, tant pour nous en enquerir, que pour recouurer viures. Mais ceulx de la ville qui faifoyent guet, pour quelque guerre efmeue entre eulx & leurs voifins, enuoyerent fçauoir que nous demandions. Si leur feifmes refponfe que nous eftions Cheualiers errás, venans de l'ifle Ferme, que la torméte nous auoit là ietez. Ce maift dieux, dit celuy qui parloit à nous, noftre Roy a maintenát tant à faire, que vo' ferez les tresbien venuz vers luy, fi vous le voulez feruir. Et nous luy de-mandafmes comme il fe nommoit, & la contrée femblablement. Sei-gneurs, refpondit il, elle fe nomme Nuruege, Roy Adroin, beaupere d'-Agraies, que lon dit eftre filz du Roy d'Efcoffe, & l'vn des meilleurs Che ualiers du monde, ie ne fçay fi vous le cognoiffez. Et quelle necefsité a voftre prince de noftre feruice? Entendez, refpódit il, qu'il eft fi vieil, que l'vn de fes nepueuz filz de fa focur, induict par quelque mauluais cófeil, a prins les armes cótre luy, tendát afin d'auoir l'adminiftration du Roy-aulme, puis que fon oncle ne le peult gouuerner. Et foubz telle couleur, en a defia vfurpé grand' partie, & tient encores afsiegée l'vne des meil-leures villes, que noftre Roy ne peult fecourir : par ce que grand' part de ceulx aufquelz il fe fioit le plus l'ont du tout abandonné, & tiennent le party de ce ieune fol, qui les a gaignez par belles promeffes, chofe qui ad uient communément à ceulx que Fortune defauorife : lefquelz eftants

D iiii

pourfuyuiz

pourſuyuiz par malheur, ne ſont contenuz ſeulement des eſträgers, ains
de leurs parens & alliez, que lon doit propremét nommer amis du téps.
En bonne foy, diſmes nous, ſi ceulx de la ville nous veulent donner à re-
paiſtre, & guide pour nous conduire, nous irons volũtiers luy preſenter
noſtre ſeruice, tant pour l'hõneur d'Agraies, duquel nous ſommes amis,
que pour le droit qu'il a comme vous nous aſſeurez. A cela ne tiendra il
pas, reſpondit il. Lors nous pria de l'attendre, & ſ'en retourna en la ville,
ou il ne feit long ſeiour, qu'il ne reuint auecq' ce que luy auions demãde:
meſmes la guide qui nous mena ſi bié, qu'arriuaſmes le lendemain à diſ-
ner ou eſtoit le Roy. Lequel aduerty de noſtre venue, & comme nous e-
ſtions amis d'Agraies, nous receut courtoiſement : & commanda à ſon
principal eſcuyer qu'il nous feit deſarmer en l'vne des meilleures chambres, & là nous vint entretenir de tout ce que celuy de la ville nous auoit
racompté, & du meſchãt tour que luy faiſoit ſon nepueu, à l'inſtigation
de deux Cheualiers, auſquelz il auoit toute fiance: par ce, dit il, qu'ilz ſ'aſſeurent que nulz des miens oſeroyent entreprendre les combatre, tant
ſont eſtimez hardis & cheualeureux. Et qui les a meuz, ny voſtre nepueu
auſsi (luy demandaſmes nous) entreprendre ſi grand' follie? Pour aultãt,
reſpondit le Roy, que ie n'ay nulz enfans maſles, & ceſtuy mien nepueu
dit que ie ſuis trop ancien pour deſormais gouuerner ce Royaulme, &
que c'eſt à luy à faire : toutesfois ie l'en garderay ſi ie puis, ſoubz intention que ie le garderay à ma fille Olinde, & à Agraies ſon mary. Par mõ
ame, dis-ie lors, il me ſemble puis que ceſte guerre eſt commencée ſeulement pour le droit que vous deux pretendez en vne meſme choſe, le
meilleur ſeroit que le different ſe vuidaſt par le combat de deux Cheualiers de chaſcune part, ſans que tant de poure peuple en ſouffre comme
il fait, remettant le ſurplus de la victoire à qui noſtre ſeigneur la vouldra
enuoyer, qui eſt iuſte & droicturier. Et ſ'il vous plait, mon compaignon
& moy ſerons les deux qui l'entreprendrons pour vous. Mais quand il
m'ouyt ainſi parler, il demoura tout penſif, puis nous reſpondit: Cheualiers, ie ne vous cognois encores tant, que par raiſon ie doiue hazarder
vn ſi grand Royaulme qu'eſt le mien: toutesfois ſi vous me voulez aſſeurer que vous eſtes Cheualiers de l'iſle Ferme, i'en prendray le hazard tel
qu'il pourra venir: car il ne peult ſortir de lieu tant renommé, que preudhommes, aultrement celuy qui en eſt ſeigneur ne les ſouffriroit en ſa
compaignie, cõme ie penſe. Et nous luy iuraſmes foy de Cheualerie que
nous luy auions dit verité. Parquoy depeſcha incontinent vne trompet-
te vers ſon ennemy, pour luy preſenter ce combat: lequel entendant telles nouuelles, monſtra contenance d'en eſtre fort ioyeux, eſtimant que
ſes deux Cheualiers tant eſtimez viendroyent facilement about de deux
meilleurs que le Roy euſt : & partant renuoya incontinent le trompet-
te, auecq' vn des ſiens, qui accorda auecq' nous du lieu des armes, & d'o-

ſtaiges

ftaigés:tellement qu'au iour afsigne, apres les ferméts folennelz faitz d'-
vne part & d'aultre, nous entrafmes en camp, & eufmes vn combat merueilleux les vns contre les aultres:mais finablement eftant le droit de no
ftre cofte, la victoire nous demoura aufsi. Et côme nous feufsions preftz
de leur tailler les teftes, le nepueu(ennemy du Roy)nous pria trefinftam
ment les luy donner, ce que luy acordafmes, foubz condition que de là
en auant il fouffriroit fon oncle regner en paix, fans plus le molefter, &
ainfi le promit. Or eftions nous fi naurez, qu'il nous feut force feiourner
en Nuruege plus longement que nous n'efperions, ou durant ce temps,
aulcuns marchants y prindrent port, qui auoyent veu (comme ilz nous
affeuroyent)en mer, pres la roche de la damoifelle enchantereffe, vn Ser
pent trop plus grand que nul vaiffeau qui feut en tout l'Ocean : dont ilz
receurent telle peur, qu'ilz n'en eurent oncques de femblable, & par cela
eufmes nouuelles d'Efplandian. Lors combien que ne feufsions du tout
gueriz, fi fuppliafmes nous le Roy nous y faire conduire : ce qu'il acorda
voluntiers, & ainfi entrafmes en mer auecq' fi bon vent, que le fixiefme
iour apres nous approchafmes la roche & la Serpente: qui de prime face
nous dôna quelque effroy, encores que l'eufsions maintesfois veue. Neantmoins nous la trouuafmes vomiffant tant de feu par la gueule & narines, que nous doubtions qu'elle embrafaft noftre nauire: & à toutes les
peines du monde y feifmes nous ioindre le patron & ceulx qui nous gui
doyent. Puis voyant que nul dedans fe monftroit, commençafmes à appeller à haulte voix, tant que Sergil vint fur le tillac : lequel pleurant à
groffes larmes nous racompta tout ce qui eftoit aduenu à fon maiftre en
la montaigne de la damoifelle enchantereffe, & comme depuis l'vn des
muetz l'auoit fait entrer en vne barque, & aufsi toft fait voile, en forte
qu'il ne fçauoit f'il eftoit mort ou vif, car il n'en auoit rien entendu depuis, & eftoit là demeure feul auecq' vn autre muet en la plus grande pei
ne du monde. Adoncq' nous luy difmes qu'il l'appellaft,& aufsi toft il fe
prefenta à nous , & par fignes luy feifmes entédre le plaifir que nous aurions, f'il nous vouloit guider ou fon compaignon auoit mene Efplandian,ce qu'il nous acorda par effect:car il entra en noftre vaiffeau, & cômença à voguer fi bien, qu'au dixiefme iour il nous feit prendre terre affez prez du lieu ou nous auiôs laiffe le Geant,& les deux Cheualiers que
vous auez veuz mortz : & voila, fire, les fortunes que nous auons paffées,
depuis que nous auons receu l'ordre de Cheualerie. Vrayement, refpondit le Roy Lifuart, fi celles de Talanque & Manely font aufsi eftranges,
lon pourra bien dire qu'oncques n'en aduindrent de telles pour vn commencement à fix aultres Cheualiers.

Comme

Comme vne nuict estant le

Roy Lisuart en son lict, pensant comme il pourroit retourner
en la grand’ Bretaigne, entr’ouyt vn son si melodieux, qu’il
se leua pour l’escouter, & de ce qui aduint.

Chapitre   XII.

Ant seiourna le Roy Lisuart à la montaigne defendue, qu’il comméça à s’y ennuyer plus qu’il n’auoit
de coustume, non seulemét pour desir qu’il eust d’e-
stre en ses païs, ains à cause du malaise qu’il sçauoit
certainement estre en la Roïne pour son absence, &
en ceste pensée feut quelques nuictz sans pouuoir
reposer: tellement qu’vne fois entre aultres il enten-
dit (demie heure auant iour) du costé de la marine vn son le plus ar-
monieux qu’il estoit possible ouyr : parquoy se leua de son lict, & sans
faire aucun bruit ouurit la fenestre, pour plus aisément iouyr de ce plaisir . Or estoit lors la nuict fort obscure, & les ventz si grandz, que la mer
esmeue faisoit retentir les vndes contre les concauitez des rochz, si bien
à propos, que ce bruit & son melodieux meslez ensemble auoyent quelque armonie d’aduantaige : & tant s’y delecta le Roy, qu’il esueilla Esplandian, Ambor, & Talanque, qui dormoyent ainsi que font le plussor-
uent ieunes gents ennemis de melancolie. Mais quand ilz entendoyen
ceste m

ceste mufique,ilz ne tarderent gueres en leurs licts,ains s'approcherent
haftiuement des feneftres, pour veoir que c'eftoit:toutesfois ilz ne peu
rent rien defcouurir qu'il ne feut iour. Lors apperceurent la grand'Ser
pente furgir le long de la plage, dequoy ilz feurét tous fi aifes que merueilles,fe tenants feurs que fon arriuée leur apportoit quelques bonnes
nouuelles: Au moyen dequoy s'habillerent prôptement & fans feiourner,fortirent du chafteau pour aller veoir qui eftoit dedans, & comme
ilz arriuerent fur la greue, apperceurét vn efquif,& vne damoifelle qui
en fortoit, portant entre fes bras vn paquet couuert de taffetas de cou-
leur:laquelle s'approchant du Roy,en le faluant humblement, luy dit:
Sire, Vrgande la defcogneue baife les mains de voftre maiefte', & m'a
commande' vous faire entédre que pour fecourir l'Empereur,& voftre
fille l'Imperatrix, à vn affaire qui leur eft de trefgrande importáce, elle
n'a eu le moyen vous venir trouuer.Puis prefentant à Efplandian le paquet,luy dit : Gentil Cheualier, ma maiftreffe qui vous aime & eftime
(comme chafcun fçait)vous enuoye ces armes, & vous mâde par moy,
que tout ainfi qu'elle vous donna les noires, que vous auez portées iufques à prefent (pour tefmoignaige de l'ennuy commun qui eftoit au
temps de la perte du Roy,entre tous fes loyaulx fubiectz & amis)qu'en
celles cy vous trouuerez la deuife de la dame, qui en beaulte' & bonne
grace furpaffe toutes les belles de la terre, ainfi qu'Amadis voftre pere
approuua lors qu'il luy meit la couronne fur fa tefte, pour fouuenance
dequoy elle a toufiours depuis porte' femblable deuife:laquelle aura en
vous tant d'effort, que d'icy en auant ne donnerez coup d'efpée, ou de
glaiue, qu'il ne vous fouuienne d'elle. Et difoit cecy pour la belle Leonorine fille de l'Empereur de Conftantinople, qui par deftinée deuoit
eftre à luy,& non à aultre.Adoncq' deflia le paquet,tira hors vn heaulme blanc comme neige, auecq' l'efcu,le haubert de mefme, & le capa-
raffon d'vn deftrier,tous femez de couronnes d'or,enrichies de maintz
diamants & groffes perles, lefquelz il receut de trefbon coeur . & refpondit à la damoifelle:Ie vous prie remercier de ma part bien humblement madame Vrgande, de tant d'honneur & de biens qu'elle me fait
chafcun iour : l'affeurant qu'en quelque part que ie foye, elle a en moy
vn Cheualier, pour luy obeir, & qui pour l'amour d'elle portera ces armes tant qu'il luy plaira. Ce maiftdieu, dit elle, deuant qu'il foit long
temps vous en aurez bien vn aultre, qui vous contraindra à faire plus
grâdes chofes : car elle vous rauira le coeur & la liberte' de telle force, q̃
vous perdriez trop,fi vous n'eftiez quelq̃ fois perdu pour elle.Au furpl̃
ie vous aduife que ma maiftreffe fe fent encores tant obligée à monfeigneur Amadis voftre pere, de ce que par fon moyen elle recouura fon
amy, qu'elle effayera toute fa vie à luy faire plaifir, & à vous aufsi,pour
l'amour de luy. Et côme elle eftoit en ces termes,Carmelle furuint,la-
quelle en-

quelle entendât ce propos, print la parole, & dit à la damoiſelle: Ie vous
prie faire aduiſer de ma part à voſtre maiſtreſſe, qu'elle a treſgrande rai
ſon de recôpenſer ſi bien ceulx, par leſquelz elle iouit de celuy qu'elle
aime tant, & que i'en cognois maintes, ſi vn tel bien leur eſtoit aduenu,
qui eſſayeroient de le recognoiſtre, au pris de leur ſang, voire de l'ame
propre ſil eſtoit beſoing. Par ma foy damoiſelle, reſpondit l'aultre, ie
ne ſçay pas pour qui vous le dites, mais ie ſçay bien que vous auez attaint droictement ou giſt mon mal. Et ce diſoit elle de ſi bonne grace,
que le Roy ne ſe peuſt tenir de rire, ayant aultrefois eſprouué la fureur
d'Amour, du temps qu'il veit premierement la Roïne en Dannemarc.
Toutesfois il changea de propos, & demâda à la damoiſelle d'ou eſtoit
procede ceſte armonie qu'il auoit entendue deuant le iour. Sire, reſpon
dit elle, paſsiônée quelquefois plus que ne vouldroye, ie paſſe ma melancolie auecq' vn lucz, principalement lors que ie ne puis dormir, qui
eſt à mon aduis ce que vous auez ouy, ſur la fin de la minuict. Et quelle
compaignie auez vous en la grand' Serpéte? dit le Roy. Non aultre, reſpôdit elle, fors l'eſcuyer d'Eſplâdian, que i'ay trouué demy mort, pour
ne ſçauoir nouuelles de ſon maiſtre, auquel i'amene vn deſtrier blanc,
le plus beau, & le mieulx enharnache qu'il eſt poſsible, q̃ madame luy
enuoye auſsi. Ne vous a elle cômande me dire aultre choſe? dit le Roy.
Oy ſire, elle vous mande qu'auſsi toſt que ie ſeray arriuée pardeça, vous
& luy entriez en ce nauire, qui vous guidera de ſoymeſmes en la grand
Bretaigne, & que la fortune qui vous eſt aduenue ces iours paſſez, ſont
droictement les laqs que le monde tend, pour attraper ceulx qu'il veult
tromper, faignant ioindre l'aage vert & fleury auecq' celuy qui eſt deſia
ſec & flaiſtry. Et oultre, que vous mettiez en effect ce que vous auez ca-
ſuellement precogite. Et pource qu'il n'auoit dit encores à perſonne ſa
fantaſie, qui eſtoit de laiſſer l'eſtat de Roy, & ſuiure la vie contempla-
tiue, il trouua merueilleuſement eſtrange qu'Vrgande le ſceuſt: neantmoins il n'en feit ſemblant, ains reſpondit à la damoiſelle: Voſtre maiſtreſſe m'oblige de iour en iour, & de plus en plus à elle, eſtant certain
que ſans ſon aide, i'euſſe malaiſément trouué qui m'euſt r'amene en
mes païs: parquoy ie vous prie l'aduiſer que ie n'ay rien en puiſſance,
ſurquoy elle n'ait commandement. Et quant à ma deliberation, qui
luy a eſte manifeſte (à ce que ie puis cognoiſtre) auſsi toſt qu'elle a eſte
conceue en mon eſprit, moy de retour, ie la mettray à execution, moy-
ennant la garde de noſtre Seigneur. Sire, dit elle, elle vous prie laiſſer
ce lieu en garde à Talanque, & Ambor, ſans mener auecq' vous aultres
que monſeigneur Eſplandian, Sergil, & maiſtre Helizabet, ſçachant
certainement que deſormais ilz feront telles choſes, que leur renommée en vollera par tout le monde. Et ſur ce poinct, ſire, ie prendray con
ge de vous, ſil vous plaiſt, pour m'en retourner vers elle, auecq' les

deux muetz

deux muetz,qui me guideront en ceste barquette. Dieu vous vueille cõduire,refpõdit le Roy. Lors entra la damoifelle auecq' fes deux barque-
ros au vaiffeau d'Efplandian,& faifant voile,finglerent en plaine mer.

Comme le Roy Lifuart s'em-

barqua en la grand' Serpente, & de la depefche que feit Efplãdian
à la damoifelle Carmelle, pour aller vers l'Infante Leonorine, fille de l'Empereur de Conftantinople.
Chapitre　XIII.

A damoifelle meffagiere embarquée auecq' les deux muetz,
& efloignée de la montaigne defendue, le Roy Lifuart & les
aultres,retournerent au chafteau, ou depuis il feit peu de fe-
iour:car fuiuant l'aduertiffement qu'Vrgande la defcogneue
luy auoit mande',pria Ambor & Talanque garder de là en auãt la place
auecq' Libée,& ceulx de fa cõpaignie,les affeurant qu'il leur enuoyeroit
incontinent refraifchiffement de tout ce qu'ilz auoyent befoing. Mais
quand Efplãdian veit que force luy eftoit , faire le cõmandemẽt du Roy
(trop defplaifant d'efloigner les parties de Conftantinople,ou il efperoit
aller trouuer celle dont maiftre Elizabel luy auoit apporte' les premieres
nouuelles)il tira à part fa fidele Carmelle,& luy dit:Ma grand'amie, i'a-
uois bien intention ne faulfer de ma vie la promeffe que ie vous ay faite,& le don que vous m'auez requis: toutesfois me fiant à vous plus qu'à
aultre qui viue, ie vous prie ne trouuer mauluais, fi pour me faeuluer la
vie,ie vous enuoye en quelque lieu ou ie penfois bien aller moymefmes
en perfonne, neantmoins il plaift au Roy (comme fçauez) que ie luy
tienne cõpaigne.Monfeigneur,refpondit elle, ie vous mercie treshumblement de l'honneur qu'il vous plaift me faire, vous iurant fur tant que
ie tiens de Dieu,que ie n'ay plaifir que par le voftre : & par ainfi ne dou-
btez à me commander tout ce qu'il vous plaira : car ie vous obeïray toute ma vie,quelque peril qu'il m'en puiffe aduenir . Haà ma grand'amie,
E　　dit Efplan-

dit Esplandian en l'accollant, ie le recognoistray quelque iour : & puis
que tant voulez faire pour moy, il fault que vous en allez en Constantinople trouuer l'Infante Leonorine fille de l'Empereur, à laquelle (apres
auoir fait mes treshumbles recommãdations à sa bonne grace) vous direz de ma part comme des le temps que ie receuz l'ordre de Cheualerie,
i'euz commandement de monseigueur Amadis mon pere, me retirer
vers elle, pour l'acquiter de la promesse qu'il luy a faite en son lieu, ou de
retourner la seruir, ou d'y enuoyer vn de son lignage : & neãtmoins considerant en moymesmes la grand' valeur de luy, & l'excellente beaulté
qu'on dit estre en elle, auecq' mon peu de merite, au respect de celuy qui
m'a fait ce cõmandemẽt, i'ay craint de tant entreprẽdre, quelque chose
qu'il luy ait pleu me mander par maistre Elizabel, cõbien que ie ne seray
iamais aultre que son Cheualier. Et afin qu'elle donne entiere foy à vostre parole, vous luy presenterez c'est anneau qu'elle pourra bien recognoistre, cõme estant celuy propre qu'elle donna à mon pere pour sou-
uenãce de ce qu'il luy auoit promis. Monseigneur, respõdit elle, ie feray
entierement ce que me cõmandez : mais vous esloignant ainsi de ce païs
ou vous pourray-ie puis apres recouurer ? En ce lieu mesmes, dit Esplandian, ou ie me retireray incontinent que i'auray conduit le Roy en la
grand' Bretaigne. Puis appella Libée, & luy commãda qu'aussi tost qu'il
seroit entre en mer, il feit bailler à Carmelle vn vaisseau pour aller ou il
l'enuoyoit : & sur l'heure alla trouuer le Roy & maistre Elizabel qui l'atté
doient en la grand' Serpente : laquelle à l'instãt cõmença s'esbrãsler d'elle
mesme si fort, qu'en peu d'heure ilz esloignerent la coste de Turquie : &
le xx. iour ensuiuant descouurirent l'Isle Ferme ou elle vint surgir, ce que
voyans ceulx de la contrée vindrent incontinent le faire sçauoir à Amadis & aux aultres de sa compaignie : lesquelz hastiuement coururent au
port : mais ilz n'y feurent plustost descendus, qu'ilz apperceurent le Roy,
Esplãdian, maistre Elizabel, & Sergil, qui prenoiẽt terre en vn cocquet :
dequoy tous esbahis, & encores plus aises, s'aduãcerẽt pour les receuoir,
& apres maintes caresses & embrassements d'vne part & d'aultre, Amadis presenta au Roy le Geant Balã, qu'il n'auoit oncques veu. Puis prindrent ensemble le chemin du palais d'Apolidon, dequoy Oriane & les
aultres dames & damoiselles aduerties, le grand dueil qu'elles auoient
demene si long temps pour son absence, feut cõuerty en tout plaisir, qui
s'augmẽta de trop plus, quãd le Roy recita deuãt la troupe la sorte qu'Esplandian le tira des mains d'Arcabõne, & les grandes prouësses qu'il feit
cõtre Matroco, Furion & Arcalaus. Or sçauoit Oriane l'ennuy auquel e-
stoit la Roïne, pour n'auoir aulcunes nouuelles du Roy : & à ceste cause
depescha le iour mesmes la damoiselle de Dannemarc pour luy faire
part de tout ce qu'elle auoit apris, qui feit telle diligence, que le vi. iour
ensuiuãt arriua à Londres ainsi que la Roïne s'alloit mettre à table pour
disner.   Comme le

Comme le Roy Lisuart partit

de l'Isle Ferme, auecq' grand' compaignie de Cheualiers, dames & damoiselles, lesquelz approchants de Londres, rencontrerent en la forest prochaine,
quatre Cheualiers, qui enuoyerent demander quatre coups de lan-
ce à Esplandian.

Chapitre XIIII.

Rois iours entiers seiourna le Roy Lisuart en l'Isle
Ferme, & le quatriesme ensuiuant delibera d'aller
trouuer la Roïne, & de fait luy & toute ceste compaignie de seigneurs & de dames, prindrēt le chemin de Londres, & tant allerēt par leurs iournées,
qu'ilz en approcherent d'vne iournée pres. Et ainsi
qu'ilz estoient à l'entrée de la forest, ou le Roy sou
loit courir le Cerf plus ordinairement, aduiserent le long du grãd chemin, quatre Cheualiers mōtez & armez de toutes pieces, & les escuyers
au plus pres d'eulx, qui tenoyent leurs lances, & escuz : car ilz auoient
leurs heaulmes en leurs testes. Et aussi tost veirent venir vne damoiselle montée sur vn pallefroy, laquelle de plaine arriuée s'adressa à Esplan
dian, & luy dit : Damp Cheualier aux armes blanches, ces quatre que
vous voyez sur le chemin, vous mandent par moy, que vous ayez à leur
declairer la raison pour laquelle vous portez ceste deuise de couronnes, & si leur satisfaites en sorte que leur honneur n'en soit foullé, ilz
s'abstiendront doresenauant de plus s'en enquerir: aultrement ilz vous
mandent par moy, qu'ayez à les laisser, ou bien que les defendez, comme estant la plus haulte deuise qui soit au monde . Quand Esplandian
l'entendit ainsi parler , il luy respondit gracieusement : Damoiselle
m'amie , vous leur direz que la deuise m'a esté donnée, auecq' les armes
que ie porte, par Vrgãde la descogneue: mais que ie ne sçay à quelle raison, neantmoins ie les porte tant pour l'amour d'elle, que pource qu'elles me semblent belles. Et s'ilz ne se contentent de cela, dictes leur qu'il
me semble que l'occasion du combat entre eulx & moy est si petite, que
ie les prie qu'ilz s'en deportent pour ceste heure. En bonne foy (dit elle
en se soubzriant) vous auez raison, ce sont Cheualiers qui ont bien besoing d'vn tel conseil que le vostre, ne laissez pour cela(beau sire)à vous
tenir prest:car ilz ne prendront voz excuses en payement . Damoiselle,
respondit Esplandian, s'ilz m'assaillēt, ce sera maulgré moy. Vrayemēt,

F ij dit elle,à

dit elle,à ce que ie vois, ceste beaulte' qui est en vo⁹, & les riches armes, & cheual tãt adroict que vous cheuauchez, sont les plus mal employez qu'il est possible,n'ayant eu hôte me faire responfe si peu aduantageuse pour voftre hõneur,toutesfois ou vous abandonnerez cefte bõne compaignie, & le chemin de Lõdres,ou vous defendrez la deuifez que vous portez,ainfi qu'ilz vous mãdent.Le chemin, refpondit Efplandian , eft cõmun à tous,ie ne m'en deftourneray pour eulx, & filz m'affaillët, force me fera de me garder. Et pource que cefte damoifelle ne peuft eftre cogneue de nul d'entre eulx,ilz f'esbahirët tous qui elle pouoit eftre, & les quatre Cheualiers aufsi qui l'auoiët ainfi enuoyée,vers lefquelz elle f'en retourna. Et ce pendant Efplãdian laça fon heaulme, & print fa lãce,preft à cõbatre f'il en eftoit force'. Dequoy Amadis & les aultres en furent trefaifes,doubtãs que le Roy l'euft fauorife',en ce qu'il auoit racõpte' de luy:mais ilz n'eurent gueres chemine' plus oultre,que l'vn des quatre Cheualiers marcha cõtre eulx au petit pas, & de la lõgueur d'vne carriere,cria à Efplandian:Dãp Cheualier,qui n'auez voulu obeïr à noftre mãdemët,gardez vous de moy. Adoncq'brocha fon cheual des efperons,& Efplandian femblablement , qui de premiere rencontre le defarçonna fi rudemët,qu'il ne fe peut releuer long tëps apres, & volla fa lance en efclatz:parquoy le fecond f'auança,criant à Efplãdian , qu'il print vn aultre glaiue,fi bon luy fembloit:car il vouloit vëger fon compaignõ.Ce qu'entëdu par Amadis,luy enuoya le fië,lequel il ne refufa: Et pour le defpit qu'il eut de fe veoir ainfi affailly fans occafion, courut fus luy,& l'attaignit fi a point,qu'il renuerfa hôme & cheual enfemble. Et bien,dit le Roy à ceulx aufquelz il parloit, eft il pofsible de faire miculx? Sire,refpõdit Agraies,ie ne veiz oncques deux plus beaulx coupz de lãce,& du furplus ie m'en tairay,tant que ie cognoiffe ceulx qui ont efte' abbatuz.Voyons dõcques qu'il aduiendra,dit le Roy, & appellant vn efcuyer, enuoya fa lance à Efplandian : car le tiers f'appreftoit pour courir:Si brocherët des efperõs leurs deftriers,& rõpirent l'vn fur l'aultre fe heurtants de corps,d'efcutz,& de teftes,fi merueilleufement,que Efplãdian fut en branfle de tõber, & l'aultre' print fi grãd fault,qu'il demoura eftëdu en la place,dont le quart esbahy,commença à dire à foymefmes: Vrayement le Roy & Vrgande,ont raifon d'affeurer (comme ilz font) la bonte' de ce Cheualier , veu qu'elle eft encores plus extreme qu'ilz ne la publient, & toutesfois ce m'eft force de l'efprouuer,aultrement ie me ferois tort,& à luy aufsi. Lors appella Efplandian, & luy dit : Cheualier , combien que ie cognoiffe le peu de courtoifie que moy, & mes compaignons vous auons faite , fi fault il que ie me mette en pareil deuoir qu'eulx: ainfi ie vous prie demander encore vn glaiue à quelqu'vn de la trouppe , afin que voyons qui emportera l'honneur de cefte entreprinfe . Ie le feray, refponditil, puis que vous m'y

contrai

contraignez , à la charge que vous y ferez plus mal voz befongnes f'il
m'eft poſsible . Adoncq' Graſandor, qui auoit entendu ce propos, ſ'approcha, & luy donna le ſien, lequel il chargea promptemét, & à courſe
de cheual ſe rencontrerent de ſi grand'force, qu'il ne leur demeura que
la poignée es mains,ſans que nul d'eulx ſe meuſt de la ſelle , parquoy le
Cheualier de la foreſt tourna viſaige & dit à Eſplandian : Mon compai
gnon,encores vn conp , & ie vous quitteray pour meshuy . Si vous de-
uriez vous contenter,reſpondit il,mais puis qu'il n'y a aultre raiſon en
vous,ie vous accorde que continuõs tant que l'vn de nous deux ſoit ab-
batu.Lors enuoya Sergil luy querir vne lance, & retourna auſsi toſt luy
en apporter vne plus groſſe & courte que nulle des precedentes, dont il
attaignit le Cheualier de la foreſt tant brauement, qu'il le porta bas , &
luymeſmes feut contraint d'embraſſer ſon cheual , aultrement il feut
cheut comme l'aultre,qui giſoit de ſon long:toutesfois il ſe releua premier qu'Eſpládian eut parfaiɔ ſa carriere, & ainſi qu'il retournoit l'arreſta par le haulbert & luy dit: Cemaiſtdieux bon Cheualier, vous aũez
aſſez fait cognoiſtre qu'en haultes prouëſſes vous n'eſtes ſecõd qu'à voˀ
ſeul . Neantmoins il ne luy reſpondit mot , ains tenant la veue baiſſée
(honteux de ce qui luy eſtoit aduenu)paſſa oultre,& ſ'approcha le Roy
pour ſçauoir qui eſtoient les quatre Cheualiers abbatuz : entre leſquelz
il recogneut Galaor,car il auoit oſteˀ ſon heaulme pour le ſaluer quand
il l'apperceut venir. Dequoy le Roy fut ſi aiſe, qu'il meit pied à terre &
courut l'embraſſer,& Amadis auſsi,luy diſant d'vne bõne grace:Com-
ment mon frere, depuis quãd eſtes vous deuenu guetteur de chemins?
Vous veoyez,reſpondit Galaor,moy & mes cõpaignons auons voulu
eſprouuer ſi ce Cheualier eſtoit tel que nous l'auons trouueˀ, & du ſurplus vous pouez iuger aiſément . Quand Eſplandian entendit Galaor,
craignant l'auoir offenſeˀ, abandonna ſon deſtrier , & ſe ieɔtant à ſes
piedz luy demanda pardon.Mon nepueu,reſpondit il, c'eſt moy qui ay
le tort, auſsi me feuſſé-ie bien paſſeˀ de donner à cognoiſtre au Roy que
vous eſtes meilleur Cheualier que moy , & ne vous eſmerueillez ſi i'ay
voulu faire ceſte eſpreuue, veu que ie m'attendois bien la paracheuer à
mon honneur: mais c'a eſteˀ le contraire, qui me fera deſormais penſer
que les choſes prediɔtes de vous ſ'accompliront ſi parfaiɔtemét, que la
gloire de voſtre pere & la reputation que maintz aultres on eue par le
paſſeˀ,ſera deſormais eſtainɔte, ayant ſi aiſément abbatu trois des meilleurs Cheualiers de la grand'Bretaigne,& moy pour le quart.Et quelz?
dit le Roy.Sire,reſpõdit Galaor,le premier qui a couru a eſteˀ Sendil de
Gonaſte,le ſecõd Galuanes , le tiers Angriote deſtrauaulx, & moy qui
ay fait pis que nul d'eulx . Dont le Roy & les aultres ſe prindrent à rire,
& vindrent les embraſſer,puis les feirent remonter à cheual: & prenáts
enſemble le chemin de Londres,le Roy les pria luy faire entédre com-

E iij

me ceſte

me ceste partie auoit esté entreprinse. Sire, respondit Galaor, ayáts entendu par la damoiselle de Dánemarc (laquelle madame Oriane a enuoyée ces iours passez vers la Roïne, luy porter nouuelles de vostre retour, & ce qui est aduenu durát vostre prison) les haultes prouësses dốt vous dốnez louenge à mon nepueu Espládian, qu'à l'heure cốceusmes vne telle ialousie contre luy, n'estimant l'hốneur que luy donnez de vostre deliurance estre plus cause d'amour de pere à filz, qu'aultremét, deliberasmes nous en partir secretement de Londres, afin de l'esprouuer comme vous auez veu : & pour l'esmouuoir à combatre, nous luy mandasmes par nostre messaiger ce que vo⁹ ouistes. Sur ma foy, dit le Roy, l'inuention a esté gentille, & venue à bốne fin. Et ainsi deuisants, arriua à Mirefleur, ou la Roïne le vint trouuer, louant nostre Seigneur de son retour inespere', en sorte que considerant son malaise passé & l'ennuy qu'elle auoit souffert pour son absence, le veoyant lors en bonne santé, s'estimoit satisfaite par ceste ioyeuse presence. Puis le lédemain matin deslogerent pour venir à Londres, ou le peuple le receut auecq'telle amour, que la pluspart pleuroit de ioye : car oncques prince ne feut mieulx voulu des siens : & là feit si long seiour, qu'Esplandian commença à s'ennuyer qu'il n'auoit nouuelles de la damoiselle Carmelle, laquelle estoit allée en Cốstátinople, comme il vous a esté recité : & pour ceste cause bastissoit de iour en aultre son congé, soubz couleur de retourner en la montaigne defendue, remonstrant au Roy la promesse qu'il auoit faite à ses compaignons, partant auroyent occasion de ce plaindre de luy, mais il n'y vouloit aulcunemét entendre : toutesfois à la fin vaincu d'importunité le luy accorda, tellement qu'il print congé de toute la court. Et vn lundy matin montát à cheual, acompaigné seulement de maistre Elizabet & de Sergil son escuyer, suiuit le chemin de l'Isle Ferme, esperant y trouuer encores la grande Serpéte, & là eulx embarquer.

Comme estant Esplandian

au chemin de l'Isle Ferme, feut assailly par vn Cheualier estrange qui le guettoit en la forest.

Chapitre   XV.

Splandian depesche du Roy, & de tous ceulx de la court, ainsi qu'il vous a este recite, print le chemin plus escarte qu'il peut droit en l'isle Ferme, pour n'estre apperceu d'aulcun qui luy rõpist son entreprinse. Et ayãt chemine enuiron trois lieues du païs, entra en la forest qu'il auoit quasi trauersée, quand il arriua le long d'vn grand fleuue, sur lequel le Roy auoit fait bastir vne maison plate, qu'on appelloit Bellerose, ou quelque fois (venãt à la chasse) il faisoit seiour. Et ainsi qu'il cui doit passer le pont, aduisa de l'aultre coste vn Cheualier arme de toutes pieces prest à cõbatre, qui luy cria à haulte voix: Dãp Cheualier, ie vous defens l'entrée, car pour ne faillir à ma parole, i'ay prins la garde de ce pont vn an durãt: ainsi allez chercher passaige ailleurs si bon vous semble. Trop ennuye fut Esplandian, veoyant qu'il estoit force de combatre, ou retourner arriere: & s'en feust voluntiers excuse, parquoy respõdit au Cheualier: Ie vous prie doncques enseignez moy par ou ie doy prédre mon adresse, car ia pour force q̃ ie fasse n'aurez occasion de trauailler meshuy vostre cheual. Retournez dõcques à Lõdres, dit le Cheualier, aultre moyen n'auez vous de passer oultre, si n'estoit que voulsissiez aller à pied, & perdre vostre destrier. Plustost, respõdit il, essayeray ie d'auoir le vostre. Ce disant laça son heaulme, print sa lance au poing, & s'en alla vers le Cheualier, qui aussi tost brocha le cheual des esperõs & coururent de telle roideur l'vn sur l'aultre, qu'ilz tomberent & leurs cheuaulx si impetueusement, que maistre Elizabet & Sergil pensoyent

E iiii   qu'ilz se

qu'ilz ſe feuſſent entretuez: neãtmoins ilz ne tardirét gueres à eulx releuer,& mettant les eſpées au poing,cõmença entre eulx vn cõbat le plus
aſpre & dãgereux qu'il eſtoit poſsible: dequoy maiſtre Elizabet eſmerueille,diſoit en ſoymeſmes : Sainĉte Marie que ſera cecy , ie croy que
quelĝ diable ſ'eſt ainſi trãsforme' pour nous deſtruire tous. Et tant plus
les deux Cheualiers alloient auãt,& plus renforçoient leur meſlée,fen-
dãs eſcuz & heaulmes,de ſorte que tout le chãp eſtoit couuert de lames
ou tainĉt du pur ſang qui ſortoit de leurs corps,quand celuy du pont ſe
tira à coſte',& dit à Eſplandian : Cheualier,prenez aultre chemin, & ie
vous quiteray la bataille : car vous eſtes le mieulx combatãt à qui i'aye
oncĝs eu à faire, & ſerois trop deſplaiſant ſi par opiniaſtrete' vous vous
perdiez vouſmeſmes. Ce maiſtdieu,reſpondit il,ie l'euſſe fait du commencemét,n'euſt eſte' la crainte que. i'auois que vous m'en eſtimaſsiez
plus couart:mais cognoiſſant à veue d'oeil l'hõneur de ceſte bataille ne
pouuoir eſtre à vous ou à moy, que par la mort de l'vn ou de l'aultre,ou
de tous deux enſemble,ie tēteray la fortune iuſques au dernier ſouſpir.
Eſt il vray?dit le Cheualier,or veoyons doncques à qui elle aidera.Et ſe
couurans du peu de leurs eſcuz,recommencerent à faire vn chamailliz
plus cruel que deuant, ſi qu'il ſembloit qu'ilz n'euſſent de tout le iour
fait aultre choſe qu'eulx esbatre: tellemét qu'apres maint dur coup d'e-
ſpée ſe happerét l'vn l'autre , & à pous & de bras & de teſte taſchoient à
qui pluſtoſt abatroit ſon ennemy. Puis veoyant que cela leur proffitoit
peu,auoient recours à leurs premieres armes,de telle fureur,que Sergil
n'attendoit que l'heure de les veoir tomber morts en la place, ſans toutesfois pouuoir iuger qui auoit le meilleur ou le pire:dõt maiſtre Elizabet eſtoit ſi deſplaiſant , qu'il ne ſe pouuoit tenir de pleurer à chauldes
larmes,diſant à ſoymeſmes: Helas quelle fortune! fault il ĝ le meilleur
Cheualier du monde meure preſentement par vn ſi grand malheur,&
en la fleur de ſon aage ? Mauldite ſoit la iournée qu'oncques il rencõtra
celuy qui eſt cauſe de tant de perte. Et à dire vray,ſi Dieu n'y euſt pourueu,le pere euſt mis à mort le filz, & le filz le pere : car c'eſtoit Amadis,
lequel trop curieux de la gloire de ſon filz, le voulut eſprouuer:& pour
ce faire,ſe deſroba de la court le iour precedent,qu'Eſplãdian en deſlo-
geaſt, & vint l'attendre au pont, arme' d'vnes armes non cogneues, ou
apres maintz grãdz effortz, Amadis voyant le danger de tous deux, dit
à Eſplandian : Cheualier,vous ſentez bien que ne pouez auoir le deſſus
de moy, & auſsi n'euz-ie oncques à faire à aultre qui me dõnaſt tant de
peine:pourtant ie vous quitte le paſſaige.Non pas moy vous,reſpondit
il,ſi n'eſt par condition que ie ſçache voſtre nom.Il ne tiendra pas à cela,dit Amadis, & faites venir maiſtre Elizabet, lequel nous ſera bõ beſoing deſormais cõme ie penſe.Lors Eſplãdian l'appella,& ce pendant
Amadis oſta ſon heaulme de la teſte , ſi mat & affoibly, qu'il feut contraint

traint s'appuyer contre vn arbre prochain. Mais quãd Esplandian le recogneut,voyant la faulte qu'il auoit faite,ieta vn hault cry,disant: Helas
meschant que ie suis ! Et acheuant ce mot, tomba du hault de soy . Lors
maistre Helizabet pensant qu'il feust esuanouy, courut diligemment le
releuer,& Amadis mesmes. Toutesfois il n'en estoit rien,ains auoit seulement regret de ce qu'il auoit commis contre son pere,qui luy dit:Mon
filz,encores que ie soye naure' autant qu'il est pofsible sans mort , si n'ay-
ie tant receu de mal,cõme i'ay eu de plaisir, cognoissant en vous la preu-
dhommie que i'y ay trouuée:& pourtant ne vous desconfortez ainsi. Ce
nonobstant il ne se pouuoit contenter, ains maul dissoit sa vie,estant plus
malheureux(ce disoit il)qui nasquit oncques de mere.Et continuant ses
souspirs, le sang luy sortoit par tous les endroitz du corps, s'affoiblissant
d'heure à aultre:dequoy maistre Helizabet s'apperceut, & cogneut asseu
rément qu'ilz estoyent tous deux en grand danger de leurs personnes.
Parquoy il leur dit:Ie vous prie laissons maintenant ces lamentations,&
nous retirons incontinent à Mirefleur,qui n'est pas loing d'icy : car vous
auez tous deux meilleur besoing de repos, que de plus long seiour en ce
lieu. Adoncq' luy & Sergil les monterent à cheual, & à toutes les peines
du monde les conduirent iusques au chasteau, ou leurs playes furent visitée s,& pensées songneusement.

El fut le combat entre les deux Cheualiers,que vous auez entendu . Iaçoit qu'aulcuns ayent escript qu'Amadis auoit este'
si mal mene' par Esplandian, que finablemét d'vn coup de lãce luy perça l'espaule droicte, & apres maintz coups d'espée,
il demoura mort sur le champ : dont Oriane aduertie s'estoit precipitée
du hault en bas d'vne fenestre. Mais tout cela est faulx & controuue', car
ilz regnerent depuis es Royaulmes de Gaule, & de la grand' Bretaigne,
& eurent vn autre filz nomme' Perion , & vne fille nõ moins belle que la
mere, laquelle Arquifil filz de l'Empereur de Rome,eut à femme. Et ne
sçay penser ou telz controuueurs de mensonges leur ont inuente' vne si
malheureuse fin , s'ilz ne veulent prendre pour mort les tenebres qu'Esplandian meit aux haultz faitz de son pere, par la lumiere & illustration
des siens, qui amortirent tellement les aultres en la fosse d'oubly, que
l'on n'en parloit non plus que de chose non aduenue . Or pour retourner sur noz erres: Entendez que les nouuelles en vindrent incontinent à
la court, de ce qui estoit aduenu aux deux Cheualiers. Dequoy le Roy
tresdesplaisant, & plus encores Oriane, partirent aussi tost de Londres,
& arriuerent à Mirefleur ainsi que maistre Elizabet leur mettoit le secõd
appareil . Si cogneut que le danger en estoit hors , & les asseura si bien,
que le septiesme iour ensuyuãt ilz se pourroyent promener par la chambre,qui

bre, qui donna meilleure eſperáce à Oriane qu'elle n'auoit encores eue.
Et tout à point : car ſi ſon ennuy & melancolie trop extreme, euſt plus
guieres continue, elle feuſt morte ſans remede. Et pource que le Roy
n'auoit encores peu entendre qui les auoit meuz de combatre ainſi oul-
trageuſement l'vn l'autre, vn iour entre les aultres trouuant Amadis en
aſſez bonne diſpoſition, le pria de le luy dire. Par ma foy, ſire, reſpondit
il, i'auoye enuie qu'on cogneuſt la difference de noz deux forces, ſçachant bien en tout aduenement que le pis ne m'euſt ſceu tourner qu'a
louenge : car ſi mon filz me ſurpaſſe de quelque choſe, ſa gloire preſente
augmentera la mienne paſſée. Sur mon Dieu, dit le Roy, voſtre entreprinſe a eſte bien legerement faite : vne aultre fois laiſſons ces ieuneſſes à
ceulx qui commencent à venir. Croyez ſire, reſpondit il, que ie ne feuz
oncques mieulx frotte. C'eſt le plus fort, dit le Roy, puis que vous viuez
tous deux, mettez peine de vous guerir ſeulement, à ce que nous allions
doreſenauant combatre les Cerfz & beſtes rouſſes qui nous font la guerre en ceſte foreſt, ainſi que mes veneurs m'ont rapporte ce iourdhuy.

Comme le Roy de Dace, Ga-

rinter & Manely ſecoururent Vrgande la deſcogneue, qu'aulcuns Cheualiers vouloyent oultraiger, pour le
ſecours qu'elle auoit fait au petit filz de
l'Empereur de Rome.

Chapitre   XVI.

Ous auez entendu cydeuãt les aduentures aduenues
à Eſplãdian, Ambor & Talãque, depuis qu'ilz eurét
receu l'ordre de Cheualerie : maintenant reſte à parler que deuint le Roy de Dace, Garinter & Manely,
leſquelz endormis comme les aultres, au ſon des ſix
trõpetes, la nuiĉt enſuiuãt ſe trouuerent auecq' leurs
eſcuyers dedãs vne barque, ſi hors de toute cognoiſ-
ſance, qu'ilz ne ſçauoiét quelle part ilz eſtoiét arriuez, encores qu'ilz feuſſent à terre. Or eſtoit le tẽps ſi couuert, qu'ilz ne ſe pouuoiét quaſi choiſir
l'vn l'aultre : parquoy deſcouurirét aiſémét vn feu aſſez pres de là, qui les
inuita grãdemét d'aller veoir ſilz trouueroient aulcun qui leur diſt nouuelles de la contrée ou ilz eſtoyent arriuez. Et à ceſte cauſe laiſſants leurs
eſcuyers pour la garde de leur vaiſſeau, prindrent leurs eſcuz en leurs
bras, & montans contremont vn fort tailliz, aduiſerent d'aſſez loing vn
grand circuit tout ardant, & au meilleu vne femme tenant vn enfant
nouueau ne entre ſes bras, & dix Cheualiers armez de toutes pieces
qui ſ'effor

qui s'efforçoyent de la prendre , mais ilz ne pouuoyent approcher d'elle
tant estoit bien gardée du feu qui l'enuironnoit . Et comme ilz s'approchoyent plus pres, entendirent le plus apparent d'eulx qui la menaſſoit,
diſant: Haà, faulſe ſorciere, voz diables & eſprits familiers ne vous pourront auiourdhuy ſauluer, que ne mouriez de male mort. Et combien que
Manely & Garinter euſſent armet en teſte, ſi les recogneut la femme aſ-
ſiegée, & les appella tant qu'elle peut, diſant: Secourez moy, mes enfans,
& ne me faillez à tel beſoing . Lors Manely & le Roy de Dace entendirent à la voix que c'eſtoit Vrgande la deſcogneue: parquoy mettans leurs
eſpées aux poings, marcherent droit aux dix Cheualiers, l'vn deſquelz
vint au deuant, & leur demanda ſ'ilz cognoiſſoyent ceſte meſchante, qui
luy auoit fait le plus malheureux tour que lon ſçauroit iamais péſer . Par
Dieu, damp Cheualier, reſpondit adonc Manely, vous mentez par la gor
ge, meſchante n'eſt elle pas : ains eſt plus loyale en ſon endroit, que vous
n'eſtes au voſtre. A ceſte parole coururent ſus l'vn à l'autre, & commença la meſlée des deux contre les dix. Et poſé que la partie feuſt mal faite,
ſi les acculerent Manely & le Roy de Dace, frappans à tort & à trauers:
toutesfois à la fin ilz n'euſſent peu reſiſter, mais Vrgande feit vn tour de
ſa main : car à vn inſtant le feu qui donnoit clarté feut eſtaint, & tirant à
part ſes deux Cheualiers, laiſſa les aultres en tenebres, frappans l'vn ſur
l'aultre, comme ſ'ilz euſſent eſté entre Manely & le Roy de Dace. Ce pédant Vrgande & ſa compaignie entrerent au parfont du bois: & apres a-
uoir longuement cheminé, la lune commença à luire, & ſe trouuerent
laſſez. Si feurent d'aduis d'attendre le iour, & eulx vn petit repoſer : & ce
pendant les deux Cheualiers prierent Vrgande leur vouloir racompter
côme elle eſtoit venue en ces marches , & ſi elle cognoiſſoit le païs . Mes
amis, reſpondit elle, ayant de long temps preueu que ce petit enfant filz
de l'Empereur de Rome & de madame Leonor, deuoit eſtre deſrobé par
le trahiſtre qui ſ'adreſſa à vous, lequel eſt filz de Garadan, qu'Amadis (ſe
nommant lors le Cheualier à la verde eſpée) meit à mort au Royaulme
de Boyſme, pour ſouſtenir le droit du Roy Tafinor. Auſſi toſt que vous
feuſtes endormis en la grand'Serpente, ie feiz extreme diligence de venir en ce lieu pour le ſecourir, ſuyuant ce que i'auois aultresfois promis
en l'iſle Ferme, preſent Amadis & maintz aultres bons Cheualiers : &
y arriuay ſi bien à poinct, que les meſchans (que vous auez veuz) vindrét en la maiſon d'vn berger, ou eſtoit vne poure femme nourriſſe, à laquelle ilz baillerent ce petit enfant pour le faire teter . Lors voyant qu'il
eſtoit heure d'executer mon entreprinſe, ſortiz de ma barque, & comme
ſi i'euſſe eſté deſtrouſſée par quelques brigãs m'en couruz vers eulx, criãt
& pleurant à chauldes larmes. Si ſortirent tous pour veoir que c'eſtoit, &
m'aduiſans ainſi deſconfortée, ſ'enquirent que c'eſtoit que i'auois. Haà,
dis-ie, ſeigneurs, ainſi que nous trauerſions ce bois mon mary & moy,

nous

nous auons rencontré huict pendars, qui l'ont occis cruellement: & de
ce non contés, ont prins mon cheual & ma bougette, ou y a grosses sommes de deniers. Lors pensans que ie disse vray (non que ie les esmeusse à
aulcune compassion) ains pour leur bien particulier, esperans butiner
sur ceulx qui auoyent fait la destrousse, s'escarterent en ce tailliz, ou ilz
demeurerent tant longuement, que le berger & sa femme sortirent de la
maison:& pensans proffiter comme eulx, me laisserent seule auecq' l'enfant, que peu apres ie prins entre mes bras & m'en sortis atout. Mais de
malheur la nourrice suruint, & appella les aultres à secours, qui y accou-
rurent hastiuement, & me poursuyuirét si bien, que(sans la nuict qui les
surprint, & le grand feu que vous trouuastes) ie ne me fusse iamais garen
tie. Et que vouloyent ilz faire de si poure larcin? dit Manely. Entendez,
respondit elle, que le filz de Garadan ayant cóceu vne inimitié mortelle
contre l'Empereur,ou pour n'auoir tel traitement de luy comme il pense meriter,ou indigné(peult estre)qu'il n'a peu paruenir à l'empire, ainsi
qu'il pretendoit, a delibere non seulement se venger sur cest innocent,
mais tuer l'Empereur mesmes, s'il en a iamais le moyen. Par Dieu voila
vn meschant coeur d'homme, dit le Roy de Dace, & croy que nostre seigneur ne le permettra pas ainsi:toutesfois ie doubte que cest enfant aura
beaucoup à souffrir,veu que vous n'auez moyé de luy donner desormais
aulcune nourriture. Laissez m'en faire,respondit Vrgande, i'ay quelques
herbes,du iust desquelles ie le pourray soustenir huict iour entiers,si besoing en est.Comment?dit il madame,voulez vous doncques demourer
si long temps icy? Non, respondit Vrgande, incontinent qu'il sera iour
ie m'en retourneray en ma barque qui est le long du riuaige. Et nous,ma
dame,que deuiendrons nous?car nous sommes arriuez par deça,sans sça
uoir qui nous y a guidez: & pour Dieu si vous auez entédu quelques nou
uelles de noz cópaignons,faites nous en part, & du lieu ou nous les pour
rons trouuer desormais. Mes amis, respondit elle, il vous fault premier
laisser couler les destinées, & endurer maintz durs trauaulx: puis auecq'
le temps vous aurez ce que vous demandez.Ainsi deuisans quelquesfois
& quelquesfois dormans, l'aube du iour commença à apparoistre: parquoy eulx trois ensemble vindrent à la mer,& entrerét au vaisseau d'Vrgande,ou estoyent quatre damoiselles & deux nains qui l'attendoyent.

Comme

Comme Vrgande la desco-

gneue print congé des Cheualiers, & s'en alla en la garde
de deux Dragons vers l'Empereur & l'Imperatrix
porter leur petit filz, pour la perte duquel
toute la court estoit esmeue.

Chapitre   XVII.

Velque temps demeura Vrgande en la compagnie
des deux Cheualiers: car elle ne vouloit si tost donner plaisir à l'Empereur, du recouuremét de só filz.
Puis les feit retourner en leur barque, leur comman
dant que de là en auát ilz meissent peine de resister
à la muable fortune, lors que moins elle leur seroit
fauorable: car disoit elle, cest pourquoy l'ordre de
Cheualerie a esté introduite, & qui la rend en plus d'excellence. Mais
aussi tost qu'ilz furent partiz, elle retourna en terre, & móta sur son palle
froy portant l'enfant entre ses bras. Adoncq' se presenterent deux Dragons, l'vn à dextre, l'aultre à senestre, qui l'accompagnerent iusques pres
Triol, ou l'Empereur tenoit sa court. Et approchant la ville, rencontra
grád compagnie de Cheualiers qui estoient en queste pour l'enfant perdu, lesquelz aduisás ces bestes horribles, qui iettoyét feu de toutes partz,
le plus hardy d'eulx se tint pour tresmal asseuré: tellement qu'ilz se meirent tous à fuyr à trauers champs. Dequoy Vrgande se print à rire. Lors
suruint le Roy de Sardaigne Florestan, qui (ayant circuy grands païs,
pourfuiuát le filz de Garadan) retournoit las & trauaillé, & son destrier
recreu. Si s'enquit aux fuyars qui les mouuoit: Et ilz luy monstrerent de
loing cé qu'ilz auoyent veu: Neantmoins il ne s'en effraya, ains marcha
au petit pas vers les Dragons, esperant de les cóbatre, s'il y auoit moyen.
Et comme il feut pres d'eulx, recogneut Vrgande: parquoy donnant des
esperons à son cheual, pensoit le saluer: Mais tant plus il le pressoit, &
plus reculoit arriere, de sorte qu'il feut contraint mettre pied à terre. A-
donc luy vint baiser les mains, & à l'instát les Dragons se disparurent: de
quoy il feut tresesbahy. Ce que cognoissant Vrgande luy dit: Sur ma foy
Cheualier, ilz ont bien raison de vous ceder le lieu, sçachant la magnani
mité de vostre courage inuincible. Et aussi ie me tiens trop plus seure-
ment acompagnée auec vous, que ie n'estois au parauát, parquoy ie vous
prie ne m'abandonner que ie n'aye remis c'est enfant es mains de sa mere, lequel i'ay recoux des meschás, qui le luy auoyent desrobé. Commét
madame, respondit Florestan, est il possible que l'Empereur reçoiue tant

F

de plaisir

de plaifir par vous feule? Pour Dieu comptez moy, f'il vous plaift, la maniere que vous luy auez pourchaffé tel bié. Vous le fçaurez, dit elle, quád
il en fera heure, & pluftoft ne vous en donnez peine, ains remōtez à cheual, & me conduiféz à Triol. Adonc cheminerent enfemble & defcendi
rent au palais, ou ilz trouuerent l'Imperatrix plus morte que viue. Mais
quand elle entendit les bonnes nouuelles qu'Vrgande luy apporta, cefte
trifteffe feut conuertie en plus grand'ioye. Et pouraultát que l'Empereur
feftoit armé, & mis en quefte comme les aultres:elle enuoya incontinét
gens de tous coftez pour le faire retourner, lequel fçachant cefte bonne
fortune, loua grandement noftre feigneur, & vint trouuer Vrgande, qui
luy racompta tout ce que parcy deuant vous auez entendu de ce fait. Par
ainfi nous la laifferons à prefent, pour retourner à Manely, & au Roy de
Dace, qui ce pendant eftoient en plaine mer, efmeue d'vne fi merueilleu
fe tormente, qu'ilz penfoyent bien y finir leurs iours.

Des aduentures eftranges

qu'eurent le Roy de Dace, & Manely depuis qu'ilz
feurent partiz d'auecq' Vrgande la defcogneue. Et du paffetemps que leur
donnerét deux vieilz Singes
de la grád' race en vne Ifle,
ou ilz arriuerent.

Chapitre   XVIII.

Pres que le Roy de Dace & Manely, eurẽt laiſſe Vrgande la deſcogneue, ilz rentrerent en la barque, ou
les attendoient leurs eſcuyers, leſquelz auſsi toſt leuerent les ancres, & eſloignerent en peu d'heure ceſte coſte. Or eſtoit le tẽps doulx & calme : toutesfois
en moins de rien, ſ'eſleuerent deux vents contraires
Meſtral, & Sirroc, qui eſmeurent les vagues, & enfle
rent tellemẽt la mer, qu'il ſembloit qu'elle ſe deuſt aſſẽbler auecq' le ciel,
& auſsi toſt abyſmer au plus profond des enfers, dont il aduint que ceſte
barque ainſi agitée, feut ſouuent couuerte d'eaue, & n'y euſt maſt, voile
ny cordaige qui demouraſt entier. Mais ce qui plus eſtõnoit ceulx de dedans, la nuict ſuruint tãt obſcure, qu'ilz ne pouoient voir la longueur de
leur vaiſſeau. Et ainſi courut Fortune trente iours entiers, qui à la fin les
ieta le lõg d'vne belle Iſle, ou ilz prindrent terre eſtãt preſque nuict. Lors
commanderent à l'vn de leurs eſcuyers, ne partir du vaiſſeau, & eulx armez de toutes pieces, entrerent en païs pour veoir ſ'ilz trouueroient quel
que eaue doulce ou aultres viures, car ilz n'en auoient pas pour la ſepmai
ne. Adoncq' aduiſerẽt vne claire fonteine vmbragée de pluſieurs grãds
arbres, ſur le bort de laquelle ilz ſ'aſsirent. Et oſtans leurs heaulmes de
leurs teſtes pour boire, Argẽton l'eſcuyer qui les acompaignoit, leur dit:
Seriez vous point d'aduis de m'attendre icy, tandis que ie monteray à
mont ces haults rochers : d'ou (peult eſtre) ie choiſiray quelque maiſon
ou paiſant qui nous dira nouuelles de la cõtrée ou nous ſommes arriuez?
Va reſpõdit le Roy de Dace, mais garde de te perdre. Ainſi les laiſſa l'eſcuyer, prenant ſon adreſſe au trauers des bois : & eſtant quaſi eſloigne
d'vn long trait d'arc, aperceut vn grãt Ours venir à luy, duquel il eut telle
frayeur, que criant & demandant ſecours à haulte voix, ne ſceut trouuer plus ſoudain remede, que de monter au ſommet d'vn hault arbre.
Les Cheualiers entendãs leur eſcuyer, cogneurent bien qu'il auoit quelque neceſsite', & coururent ſi haſtiuement vers luy qu'ilz n'eurent la patience de prendre leurs heaulmes, ains les laiſſerent ſur le bort de la fontaine. Et peu apres apperceurent l'Ours qui grinpoit contre l'arbre, &
l'eſcuyer au deſſus le defendant au mieulx qu'il pouoit. Mais auſsi toſt
ceſte beſte laiſſa ſa premiere entreprinſe, & courut droit à Manely, qui
marchoit le premier, & d'arriuée le cuida ieter par terre : toutesfois en
ſe deſmarchant il luy donna ſi grand coup d'eſpée, qu'il luy aualla l'oreil
le droite, & vne partie de la ioue. Neantmoins l'Ours retourna ſoub-
dain, & le ſaiſit au faulx du corps ſi rudement qu'il le cuida eſtouf-
fer : & perdoit quaſi halaine quand le Roy de Dace ſuruint, lequel
d'vn renuers luy ſepara le bras droit du corps, auecq' tant de douleur,
que la beſte hurlant abandonna ſa prinſe, & ſ'enfuit dans l'eſpeſ-
ſeur du bois, ou le Roy la pourſuiuit longuement . Et plus encores
ſeur du

euſt continué ſa chaſſe ſans la peſanteur de ſes armes, qui luy rompoient les eſpaulles. Parquoy retourna vers ſon compagnon, & eulx deux enſemble aiderent à deſcendre Argenton, qui trembloit encores comme la fueille. Dont l'vn & l'aultre ſe prindrent à rire. Et luy demanda Manely, ſ'il auoit froid. Non pas, reſpondit il, mais i'ay bien eu la plus grand paour que i'euz oncques, & que i'eſpere auoir de ma vie, auſsi croy ie certainement qu'il n'y a aultre peuple en ceſte Iſle, que diables deſguiſez ou aultres telz gentilz damoiſeaulx, que celuy qui vous à ſi gracieuſement embraſſé. Parquoy ie ſuis d'aduis (qu'attendans la trāquillité de la mer) nous retournions à la fonteine, ou en noſtre vaiſſeau, pour le plus ſeur. Encores n'es tu pas hors de propos, dit le Roy de Dace. Mais aſſeure toy premier. Ie ne ſçay quelle aſſeurance, reſpondit il. Et pour Dieu allons nous en, ſi ne voulez que ie treſpaſſe. A ce que ie voy, dit Manely, tu ne mourras iamais en combat, tant qu'auras moyen de fuir. Non pas ſi ie puis, reſpondit Argenton, auſsi ſeroit ce folie à moy. Et ainſi deuiſans ſe trouuerēt pres la fonteine, ſur le bort de laquelle ilz veirēt deux vieilz Singes iettans l'vn à l'aultre les heaulmes qui eſtoient demourez là, comme ſ'ilz euſſēt voulu iouer à caſſe pot. Dequoy les deux Cheualiers & Argenton, ſe prindrēt ſi fort à rire, qu'ilz ſe cuiderent paſmer: car auſsi toſt que ces Singes les apperceurent meiſrent haſtiuement ces heaulmes en leurs teſtes, & monterēt au plus hault des arbres, ſaultans de branche en branche, puis contremont, puis contrebas, de ſorte que ioueurs de paſſepaſſe, ne feirent oncques tant de ſoupleſſes. Ce maiſtdieux, dit Manely, ie leur en ſçay tresbon gré: Ilz ſçauent que nous auons eu trop de melancolie ſur la mer: ilz taſchent à nous reſiouir en terre. Toutesfois ie n'eſpere pas qu'ilz ayent ainſi mes armes ſans combatre. Ce diſant print des pierres, & rua ſur eulx: mais ilz luy monſtrerent le derriere, & remuans les babines, commencerent à luy faire la moue, & à gratter leurs cuiſſes. A quoy le Roy de Dace prenoit tant de plaiſir qu'il luy pria les laiſſer en paix, auſsi eſtoit il deſia nuict fermée. Et à ceſte cauſe enuoyerent leur eſcuyer querir ſon cōpaignon & ſi peu de viures qui reſtoient en leur barque, par ce que la mer ſ'enfloit, d'heure à heure ſi fort, qu'ilz eurēt doubte, que leur vaiſſeau ne donnaſt en terre & ſ'entr'ouuriſt. Si ne tarderent gueres à retourner: & apres que les Cheualiers eurent repeu de telz biens qu'on leur apporta, oſterent leurs haulberts, & ſ'endormirent iuſques au lendemain matin, qu'ilz trouuerēt leurs heaulmes à leurs piedz, non pas leurs haulbertz: car ces nouueaulx genſdarmes, les auoient endoſſez ſi proprement, qua leur contenāce il ſembloit qu'ilz euſſent quelque gros combat à deſmeſler l'vn contre l'aultre, & camp aſsigné au ſommet des ormes brancheuz dont il y auoit quantité. Neantmoins le ieu commença à deſplaire aux deux Cheualiers, qui ne vouloiēt pas mourir là de fain: ains faiſoient leur compte, ou de rentrer en mercy des vagues, ou d'aller

F iij   plus

plus auant chercher viure. Et pour ceste cause seirent chascun vn arc de
bois, & la corde de leurs iarretiers, puis auecq' fleiches esguisées par le
bout, tirerent apres ces souldatz boscaiges, tellement qu'ilz les contrai-
gnirent saulter de hault en bas: adonc les prindrent & desarmerent, &
sans leur faire aultre mal les laisserent aller.

Comme le Pyrate Frandalo

nauiguant en mer, feut iete par tormente en l'Isle, ou e-
stoient le Roy de Dace, & Manely, auecq' lesquelz il
eust combat, & de ce qui en aduint.

Chapitre   XIX.

Ous auez entendu cy deuant, la sorte que Manely, & le Roy
de Dace feurent ietez par fortune, en l'Isle des Singes, ou se
perdit leur vaisseau, sans qu'ilz eussent viures pour deux iours
seulemét. Mais nostre seigneur les secourut: car le lendemain
eulx estás au sommet d'vn des plus haults rochers, descouurirent vn nauire en mer: lequel agite de véts côtraires, vint peu apres surgir assez pres
du lieu ou ilz estoient. Si descendirent les deux Cheualiers pour parler à
ceulx qu'ilz y trouueroiét. Et appellát à haulte voix, se presenta sur le tillac, vn qui leur demáda qu'ilz vouloient. Nous vous prions par courtoisie, respondit Manely, que vous nous dites, qui est le patron du vaisseau.
C'est, respon-

C'eſt, reſpondit le Fradrin , vn grand ſeigneur qui vous fera ſentir auant
que luy eſchapiez, de quelle façon il traite telz gallandz que vous eſtes.
Encores qu'ainſi feuſt, dit Manely, nous ſommes maintenãt en telle neceſsite, que nous aurions plaiſir d'endurer le pis qu'il nous ſçauroit faire,
pour ſortir hors de la faim qui nous tient aſsiegez : parquoy faites nous
parler à luy, ſ'il vous plaiſt, & nous dites ſon nom . Ceulx qui ſont tombez en ſa mercy, reſpondit le Fradrin, l'appellent communément le Diable Marin , iaçoit qu'il ſoit aſſez cogneu par le nom de Frandalo : car par
ſa puiſſance il a ſubiugue la meilleure part de ceſte mer, eſcumant & ra-
uiſſant tout ce qu'il y rencontre : & a eſte force par la tormente de venir
prendre port en ce lieu, eſtans ſes aultres vaiſſeaulx eſcartez ſi au loing,
qu'il n'en a aulcunes nouuelles, & mal pour vous, veu la colere ou il eſt
maintenant . Adonc ſuruint vn eſcuyer, lequel aduiſant les deux Cheualiers armez d'vnes armes blanches ſemées de croix noires, ſ'eſcria tant
qu'il peut : Ha, ſeigneur, voicy ceulx qui ont mis à mort voſtre bon parent Lindoraque. Et lors vint en proue vn Geant, qui demanda à Manely & au Roy de Dace comme ilz auoyent ſi malheureuſement occis ſon
couſin. Sur mon ame, reſpondit l'vn d'eulx, nous ne le veiſmes oncques,
quelque choſe que die l'eſcuyer : & ſi vous puis bien aſſeurer que depuis
le iour que receuſmes l'ordre de cheualerie, mon compaignon ny moy
ne nous ſommes trouuez en lieu, ou ayons eu grand beſoing d'eſprouuer
noz forces . Vous mentez par la gorge, dit celuy qui les accuſoit, ie vous
cognois mieulx que vous ne penſez. Et qu'il ſoit vray, dit il à Frandalo, la
damoiſelle que vous tenez priſonniere vous en dira aultãt que moy. Par
mon grand Dieu, reſpondit Frandalo, ce ſera doncq' à vous à le comparer. Vous ferez ce que vous pourrez, dit Manely, & ſi vous aduiſe quant à
moy, que ie ſuis treſcontent(puis que le voulez) qu'ayons tue voſtre parent, combien qu'il n'en ſoit rien : mais pour le moins la gloire nous en
demeurera en voſtre endroit. Et la mort(peult eſtre)au voſtre, reſpondit
Frandalo , qui commanda faire venir la damoiſelle : laquelle voyant les
Cheualiers armez de pareilles armes que celles de Talanque & Ambor,
dit tout hault : Helas, & qu'eſt-ce cy? ces armes feurent à deux Cheualiers grandz amis de monſeigneur & maiſtre . Pour Dieu gentilz hommes dites moy ou vous les auez recouuertes: car ſi ceulx de qui ie parle e-
ſtoyent icy, ilz ne me laiſſeroyent longuement en la captiuite ou l'on me
tient. Damoiſelle, reſpondit le Roy, ſ'il vous plaiſt nous les nommer, &
que le deuoir d'amitie nous oblige à eulx par quelque cognoiſſance, aſſeurez vous que nous ferons pour eulx enuers vous tout ce qu'il nous ſera poſsible. Doncques vous les nommeray-ie, dit elle, l'vn eſt Talanque,
& l'aultre Ambor, compaignon du Cheualier à qui ie ſuis . Quand Manely entendit ceſte parole, il reſpondit promptement : Haà damoiſelle,
dites nous , ſ'il vous plaiſt, ou nous les pourrons trouuer au partir d'icy.

F iiii   Seigneurs

Seigneurs, refpondit elle, faites tant auecq' ce Geant, qu'il me donne liberté, & moy mefmes vous y conduiray, & fi vous conteray merueilles d'eulx, & chofe que vous aurez fort agreable, filz font voz amis comme ie penfe. A cela ne tiendra il pas, dit Manely, & fans differer en pria trefinftamment Frandalo, qui fe print à rire, cognoiffant fon affection: & luy refpondit: Deuant que vous fortiez de mes mains les prieres d'elle pour vous feruiront pofsible plus enuers moy, que non celles que vous faites pour elle: & ce pendant ie vous pouruoirray tous deux d'vn eftat honorable en mes galleres, vo° faifant Cheualiers de l'ordre de ma chiorme, auecq' plufieurs aultres qui y font de long temps. Vous parlez bien à voftre aife, dit Manely, eftant en lieu trop aduantaigeux, non pas nous, qui n'efperons faueur ny en terre ny en mer, n'ayans vaiffeau ny viures pour nous fubuenir: mais fi vous eftes tant gentil compaignon que vous dites, ou defcendez icy pour nous combatre, ou nous enuoyez vn bafteau: & celuy de nous deux que vous vouldrez vous ira guerir de l'oultrecuidance qui vous fait ainfi mefcognoiftre. Par condition toutesfois, que vous feul le combatrez, & demourera la damoifelle au mieulx fauorifé de Fortune. Oy dea, refpondit Frandalo, encores que ie cognoiffe affez que ie n'auray pas grand honneur à mettre la main aux armes contre deux paiges telz que vous eftes. Et ce difoit il, par ce que le plus vieil des deux Cheualiers n'auoit encores dixfept ans paffez. Si demanda fon efcu, & entrant en la barque de la damoifelle, defcendit en terre. Puis appellant les deux Cheualiers leur dit: Enfans, prenez pitié de voftre ieuneffe, & vous rendez à ma mercy, aultremét vous eftes mortz fans aucun remede. Tu refues, dit Manely, nous auons encores les membres fains & entiers: comment doncques nous eftimes tu mortz ne malades? Cemaift dieux i'ay bonne efperáce premier que le gafteau fe departe, que tu feras le Roy des malheureux: ainfi doncques choifis de mon compaignon ou de moy qui commécera le ieu, & tandis l'aultre f'en ira gouuerner la damoifelle que tu m'as refufée. Haà poure homme, refpondit Frandalo, il appert bien que tu ne fçais pas bonnement ce qui t'eft neceffaire: car fi les deux meilleurs Cheualiers de toute l'Afie auoyent entreprins cefte meflée, i'en ferois tout tel eftat, que le loup fait de la brebis. Par plus forte raifon doncques vous ieunes garfons fans barbe, qu'efperez vous de vous mefmes? De te rompre la tefte, dit Manely. Vrayement, refpondit Frandalo, puis que tu as fi bon coeur, ie te donneray cefte gloire de me combatre, pour la derniere que tu auras de ta vie: & enuoye (fi bó te femble) ton compaignon entretenir les dames, aufsi eft-ce mieulx fon cas qu'a manier les armes comme ie penfe. Lors Manely tira le Roy de Dace à part, & luy dit: Vous auez entendu les propos de Frandalo, ie vous prie octroyez moy ce combat, entrez en fon nauire: Puis felon qu'il plaira à noftre feigneur m'aider, faites apres ce à quoy la raifon vous oblige.

Le Roy

le Roy de Dace cognoiſſant qu'il n'y pouoit contredire, s'en alla incontinent mettre en la barque qui auoit admené le Geant, & paſſa iuſques ou eſtoit la damoiſelle. Lors ſe meiſrent les deux Cheualiers en equipaige de combatre : toutesfois premier que tirer coup d'eſpée Manely dit à Frandalo : Geant, laiſſe nous la damoiſelle auecq'ſa barque, & pour n'auoir pis, fais voile ou bon te ſemblera. As-tu deſia peur? reſpondit Frandalo: demande mercy, & ie te ſaulueray la vie, aultremét aſſeure toy que ie feray pendre & toy & l'aultre, au plus hault de toutes ces hunes. Or là doncques, dit Manely. Si ſe couurirent tresbien de leurs eſcuz, & commença la meſlée aſſez mal partie comme il ſembloit, d'aultant que Frandalo eſtoit iſſu du coſté maternel des plus fortz Geants de Turcquie, & de par le pere des meilleurs Cheualiers du monde : Et Manely ieune & inexperimété, ne s'eſtoit oncques trouué en affaire, fors ſeulement quãd il ſecourut Vrgande la deſcogneue : mais le ſang illuſtre de Cildadan Roy d'Irlande, duquel il eſtoit filz, luy cauſoit telle hardieſſe, qu'il euſt mieulx aimé mourir, que d'endurer vne ſeule honte. Et bien s'apperceut Frandalo en peu d'heure qu'il n'auoit pas à faire à vn enfant, ainſi comme il eſperoit, ains à vn Cheualier hardy aultant qu'vn lion, & qui le rengea en moins de rien de telle ſorte, que ſon eſcu mis en pieces, & ſon haubert deſmaillé, luy tiroit le pur ſang du corps à chaſcũ coup d'eſpée qu'il receuoit, tant que l'herbe verde en changea de couleur : dont ceulx du nauire s'esbahiſſoyent grandement, meſmes le Roy de Dace, qui n'euſt iamais penſé auoir eſté en ſon compaignon telle proueſſe : toutesfois la damoiſelle qui ſçauoit les efforts d'Eſplandian, & de ceulx qu'elle auoit laiſſez en la montaigne defendue, veoyant Manely & ſon compaignon armez d'armes pareilles, ſe tenoit aſſeurée (s'ilz eſtoyent comme ceulx de l'iſle Ferme) que Frãdalo ne pourroit reſiſter à la longue. Parquoy dit au Roy de Dace : Sur ma foy ie cognois bien que ie ſeray deliurée en brief: car Frandalo comméce fort à s'affoiblir: voyez comme il recule. Forçatz, qu'en penſez vous ? C'eſt à ce coup qu'il vous fault auoir liberté. A quoy ilz preſtoient tous l'oreille, par ce qu'ilz veirent le Geant recreu, & en reculant dire à Manely : Cheualier, tu ne me pourras reſiſter à la longue, rends toy, ou tu mourras. C'eſt le party que ie te ſeray, reſpondit il, ſi tu nous deliure la damoiſelle & ſa barque, auecq'tout ce que tu as pillé dedans, aultrement delibere toy doreſenauant de faire mieulx que tu n'as commencé, ſi toy meſmes ne veulx perdre la teſte. Elle eſt en trop ſeure garde, dit le Geant. Et comme il vouloit parler d'auátaige, Manely haulſa l'eſpée, & recommença à le charger plus aſprement qu'il n'auoit encores fait. Lors Frandalo, honteux de ſe veoir ainſi traicter, par celuy qu'il auoit ſi peu eſtimé, deſploya toutes ſes forces, ſi qu'a le veoir on euſt penſé qu'il n'auoit playe ſur luy qui l'offenſaſt : tellement qu'a ceſte teprinſe Manely feut fort nauré, neátmoins le coeur luy creut de tãt plꝰ qu'il ſentoit ſon

toit ſon

toit fon fang couler dans fon harnois, & d'vne fureur non accouftumée,
poftpofant toute crainte, fe ieta fur fon ennemy, qu'il contraignit à force
tourner le dos, & auoir recours à la mer, dedás laquelle il fe meit iufques
aux efpaules. Et comme Manely le pourfuyuoit(luy qui eftoit beaucoup
moindre)fe feuft noyé f'il euft paffé iufques à luy . Ce pédant quatre des
principaulx du nauire fe meirent en la barque, & en toute diligence l'allerent querir : & à l'inftant mefmes les forçatz rompirent leurs chaines,
& auec l'aide du Roy de Dace coururent fus au nocher comite & aultres
qui tenoyét le party du Pyrate: la plufpart defquelz feurent ietez en mer.
Ce que voyant Frandalo, penfoit bien qu'il luy en aduiendroit tout ainfi.
Neàntmoins il f'aduifa d'obtenir par belles paroles ce que la force luy a-
uoit denié: & d'vne voix foible & debile appella Manely, & luy dit : Che
ualier(fi ie vous ay offenfé)ie vous prie me pardonner:car ce que i'ay fait
contre vous, a efté feulement en efperance d'acquerir la louenge que defirent communément ceulx qui fuyuent les armes. Parquoy vous deuez
par raifon fupporter ma fortune, & vfer enuers moy de quelque courtoi
fie, veu mefmement que ie me fens fi nauré, qu'il eft impofsible que ie vi
ue plus gueres. Frandalo, refpondit: Manely, tu auras ce que tu demádes,
foubz condition qu'obeyras à tout ce que ie te commanderay, & ainfi
iura le Geant. Lors Manely pria le Roy de Dace le receuoir au nauire, &
donner ordre qu'il feuft penfé de ceulx qui fçauoient l'art de chirurgie,
& ce pendant qu'on luy renuoyaft la barque pour aller vers eulx.

Comme eftans les Cheualiers

au nauire de Frandalo, attendans la mer bonace, prierent
la damoifelle leur dire à qui elle eftoit, & ce qu'elle
auoit veu de ceulx dont elle leur auoit parlé.

Chapitre   XX.

APres que ce combat feut demeflé, côme il vous a efté
recité, eftás les Cheualiers dans le nauire de Frádalo
attendát que la mer fe rapaifaft, vn iour entre aultres
le Roy de Dace, afsis fur le pied du lict de fon cópai-
gnõ(qui n'eftoit encores du tout guery de fes playes)
pria la damoifelle luy dire ou elle auoit veu Taláque
& Ambor. Meffeigneurs, refpõdit elle, fçachant que
vous eftes leurs amis, ie vous puis affeurer que ie les ay laiffez, en bonne
fanté, & en part ou ilz ont acquis grand honneur, & ne les euffe fi toft a-
bandonnez, n'euft efté que par le cõmandement du meilleur Cheualier
du monde, ie m'en allois(quand Frandalo ma prinfe)en Conftátinople:
ou f'il vo' plaift me cõduire, ie vous y cõpteray chofes merueilleufes, qui
leur font aduenues en ma prefence: Et pluftoft ie vous prie ne m'y contraindre

traindre, aultrement vous leur feriez defplaifir & à moy aufsi. Dieu nous
en gard, refpondit le Roy. Lors appellerent celuy qui les auoit accufez à
Frandalo, & luy demanderent dequoy il les cognoiffoit, pour auoir af-
fermé à fon maiftre chofe qu'ilz n'auoyent oncques penfée. L'efcuyer
craignant mourir fe ieta à genoulx deuant eulx, & tremblant comme la
fueille leur refpondit: Meffeigneurs, pour Dieu ne vous esbahiffez fi i'ay
eu vouloir faire venger vn mien maiftre, que deux portans telles armes
que les voftres ont mis à mort ces iours paffez. Et en quel lieu? dit Manely. Bien pres, refpondit l'efcuyer, de la montaigne defendue, ou ie trouuay cefte damoifelle parlant à vn Cheualier non armé, auecq' lequel ie
la laiffay pour aller vers Matroco & Furion : Mais ie fceuz à l'inftát qu'vn
Cheualier aux armes noires les auoit occiz, & gaigné leur fortereffe. Ne
me croyez iamais, dit le Roy, fi ce n'eft Efplandian : car il portoit le harnois qu'il dit, & à luy feul (comme ie penfe) cefte victoire eftoit referuée.
De cefte parole la damoifelle fe print à foubzrire, dont Manely f'apperceut, & luy dit : Par la foy que vous deuez à la chofe que vous aymez le
plus, ie vous prie comptez nous de ce que vous fçauez de luy. La chofe
du monde, refpondit elle, que i'aime le mieulx eft celuy de qui vous parlez, & du furplus, ne me coniurez: car vous n'en fçaurez aultre chofe, iufques à tant que ie foye au lieu ou il m'enuoye. Nous vous y conduirons
pluftoft, refpódit le Roy de Dace. Si appella le patron du nauire, & f'enquirent de luy en combien de iours il les pourroit rendre en Conftantinople. En moins de quatre iours, refpondit il, fi nous auions le vent pro-
pice. Or craignoit Frandalo ce voyage, plus que chofe qui luy peuft aduenir : car il auoit fait tant de deftrouffes fur les fubiectz de l'Empereur,
qu'il n'efperoit iamais auoir pardon de luy. Et de fait pria les deux Cheualiers de le ieter pluftoft en la mer: car, difoit il, ie fçay bien qu'il me fera mourir cent fois le iour f'il peult. Non fera, refpondit le Roy, ou nous
mourrons quant & quant, & fi n'aurez pis ne mieulx que nous. Dequoy
le Geant les remercia treshumblement. Et comme ilz eftoyent en ces termes, vn vent de tranfmontane donna en poupe : parquoy le patron feit
leuer les ancres & haulfer les voiles, dedans lefquelles le vent fingla de
telle force, qu'ilz defcouurirent Conftantinople le quatriefme iour enfuyuant, ainfi que l'aube du iour apparoiffoit, & fur le mydi entrerent au
port. Adoncq' les deux Cheualiers demanderent à la damoifelle qu'elle
vouloit deuenir. Meffieurs, refpondit elle, i'ay commandement expres
de celuy à qui ie fuis, de parler à l'Empereur, & à madame Leonorine fa
fille, deuant lefquelz ie vous fupplie me conduire, puis en leur prefence
ie fatisferay à ce que vous auez defiré fçauoir de moy. Si fortirent tous
du nauire, menans Frandalo quant & eulx : car ilz auoyent deliberé en
faire prefent à la princeffe Leonorine, au logis de laquelle ilz f'addref-
ferent, pource que l'Empereur eftoit lors allé courre vn Cerf à deux

lieues

lieues de la ville, & aduifants à la porte vn gentilhomme efcuyer de
princeffe, le Roy de Dace parla ainfi à luy: Ie vous prie mon compaign
faire entendre à madame que moy & ceft aultre Cheualier auons cor
duict par deçà vne damoifelle d'eftrange païs, qui a grand defir de parl
à elle fi c'eft fon plaifir. L'efcuyer ne feit long feiour qu'il ne retourna
vers eulx, & les feit entrer en la chambre de l'Infante, ou ilz la trouuer
accompaignée de la Roïne Menoreffe, & de maintes dames & damo
felles. Mais certes elle eftoit trop cognoiffable entre toutes : car fa beau
te tant excellente ne fecondoit nulles des aultres, ains eftimoyent M
nely & le Roy de Dace n'auoir oncques veu fa femblable, quelque c
que lon feit d'Oriane, Olinde, ou Briolanie. Et comme ilz mettoyer
le pied à l'entrée de l'huis, elle les vint receuoir d'vne fi bonne grace qu
rien plus. Lors f'agenouillerent pour luy baifer les mains, & commen
le Roy de Dace à luy dire : Madame, nous fommes deux Cheualiers
l'Ifle Ferme, qui par eftrange aduenture feufmes iectez en cefte mer, o
nous auons maintesfois cuide perir : mais à la fin ayant couru Fortun
trente iours & trente nuictz, ainfi que nous eftions à bout de noz viure
abordafmes au riuaige d'vne ifle defpeuplée, contre laquelle noftre vai
feau fe brifa. Lors cognoiffant à veue d'oeil la fin malheureufe qui fe pr
fentoit deuant nous (defefperez de tout remede) le nauire ou eftoit
Cheualier (dit il monftrant Frandalo & cefte damoifelle) feut par fem
blable tormente iecte ou nous eftions. Et là eut vn combat merueilleu
entre mon compagnon & luy, & moy contre aulcuns du nauire: duque
finablement ie demouray maiftre, & mon compagnon victorieux. E
depuis fçachants de cefte damoifelle qu'elle vous apportoit vn meffag
de la part d'vn Cheualier arme d'armes noires (pour lequel trouuer nou
eftions en quefte) deliberafmes la conduire, & venir pardeça faire la re
uerece à l'Empereur & à vous, pour la feruitude que monfeigneur Ama
dis vous porte, duquel nous fommes finguliers amis tout oultre. Et pou
ce qu'a prefent n'auons chofe plus digne de vous offrir (apres nous) qu
Frandalo noftre prifonnier, nous vous fupplions treshumblement le re
ceuoir en voftre feruice, & luy fauluer la vie comme nous luy auons pr
mis. Leonorine trefaife de ce prefent, pour le renom qu'auoit ce Pirat
d'eftre homme de pouoir & de trefgrande intelligence, les en remerci
affectueufemét. Puis appella l'vn de fes maiftres d'hoftel, auquel elle co
manda traiter les deux Cheualiers, & prendre la garde de Frandalo, at
tendant le retour de l'Empereur, qui fera, dit elle, trefaife de leur arriué
mefmes d'entédre par eulx des nouuelles d'Amadis: & retint en fa com
paignie la damoifelle meffaigere.

Comm

Comme la damoiselle Car-

melle declara son Ambassade à l'Infante Leonorine,
& des propos qu'elles eurent ensemble
sur le fait d'Esplandian.
Chapitre   XXI.

Insi se retirerent le Roy de Dace & Manely, & demoura la damoiselle auec l'Infáte Leonorine, qu'elle mena aussi tost en sa garderobe, & luy demanda
d'ou elle estoit, & de la part de qui elle venoit vers
elle. Madame, respódit Carmelle, sçachát bien que
ne cognoissez encores celuy à qui ie suis, ie vous sup
plie treshumblement me pardóner, si auant le vous
nommer ie vous faitz entendre ce qui le rend plus recómande entre les
meilleurs Cheualiers du monde, desquelz pour sa grand doulceur &
prouësse il est aultant estime, que crainct & redoubte de tous meschans
qui l'oyét nómer: Et neantmoins vne seule chose le maistrise, c'est vous,
madame qu'il aime, honore & desire seruir tant qu'il viura: Et toutef-
fois ne sçachant s'il vous sera agreable, il n'a ose prendre la hardiesse venir luymesmes en personne vous asseurer de ce que ie vous dis: Encores qu'il ait charge expresse (de celuy qui apres vous luy peult plus commander) de vous presenter son seruice, comme chose obligée & promi-
se: Et afin qu'adioustiez certaine foy à mes paroles, il vous enuoye cest
anneau, qui est celuy propre que vous dónastes à monseigneur Amadis
son pere, lors qu'il estoit en ceste court, s'il vous en souuient. Adonc le
print Leonorine, & le regarda longuement, puis dit tout bas: Vrayement ceste bague a este aultresfois miéne, & la dónay au meilleur Cheualier du monde. Par ma foy madame, respondit Carmelle, vn aultre
meilleur que luy la vous renuoye: C'est monseigneur Esplandian son
filz. Si ne le veiz ie oncques q̃ ie sçache, dit elle, bien est vray que maistre
Elisabel me parla d'vn ieune damoiseau, filz du Cheualier à la Verde espée, qui puis nagueres a este arme Cheualier presente Vrgáde la descogneue en l'Isle Ferme: Et le l'endemain feut transporte par mer en vn nauire merueilleux, si qu'oncques puis il n'en a este nouuelles. Madame, respondit elle, ie ne sçay qui est ce Cheualier à la Verde espée: mais
celuy duquel ie vous parle a fait tel cómencement d'armes, que s'il vous
plaist l'entendre vous en serez esbahie. Ie vous en prie, respódit la princesse. Et cóme elle vouloit entrer en ce discours, on vint dire à l'Infante q̃
l'Empereur estoit arriue & la demádoit, dont elle bien aise sçachant le
plaisir qu'il auroit d'entendre ces nouuelles, print Carmelle par la main,
& la luy mena en sa chambre: Puis luy auoir fait la reueréce, luy dit: Mó-
sieur voicy vne damoiselle estrangere, qui vous dira nouuelles du bon

G   Cheualier

Cheualier à la verde efpée, & de fon filz aufsi:duquel maiftre Helizabel
vous faifoit fi grand cas,& l'ont conduicte pardeça deux Cheualiers de
l'Ifle Ferme,l'vn defquelz a combatu Frandalo,dőt il m'a fait prefent: Et
attendant voftre retour,ie les ay enuoyez refraifchir. Ma fille, refpondit
l'Empereur,ilz foiét les tresbiě venuz,& la damoifelle aufsi.Sire,dit elle,
Dieu vous doint bonne vie & longue , & fans luy faire aultre reuerence
demeura quoye,dőt chafcun fe print à rire,eftimant que faulte de ciuíli
te l'auoit fait ainfi oublier:Mais peu apres ilz perdirent cefte opinion,&
cőmença Carmelle à parler en cefte maniere. Sire, i'ay toute ma vie efté
nourrie entre les meilleurs Cheualiers du monde , & toutesfois ne trouuez eftrange fi de prime face (eftant deuant voftre maiefte) ie me fuis
mis en fi peu de deuoir,que voz gentilz hommes ont trouue bon de fen
m'ocquer:car faulte d'entendre lhonneur qu'on doit à vn fi grand prince que vous,ne m'a fait iouer ce perfonnage, ains feulemét la gloire que
i'ay d'eftre à vn q̃ i'eftime plus qu'aultre qui viue, leq̃l ie tiens feul à maiftre & feigneur, n'en cognoiffant aultre plus digne que luy : Et s'il vous
plaift,fire,entendre qu'il eft,enfemble la caufe de mon arriuée en voftre
court,mandez querir les deux Cheualiers qui m'ont admenée,& ie vous
diray chofes dont(peult eftre) vous aurez grãd esbahiffement. Damoifelle,refpondit l'Empereur,vous me ferez plaifir. Lors commanda à vn
gentilhomme des fiens, qu'il feit venir les deux Cheualiers eftranges,
lefquelz arriuez deuant l'Empereur, apres luy auoir baife les mains, &
qu'il leur eut fait tresbon recueil,commanda leur apporter deux chaires
ou ilz f'afsirent,car c'eftoit le prince qui plus hőnoroit ceulx qui venoiét
à fa court,fpecialemét quand il les fçauoit de loingtain païs. Adonc f'approcherent tous les aultres gentilz hommes & Cheualiers, afin d'entendre les propos de la damoifelle, laquelle adreffant fa parolle à l'Empereur,luy dit.Sire ie croy que vous auez peu fçauoit de long temps quelle
eft la fortereffe de la montaigne defendue,laquelle (durant les iours du
preux Cartadague & depuis) vous & le Roy de Turquie auez maintef-
fois effayée de prendre,encores que f'ait efte en vain, tant l'ont bien defendue les Geans Matroco & Furion : & neantmoins vn feul Cheualier
la conquife en vn iour, mis à mort ces deux dont ie vous parle: Arcalaus
l'enchanteur & Argátes le portier : Et qui plus eft deliure le Roy Lifuart
qui eftoit en vne dure prifon,fans que nul des fiens en euft aulcunes nou
uelles : car il auoit efte furprins en fes païs, & emmene fecretement par
Arcabonne : laquelle defefperée, f'eft precipitée en mer , des feneftres
de fon chafteau : & afin, Sire, que vous entendiez comme le tout eft aduenu, Arcabonne (à qui ie feuz)eftant aduertie de la prifon de fon frere
Arcalaus en l'Ifle Ferme, partit expreffémét de la montaigne defendue,
efperant le recouurer:mais premier qu'elle y arriuaft,il auoit efte mis er
liberte:ce neantmoins(ne voulant du tout perdre fa peine)feit tant pou
fe venger,qu'elle attira par moyě le Roy Lifuart (chaffát lors en la foref
iufque

iufques à vne tente ou elle eftoit: Et là penfant fecourir vne damoifelle
qu'à fon aduis vn Cheualier vouloit forcer, demoura fi enchâte' qu'il per
dit toute cognoiffance, & ainfi feut tranfporte' au deceu de tous les fiés,
iufques en la foffe ou le feigneur à qui ie fuis le trouua. Puis côtinuât fon
propos fe meit à defcouurir la forte qu'Efplandian receut l'ordre de Che
ualerie, & comme entrant en la quefte du Roy, feut tranfporte' par la fu
fte de la grand Serpente en l'Ifle de la damoifelle enchantereffe, ou il
conquift l'efpée luifante: Et depuis amene' dedans vne barque par vn
muet, au pied de la montaigne defendue. Les propos qu'il eut auecques
l'Hermite. Les combatz d'Argantes, Matroco & Furion. La defefperan-
ce d'Arcabonne: la deliberation aufsi qu'elle eut de le tuer, lors qu'elle
le trouua dormant en l'Hermitaige. L'amour dont elle feut foubdain efprinfe. Et en fomme la cognoiffance que le Roy Lifuart eut de luy: Duquel, Sire, dit elle, il eft petit filz, filz d'Amadis & de la princeffe Oriane.
Et pour aultant que fon pere luy donna charge au partir de luy, de venir
en fon lieu feruir madame voftre fille, & les aultres ainfi qu'il leur a promis, monfeigneur m'enuoye expreffément vers elles, les fupplier tref-
humblement luy pardonner, f'il n'a fi toft accomply ce commandement, mais qu'en amendant la faulte qu'il leur a faite, il y viendra en
brief, & y fera tât de feiour, qu'il leur plaira. Damoifelle, refpondit l'Empereur, i'ay cogneu fon pere pour l'vn des meilleurs Cheualiers du mô-
de, & toutesfois vous nous auez racôpte' telles chofes du filz, que ie croy
certainement qu'il le furpaffe. Il fera le tresbien venu quand il viendra:
Mais fi ma fille fuit mon confeil, elle ne luy pardonnera fa longue abfence qu'il ne vienne en perfonne demander pardon: Lors il n'efchappe-
ra pas fi toft de nous que feit Amadis. Pour le moins luy ferôs nous tant
de bonnes cheres, & ma fille mefmes à qui ie le commande, qu'il aura
quelque occafion de nous tenir longue compaignie: Et ce pendant les
deux Cheualiers demeureront pour oftage f'il leur plaift, les affeurant
que ie leur feray tout l'honneur & bon traictement dont ie me pourray
aduifer. Sire, dit elle, le defir qu'ilz ont eu d'entendre ce que ie vous ay
declare' prefentement, les a fait nauiguer en cefte contrée, & les ay rencontrez au plus grand heur pour moy qui me fceut aduenir. Sçauez vous
comme? Frandalo que ceftuy là (dit elle monftrant Manely) a conquis
le plus cheualeureufement du monde, me tenoit prifonniere en fon nauire, & m'auoit prins en ma barque, n'eftant encores à vn mille du lieu
ou ie m'eftois embarquée: Et depuis fortune courut en forte, que de tous
fes vaiffeaulx, celuy ou il eftoit feut iete' en vne ifle, en laquelle par femblable accident, ces deux Cheualiers eftoient arriuez. Lors racompta les
parolles qu'ilz eurét auecq' Frâdalo & tout le fait ainfi qu'il f'eftoit paffe'.
Parquoy, fire, m'acquittant enuers eulx de la promeffe que ie leur feiz,

G ij   i'ay entie-

i'ay entieremét recite' la fortune du bon Cheualier leur compaignõ. Sur
mon Dieu, refpõdit l'Empereur, ilz fe font monftrez cheualeureux tout
oultre, & ont fait vn tresbeau prefent à ma fille, dont ie les mercie tant
qu'il m'eft pofsible. Sire, dit Manely, nous vous fupplions treshumblement que vous feruiez dorefenauãt de luy:car il a enuie de vous faire fer
uice, & ainfi nous l'à il promis.Eft il pofsible? refpondit l'Empereur, veu
que c'eft le plus mefchãt paillard que la terre portaft oncques, & qui plˀ
a fait de dommage à mes fubieĉtz.Sire,dit le Roy de Dace, il fera deformais tout aultre, & pour cefte caufe mon compaignon en a fait prefent
à madame voftre fille: laquelle nous a promis luy fauluer la vie,& encores vous faifons nous femblable requefte. Ie le feray, refpondit l'Empereur,pour l'honneur de vous,pofe' qu'il ne le merite:Et comme ilz acheuoient ce propos, Gaftilles qui eftoit demoure' en la foreft pour veoir
donner curée aux chiens courans,qui auoiét ce iour là tant bien fait leur
deuoir,arriua, & d'entrée recogneut Manely & le Roy de Dace qu'il a-
uoit veuz en la grãd' Bretaigne ieunes efcuyers. Adõcqˀ f'enquit de leur
venue: Et apres que l'Empereur mefmes luy eut tout declare' ce que
vous auez entendu, il demanda à la damoifelle felle fçauoit le nom
des deux aultres qui eftoient demourez en la montaigne defendue:car
puis qu'ilz font armez, dit il à Manely, de mefme pareure que vous,il
fault f'affeurer que ce font de voz compaignons. Il eft vray, refpondit la
damoifelle,aufsi feurent ilz faitz Cheualiers enfemble , & l'vn f'appelle
Ambor,& l'aultre Talanque.Ie fçay doncqˀ bien qui ilz font,dit Gaftilles, Ambor eft filz d'Angriote Deftrauaulx, l'vn des meilleurs Cheualiers de la grand' Bretaigne.Cemaiftdieux, dit Manely, nous eftions en
grand peine de les trouuer,mais puis qu'ilz font en la montaigne defendue (f'il plaift à l'Empereur) il nous y fera conduire. Ie le veulx tresbien,
refpondit il, pourueu que me promettiez tous deux ne partir de huiĉt
iours de ceans.Sire,difrent ilz,nous ferons ce qu'il vous plaira. Et par ce
qu'il eftoit heure de difner,l'Empereur fe retira en fa falle auecqˀ les deux
Cheualiers,& l'Infante Leonorine d'aultre cofte',emmena la damoifelle eftrangiere:car elle vouloit fçauoir plus auãt nouuelles d'Efplandian.

Des propos que la princeſſe

Leonorine eut auecqˀ la damoifelle Carmelle fur
le fait de fon ambaffade.

Chapitre   XXII.

Vous auez

Ous auez cy deuant entendu comme Carmelle racompta en la presence de l'Empereur, le vouloir qu'elle eut de mettre à mort Espládian, & qu'au lieu de ce faire, elle feut si esprise de sa beaulté, qu'elle proposa n'aymer de sa vie aultre que luy, ce que l'Infáte Leonorine (qui desia y pretédoit part) n'oublia pas:ains elles d'eulx retirées en son cabinet, luy dit en se soubzriant. Est il possible, da_moiselle, qu'aymát ainsi le Cheualier aux armes noires, vo⁹ l'ayez si tost abandonné? Madame, respódit elle, ie feuz à l'heure mesmes aduertie qu'il en aymoit vne aultre, dequoy ie me trouuay fort allegée, iugeát son coeur tel comme le mien, & qu'il endura quelquesfois la doulce passion qu'il me fait souffrir. Qu'en esperez vous dócq', dit la princesse. Cela mes me, respondit elle, que ie sçay estre differét entre luy & moy:car quád ie suis en sa presence contemplant l'excelléce de sa personne, ie reçoy aul-cun repos, ce q̃ luy sera desnie' voyant que desia il souffre pour celle qu'il ne veit oncques, qui est vous mesmes, ainsi que ie vous ay dit. Voila, dit elle, vne amour bien estrange, & ne puis penser surquoy il l'a fondée. Haà madame, respódit Carmelle, ie crains beaucoup qu'a la lógue il ne puisse tolerer l'extremite' enquoy il est tombe' pour se rendre du tout vostre: mesmes si à son arriuée vers vous, il se treuue tant soit peu defa-uorise' de vostre personne, aussi n'a il desir en ce monde que de vostre có sentement, & se pouoir nommer vostre, estimant telle faueur l'vne des plus grandes qu'il luy sçauroit aduenir. En bonne foy, dit elle, ie ne luy refuseray pas si peu de chose, ny plusgrande auec: mais ie vous prie dites moy pourquoy il se fait appeller le Cheualier Noir. De cela ne vous puis ie bien satisfaire, respondit Carmelle, fors qu'vne nuict entre aultres, estans le Roy Lisuart, luy, Talanque & Ambor, en la montaigne de-fendue couchez en vne mesme chambre: entendirent vn son si armo-nieux, qu'ilz se leuerent pour veoir d'ou il procedoit: Toutesfois le téps estoit si obscur, que force leur feut d'attendre le iour. Lors veirent en mer le nauire de la grand Serpente, dequoy ilz eurent tel plaisir, qu'ilz deua-lerent incontinent sur la greue, & aussi tost sortit de la nef vne damoi-selle qui en vn esquif print terre, portant entre ses bras vn pacquet cou-uert d'vn taffetas turquin: lequel elle presenta à Esplandian, de la part d'Vrgande la descogneue luy disant telles paroles: Bon Cheualier, ma maistresse vous enuoye vnes armes enueloppées cy dedans: Et vous má-de par moy que laissiez celles qu'elle vous donna au temps de toute tri-stesse, & vous armez desormais de ces aultres cy, qui sont semées de la deuise que porte au iourdhuy la plus belle du monde (ainsi qu'Amadis vostre pere tesmoigna lors qu'il luy meit la couronne d'or sur la teste) & pour l'amour de laquelle l'effort & magnanimite' de vous, s'aug-mentera tant, que vostre renommée en vollera d'Orient iusques en Occident, sollicite' d'vne passion amoureuse si vehemente, que

G iij

main-

maintesfois la mort nous feroit agreable . Puis deſlia le pacquet , & tira
hors vn harnois auſsi blanc que neige , ſeme᷍ de couronnes les mieulx
enrichies de perles & diamans qu’il eſtoit poſsible . Si le print Eſplandian , remerciant affectueuſement Vrgande, & la meſſagiere qui l’auoit
apporte᷍. Et voila madame, dit Carmelle , la cauſe à mon aduis pourquoy il a eſte᷍ par cy deuãt ſurnõme᷍ le Cheualier Noir : Mais ie croy que
changeant deſormais de deuiſe, il chãgera auſsi de nom. Bien cognent la
princeſſe Leonorine aux propos de la damoiſelle, que toutes ces choſes
auoyẽt eſte᷍ faites en ſon aduãtage, & cõmença à ſentir vne grãde altera-
tiõ en ſon eſprit: car Amour luy maiſtriſoit le coeur petit à petit: ce qu’el
le euſt voluntiers diſsimule᷍, neantmoins Carmelle ſen apperceut treſ-
bien par la mutation de couleur, qui couuroit ſa face tant belle, la rédãt
pluſtoſt bleſme & ternie, pluſtoſt rouge & enflammée, ſelon la diuerſite᷍
des eſguillons, dont ce petit Dien la poignoit , tellement qu’elle ne ſe
peut tenir de ieter vn profond ſouſpir, & comme ſi elle eut parle᷍ à ſoymeſmes , dit tout hault : Dieu vueille que ce commencement prenne
bonne fin. Lors Carmelle voyant que les affaires de ſon maiſtre alloient
de mieulx en mieulx, pour touſiours tenir en halaine ceſte nouuelle amã
te, luy dit : Madame, il m’a commande᷍ faire peu de ſeiour pardeça : car
iuſques à mon retour, il viura en vne merueilleuſe peine, & le reſte de ſes
iours auſsi, ſil n’a de vous quelque bonne reſponſe. Haà damoiſelle, reſpondit l’Infante, ie ſerois bien la plus ingrate princeſſe qui naſquit oncques. vous luy direz de par moy, que ie le remercie aultãt qu’il m’eſt poſſible, des honneſtes offres qu’il m’a enuoyées preſenter par vous, & que
luy arriue᷍ par deça, il cognoiſtra le bon vouloir que ie luy porte᷍, auſsi
comme ie le tiens pour mon Cheualier, en teſmoignage dequoy vous
luy porterez ce fermillet qui eſt le premier preſent que Grimanaiſe mon
ayeule donna à ſon Apolidon, ne luy eſtant encores qu’amy . Adoncq’
oſta de ſon chef vn tiſſu d’or, ou il eſtoit atache᷍ pour tenir ſes cheueulx,
& le bailla à Carmelle, puis enuoya querir vn accouſtrement couuert à
broderie de couronnes d’or, ainſi qu’elle les portoit ordinairement, &
le luy bailla : Mais pour aultant, dit l’Infante, que les deux Cheualiers
ont promis à l’Empereur de ne partir de huict iours de ceſte court, vous
les attendrez & retournerez enſemble à la mõtaigne defendue, ce qu’elle accorda voluntiers.

Comme nouuelles vindrent a

l’Empereur du ſiege qu’Armato Roy des Turcqz auoit mis en la
montaigne defendue, & de la charge qu’il dõna à Frandalo
pour y mener ſecours auec Manely & le Roy de Dace.

Chapitre   XXIII.

Ainſi

Insi seurét les Cheualiers de l'isle ferme, & la damoiselle Carmelle arrestez pour quelque temps en Constantinople, ou en ces entrefaites print port vne fregate, qui apporta vn escuyer venát de la part de Taláque & Ambor, vers l'Empereur, l'auiser cõme Armato Roy de Turquie aduerty de la mort de Matroco, auoit assiege par mer & par terre le chasteau de la montaigne defendue, luy requerant treshumblemét que son plaisir feut leur donner quelque secours, aultremét force leur seroit rendre la place, tant estoit mal fournie de viure & de gents. L'Empereur entendant ces nouuelles, considerant les tresues qui estoyent entre luy & le Roy des Turcqs, aussi qu'il n'auoit vn seul homme prest, Gallere, Galeace, Nauire ou Borgantin, pour luy faire la guerre, demoura longuement pensif: Toutesfois apres qu'il eust debatu en soy mesmes de quelle importance estoit ceste frontiere, si vne fois l'ennemy s'en emparoit, resolut en fin de l'empescher en toutes sortes. Et pour ceste cause feit appeller Frandalo, lequel il tira à part, & luy dit : Or ça Frandalo, vous estes maintenant mon prisonnier, & est en moy de vous traiter comme vn larron, ou de vous deliurer auecq' plus de grandz biens que vous n'eustes oncques: ce que ie feray, si vous me voulez promettre de m'estre desormais loyal, & me seruir es charges que ie vous donneray. Sire, respondit il, ie vous supplie treshumblement oublier les faultes que i'ay commises par le passe enuers vostre mageste, vous iurant sur ma foy (s'il vous plaist me prendre à mercy) que vous aurez vn seruiteur en moy, qui auecq' le

G iiii

temps

temps vous donnera à cognoiſtre par effect combien i'eſtime ceſte grace. Me le promettez vous? dit l'Empereur. Oy ſire, reſpondit il. Et qu'eſt
deuenu voſtre equipaige, & tant de vaiſſeaulx que vous auiez par cy deuant? Sire, reſpondit Frādalo, les vents & la tempeſte qui ſuruindrent en
mer ces iours paſſez nous eſcarta ſi bien, qu'oncques puis ie n'en oy nouuelles : Toutesfois il me ſemble qu'aiſément ie les pourroye raſſembler,
& auecq'eulx vous faire ſeruice, ſi vous l'auez agreable. Oy ſur ma foy,
dit l'Empereur, & ſi vous en prie : car i'ay delibere mettre ſus l'vne des
plus groſſes armées qu'oncques prince ait fait marcher depuis cent ans,
pour chaſſer de mes frontieres Armato Roy de Turquie, qui a puis n'a-
gueres aſsiege la montaigne defendue. Et attédant, dit il, que toutes mes
forces ſoyent preſtes, vous en irez deuant auecq' les deux Cheualiers e-
ſtranges, trouuer façon de raſſembler voz gens, & donner quelques alga-
rades à mon ennemy. Sire, reſpondit Frandalo, Dieu me doint grace de
vous faire ſeruice. Tenez vous doncques preſt pour partir demain, dit l'-
Empereur. Et ſur l'heure commāda qu'on luy armaſt ſon nauire de tout
ce qu'il luy ſeroit neceſſaire : puis vint trouuer Manely, & le Roy de Dace, auſquelz ſemblablement il feit entendre l'aduertiſſement qu'il auoit
eu de Talanque & Ambor, la deliberation ſur ce prinſe de les aller ſecourir, & meſmes les propos de luy & Frandalo. Et pource mes amis, dit il,
que ie ſçay le grand deſir que vous auez de trouuer voz compaignons, il
me ſemble pour le mieulx que vous vo' embarquez auecq' celuy qui ſ'en
va deuant les aduertir de la force auec laquelle ie fais eſtat les aller veoir
en brief. Sire, reſpondit Manely, c'eſt dequoy nous vous ſupplions tant
qu'il nous eſt poſsible. Demain, dit le Roy, vous aurez voſtre nauire fret-
te & pourueu comme il appartient, auecq' quelques aultres de mes vaiſſeaux pour ſeruir de ſcorte en m'attendant, & la puiſſance grande que ie
vous meneray. Mais premier que partir il leur feit offrir maint beau preſent, qu'ilz refuſerent, ſe contentans de l'honneur & bon traitement duquel il auoit vſe en leur endroit. Puis ayans prins conge de ſa maieſte, &
des ſeigneurs & dames de la court, & principalemét de la princeſſe Leonorine, entrerent en mer auecq' Carmelle qui ſ'en retournoit, eſperant
auoir bon viſaige de ſon maiſtre, pour les bonnes nouuelles qu'elle luy
portoit. Toutesfois il me ſemble auant paſſer oultre, que ne deuons laiſſer plus longuement Eſplandian à Mirefleur, ains vous dire ce que luy
aduint depuis qu'il feut guery. Or eſcoutez doncques.

Comme

Comme Esplandian estant

guery de ses playes, print conge du Roy Lisuart & de la court,
pour retourner en l'isle Ferme, ou il auoit laisse le nauire
de la grand' Serpente, dedans lequel (accompaigne
seulement de maistre Elizabel, & Sergil) il s'embarqua pour retourner en la montai-
gne defendue.

Chapitre   XXIIII.

Aints iours & maintes nuictz seiourna Esplandian
à Miresleur depuis le perilleux combat d'Amadis,
premier que ses playes feussent du tout gueries. Et à
la fin ayant son conge du Roy, & des aultres qui luy
pouoyent cõmander, reprint le chemin de l'isle Ferme, acõpaigne tousiours de Sergil son escuier, & de
maistre Elizabel. Lesquelz cheminerét sans trouner
aduéture (digne de reciter) en sorte que finablemét ilz arriuerét au palais
d'Apolidon: au pied duquel estoit encores en mer, le nauire de la grand'
Serpente, ou ilz entrerét le iour mesme. Toutesfois elle ne feit semblant
de se mouuoir iusques enuiron la minuict, qu'elle singla d'elle mesmes
en mer si legerement, que le lendemain ilz se trouuerent hors de toute
cognoissance de terre. Et ainsi nauigerét sept iours durãs, & le huitiesme
descouurirent à destribort vn beau païs, le long duquel vn vent calme
(donnant en poupe) les ieta sans aulcune violence: ce que voyant Esplãdian delibera descendre & costoyer la marine iusques à ce qu'il trouuast
aucun qui luy dit en q̃lle contrée il estoit arriue. Et priant maistre Elizabel ne partir de là iusques à son retour, luy, Sergil & leurs deux cheuaulx
entrerent en vn esquif, & descendãs en terre marcherent si auãt en païs,
qu'ilz se trouuerent au plus hault d'vn tertre, au dessoubz duquel ilz apperceurent vne tresbelle prairie & quelques maisons, vers lesquelles ilz
s'adresserent. Mais ilz n'eurent longuement chemine, qu'vn valet gardãt
quatre cheuaulx, dont l'vn estoit bay (trop plus puissant que nul des aultres) s'adressa à Esplandian, luy demãdant en langage Almant ou il alloit
à sa malheure. Esplãdian, qui en ses ieunes ans auoit apprins ceste lãgue,
luy respõdit pourquoy? Pource, dit le valet, qu'a ceste prochaine maison
mon maistre est n'a gueres arriue, qui disne, & s'il vous voit, c'est fait de
vous. Ton maistre? respondit Esplandian, & dequoy se mesle il? De tuer
ou enuoyer en ses prisons de trop plus braues que vous: ainsi croyez moy
& vous en retournez bien tost, si ne voulez esprouuer ce que ie vous diz

certaine-

certainement. Si ne contesta Esplandian d'auantaige, ains passa oultre,
iusques vis à vis la porte du logis, dans lequel il choisit vn Geant assis à
table,& quatre escuyers qui le seruoient la teste nue. Mais aussi tost que
le Geant l'apperceut,il se leua, & à demy appuyé sur sa nappe, cõmença
à luy dire:Chetif entre les plus malheureux,qui te fait maintenant trouuer deuant moy armé comme tu es? par mon grand Dieu Ianus il fault
bien dire ou que tu es fol,ou que le viure t'ennuye. vien,approche toy,&
te desarmes,à ce que tu n'ayes tant de peine d'aller à pied ou ton logis est
preparé long temps y a. Sus paillardz,dit il à ses escuyers,ietez-le bas du
cheual,& le menez auec les aultres. A ceste parole vn d'entre eulx (voulant,peult estre,faire du bon valet)courut vers Esplandian pour le seruir
d'escuyer:toutesfois(ou pource qu'il luy fascha,ou pour aultant qu'il luy
print l'estrier gauche pour le droit) il luy donna tel coup de gantelet sur
les oreilles, qu'il le ieta bas estendu tout de son long. Dequoy le Geant
entra en vne telle fureur, qu'il n'eut quasi la patience de s'armer, pour en
prendre la vengeance : & à ceste fin enuoya querir le grand destrier bay,
sur lequel il monta. Et ce pendant Esplandian laça son heaulme, print
son glaiue, & demoura tout quoy attendant celuy qui le menassoit sans
cesse. Lequel ne tarda gueres à le venir trouuer, portant vne grosse lance
sur sa cuisse,& vn cymeterre pendãt à l'arçon de la selle tant lourd,qu'vn
bien fort hõme se feut trouué empesché à le soubzleuer de terre. Et tout
ainsi qu'on veoit communément vn cocq marry assaillir vn gros vilain
iars, & se tenir sur le bout des argotz la teste leuée pour en auoir le dessus, Esplandian ayant sentu l'iniure que luy auoit faite le Geant,le voyãt
approcher de luy brãsloit desia la gambe pour le charger, quand l'aultre
l'appella, & luy dit : Vassal, contente toy de l'honneur que tu as maintenant, pour m'auoir mis en telle colere, que sans y penser i'ay prins les armes contre vne chose tant chetiue & malheureuse comme tu es. Fuis
doncques sans me contraindre dauantage, aultrement tu mourras sans
remede:car vingt plus cheualeureux que toy ne me sçauroyent seulemét
esbransler. Esplandian oyant telles menasses n'en feit cas, ains par mocquerie luy respondit:Ceulx que tu as fait mourir ne te pourront iamais
nuire : mais moy qui suis venu pour les venger, i'ay bien esperance premier que nous nous separions d'enuoyer ton ame aux diables, ausquelz
tu l'as recommandée par tant de fois : combien qu'il te vauldroit trop
mieulx prendre le conseil que tu me donnes,& fuir ton malheur, asseuré qu'en ce corps grand, gros, & lourd ne demeure aultre chose qu'vn
coeur bas & pusillanime, qui te fait parler tel langage & si mal à propos.
Tu le verras sans plus tarder,dit le Geãt:lequel couchant son bois,vint à
course de cheual contre Esplandian,qui de sa part n'en feit moins. Toutesfois le Geant faillit d'attainte, non pas l'aultre : car de la roideur de
son coup luy feit tellement doubler les reins, que le fiel luy sortit par la
bouche,

bouche,& mourut à l'inftant. Dont ceulx qui les veirent furent esbahis, & principalement les efcuyers du geant, lefquelz fe meirent incontinent en fuite, toutesfois ilz ne coururent gueres loing qu'Efplandian ne les attaignit, vfant de menaces ou ilz ne luy monftroyent ceulx que leur maiftre tenoit en fes prifons. Si promirent luy obeir. Lors le menerent coftoyant le tartre qu'il auoit defcendu, & vindrent en vne voye eftroicte & pleine de rochers, ou eftoit vn guet de vingt hommes armez de brigandines & capellines de fer, tenans chafcun d'eulx vne hache pour defendre le paffaige. Le plus apparent defquelz f'adreffa aux efcuyers du Geant qui marchoyent deuant, & leur demanda qui leur auoit baillé ce malheureux : ce difant voulut mettre la main à la refne du cheual d'Efplandian, mais il luy donna fi grand coup d'efpée, qu'il luy aualla le bras: adonc luy coururent fus tous les aultres. Toutesfois il les efcarta en peu d'heure, faifant tomber la plufpart d'eulx morts fur la terre : ce nonobftant il fe trouua à la fin tant chargé de toutes parts, que fon cheual luy feut tué entre fes iambes, & luy mefmes cuida eftre affommé. Neantmoins il feit tant d'armes, & de fi merueilleux efforts, que le camp luy demeura, & f'enfouyrent ceulx qui eurent le moyen de courir. Entre aultres le valet qu'il trouua au premier gardant les cheuaulx : lequel fe fauluant à l'entrée d'vne voulte, commença à crier à haulte voix : Sortez feigneur,fortez,voftre filz Bramato eft mort, & tous noz compaignõs auffi. A cefte clameur vint vn grand vieillart Geant,qui auoit la barbe & les cheueulx longs & chanuz. Lequel aduifant Efplandian,tenant encores fon efpée toute fanglante au poing, & la plus part des fiens morts & naurez,ieta vn hault foufpir difant:Dieux immortelz,comme vous puis-ie auoir tant offenfé, qu'ayez permis mon feul filz, & mes gens eftre ainfi deffaitz par vn feul Cheualier?Or croy-ie que voftre courroux ne me def fauorifera en maniere que n'en prêne vengeance cõme i'efpere. A peine eut il acheué ce mot,qu'eftant couuert d'vn efcu de fin acier qu'il portoit au col,marcha droit à Efplâdian, & tenât fon efpée au poing,luy en donna tel coup du plat,qu'il luy eftourdit le bras gauche: & deuallant l'efpée fur vn roc,fe brifa trois piedz & plus, parquoy Efplandian fe lança promptement vers luy, & d'vne legereté merueilleufe l'attaignit à la veue, fi au vif que le fang luy fortoit du front en trefgrande abondance. Dont le Geant entra en fi grand' colere, qu'abandonnant fon efcu print à deux mains fi peu d'efpée qui luy reftoit, & de toute fa puiffance effaya d'endommager Efplandian,qui gauchit au coup,& fe tirant à cofté,choifit à defcouuert le bras du geant, dont il luy fepara le poing, & tomba l'efpée quant & quant:toutesfois il ne fe monftra pourtant recreu, ains embraffant Efplandian du bras gauche,le vouloit eftaindre & eftouffer. Mais il aduint aultrement,car ainfi qu'il commençoit à le preffer,Efplandiã qui auoit le bras droit à deliure, luy meit par deffoubz le haubert l'efpée au

trauers

trauers des tripes, & rendit l'ame : puis appella les trois escuyers de Bramato qu'il auoit amenez pour luy mõstrer les prisonniers, & leur demãda en quel lieu ilz estoyent. Seigneur, respõdit l'vn d'eulx, au de'a de ceste voulte est le logis des deux Geants pere & filz, que vous auez mis à
mort, & au dessoubz sont ceulx que vous demandez en vne prison fort
obscure, qui a bien cent pas de long & deux de large seulement, par ainsi
ceulx qui y sont en grand nombre n'ont moyen d'eulx coucher, & sont
contrainctz estre tousiours debout, pour l'angustie du lieu. Passe deuant,
dit Esplandian. Si s'auança l'escuyer, & Esplandian apres, qui ne le suiuit
longuement sans entrer en vn tresbeau palais : & deuallant plus bas entendit vne voix lamentable de poure captifz mourans quasi de faim, dõt
il eut telle compassion, que les larmes luy vindrent aux yeulx : & demanda à celuy qui le guidoit, ou estoient les clefz. Les voila, respondit il, pen-
dues à ce croc. Ouure la porte, dit Esplandian, ce qu'il feit, & entrerent
eulx deux dedans : puis appella Esplandian ceulx qui se lamentoyent, &
leur dit : Mes amis, sortez tous, & louez nostre seigneur. Helas, pensez
qu'ilz feurent ioyeulx de tant bonnes nouuelles, veu qu'il y auoit tel qui
n'en estoit sorty depuis trente ans, & si estoient en nombre vingt damoiselles, trente escuyers, & cinquante Cheualiers : entre lesquelz Esplãdian
recogneut Gandalin & Lazinde, qui de malheur trauersants païs (apres
la conqueste de Sãsuegue) feurent rencontrez des deux geants, & coffrez
auecq' les aultres, ou ilz endurerent de tresgrandes miseres.

Comme Esplandian cõman-

da à ceulx qu'il auoit deliurez, d'aller en Constantinople remercier la belle Leonorine fille de l'Empereur, & retint seulement Gandalin & Lazinde auecq' luy.

Chapitre   XXV.

Es Geants mortz, & les captifz deliu-rez & mis en liberte', Esplandian qui n'auoit encores oste' le heaulme de la teste, se feit peu apres cognoistre à Gandalin & Lazinde, qui ne feurent moins esbahis de le
veoir en lieu si estrange, qu'esmerueillez du grand
effort qu'il auoit fait pour les tirer de ces tenebres.
Or estoit il presque soleil couche', qu'Esplãdian n'a-
uoit encores beu ne menge' de tout le iour : parquoy delibera ne partir de
ce palais, iusques au lendemain matin. car il y auoit leans viures en tresgrande abondance. Lors commanda à Sergil retourner auecq' l'vn des
escuyers de Barmato, luy querir le grand cheual bay qu'il auoit laisse' aux

ſe aux premieres maiſons, car le ſien auoit eſte᷄ tue᷄ entre ſes iambes, ſi ne
tardirent gueres à l'amener, & paſſerét la nuict faiſát la meilleure chere
dont ilz ſe peurent aduiſer. Puis le lendemain matin Eſplandian feit venir à luy ceulx qu'il auoit deliurez, & leur demáda qu'ilz vouloiét deuenir: Sire Cheualier, reſpondirent ilz tous, nous ſommes deliberez faire
ſeulement voſtre vouloir. Mes amis, vous irez doncques en Conſtantinople remercier l'Infante Leonorine, de la grace que Dieu vous à faite
par le moyen d'vn Cheualier qui eſt ſien. Et ſi elle vous demande mon
nom, dites luy ſeulement les enſeignes des armes que vous me voyez, &
que ie vous ay commande᷄ vous aller mettre en ſa mercy. Par ma foy, reſpondit Gandalin, mon cõpaignon & moy auions delibere᷄ ne vous a-
bandõner ſi toſt, toutesfois nous ferons ce qu'il vous plaira. Vous & luy,
dit Eſplandian, me tiédrez cõpaignie, iuſques à ce qu'il vous viéne à plaiſir d'aller ailleurs. Et les aultres feront ce dont ie les prie. Sire Cheualier,
reſpondit celuy qui luy auoit monſtre᷄ la priſon, ilz trouuerront encores
ceans tout ce qu'il leur feut oſte᷄: les Cheualiers leurs cheuaulx & armes,
les eſcuyers ce qu'ilz portoient, & les dames leurs pallefrois & hardaige.
Va les leur doncques mõſtrer, dit Eſplãdian, à quoy il obeït prõptemét.
Et peu apres ſortirent tous de la voulte les priſonniers prenãs le chemin
de la Grece, & Eſplandian, Gãdalin & Lazinde armez de toutes pieces,
celuy ou les attendoit maiſtre Elizabel au nauire de la grand Serpéte. Et
comme ilz eurent eſloigne᷄ la maiſon des Geans enuiron demie lieue, ilz
rencõtrerent vn Cheualier acõpaigne᷄ de deux eſcuyers, lequel de prime
face ſalua courtoiſemét Eſplandian, & ſa cõpaignie, leur demandant de
quel païs ilz eſtoient. Dáp Cheualier, reſpõdit Eſplandian, nous ſommes
de la grand Bretaigne. Helas, dit il, ne me ſçauriez vous dire nouuelles
d'vne choſe qui m'a dõne᷄ iuſques icy maint grand ennuy? Et quelle? reſpondit Eſplãdian. Sçauez vous qu'eſt deuenu le Roy Liſuart? dit le Cheualier, car aulcuns me l'ont aſſeure᷄ eſtre perdu ſans ſçauoir ou, commét,
ny pourquoy. Quant à moy, ie vous iure que ie l'ay quis en maintes con
trées eſtrãges, mais ce à eſte᷄ en vain, tellemét que (las & trauaille᷄) ie ſuis
venu iuſques en ceſte cõtrée ſans en auoir nouuelles, & ſi n'eſpere dõner
fin à mon trauail premier qu'il ſoit recouuert, ſ'il eſt poſsible qu'homme
mortel y puiſſe mettre ordre. Vous le deuez ainſi faire, reſpondit Eſplan
dian, veu qu'il le merite comme vous ſçauez. Toutesfois ſ'il vous plaiſt
oſter voſtre heaulme & vous faire cognoiſtre à nous qui auons eſte᷄ nour
riz en ſa maiſon, certainement nous vous dirons choſes de luy qui vous
ſatisfera grandement. Seigneurs, reſpondit il, (oſtant ſon heaulme) ie
ſuis Norandel ſon filz. Quand Eſplandian & les aultres le virent à la face, chaſcun ſe feit cognoiſtre, & ſ'embraſſerent de grand amour. Haà
mſeiõgneur, dit Norãdel, pour Dieu ſi vous auez apprins quelque choſe de la part du Roy, ne me le taiſez ſ'il vous plaiſt. Mon oncle, reſpon-

H   dit Eſplandian,

dit Esplandian, ie l'ay laisse' puis vn mois en ça, faisant bonne chere
à Mirefleur, & en bonne sante' Dieu mercy, puis luy racompta la forte
qu'il l'auoit deliure' de prison, & tout ce qui est deduit cy deuant. Ie mes-
merueilles donc, dit Norandel, quelle aduenture vous à fait venir en
ces marches. Sur mon ame, respondit Esplandian, cela ne vous sçauroye
bien dire, fors qu'il à pleu ainsi au nauire de la grand Serpente que i'ay
laissée le long de ceste coste, & maistre Elizabel dedans. Puis continuant
son propos luy discourut à loisir comme il partit de la court, son arriuée
en l'Isle ferme, son embarquemét en mer, & le long temps que y seiour-
nierent auant que descouurir terre: Tant qu'à la fin, dit il, nous vinsmes le
long de ces marches, ou Sergil & moy descendismes en la bonne heure
pour Gandalin & Lazinde, ainsi qu'ilz vous pourront dire quelque fois.
Mais vous mesmes, par vostre foy, qui vous y a adresse' si à propos? Ce-
maistdieux, respondit Norandel, aufsi tost que la paix feut faite entre
Amadis & le Roy, ie partiz de la court pour venir chercher les aduentures estranges, qui se treuuét ordinairemét en ces Alemaignes, ou à peine
feuz-ie arriue', qu'on m'asseura de la perte du Roy mon pere, dont i'euz
vn tel desplaisir, que pour en auoir nouuelles i'ay trauerse' tout le païs
de Dannemarc, Polonc, Rufsie, Seruie, Hongrie, & iusques en ces marches, ou se tiennent, comme l'on dit, deux Geans : Lesquelz, suiuant le
naturel des aultres, font infinies cruaultez, à tous ceulx qu'ilz peuuent
rencontrer, le plus ieune desquelz espie communémét (en cest endroit)
ceulx qui y pasent. Et pour ceste cause quand ie vous ay aduisez, ie pensois certainement de l'vn de vous que ce feust il. Et deliberois le combatre ou mourir en la peine, ce que ie feray encores s'il vous plaist que ie
passe oultre. Par Dieu, dit Gandalin, vous perdistes vostre peine à chercher le Roy Lisuart, & ferez encores si vous attendez d'executer vostre
entreprinse. Comment? respondit Norandel. Pouraultát, dit il, que vous
voyez celuy qui vous relieue de ce danger. Adoncq' luy declara la forte qu'Esplandian auoit combatu les Geans, & comme luy, Lazinde, &
plufieurs aultres estoient en leurs prisons, d'ou Esplandian les auoit tous
ietez hors. Sur mon Dieu, respondit Norandel, voila bonnes nouuelles,
& n'eusse de long temps pense' que si belle victoire luy feut aduenue, ne
sçachant qu'il eut encores receu l'ordre de Cheualerie. Vous voyez que
c'est, dit Esplandian, maistre Elizabel vous en comptera bien d'aduantaige si voulez nous suiure. Allons, respondit Norandel, ie le verray voluntiers. Si prindrent ensemble le chemin de la mer, tant qu'ilz trouuerent le nauire de la grand Serpente, ou ilz s'embarquerent. Et la sceurent Norandel, Gandalin & Lazinde, par maistre Elizabel tout ce qui
estoit aduenu à Espládian, du iour qu'il receut l'ordre de Cheualerie iufques à lors. Et combien que Norandel feit estat de retourner incontinent qu'il auroit le moyen, en la grand' Bretaigne. Neantmoins il changea de

gea de propos oyant racompter tant de merueilles de son nepueu, auquel il dit:Mōseigneur,puis que Fortune nous a ainsi assemblez, ie vous
prie soyez content que ie ne vous abandonne sans occasion . Mon oncle,respondit Esplandian,ie le veulx tresbien,& vous en prie. Ainsi passerent le reste du iour au nauire de la grand'Serpente, esperant puis
qu'elle ne se mouuoit, retourner le lendemain en terre veoir s'ilz trouueroient quelques aultres aduétures à quoy eulx employer . Toutesfois
à peine feurent ilz endormis,que le nauire se print à voguer de soymesmes,si fort qu'au poinct du iour ilz ne veirent plus que mer, & ne cessa
vi.iours entiers d'aller à val le vent hors de toute cognoissance de terre:
mais le vii.ensuiuant, ainsi que le soleil cōmençoit à luire, elle s'arresta
au pied de l'Isle saincte Marie, laquelle maistre Elizabel recogneut aussi
tost cōme celuy qui y auoit acōpaigné aultrefois Amadis,quand il com
batit Landriaque,parquoy il dit à ceulx auecq' qui il estoit: Par ma foy il
me souuient qu'vne fois courant Fortune, & estants en mer mōseigneur
Amadis & moy en sa cōpaignie, feusmes ietez en ceste Isle par vne telle
tempeste,que nous pensions certainement estre tous periz: & si la mer
nous promettoit lors quelque soubdaine mort,estants en terre la crainte
nous augmenta de trop plus, & auecq' tant de raisons que toutes les fois
qu'il m'en souuient ie tremble de paour.Cōment,dit Esplandian,vn peril passé de si long temps, peult il apporter vne frayeur tant pesante que
vous en faites le semblant?Monsieur,dit maistre Elizabel, aulcuns pour
desguiser la verité,font de peu grād'chose:mais si vous auiez veu ce que
ie veiz lors,& ce que vous pourrez encores veoir, s'il vous plaist venir ou
ie feuz,vous trouuerez que ie n'ay tort, & voila, dit il, Gandalin qui en
peult tesmoigner aussi bié que moy.Ie vous prie menez nous y dōcques,
respondit Esplandian.Adoncq' feirét descendre leurs cheuaulx en terre
& eulx semblablement:puis montants contremōt l'Isle,vindrent au cha
steau,ou Amadis demeura quelques iours,attendants la guerison de ses
playes,& là trouuerent vn Cheualier de la part de l'Empereur,lequel aduerty par maistre Elizabel,qui estoient ceulx qu'il auoit admenez, leur
feit tresbon recueil,& s'offrit grandement à eulx: toutesfois ilz ne s'arresterent,ains passerent oultre iusques au mesmes lieu, ou Amadis cōbatit
Lādriaque: & là auoit l'Empereur fait esleuer la statue de l'vn & de l'aultre,si pres du naturel,qu'il n'y restoit que la parole. Si les mōstra maistre
Elizabel aux Cheualiers . Et afin, dit il, que vous me croyez vne aultre
fois,ie vous prie contemplez bien la forme de ce diable, lequel auoit au
parauant l'arriuée de monseigneur Amadis, destruit ceste Isle à present
tant fertile . Adoncq' leur racompta par le menu comme le tout s'estoit
passé,ainsi qu'il vous a esté declairé au iii.liure de nostre histoire,& s'es-
bahirent tous principallemét, comme Lādriaque auoit peu estre deffait
par la main d'vn seul Cheualier:car encores que la representation de luy
ne feut qu'vne chose morte & fainte,si leur causoit elle frayeur , & quel-

H ij

que crainque crainte. Et apres l'auoir lõg temps gardeʼ, & visiteʼ les aultres plus dignes de memoire, ilz sʼen retournerent en la grand' Serpente, laquelle aufsi toft partit du port, & auecq' vẽt agreable, le cinquiefme iour d'apres vint furgir à demy mille de Conftantinople, ou elle fe print à ieter feu de toutes parts fi eftrangement, que les barquerotz & aultres qui l'apperceurent fenfuirent tous, craignants la fureur de ce monftre: dont les habitants furent fi effrayez, que les nouuelles en vindrẽt à l'Empereur, qui eftoit lors deuifant auecq' les dames : lefquelles il mena aux terraffes du palais veoir que c'eftoit. Si apperceurent incontinẽt cefte grand' Serpente, & la mer tant efmeue à l'entour, qu'il fembloit propremẽt d'vn gouffre en feu, & en eurent fi grãd' paour, & l'Empereur mefmes, qu'il commãda que chafcun fe meift en armes, doubtãt qu'elle approchaft la ville & la meift en ruine: mais Gaftilles qui l'auoit maintesfois veue, l'affeura que c'eftoit le vaiffeau du bon Cheualier Efplandian, qu'Vrgãde la defcogneue amena premierement en la grand' Bretaigne. Et afin fire, dit il, que vous n'en doubtiez, fil vous plaift i'iray veoir fi le filz d'Amadis eft dedans, & le vous ameneray. Et ie vous en prie, refpondit l'Empereur. Lors Gaftilles defcẽdit au port, & entra en vne galeace qu'il trouua equipée, cõmandant au Comite voguer à la grand' Serpente : toutesfois pour priere qu'il luy feift, il n'y vouloit de prime face entendre, iufques à ce qu'il le menaffa de le faire pendre. Parquoy leua les ancres, & cõmença la chiorme à ramer : neantmoins il leur feut impofsible d'en aborder à vn grand trait d'arc pres, & tant eftoit la mer impetueufe, que les vagues les repoulferent iufques dedans le port, de telle roideur, que la galeace fe cuida ouurir & perdre. Ce que veoyant la princeffe Leonorine, qui iufques à doncq' auoit penfeʼ qu'Efplandian eftoit venu expreffément pour la veoir, cõmença à defefperer de cefte aife, & faifant fa complainte, difoit en foymefmes : Helas monftre, nauire, gallere ou que tu fois, pourquoy me tiens tu tant de rigueũr de ne permettre approcher de ce port celuy qui eft en toy, afin qu'aumoins mes yeulx peuffent iouyr de fa prefence, mais comme fi tu auois conceu quelque ialoufie cõtre nous deux, tu empefches par tous moyens que le vaiffeau de mon coufin Gaftilles ne te ioigne pour l'apporter icy, ou à tout le moins entendre de ces nouuelles. Sur mon Dieu quand tout eft bien cõfidereʼ ie croy que tu as raifon & moy tort, car chofe tant excellente fe doibt communiquer le moins qu'il eft pofsible, & partant ce n'eft merueille fi tu nous le refufes craignant le perdre, veu que tu te puis vanter qu'en toy fe contient vn bien tel, qu'apres luy tout aultre fe doibt eftimer aultant que nul. Las pleuft à Dieu que nous deux ioings enfemble ne partifsions iamais de toy : car eftant auecq' luy, fa prefence feule me feroit vn fi grand contentement, que ie m'eftimerois auoir attainct au comble de toute felicité, & fil m'aime ainfi que Carmelle m'affeura dernierement, il eft indubitable, qu'il ne fente en fon ame toute telle pafsion que i'endure par trop

re par trop le defirer. Lors demoura tant efprife, qu'au changement de
couleur qui luy furuint on euft peu facilement iuger fa grande alteration, qui la força de foufpirer tendrement. Et par mefme moyen à fe repentir des propos qu'elle auoit tenuz à Carmelle, aufsi du riche acou-
ftremét qu'elle luy dõna. Car, difoit elle entre fes dẽts, que fçay-ie moy,
fi ce mien feigneur & amy le luy trouuant veftu, la vouldra embraffer,
non pour l'amour d'elle, ains de la robe qui fut mienne. Et fi ainfi eft, il
ne fault doubter qu'elle ne tafche par tous moyens à ioindre fa bouche
contre la fienne, ou fon corps au fien, qui feroit le pis, veu qu'elle n'eft fi
laide ne de tant mauuaife grace, qu'à la colere il f'oublira, peult eftre, &
moy quant & quant. Helas que dis-ie? Certes i'ay tort de les foufpeçõner
fi malheureufement, attendu l'amour pudique que ie fçay eftre entre
luy & elle. Et par ainfi f'il aduient qu'en ma faueur il l'embraffe, la voyãt
parée de chofe qui ma feruie, ce me fera tant plus de gloire : attendant
que ie le puiffe moymefmes embraffer, comme i'en ay bien l'intention.
Mais fi Leonorine eftoit en peine, Efplandian n'auoit moins de malaife
qu'elle, folicitez tous deux d'vne certaine ialoufie, pour la deffiance
qu'ilz auoyent l'vn & l'aultre de leur merite. Et voluntiers fe feuffent
approchez de plus pres n'euft efte que l'vn eftoit fur terre en puiffance
d'aultruy, & l'aultre en mer dedans vn vaiffeau, auquel il ne pouuoit cõmander. En ces entrefaites la grand Serpente f'esbranfla tellement qu'à
moins de rien, elle paffa le deftroit du bofphore. Dont la princeffe Leonorine fe cuida pafmer, mais elle f'en garda au mieulx qu'elle peult,
craignãt manifefter ce qu'elle defiroit plus tenir couuert. Au moyen dequoy fe retira en fa chambre aufsi morte que vifue. Et faignant vouloir
repofer, fe gecta fur fon lict, commandant à fes femmes la laiffer feule.
Lors renouuella fon dueil plus que deuant, & difoit (fondant quafi en
larmes) Helas or cognois-ie bien maintenant mon mal fans aulcun remede, ayant veu la chofe du monde que i'ayme le plus fi pres de moy:
& en vn inftant f'efloigner, de forte qu'il eft incertain qu'elle voye il tire:
Haà traueil croiffant en moy d'heure à aultre foubz vne péfée tant couuerte, eft il pofsible que ie puiffe deformais difsimuler comme i'ay fait?
certes nenny, car fi par le paffe ie me fuis forcée à faindre l'ennuy que
i'auoye m'eftre vn fingulier plaifir : maintenant que i'appercoy à veue
d'oeil mon defir malheureux f'approcher, & mon contentement mourir aufsi toft qu'il commença naiftre, ie ne fouhaite aultre chofe que la
mort, laquelle me feroit trop plus agreable que viure ainfi fouffrant fans
aulcune efperance. Et cõme elle eut acheué ce propos fe teut affez lõgue
ment: Mais ce pédant elle foufpiroit fi fort q̃ la Roïne Menoreffe l'entre
oyt: Et craignant qu'il luy feut aduenu quelque mal, ouurit l'huis de la
chambre, & luy demanda cõme elle fe trouuoit. Si cogneut bien la princeffe qu'elle eftoit defcouuerte. Et à cefte caufe, f'excufa au mieulx qu'el
le peuft luy difant qu'elle fongeoit. Madame, dit la Roïne, y a il long

H iij   temps que

temps que l'Imperatrix a enuoye' veoir que vous faifiez? Vous plaift il
pas vous leuer & aller vers elle? Allons, refpondit elle. Et ce pendant
Efplandian auecq' fes compaignons pafferent tant de mer, que le deuxiefme iour enfuiuant ilz choifirent de loing la montaigne defendue. Et
affez pres d'eulx, les vaiffeaulx & gens que Frádalo auoit raffemblez, qui
à l'abry d'vn hault promontoite attendoyent vent propre pour aller furprédre l'armée de mer du Roy de Turquie, lefquelz aduifans approcher
d'eulx le nauire de la grand Serpente, coururent tous aux armes, penfans
que feuft quelque monftre qui vint pour les fubmerger. Mais Manely & le Roy de Dace qui l'auoit maintesfois veue f'en refiouirent, leur
donnant à entendre le grand fecours qu'ilz en pourroyent auoir, dont
ilz feurent merueilleufement aifes, fpecialement quand ilz apperceurent fur la rambade du nauire, Efplandian, Gandalin, & les aultres que
Manely & le Roy de Dace recogneurent aufsi toft: parquoy feirent defcendre vn coquet, & entrans dedans auecq' Frandalo, & Argenton
l'vn des efcuyers du Roy de Dace qui eftoit bon marinier, vindrent vers
eulx, & les receut Efplandian auec vn tresbon vifage, demandant à Manely, quelle fortune les auoit amenez. Sur ma foy, refpondit il, nous fom
mes ces iours paffez fortis de Conftantinople pour venir defcouurir &
empefcher le paffage des viures qui viennent de iour en iour par mer
de la Notolie au camp d'Armato Roy des Turcqz, qui a puis nagueres
mis fiege au chafteau de la montaigne defendue, & nous doibt bien toft
fuiure l'Empereur auec gros nombre de vaiffeaulx, & armée merueilleu
fe pour le chaffer. Mais nous auons eu toufiours vent fi contraire, qu'il
nous a efte' impofsible executer noftre entreprinfe. Cemaiftdieux, dit
Efplàdian, ie ne vous euffe pas quis en ces marches. Aufsi ne fcay-ie que
vous deuintes depuis que nous feufmes endormis en ce vaiffeau. Ie vous
prie dites nous en des nouuelles. Si commença Manely à racompter que
luy & le Roy de Dace f'eftoyent trouuez à leur refueil dans vne barque
en la mer de la Romaine terre à terre, ou ilz fecoururét Vrgande. Et depuis (poulfez par la tempefte) arriuerent en vne Ifle ou vn Ours les affail-
lit, & y veirent deux Singes qui leur donnerent maint paffetemps. Mais
dit il, nous cuidafmes là auoir faim, car noz viures eftoient du tout fail-
lis quand Frandalo furuint, auecq' lequel i'euz combat & le vainquis. Et
pource que noftre vaiffeau c'eftoit pery, nous entrafmes au fien, ou nous
trouuafmes vne damoifelle qui nous dift de voz nouuelles, laquelle no'
conduifmes (pour l'amour de vous) en Conftantinople, & fi l'auons ra-
menée iufques icy. A ce que i'entends, refpondit Efplandian, vous n'a-
uez pas toufiours dormy, & croy qu'oncques Cheualiers n'eurét de plus
eftranges aduentures pour vn commencement, fors Amadis mon pere,
ceque ie n'euffe pas creu aiféement, n'euft efte' le tefmoignage que nous
en auons eu en l'ifle de faincte Marie. Et quel? dit le Roy de Dace. L'effigie de l'Andriaque, refpõdit Efplandiá, qu'il cõbatit cõme le bruit a efte
fi long

ſi long temps en la grand Bretaigne.Il eſt vray,reſpondit Argenton,que
tel combat de monſtres eſpouente les plus hardis,& celuy de noz Singes
fait rire les plus marris. Ce maiſtdieux,dit Eſplãdian,tu as raiſon,& t'en
ſçay tresbon gre.Mais ie te prie,beau ſire,retourne querir la damoiſelle,
puis qu'elle eſt au vaiſſeau de ton maiſtre, & nous l'ameines ceans,que ie
parle à elle,ce qu'il feit.Et ainſi qu'elle mõtoit au nauire de la grand'Serpente,Eſplandian vint l'embraſſer, luy demandant ſi elle auoit veu l'Em
pereur, & la belle Leonorine ſa fille. Oy monſieur, reſpondit elle, tous
deux deſirans voſtre arriuée vers eulx, & ſingulierement la princeſſe, &
toutes les aultres dames & damoiſelles, qui ſont bien deliberées ne vous
pardonner la grand' faulte que vous auez commiſe en leur endroit, d'a-
uoir tant differe de les aller ſeruir,ſuiuant ce que vous promiſtes à Amadis voſtre pere,cõme ie les ay aſſeurées. Toutesfois ie croy que leur cour
roux n'eſt tant enracine que vous ne faſsiez bien voſtre paix auecq' elles.
M'amie,dit Eſplandian,vous ſoyez la tresbien venue, nous en deuiſerõs
enſemble quelque fois plus à loiſir. Et ce diſoit il craignant qu'elle paſ-
ſaſt oultre, en ſorte que ceulx qui l'eſcoutoyent entédiſſent quelque cho
ſe de l'amour qu'il portoit à l'Infante : & à ceſte cauſe laiſſant la damoiſelle à part,dit à Manely:Par ma foy ie ne me puis excuſer,que vrayemét
ie n'aye tort : car le premier commandement que me feit mon pere , depuis que i'eu l'ordre de Cheualerie, feut qu'au lieu de luy ie les allaſſe ſeruir,pour acquiter ſa promeſſe: & neantmoins Fortune m'a depuis appre
ſte tant d'occaſions pour m'en eſloigner , que ie n'ay peu ſatisfaire à luy,
ny à elles.Et comme ilz eſtoyent ſur ces propos,deux brigantins que Frã
dalo auoit enuoyez eſpier l'armée de leurs ennemis, rapporterent qu'ilz
auoyent veu grand nombre de leurs fuſtes & galeres faiſants voile en Le
uant,pour aller querir viures,& que le reſte ſeroit aiſe à deffaire,ſ'ilz vou
loyent les ſurprendre. Ce qu'entendu par les Cheualiers,feurent d'opinion que ſans plus differer on les allaſt aſſaillir: & de fait leuerent les ancres, & le plus ſecretement qu'ilz peurent ſ'approcherent de l'armée de
mer d'Armato : toutesfois ilz delibererent ne leur courir ſus qu'enuiron
le poinct du iour,eſperãs les trouuer endormis,ce qui aduint . Or faiſoit
front le nauire de la grand' Serpéte,qui d'arriuée ſe meſla entre les ennemis : & ietans feu de tous coſtez,les intimida à leur reſueil ſi merueilleuſement,qu'ilz perdirét le coeur, & feirét largue ſans cõbatre : neátmoins
cela ne peuſt garãtir que la pluſpart de leurs vaiſſeaux ne fuſt mis à fons,
à l'occaſion d'vn vent meſtral qui en vn inſtant enfla la mer ſi impetu-
euſe, qu'il n'y eut voile, baſtard, bourde ny artimon qui demouraſt entier,ſans que Frandalo perdiſt vn ſeul des ſiens,ne que pour cela le camp
ſ'eſmeut aulcunemét, auſſi ne furét ilz apperceuz que de la ſentinelle du
chaſteau,qui auſſi toſt en vint aduertir Ambor & Talãque, dõt ilz eurét
vn merueilleux plaiſir, & ſur tout quãd ilz virét le nauire de la grãd' Ser-

H iiii

pente:Et

pente.Et peu apres Esplandian dedans,auecq' lequel ilz eurent plusieurs propos premier qu'il print terre : & finablement conclurent que pour euiter aux dangers , le rampart qu'ilz auoyent fait à l'entrée du port ne seroit point rompu pour ceste fois : Mais qu'ilz aualleroyent vne eschelle de corde,par laquelle ilz monteroyent au chasteau aussi tost que Frãdalo auroit mis ordre à ses vaisseaux pour la garde d'iceulx, ce qui feut fait.

Comme nouuelles vindrent

au camp du Roy des Turcqz Armato,de la deffaicte de son armée par Frandalo , & des entreprinses des vns & des aultres.

Chapitre   XXVI.

E secours doncques entre en la montaigne defendue,Esplandian ayant desir de bien veoir l'estendue du camp, monta incontinent aux creneaux du chasteau auecq' Talanque & Ambor seulement : lesquelz le luy monstrant à veue d'oeil , mesmes les tentes d'Armato,& celles de ses Bachaz,Beglerbeys & Sangiacz, dont aulcuns d'eulx s'estoient logez dedans l'encloz de la basse court qu'ilz auoyent conquise du commencement:ce qui despleut tant à Esplandian,qu'il demanda à Talanque comme ilz les auoit souffert approcher de si pres . Asseurez vous , respondit il,que ce n'a pas este de nostre bon gre,ains l'auons defendu autant qu'il nous a este possible, & le portail semblablement qu'ilz assaillirent au premier. Mais nous le defendismes si bien , que sans la mine iamais ne l'eussent gaigne : encores y prouffita elle peu , car nous leur euentasmes en moins de rien tout ce qu'ilz auoyent mine en quinze iours . Ce que veoyant Armato , s'aduisa de le faire sapper, aquoy nous resistasmes par diuerses saillies , mais nonobstant la force leur demoura finablement au

dehors

dehors, & feufmes contrainɗs l'abandonner, & nous retirer dedans, & tout apoinɗ, veu qu'a peine feufmes nous retirez en ce donion, qu'ilz y meïrent le feu, & tomba le portail, nous donnant à l'heure mefmes l'vn des plus afpres affaultz que fouftint oncques place fi peu fornie de gents comme nous eftions. Et croy qu'il n'y a ceans carneau ny feneftraige, contre laquelle ilz ne plantaffent efchelle ou quelque engin: puis à force de grenades, lances & potz à feu, nous apprefterent tant d'affaires, que nous cuidafmes fuccomber. Toutesfois ilz feurent repouffez aufsi chaul dement que vous en veiftes oncques: car Libée leur auoit fait vne amorfe d'vne trainée de pouldre, ou il meit feu ainfi qu'ilz f'efcrioyent tous, victoire. Mais en vn inftant leur cry deuint fi piteux, que lon n'oyoit que plaintes & lamentations: & tant y en eut de bruflez & bien fricaffez, que oncques puis ne nous font venuz veoir de fi pres, pour efcarmouche que nous leur ayons faite, defquelles nous nous fommes deportez puis huiɗ iours en ça: pource que côme vous fçauez il eftoit impofsible que quelqu'vn des noftres n'y demeuraft, auecq' plus de perte pour no° d'vn feul, que ne nous proffitoit la mort de cent d'entre eulx. Vous auez fait prudemment, dit Efplandian, attendu que tous faiges capitaines fe doiuent contenter de bien defendre vne place, quand elle luy eft baillée en garde, fans rien hazarder, tandis que les affaires durent: & pour pourueoir au refte, ie fuis d'aduis que nous nous affembliôs en confeil, à ce que deformais nous ne foyons furprins. Lors defcendirent en la châbre ou mourut Matroco, & là fe trouuerent les principaulx d'entre eulx, ou (apres plufieurs chofes mifes en auant) feut conclud que la nuiɗ enfuiuant on feroit vne fortie pour furprédre le guet des ennemis: ɕe qui feroit facile, attendu le long temps qu'ilz n'auoyent eu vne feule allarme, & par ainfi chafcun f'en alla refraifchir iufques enuiron les vnze heures de foir, que Frandalo f'arma & les autres femblablement. Et comme ilz feurent tous affemblez en la court, Efplandian eftant au meillieu d'eulx commença à leur dire: Mes amis, nous ne fommes prefentement entre les aduentures de la grand' Bretaigne, ou les combatz fe font plus par fantaifies, ou vaine gloire, que pour iufte occafion: mais cefte guerre, que nous faifons contre les propres ennemis de noftre foy, nous appelle, non feulement à faire noftre deuoir, ains à defendre l'honneur & liberte du nom Chreftien: & partant ie vous fupplie, mes compaignons, que chafcun de nous fe delibere ieter crainte arriere, & preferer la vertu à tout inconuenient qui nous pourroit furuenir: vous affeurant (fi nous faifons ainfi) qu'auant qu'il foit iour, le Roy Armato & fon armée fentira bien que nous ne fommes pas fi endormis qu'ilz penfoyent. Puis appella Normãdel, & luy dit: Mon oncle, vous auecq' Manely & le Roy de Dace, accôpaignez de cent hommes fortirez les premiers pour tuer les efcoutes: & fi vous en
ouuiez autant faire à leur guet, noftre entreprinfe feroit executée comme nous

me nous la defirons : mais quoy qu'il en puiffe aduenir, paffez leur fur le
ventre fans crainte d'eftre repouffez, pource que Gandalin & Lazinde
vous fouftiendront auec deux cens aultres : par le moyen defquelz vous
vous pourrez aifément retirer, fi voyez qu'ainfi le faille faire. Toutesfois
nul de vous ne f'efmeuue, iufques à ce que mon compaignon Frãdalo &
moy foyons hors de ceans : car nous deux (fans aultre compaignie) irons
prefentement en leur camp, veoir quèlle contenance ilz tiénent : & felon
que Fortune nous fauorifera, nous nous ioindrõs à vous incontinêt. Lors
feit apporter deux iubes de toille d'or, & deux turbans à la Turque : dont
il bailla l'vn à Frandalo, & retint l'aultre pour foy : puis eftans armez deffoubz leurs habitz, fe feirent deualler vers la marine par les efchelles de
corde : & feignants eftre aulcuns des capitaines de l'armée de mer, prindrent le chemin droit au camp, ioignant lequel ilz feurent prins par les
efcoutes : mais Frãdalo qui parloit Arabicq, fceut tant bien iouer fon per
fonnaige, difant qu'ilz alloyent donner quelque aduertiffemêt d'importance au feigneur, qu'ilz les laifferent paffer. Ce pendant le Roy Armato
deuifoit en fa tente auecq' fes plus familiers de la perte de fes nauires, dõt
il auoit eu nouuelles n'y auoit pas encores vne heure, par vn de fes nochers, qui f'eftoit faulue en vne fregate, & ne pouuoit pêfer qui luy auoit
machine cefte entreprinfe, veu que fes efpies nouuellement retournées
de Conftantinople luy auoyent rapporte que l'Empereur ne fe mouuoit
ny faifoit aulcun appareil pour luy courir fus. Et comme Frãdalo & Efplandian entroyent dedans, ilz ouyrent que le nocher luy difoit, que cefte fortune eftoit aduenue par vn monftre de mer furuenu entre les vaiffeaulx de leurs ennemis, qui nous a, dit il, tant efpouuentez du feu qu'il
ietoit par la gueule, par les yeulx, & par les narines, que la plufpart de
noz gents en ont efte bruflez. Par tous mes dieux, refpondit Armato,
c'eft quelque diable, qui a efte enuieux de ma profperite. Sauf voftre hõ
neur, Sire, dit l'vn de fes Bachaz, qui auoit autresfois nauige en Ponant,
& ouy parler du nauire dé la grand' Serpente, il n'y a rien qu'artifice, &
ie le fçay certainement, comme celuy à qui en a efte fait maintesfois des
comptes. Et acheuant cefte parolle, ilz entendirent l'allarme chaulde au
poffible : car Norandel & fa trouppe eftoyent fortiz du chafteau, auecq
efcharpes blanches pour eulx recognoiftre : & auoyent tellement furprins le guet vers la baffe court, qu'il n'en eftoit efchappe vn feul, ce qui
vint aufsi toft à la cognoiffance d'Armato, mefmes que les ennemis a-
uoyent gaigne l'iffue du portail, dont il feut tellemêt efmeu, que de grãd
colere f'y en alla auecq' peu de gents, & le fuiuoyent Efplãdian, & Frãdalo comme f'ilz euffent efte des fiens : toutesfois auant qu'ilz y arriuaffent, Norandel f'eftoit retire pres les faulfes brayes de la fortereffe, & fo-
ftenoit tout l'effort des Turcqz, attendants le fecours de Gandalin. O
eftoit l'entrée de cefte court tant eftroiéte, qu'il n'y pouoit paffer troi
homme

hommes de front: & par ce moyen ceulx du chafteau auoyent quafi aultant d'aduantaige que les aultres . Et bien le leur feirent fentir Ambor,
Talanque, Gandalin, & Libée qui furuindrent:car ainfi que le Roy arriua, ilz les repouffoyent hors de la place, & fuyoient à vauderoute, f'il ne
les euft arreftez. Mais le voyant, prindrent coeur , & tournerent vifaige.
Lors recommença la meflée plus forte que deuant , ou Armato premier
que nul des fiens faifoit merueilles de monftrer fa proueffe, quand Efplá
dian qui le fuiuoit derriere le print par le faulx du corps , & malgré tous
l'emporta ioignant les murailles du chafteau, criant à haulte voix: Couraige, mes amis , nous auons le Roy . A ce cry f'efmeurent tellement les
Turqz, que fans Frandalo (qui ne f'eftoit encore declaré) ilz l'euffent ref-
coux:mais il fe ralia auecq' Manely, Norandel,& aultres qui fouftindrét
cefte charge fi vaillamment, qu'Efplandian eut moyen de mettre Arma
to en lieu feur, & retourner au conflict premier qu'il prinft fin . Toutef-
fois il ne dura longuement depuis, car les nouuelles vindrent incontinét
au camp de la prifon du Roy, & de deux principaulx capitaines que Gan
dalin & le Roy de Dace auoyent prins. Dequoy ilz feurent tant effrayez,
qu'ilz fe retirerent tous petit à petit , mefmes ceulx du chafteau : fe contentans tresbien du butin qu'ilz auoyent fait.

Comme le Roy de Turquie

Armato feut donné en garde à Gandalin,& des
propos que luy tint Frandalo.
Chapitre   XXVII.

Stans ceulx du chafteau retirez , comme vous auez entendu, Efplandian appella aufsi toft Gandalin & Libée, leur priant qu'ilz fe donnaffent garde du Roy Armato, & des deux capitaines Turcqs. Puis afsit le guet & fentinelles comme il eftoit requis, & f'en alla mettre fur fon lict : mais il ne ceffa le refte de la nuict de penfer aux propos que luy auoit tenuz Car melle de l'Infante Leonorine, en forte qu'il comméçoit à fommeiller au poinct du iour, ainfi que Frandalo & les autres Cheualiers entroyent en fa chambre, pour aduifer auecq' luy tant fur le traitemét de leurs prifonniers, que d'aultres chofes qui les importoyent. Et comme ilz eftoient en ces termes, furuint Gandalin leur dire que le Roy Armato les fupplioit qu'il parlaft à eulx , & à cefte caufe fortirent incontinent pour entendre fon vouloir. Or fçauoit Frandalo mieulx que nulz d'eulx la langue Arabicque, car il auoit efte au feruice du Roy Turcq, & le cognoiffoit de lóg temps : parquoy Efplandian le pria qu'il parlaft pour tous. Lors entrerent en fa chambre, & marchoit deuant Frandalo : lequel mettát le genoil en terre luy baifa les mains. Si penfoit Armato qu'il feuft prifonnier, & luy demanda ou il auoit efte prins. Sire, refpondit il, ie fuis maintenát Chreftien & Cheualier de Iefus Chrift, qui a tant fait pour moy, que de m'appeller dés fiens puis peu de temps en ça. Chreftien? dit le Roy, eft il pofsible ? Sur mon ame cela m'esbahit encores plus, que l'infortune qui m'eft aduenue : car tous Cheualiers fuiuant les armes doiuent porter patiémét les hazards qui aduiénent faifans leur deuoir : mais toy malheureux qui as abandonne (par crainte & faulte de couraige) noftre loy fainéte & iufte, que ne prens tu vn cordeau pour te pendre, eftant indigne d'eftre fouftenu de la terre? Sire, refpondit il, vous direz ce qu'il vous plaira comme grand feigneur que vous eftes, toutesfois ie vous puis affeurer que ie n'eu oncques le coeur fi bas que vous le me mettez? ains me tiens heureux d'auoir fait ce que i'ay fait : & fi ne laifferay à vous faire feruice (mon honneur faulue) en tout ce que ie pourray. Bien cogneut Armato qu'il auoit tort, parquoy modera fa colere, & luy dit : Frandalo mon amy, fi ie fuis defplaifant de vous auoir perdu, ne le trouuez eftrange, veu que i'auois grand' efperance de me feruir de vous plus que iamais : & puis qu'ainfi eft, vous fçauez comme ie vous ay traite par le paffe, ie vous prie maintenant (que vous pouez beaucoup pour moy) trouuer aulcun moyen enuers voz compaignons que ie forte de leurs mains auecq' quelque honnefte compofition. Sire, refpondit Frandalo (monftrant Efplandian) voila celuy qui a toute puiffance & fur vous & fur moy . Lors ieta Armato l'oeil fur luy, & le voyant fi ieune & fans vn feul poil de barbe, eut fantafie que Frandalo difoit cela pour f'excufer : & à cefte caufe luy demanda f'il fe mocquoit de luy . Dieu m'en gard, Sire, refpondit Frandalo, &

vous fup

vous fupplie me croire que monfeigneur Efplandian que vous voyez cy
prefent,eft luy & nõ aultre qui a mis à mort Matroco, Furion, Arcalaus
l'enchanteur & Argantes le portier de cefte forterefſe qu'il à conquife,
ainfi que vous auez peu eftre aduerty. Par mõ chef,dit le Roy,tard l'euffé-ie prins pour tel : Et puis qu'ainfi eft ie vous prie dõcques faire enuers
luy,ce dont ie parlois nagueres. Croyez, Sire, refpondit Frandalo, qu'il
ne tiendra pas à moy.Ce difant luy dõna le bon iour, & le laiſſant auecq'
fa garde defcendirent en la falle ou les tables eftoient couuertes pour le
difner,car il eftoit defia haulte heure . Mais fi Efplandian auoit mal repofe' la nuiĉt, il feit vn aufsi mauluais repas, ne pouant diftraire fa penfée de la belle Leonorine,qui feut caufe que tout incontinent les nappes
leuées il fe retira en fa chambre, fans aultre compaignie que du Roy de
Dace,qui luy eftoit vn fecõd foymefmes:& eulx deux enfermez enfemble commença à luy declarer l'occafion pour laquelle il auoit enuoye'
Carmelle en Conftantinople , & l'affeĉtion qu'il portoit à la princeffe
Leonorine.Et afin,dit il,que vous ayez part à mon aife, ie vous prie faifons la venir,& qu'elle nous compte à loifir tout ce qu'elle a aprins en ce
voyage. Monfieur,refpõdit le Roy de Dace, fi vous luy voyez veftu l'accouftrement qui luy feut dõne',ie fuis feur que la defcognoiftriez. Vous
plaift il que ie luy mande qu'elle l'apporte? C'eft tresbien aduife', dit Efplandian. Lors appella vn efcuyer, & l'enuoya vers Carmelle qui eftoit
lors auecq' les aultres femmes d'Arcabonne,laquelle entédât le vouloir
d'Efplandian, f'en alla incontinent veftir comme il luy mandoit,& ayât
vne cappe fur fes efpaulles pour n'eftre apperceue , le vint trouuer deuifant luy & le Roy de Dace . Mais aufsi toft qu'il l'aduifa entrer,la print
entre fes bras, puis f'afsit fur vne chaire , couuerte de veloux , & luy dit:
Ma grãd' amie, ie veulx donner à cognoiftre à mon cõpaignon que voicy cõbien ie l'aime & eftime,ie vous prie comptez moy deuant luy quel
recueil vous feit madamé Leonorine, fçachant que vous eftiez mienne,
& fi i'ay quelque part en fa bonne grace.Monfieur, refpondit elle, aufsi
toft que ie feuz arriuée,& qu'elle entédit la caufe de ma venue vers elle,
ie ne la trouuay moins voftre que vous eftes fien : dont ie vous puis eftimer le plus heureux qui foit entre les viuans:Sçauous pourquoy?elle eft
tant belle & de fi bonne grace,qu'aultre qu'elle mefme ne luy peult ref-
fembler : & fi fe furmonte & toutes aultres aufsi, quand elle fe treuue à
fon priue', iouant de quelque inftrument, ou chantant pour plaifir : car
lors elle defrobe & fait viure les coeurs, feparez des corps de ceulx qui la
voyent ou efcoutent: & fi quelque fois pour fe monftrer plus gaige elle
f'acouftre à l'Italienne auec quelque bõnet de bõne grace, on luy voyoit
fes blondz & dorez cheueulx , partie donnant quelque peu d'vmbraige
à fes ioues vermeilles,& le refte tiffuz enfemble,enuirõnãs fon chef trop

I

plus

plus diuinement qu'aultre couronne qu'on luy sçauroit presenter, feuſt
de pierrerie, de laurier ou de plus precieulx or qui ce treuue: Mais ſi cela
fait ſouffrir les hommes, ſes deux yeulx ſemblables à deux Soleilz humbles & pitoyables, les rendent mortz aultant de fois qu'ilz les regardent,
& puis reuiuét encores mieulx que deuát, & tout par vn meſme moyen:
dequoy il ne ſe fault esbahir, veu qu'Amour meſmes ſy eſcarmouche &
voltige le plus ſouuent, pour donner peine & plaiſir à ceulx qui la con-
templent: & ſil la touche, il crainét de la bleſſer, comme celuy qui en eſt
amoureux en toute extremite', & nõ ſans cauſe: car Nature la feit, & puis
rompit le moſle pour la rendre vnique en ſes perfections, acompaignées
de tant de vertuz, que la meſme enuie n'y treuue que mordre. Et entendez, monſieur, que parlant à elle des choſes dont vous m'auiez dõne' char
ge, ie cogneuz euidemment à ſa contenance variable, qu'elle eſtoit enta-
chée de ſemblable mal qu'eſt le voſtre: car elle rougiſſoit, puis deuenoit
bleſme, & quelque fois ſi peu aſſeurée qu'elle ne me pouuoit reſpondre
vn ſeul mot à propos, principalemét lors que ie luy preſentay l'anneau,
qu'aultresfois elle auoit dõne' à Amadis voſtre pere ainſi qu'elle m'aſſeu
ra depuis: En recompenſe dequoy elle vous enuoye ce fermillet, qu'elle
vous prie tát qu'il luy eſt poſsible garder pour l'amour d'elle, & comme
le premier ioyau que ſon ayeule Grimanaiſe donna à l'Empereur Apolidon, ne luy eſtant encores qu'amy. Et le vous enuoye expreſſémét pour
aſſeuráce de l'amitie' qu'elle vous porte, & du deuoir en quoy elle ſe mettra pour vous complaire toute ſa vie. Adoncq' tira de ſon ſein vne petite
boite d'agate, & vn ſandal ou il eſtoit enueloppe', & le luy bailla. Si le receut Eſplandian, & le mettant hors de ſon eſtuy, ſouſpira tendrement &
dit: Haà preſent bien fortune', premier teſmoing de l'alliance qu'eurent
les deux plus loyaulx amans qui feurent oncques, deſquelz eſt deſcendu
la premiere de toutes les belles, heureux d'auoir approche' de tant pres ſa
perſonne: Mais moy trop plus heureux, qui le reçois comme plus affe-
ctionne' à la ſeruir qu'aultre qui viue: Ia à Dieu ne plaiſe que tant que
l'ame me reſide au corps ie vous eſloigne de moy: ains vous garderay
auſsi cherement que i'ay deſir qu'elle garde mon coeur. Encores n'eſt
ce pas tout, reſpondit Carmelle, voyez la recompenſe de mes trauaulx.
Ce diſant ieta bas la cappe qu'elle portoit, & leur monſtra le riche acouſtrement couuert de couronnes, qui ramenteut à Eſplandian ce qu'Vr
gande la deſcogneue luy feit ſçauoir par ſa damoiſelle, quand elle lu
enuoya le harnois blanc, ſeme' de ſemblable deuiſe, & conferma e
ſon eſprit l'eſperance que iuſques à adõc il auoit eue doubteuſe, dont
feut aiſe au poſsible. Et comme ilz en regardoient l'excellente manufa
cture, l'enrichiſſemét de perles & pierreries dequoy il eſtoit couuert, C
dalin vint heurter à la porte pour les aduertir qu'on auoit deſcouuue
en mer grand nombre de voiles, & craignant que ce ne feuſt quelqu
renfo

renfort de Turqz, eſtoit d'aduis qu'on ſe tint ſur ſes gardes. Parquoy chaſ
cun courut aux armes, & feirent entrer quelques gẽs d'aduatage en leurs
vaiſſeaulx pour les mieulx garder : mais ceſte alarme leur dura peu, car
les baudieres, bauderolles & pauõceaulx de Conſtantinople feurent incontinẽt apperceuz par les Brigantins & auantcoureurs que lon enuoya
au deuant. Aulcuns deſquelz retournerent court leur dire que Gaſtilles
chef de ceſte armée venoit les ſecourir. Ce que les Turqz ſceurent quaſi
auſſi toſt, & leuerent leur camp, eſtans ia fort eſloignez, premier que nul
des vaiſſeaulx peuſt aborder : Toutesfois ceulx du chaſteau leur donnerent ſur la queue, & en ceſte chaſſe en deffirent ſi grãd nombre, que ſans
la nuict qui ſuruint (veu le deſordre ou ilz eſtoient) il n'en feuſt pas reſ-
chapé vn ſeul : Cependant Gaſtilles & ſon armée ſ'approcherent de la
montaigne defendue, ou Eſplandian, le Roy de Dace & pluſieurs aultres le feurẽt receuoir, & apres mainte bien venue, embraſſemẽs & bõne
chere d'vne part & d'aultre, Gaſtilles leur demãda cõme ilz traictoient
leurs ennemis. Le mieulx du monde, reſpondit Eſplandian, & ſi ne les
auõs peu arreſter iuſques à ceſte heure, ains ſont deſlogez auſſi toſt qu'ilz
ont ſẽtu le vẽt de ceſte froce: Puis luy racõpta les alarmes, & ſaillies qu'ilz
leur auoient faites durant le ſiege, meſmes la prinſe du Roy Armanto.
Voila tresbonnes nouuelles, reſpondit Gaſtilles, loué en ſoit noſtre ſeigneur: Si l'Empereur mon oncle en euſt eſté aduerty, auant mon partement, ie n'euſſe eu le moyen de vous venir veoir ſi toſt, dont i'euſſe eſté
deſplaiſant, ny ne feuſt entré en ſi grand deſpenſe pour mettre ſus ceſt e-
quipaige: mais il craignoit tant que võ euſſiez neceſſité, qu'il me cõmã
da au deſloger faire extreme diligence, attendant qu'il viéne en perſonne auecq' quatre cens voiles qu'il à appreſtez, ſi noſtre force n'euſt eſté
ſuffiſante: toutesfois il en ſera excuſé pour ceſte année, ſ'il ne ſuruiẽt aultre choſe. Ie vous prie, dit Eſplandian, deſcendez en terre & venez loger
là hault ou nous aduiſerons enſemble & à loiſir de toutes noz affaires.
Ce qu'il luy accorda, ainſi luy & aulcuns des principaulx de ſon armée
entrerent au vaiſſeau des Cheualiers, puis monterent au chaſteau, ou
arriuez, Gaſtilles qui cognoiſſoit le Roy Armãto, pria Eſplandian qu'il
le viſt premier que faire autre choſe: ſi le mena en la chambre ou il eſtoit
ſi penſif que rien plus. Lors Gaſtilles luy feit la reuerence telle qu'il appartenoit à vn ſi grand prince. Toutesfois le Roy Armãto ne le daigna
quaſi regarder, ains d'arriuée luy dit : Gaſtilles, ie m'esbahis pourquoy
l'Empeteur voſtre maiſtre à (contre ſa foy) rompu les treues que nous
auiõs enſemble, & pour choſe qui luy importe ſi peu que ceſte place, ou
Il n'euſt oncques droict ainſi que vous ſçauez : mais i'entends bien d'ou
ce mal luy eſt procedé. Il a voulu que chaſcun cognéuſt le peu de foy &
moins de loyaulté qui eſt en luy, ce que ie le luy feray ſentir ſi ie puis
quelque iour ſortir de ceſte priſon. Sire, reſpondit Gaſtilles, voſtre hon-
I ij   neur ſaulue,

neur faulue, l'Empereur mõ maiftre a en foy toutes les parties que peult
auoir vn prince faige, vertueulx & magnanime cõme il eft, & me fem-
ble(foubz correction)qu'à bõne & iufte caufe il a fait ce qu'il deuoit faire : veu qu'il eft affez notoire que ce chafteau a efte᷄ conquis par Cheualiers Chreftiens, aufquelz il eft tenu porter toute la faueur qu'il pourra,
non feulemét pour defendre noftre loy,ou pour luy auoir efte᷄(par eulx)
demãde᷄ fecours comme au premier,& plus grãd monarque du monde:
mais pour fouftenir le droiĉt que luy,fes predeceffeurs ont toufiours pre
tendu en ces marches:Et quãt à ce que vous le menaffez de luy faire fentir le peu de loyaulte᷄ dont vous l'accufez,aultresfois vous eftes vous atta
chez enfemble, & voz puiffances contre les fiennes, ou vous auez fi mal
fait voz befoignes que ie penfe certainement que vous parlez plus de colere que par raifon, veu mefmement l'eftat ou vous eftes à prefent. Gaftilles, dit Armanto, encores que ie feuffe mort, i'ay affez de capitaines,
& bons fouldars en mes païs pour me venger,& vn filz qui n'eft pour endurer l'iniure faite à fon pere, tant y a que fi ie le penfois aultre,ie le tue-
rois de mes propres mains, le premier iour qu'il fe prefenteroit deuant
moy. Sire,refpondit Efplandian,le prince Cheualier ou gentilhomme
qui tient propos tant efgarez comme vous faites, eft volũtiers tenu pour
trefmal aduife᷄,& par plus forte raifon, f'il eft en lieu ou l'humilite᷄ doit
eftre plus recommandée que les menaffes ne la brauerie. Auous defia
oublie᷄ la prifon ou vous eftes? & entre les mains de ceulx qui ont fi peu
d'occafion de vous vouloir bien? Sire,la vertu ne fe peult bien congnoi-
ftre qu'au temps plus necefsiteux & contrainĉt : Parquoy fi iufques icy
vous n'auez fceu que c'eft de conftance,effayez dorefenauant à l'appren
dre,vfant de paroles dignes de vous,non pas telles ne fi iniurieufes que
vous auez tenues au feigneur Gaftilles, qui reprefente icy la perfonne
d'vn Empereur plus grãd feigneur que vous, & en la mercy duquel con-
fifte voftre vie ou voftre mort: car nous tous fommes fiens, & preftz à
à luy obeïr & faire feruice. Bien cogneut le Roy que vrayement il auoi
tort,& craignant qu'on le traitaft plus mal que de couftume,dit à Efplã-
dian:Sire Cheualier, ie vous fupplie excufez mon impatience, confide
rant en voufmefmes mon trop grand ennuy & regret, quand ie(qui fo
lois eftre crainĉt & redoubte᷄ de tous les feigneurs de l'Afie) fuis main
tenant cõtrainĉt d'obeïr à mes plus grãdz ennemis, qui m'eft vn defplai
fir fi extreme,que ie meurs cent fois le iour pour ne pouoir mourir.Mai
Efplandian ne luy refpondit vne feule parole , ains le laiffa auecq᷄ fe
gardes, & prenant Gaftilles par la main le conduit en l'vne des meil
leures chambres ou ilz foupperent ce foir:Puis le lendemain faffem
blerent tous,& apres plufieurs entreprinfes mifes en auant, feut arref
(fuiuant l'aduis de Frandalo)qu'ilz entreroient en la Turquie:laquel
eftoit lors en grand trouble , tant pour la prifon du Roy Armant
que de

que de la deffaicte de son armée, ainsi qu'il vo⁹ sera desduit cy apres : car
nous en tairons à present, pour retourner au Roy Lisuart, qui sur ces entrefaites residoit plus souuent en sa bonne ville de Londres.

Comme grand partie des

Cheualiers qui souloient acompaigner le Roy Lisuart, s'en retournerent en leurs maisons, & du couronnement d'Amadis & Oriane à Londres.

Chapitre　　XXVIII.

Ous auez peu lire aux chapitres precedens le cõbat
qu'Esplandian & Amadis eurét ensemble, & cõme
apres le lõg seiour qu'ilz feirent à Mirefleur, attendans la guerison de leurs playes, Esplandian (desi-
rant retourner en la montaigne defendue) print cõ-
ge' du Roy Lisuart, & aultant en feirent la plus part
des Cheualiers qui l'accompaignoiét, entre aultres
Galaor Roy de Sobradise, Agraies, Grasandor, Balaan, Galuanes & Angriote Destrauaulx: Les vns pour veoir leurs femmes, & les aultres pour
sentir l'aise & le repos de leurs maisons, dont il aduint que peu apres la
court feut plus petite qu'on ne l'auoit oncques veue, mesmes à cause des
　　　　　　　　　　　　　　　　　　　　　　　　　nouuelles

nouuelles qui vindrēt du siege de la mōtaigne defédue,ou plusieurs ieunes Cheualiers entreprindrēt d'aller secourir Espládian. Ęstāt dōcques,
le Roy Lisuart si peu acompaigne' comme ie vous ay dit,presse' d'aage &
de vieillesse,cōmença à deuenir chagrin & melācolicque,mettant à nō-
chaloir tout plaisir,feust de chasse,volerie,d'armes ou de cheuaulx: Et a-
uecq' vne reprehésiō de mort,abhorra tāt les choses passées, presentes &
futures vaines & transitoires , qu'il luy print fantasie de se desmettre du
tout de l'estat & gouuernemét de son Royaulme, & passer le reste de son
aage en vie solitaire & religieuse,considerant les grandz perilz dont il e-
stoit sorty,mesmes sa derniere & pl⁹ ennuieuse prison: Toutefois il dissi
mula son vouloir pour quelques iours:& iusques à ce qu'vne nuiċt entre
aultres,estāt couche' auecq' la Roïne,deuisās ensemble de la mobilite' de
Fortune,luy descouurit entierement son vouloir:& comme il deliberoit
faire instituer Amadis son filz Roy & gouuerneur de son peuple : afin
de se retirer puis apres librement en son chasteau de Mirefleur , ou (a-
uecq' l'aide de nostre seigneur)il gaigneroit Paradis. La Roïne qui estoit
l'vne des plus saiges & deuotes femmes qui feut en son temps,le conferma en son opinion si bien , qu'ilz accorderent ensemble de retourner à
Londres paracheuer ceste entreprinse. Et de fait le iour ensuiuant partirent de Mirefleur,& acompaignez d'Amadis,Grasandor & aultres,vin-
drent en la ville, ou apres quelque seiour,la Roïne māda tous ses haultz
hommes:lesquelz arriuez en sa court, feit dresser au lieu le plus eminent
de Londres vn hault tribunal,au deuāt duquel s'assembla tout le peuple.
Et comme il feust ce iour là vestu d'habitz Royaulx & la Roïne sembla
blement,afsis chascun en vne chaire de parement , Amadis vn peu plus
bas à dextre,& Oriane à senestre, le herault cria siléce par trois fois: puis
d'vne merueilleuse constance le Roy adressant sa parole au peuple , cōmença à dire:Mes bons vassaulx & mes amis,premier que vous faire entendre pourquoy ie vous ay mādez assembler,ie vous vueil ramenteuoir
partie des fortunes & dāgiers ou ie me suis trouue' depuis la mort de mō
frere,le feu Roy de Falangris, & qu'il pleut à nostre seigneur m'appeller
au gouuernemét de vous,& de ce Royaume,auq̄l(cōme ie pense)y a encores maintz viuās qui se pourroyét bien souuenir du dāger,ou moy , &
mes païs cuidasmes tōber,quād par le moyé & subtilite' d'Arcalaus l'en-
chāteur,ie feuz mis au pouoir de ceulx, qui lōg temps auparauāt auoyét
conspire' ma mort , dont mon filz Amadis me deliura . Et neantmoins
quelque temps apres (mal conseille') ie luy menay Forte & dure guerre
laquelle appaisée(ainsi que chascun sçait)Fortune enuieuse de mon repos, m'apresta depuis vn tel banquet , que sans luy mesmes i'estoye prisonnier du Roy Arauigne, & perdu pour iamais . Et ce qui m'a encore
plus estonne',à l'heure que ie m'estimoys certainement hors de tous tel
malheurs , vn pire que les aultres m'est aduenu , lequel ie pensoye bien
(conside

(confidere le lieu ou ie fus mene)eftre la confommation de mes ennuis,
& de ma vie enfemble. Toutesfois noftre feigneur me regardāt en pitie,
adreffa mon petit filz Efplandian en ma trifte prifon,d'ou il m'a deliure,
ainfi que vous tous auez peu eftre aduertiz. Or me voyez vous vieil, &
tout blanc,ayant defia attaint l'an foixante & dixiefme de mon aage,qui
me fait péfer eftre bien deformais faifon, que i'oublie les chofes du mō-
de pour retourner à Dieu qui m'a tāt oblige à luy.Et pour cefte caufe ay
delibere vous laiffer deformais pour voftre Roy mon filz Amadis, auquel des à prefent ie cede ma couronne, mon fceptre, & le droit que i'ay
en ce Royaulme. Vous priant tous autant qu'il m'eft pofsible que d'icy
en auant vous luy foyez fideles & obeiffans comme vous m'auez efte.Et
combien qu'il foit mary de ma fille, fi ie le cognoiffois indigne de vous,
croyez (mes amis) que pluftoft euffé-ie efleu (pour me fucceder) vn qui
m'euft efte moins que luy. Mais il n'y a celuy de vous qui ignore fes merites, & la lignée dont il eft defcendu, qui fe peult nommer auiourdhuy
l'vne des plus nobles & heureufes de tout le monde, cōme defcendu des
Troyens,dont la memoire ne perira iamais. Il eft filz de Roy,heritier du
Royaulme de Gaule, & à prefent voftre Prince & Seigneur. Ie le vous
laiffe auecq' ma fille voftre Roïne & Princeffe legitime. Sās retenir pour
moy aultre chofe que le feul chafteau de Mirefleur : ou (Dieu aidant) la
Roïne & moy finerons noz iours religieufement, feruans noftre feigneur comme nous fommes tenuz.Lors appella Amadis,& luy baillant
fon manteau Royal, voulut qu'il le veftift à l'heure : & autant en feit la
Roïne à Oriane. Ce pendant le filence eftoit fi grand, qu'on n'oyoit par
la place aultre chofe, que pleurs & foufpirs du peuple efmeu de pitie &
compafsion, pour veoir telle deliberation à leur bon Prince : lequel ha-
billé d'vn fimple accouftrement de drap noir, print fon filz, & la Roïne
fa fille, & les afsirent en leurs chaires Royales. Puis en la prefence de
tous, leur meifrent à chafcun la couronne fur le chief, les faifans procla-
mer par les heraultz Roy & Roïne de la grand'Bretaigne. Ce fait chafcun fe retira,les vns pleurās,& les aultres plus aifes,pour l'amendemēt &
faueur qu'ilz efperoyēt de ce nouueau Roy,qui de là en auant commença à gouuerner fes païs tant prudemment, qu'oncques prince ne fut plus
aime ne mieulx obey. Suffife vous quant au Roy Lifuart,que peu de
iours apres il fe retira à Mirefleur, comme il auoit delibere, fans aultre
compaignie,que de la Roïne & de Grumedan, ou ilz vefcurent auftere-
ment afsiftans aux heures ordonnées, ainfi que le moindre des beaulx
peres qui feuft leans, pour adminiftrer les religieufes du monaftere de
la deuote abbeffe Adalafta. Mais quand le Roy Amadis fe veit auoir
moyen de recompenfer ceulx defquelz il auoit en fes ieunes ans receu
quelque plaifir & feruice, il voulut commencer fa liberalite à Arban de
Norgales, luy faifant prefent de l'vne des plus belles ifles de fon Roy-

I iiii   aulme

aulme, à Gandales des terres du Duc de Bristoia : à Gandalin abfent, de
celles d'Arcalaus l'enchanteur. Et quant à Angriote Deftrauaulx, il luy
donna l'eftat de grand efcuyer, feit Guilan le penfif fon grand maiftre,
Ardan le nain fon premier trenchant, & maria haultement la damoifelle de Dannemarc. Or peu apres acoucha la Roïne d'vn tresbeau filz, &
d'vne plus belle fille, qu'elle eut tous deux d'vne ventrée : le filz nommé
Perion, & la fille Brifenne. Pour la natiuité defquelz grand ioye fut menée par tout le païs, fpecialement à Londres, ou arriua le iour mefmes
l'vn des efcuyers de Norandel, qui racompta au Roy Amadis comme
fon maiftre & Efplandian f'eftoyét rencontrez es Almaignes, ou le iour
precedent ilz auoyent mis à mort deux Geantz, & tiré de prifon Gandalin auecq' plufieurs aultres Cheualiers, efcuyers, dames & damoifelles.
Sçais-tu, dit le Roy, quel chemin ilz ont prins depuis? Sire, refpondit l'efcuyer, ilz faifoyent eftat d'aller à la montaigne defendue fecourir ceulx
de dedans, qui font en trefgrande necefsité. Ce qu'entendu par le Roy,
manda incontinent les Pilotes qu'il peult recouurer, & en toute diligence feit freter & armer le plus grand nauire qui fe peult trouuer pour tirer
la voye de Leuant, vers fon filz, qui ce pendant (follicité de Frandalo)
partit du chafteau de Matroco, auecq' l'armée de l'Empereur de Conftantinople, pour entrer en la Turquie, ainfi qu'il vous fera prefentemét
declaré.

Comme la ville d'Alfarin en

la Turquie, feut prinfe d'affault par Efplandian, & ceulx de fa compaignie.
Chapitre XXIX.

Peu de

Eu de temps apres que le siege de la montaigne defendue fut leue, & Gastilles arriue au port, comme il vous a este recite, Frandalo eut aduertissement par Belleris son nepueu (qui retournoit de la Turquie, espier la contenance de ceulx du païs) qu'Alforax filz du Roy Armáto, & gouuerneur de la grand' ville de Tesifante, ayant sceu la prison de son pere, & la deffaicte de l'armée Turquoise, estoit forty d'Alfarin ou il auoit laisse la belle Helixa sa femme, fille du Roy Amphirion de Mede, pour aller en toute diligence mettre ordre en son gouuernement, & assembler gens, afin de resister aux entreprinses des Chrestiens, s'ilz passoiét oultre. Ce qu'entendu par Esplandian, Gastilles, Ambor, Manely & le Roy de Dace, delibererent entrer en païs, aquoy Frandalo les persuadoit par beaucoup de bonnes raisons, leur mettant deuant les yeulx le moyen qu'ilz auoyét d'assieger Alfarin, qui n'estoit qu'a deux bien petites iournées de là, mal pourueue de viures, & sans nulle garnison. Parquoy feut arreste entre eulx que Gastilles auecq' sa flote partiroit le soir mesmes, & le plus couuertement qui luy seroit possible, costoyant le païs pour surprendre le port. Et qu'eulx d'aultre coste chemineroyent toute nuict, de sorte qu'ilz pourroyent en vne mesme heure assieger la ville par mer & par terre, & entrer dedans premier que les Turqs en feussent aduertiz. Et cóme il feut delibere, ainsi le meisrent ilz à execution, Tellement que Gastilles (faignant vouloir retourner en Constantinople) s'embarqua à iour failly. Or faisoit il clair de lune, & à ceste cause commanda incontinent leuer les ancres, & faire voile. Mais ilz ne voguerent longuement, qu'il n'appelast ses principaulx Commites, & leur descouurit son entreprinse. Parquoy tournerent à Ourse, & auecq' le vent gracieux de Ponant suyuirét la route deliberée. D'aultre part Frandalo ne dormoit pas, car aussi tost qu'il aduisa son poinct (estans desia tous les souldars de la place aduertiz qu'il vouloit aller courre la nuict) sortirent en campaigne, portant chascun d'eulx viures pour quatre iours. Et tant cheminerent qu'au point du iour ilz vindrent en vne grande forest, ou ilz se tindrent embuschez iusques à la nuict ensuyuant, qu'ilz sortirent dehors, & sur les trois heures se trouuerent en vne voye fourchée, ou Frandalo les feit tous arrester : puis appellant Esplandian luy dit : Monsieur, ie vous supplie que vous & moy sans aultre compaignie prenions à gauche, & Belleris mon nepueu conduira le reste de ceste trouppe iusques à la montaigne de Yarebreh, d'ou ilz pourroyent veoir aisément si nostre armée de mer est pres de la ville d'Alfarin, ou non. Puis selon qu'ilz trouueront l'entreprinse disposée, assauldront fermement la place) ou demoureront embuschez tant que l'occasion les appelle, & vous & moy suyurons ce chemin, qui nous guidera à la Fonteine aduentureuse, ioignant lequel passe le grand chemin
de Tisifante

de Tififante,ou communément furuiennent eftranges aduentures. Et fi
Fortune vouloit que nous rencontrafsions la princeffe Heliaxe,qui deuoit hier partir comme i'ay fceu,pour aller trouuer fon mary,nous ne
perdrions pas noftre peine. Allons, refpondit Efplandian : ainfi fe feparerent Belleris & fa bende, & Frandalo, Efplandian,Sergil, & la damoifelle de Dannemarc d'aultre cofte', qui arriuerent au poinct du iour à la
Fonteine aduentureufe,ou eftoyent quatre gros perrons de cuiure dore',
& à chafcun vne table d'atente,auecq' efcripteaux telz qu'il vous fera de-
claire' quelque fois, mefmes l'ocafion pourquoy on les y auoit attachez.
Si apperceurent les deux Cheualiers d'affez loing vne clarte' procedante
d'vn pauillon de foye, tendu fur le bord de l'eaue, duquel ilz approcherent le plus couuertement qu'ilz peurent, & veirent vne tresbelle damoi
felle pignant fes cheueulx, & vn peu à cofte' vingt Cheualiers armez de
toutes pieces faifant le guet : entre lefquelz eftoit vn efcuyer tenant vn
palefroy houffe' & enharnache' d'vn drap d'or.Mais Frandalo & Efplandian ne feurent pluftoft arriuez, que la garde ne les defcouurit, & toutesfois penfans que l'embufche feuft plus groffe,la meilleure part d'eulx
perdirent coeur,& commencerent de fuir à vauderoute. Ce que voyant
les deux Cheualiers, entrans peffe meffe, en tomberent quatre ou cinq à
leur arriuée,contraignans les derniers à tourner vifaige. Lors commença vn combat afpre & merueilleux:car ceulx qui auoyent commence' la
fuite (regardans derriere que deux Cheualiers fans plus leur donnoyent
l'alarme)eurent tant de hôte, qu'ilz reuindrent au fecours de leurs compaignons. Et toutesfois fans l'effort de trois Geants, qui faifoyent efpaule aux aultres, ilz n'euffent point dure' contre Efplandian & Frandalo:
mais ces trois les combatoyent fi brufquement,que les deux Cheualiers
fe tomberent au plus grand danger ou ilz fe trouuerent oncques. Et tout
ainfi qu'on veoit communément le fanglier efchauffe' (pourfuyui par
vn vaultroy) f'aculer contre quelque arbre , & à coup de deffenfes rompre les iacquetz,& defchirer les plus hardis leuriers & aultres chiens qui
l'affaillent : ainfi eftoyent Frandalo & Efplandian entre ceulx qu'ilz a-
uoyent affailliz,frappans à dextre & à feneftre de telle furie,qu'en vn inftant les deux principaulx de leurs ennemis furent defarçonnez & mis à
mort,en forte qu'il ne demoura au combat qu'vn feul Geant:auquel f'attacha Frandalo,tandis que fon compaignon pourfuyuoit les aultres,qui
fe prindrent à fuir mieulx qu'au parauant . Mais comme le Geant l'apperceut retourner de cefte chaffe, ayát crainte de mourir, fe tira à cofte',
& dit à Frandalo : Damp Cheualier, vous & moy auons efte' compaignons en maintes haultes entreprinfes , ie vous prie me faire la courtoifie de me prendre à mercy, aultrement vous en pourriez encourir blafme entre ceulx qui nous cognoiffent:car ie fuis voftre coufin Foron.
Bien esbahy fut Frandalo l'oyant ainfi parler,& à peine le pouoit il croire quand

re quand il le pria d’oster son heaulme: & s’il est vray, respondit il, que tu
sois Foron, ie te feray traitement d’amy & parent. A ceste parole le Geãt
se desarma de la teste, & le recogneut Frandalo, qui le vint embrasser,
dont Esplandian s’esbahissoit grandement, car il n’auoit entendu leurs
propos precedens. Parquoy s’approcha d’eulx, & s’enquit d’ou procedoit
tant d’amitie'. Si luy racompta tout Frandalo, le priant de sa part qu’il le
voulsist prendre à mercy, ce qu’Esplandian luy accorda voluntiers, &
eulx trois ensemble retournerent au pauillon, deuant lequel ilz trouuerent la damoiselle deuisant auecq' Carmelle, aussi peu esmeue de la des-
faicte de ses gens, que si elle eust veu tournoier à plaisir. Or estoit elle parée d’vn accoustrement tout couuert de profilleure damasquine, de perles & pierreries : & la recogneut Frandalo comme celle qu’il auoit veue
maintesfois, mesmes le iour propre qu’elle fut mariée à Alphorax, ou il
tournoya, & feit de si grandz faictz d’armes, qu’elle le retint pour son
Cheualier. Parquoy meit pied en terre, & ostant son heaulme de la teste,
la salua humblement. Lors elle bien esbahie de veoir celuy qu’elle auoit
estime' sien tout oultre, s’estre ainsi porte' enuers sa garde, luy dit : Comment Frandalo, est-ce le seruice que i’espere de vous pour estre mõ Cheualier ? malencontre puissent auoir telz seruiteurs, puis que lascheté si
grande maistrie leur coeur enuers celle qui vous a (iusques à maintenãt)
repute' l’vn des plus gẽtilz personnages qui oncques ceignit espée : mais
à present ie me treuue bien deceue, car i’eusse plustost souspeçonne' tous
aultres en ceste entreprinse que vous, dont ie ne me puis trop esmerueil-
ler. Madame, respõdit Frandalo, depuis que ie me donnay à vous au dernier tournoy, vn aultre plus grand seigneur m’a retenu en son seruice, &
lequel ie seruiray toute ma vie, puis qu’il m’a fait tant de bien : asseure'
quand vous le cognoistriez comme ie fais, que vous m’estimeriez trop
plus heureux, que lasche ne meschant, quelque chose qu’il vous plaise di
re. Et qui est il, par vostre foy ? C’est Iesus Christ, respondit Frandalo, &
toutesfois si ne sera il iamais que ie n’essaye à vous faire tout l’honneur &
seruice que ie pourray : voire des à present, pourueu que mon compaignon s’y consente, car sans luy ie ne puis. Seigneur Frandalo, dit Esplandian, vous auez puissance de me commander, & moy grand vouloir de
vous obeïr : par ainsi ne differez de faire toute la courtoisie qu’il vous plai
ra à ceste dame, si en auez enuie. Bien humblement le remercia Frandalo, & dit à Heliaxe : Madame, puis qu’il luy plaist, ie vous supplie remettre desormes vostre affaire entre mes mains, & ie veilleray pour vous. Ce
pendãt montez sur vostre palefroy, afin que ie vous conduise en lieu ou
vous pourrez voir de trop plus beaulx tournois, que ceulx qui furent entreprins en voz nopces : puis (s’il plaist à Dieu guider nostre deliberation
à bonne fin) vous cognoistrez en quelle estime & souuenance i’ay les faueurs que vous m’auez monstrées, n’estant encores que simple Cheualier, &

lier, & vous dame puiſſante pour commander : car oncques princeſſe ne
fut plus honorée entre les ſiens, que vous ſerez auecq' ceulx ou ie vous
guideray, qui pourra ſeruir d'exemple aux Rois & ſeigneurs, auſquelz
Dieu a donné autorité & puiſſance. Leſquelz aduertiz de l'hõneſteté &
bon traitement qui vous ſera fait, prendront doreſenauant plaiſir d'entretenir les moindres comme les plus grandz, conſiderans l'eſtat muable de Fortune, telle que pouez maintenant exprimer par vous meſmes.
Frandalo, reſpondit elle, vous me ferez tant d'excuſes & de belles promeſſes que vous vouldrez, ſi ne pouez vous fuir que ne confeſsiez m'a-
uoir fait tort: Toutesfois faiſant ce dont vous vous vantez, voſtre reputation augmentera enuers le monde, d'aultant que voſtre foy eſt affoiblie
enuers noz dieux: & allons ou il vous plaira. Lors mõta ſur ſon palefroy,
& la conduiſoit Frandalo par les reſnes touſiours teſte nue, iuſques à ce
qu'ilz furent pres de la ville d'Alfarin, ou ilz entrouyrent vne grande rumeur, qui feit penſer aux deux Cheualiers, ou que leur entreprinſe eſtoit
deſcouuerte, ou bien que leurs gens dõnoient l'aſſault à la ville. Et doubtans qu'ilz euſſent eſté repoulſez, commencerent à eulx repentir du lõg
ſeiour qu'ilz auoyent fait auec l'Infante, à laquelle Frandalo dit gracieuſement: Madáme, vous plaiſt il pas, tandis que mon cõpagnon & moy
irons vn tour en la ville, nous attẽdre icy auecq' ceſte damoiſelle & mon
couſin Foron? Oy vrayement, reſpondit Heliaxa, & ſi n'en partiray tant
que i'aye eu de voz nouuelles. Lors ſencoururent Frandalo & Eſplandian, & à bride abatue vindrent ou leurs gens combatoyent ceulx d'Alfarin, entre leſquelz eſtoient Talanque, Ambor, le Roy de Dace, Ganda
lin, & Lazinde, qui auoient dreſſé vne forte eſcarmouche, penſans amu-
ſer ceulx de la ville, tandis que l'armée de mer aſſailloit le port : mais ilz
furent deſcouuertz trop toſt, tellement qu'ilz trouuerent tresforte reſi-
ſtéce d'vne part & d'aultre. Toutesfois Norandel & Belleris auoient gaigné les barrieres, & repoulſé les ennemis iuſques pres les faulſes brayes.
Ce que voyant Eſplandian & Frandalo, miſrent pied à terre, & couuertz
de leurs eſcuz tenans leurs eſpées aux poings, trauerſerét la preſſe. Et d'v-
ne magnanimité de couraige ſe meſlerent ſi auant, que la tuerie fute-
ſtrange : car les Alfarins pour defendre leur terre ſortirent à la file, & les
Chreſtiens pour la conquerir faiſoient choſes admirables. mais tant e-
ſtoit le lieu peu ſpacieux, qu'ilz ne pouoyent offendre leurs ennemis cõme ſ'ilz euſſent eſté en plaine campaigne. Dont il aduint qu'Eſplandian
& Frandalo, voulans vaincre ou mourir, ſ'aduancerent de ſorte que fui-
ans les Alfarins en la ville, ſe trouuerent eulx deux ſeulz enfermez entre
leurs ennemis, & ſi auant, que ſans Frandalo Eſplandian (qui ne ſe donnoit garde que de tuer & abbatre) eſtoit enclos de tous coſtez, quand il
le retira vn peu à coſté du portail. Si cogneurent bien les deux Cheualiers le danger ou ilz eſtoient, parquoy gaignant petit à petit les degrez,

par leſquelz

par lefquelz on montoit à la muraille,fouftindrent maintz durs affaultz
fans qu'on les peult offendre,encores qu'on leur ietaft fans ceffe lances,
pierres, dardz, & tout ce que les aultres pouoyent recouurer. Car nulz
d'eulx n'ofoient venir au combat de la main. Et fi quelqu'vn f'auançoit
pour monftrer fa prouëffe, il receuoit mort, ou eftoit renuerfé du hault
en bas. En ces entrefaites, Norandel & fes compaignõs qui auoient veu
ainfi perdre Efplandian & Frandalo, tafcheoyent par tous moyens d'ef-
cheler la ville, ou rompre les portes : Mais c'eftoit en vain, car ceulx de
dedans les defendoient auec huiles, & eaue bouillante, bufches & tron-
ches de bois,tellement que plufieurs furent acablez,& y finerent piteufe
ment leurs iours. Ainfi combatants d'vne part & d'aultre, furuint là vn
Cheualier armé de toutes pieces venant du Haure, qui f'efcria tant qu'il
peut.Couraige enfants,couraige.Defendez bien ce cartier,noz ennemis
de l'endroit de la mer,n'ont encores trouué moyen de mettre vn feul hõ
me en terre,& fi en eft mort plus de deux cents. Par Dieu, refpondit l'vn
d'entre eulx,ie n'en voy nul qui f'efpargne. Et fi ne pouons venir au deffus de ces deux Cheualiers.Cõmét,dit l'aultre?Ilz font,refpõdit il,entrez
pefle mefle,noz gens,& fi a plus de deux heures que nous fommes apres
pour les vaincre:mais c'eft folie,car le plus ieune combat fi brufquemét
que nous n'en ofons approcher,& qui plus eft, luy & fon cõpaignon ont
gaigné maulgré nous cefte montée ou ilz tiennent fort,fi bien que nous
ne pouons trouuer moyen de les en chaffer,encores que maintz des noftres y ayent efté tuez,ou griefuemét naürez.Ie fuis d'aduis, dit le Cheua
lier,qu'on les préne à mercy,car ilz font(peult eftre)telz,que pour les rédre à ceulx de dehors, nous recouurerons le Roy Armato,& les ferons
retourner.A ce confeil prefterent tous l'oreille, & f'aduança le Cheualier,qui auoit propofé ceft aduis, faifant figne à Efplandian, qu'il vouloit parlamenter.Parquoy ceft affault differa quelque peu, & parla celuy de la ville,en cefte forte: Efcoutez Cheualiers,vous voyez bien qu'il
vous eft impoffible d'efchapper,& feroit dõmage,que deux fi preudhõ-
mes que vous eftes mouruffent fi ieunes,& en la fleur de leur aage. Mais
voicy que nous vous ferons,rendez vous & nous vous faulerons la vie.
Dãp Cheualier,refpõdit Efplandian, fi nous mourõs à cefte heure,nous
en ferons quittes pour vne aultrefois, tant y a que nous auons le coeur fi
bon,& telle fiance en Iefus Chrift, pour la foy duquel nous combatons,
qu'il nous dõnera moyen non feulemét d'efchapper ce peril,ains de fac-
cager cefte ville, & vous amener tous captifz. Ainfi prenez pour vous
mefmes ce cõfeil,& vous rendez premier que la fureur de Dieu vous fo-
licite plus aigremét. Quand ceulx qui eftoient à l'entour entendirét ces
paroles,depuis le petit iufques au grand , ilz f'efcrierent à haulte voix. A
mort le mefchant,qu'il meure,ou nous tous fans plus tarder. Lors les af-
faillirent fi afprement qu'ilz feurent contraints eulx retirer au plus hault

K   des degrez.

des degrez. Mais peu apres ilz les repoulferent fi viuement à coups de
pierres (dont il trouuerent quátité au portail)que de là en auant ilz perdirent l'enuie de plus les tormenter. Aufsi que Norandel, & ceulx de dehors entendans cefte rumeur & la voix de leurs côpaignons, qui au precedent ilz penfoient mortz ou prins,f'aduiferent de mettre feu aux portes & les brufler, tandis que les aultres donnoient ceft affault. Et de fait
chafcun courut au bois,dont les Alfarins f'apperceurent. Toutesfois ilz
n'eurent moyen d'y pourueoir, ains feurent le pont leuis & les harfes
entierement embrazées, dont le coeur leur affoiblit tant,que la plufpart
fe meift en fuite vers le grand temple de Iupiter, qui eftoit le principal
fort de leur ville. Et les aultres demourerent en ferme deliberation de
pluftoft moutir que fouffrir entrer les ennemis. Lefquelz voyants la por
te abatue feurent tant querir d'eaue, qu'ilz eurent peu apres moyen de
donner l'affault par ceft endroit,qui dura fi longuement que le iour faillit du tout,& encores ne feuffent ilz entrez pour la grande refiftence que
faifoient ceulx de dedás : mais les deux Cheualiers qui eftoient au hault
du portail, les endommageoient fi fort à coups de bufches & cailloux,
que nul d'eulx ne f'ofoit quafi monftrer, par ainfi les Chreftiens demeurerent vainqueurs & maiftres de la ville. En laquelle grand nombre du
peuple,tant hommes que femmes, pafferent par la fureur du glaiue, &
plus encores en feuft demeure fans les tenebres de la nuict, mefmes au
quanton du port, ou Gaftilles & fes gés eftoient entrez par la plus grãd'
fureur du monde. Toutesfois craignant que les Alfarins fe r'alliaffent
en la place, & qu'en cefte obfcurite ilz feuffent repouffez,cômanda fonner la retraite,affeure d'auoir la ville à fa difcretion aufsi toft que le iour
pareftroit. Et à cefte caufe enuoya incontinent vers l'armée de terre,afin
que de leur cofte ilz feiffent ny plus ny moins. Et pourtant chafcun fe re
tira,mettant gros guet aux lieux plus neceffaires.

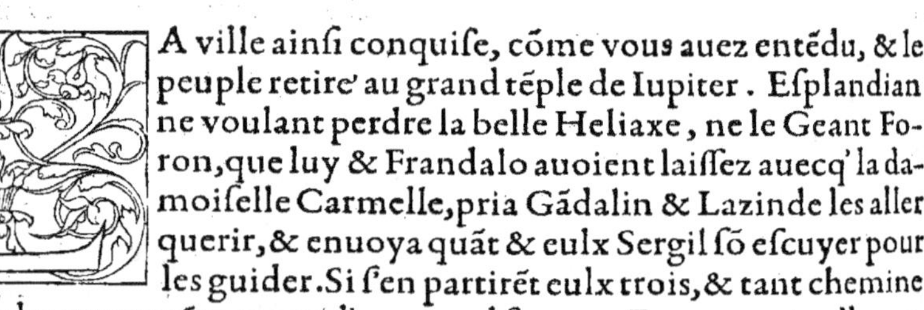

A ville ainfi conquife, côme vous auez entédu, & le
peuple retire au grand téple de Iupiter. Efplandian
ne voulant perdre la belle Heliaxe, ne le Geant Foron,que luy & Frandalo auoient laiffez auecq' la damoifelle Carmelle,pria Gãdalin & Lazinde les aller
querir,& enuoya quát & eulx Sergil fõ efcuyer pour
les guider.Si f'en partirét eulx trois,& tant chemine
rent qu'ilz les trouuerét autour d'vn grand feu,que Foron auoit allume.
Lors mifrét pied en terre, & faluans Heliaxe,Gãdalin luy dit. Madame,
mõfeigneur Efplãdian vous prie venir ou il vous attéd.Mes amis,refpõ-
dit elle,ie ne fçay qui eft celuy duquel vo' me parlez. Bien eft vray q'iay
efte amenée icy par deux Cheualiers, l'vn defquelz eft Frãdalo que ic co
gnois de lõg temps,& de l'aultre,fur ma foy ie ne le veiz oncques que ie
fçache.Mada

fçache. Madame, dit Carmelle, c'eſt le filz du bõ Cheualier Amadis de
Gaule, tant renomme´ par le monde. Vrayement, reſpõdit Heliaxe, i'ay
quelque fois ouy parler de luy. Auſsi auez vous (cõme ie croy) dit Carmelle, de monſeigneur Eſplandian ſon filz : car luy ſans aultre aide, a
conquis la montaigne defendue, prins dernierement le Roy Armato
voſtre beau pere, & ſi le vous puis aſſeurer pour l'vn des plus gracieux
Cheualiers que l'on ſçache. Ie m'eſbahis doncques, reſpondit elle, com
me il ſ'eſt monſtre´ ſi mal apprins en mon endroit, ne m'ayant dit vne
ſeule parole, tãt que i'ay eſte´ en ſa compaignie, & toutesfois il me ſemble qu'eſtant ſa priſonniere, il ne pouuoit moins faire enuers moy que
de me recõforter, ou de promeſſes, ou par belles paroles, dont il ſ'eſt tãt
mal acquite´, qu'il ne ſera iour de ma vie que ie ne m'en pleigne grãde-
ment. Madame, dit Carmelle, vous le prenez le plus mal du mõde: car
ſil a differe´ de parler à vous c'a eſte´ ſeulemẽt pour la cognoiſſance qu'il
veit que Frandalo vous monſtra, duquel il eſt amy tant ſingulier, qu'il a
bien voulu luy differer, non ſeulement ceſt honneur, mais vn plus grãd
ſil le luy pouuoit faire. Vous en direz tout ce que vous vouldrez, reſpõdit elle, neantmoins ſil n'a aultre excuſe que celle que vous dites, il ne
perdra de ſa vie la reputation qu'il a acquiſe en mon endroit. Madame,
dit Gãdalin, ie ſuis ſeur qu'il amendera ceſte faulte tout ainſi que vous
vouldrez: & pourtãt aduiſez qu'il vous plaiſt de faire, car il nous a com-
mande´ vous obeïr entierement. Mes amis, reſpondit Heliaxe, ie dormi
rois voluntiers en attendant le iour, puis i'iray ou il vous plaira: mais ie
vous prie me compter deuant, quelle rumeur i'ay n'agueres entendue
vers la ville. Madame, reſpondit Lazinde, elle a eſte´ prinſe d'aſſault il
n'y a pas encores trois heures. Hée dieux, dit elle, quelle fortune de poure peuple: ie croy que tout a eſte´ mis à mort. Non pas madame, reſpon
dit Lazinde, la plus part ſ'eſt ſaulue´ au temple de Iupiter: toutesfois à
peine ſy pourront ilz garantir demain, veu qu'on parloit n'agueres d'y
mettre le feu. S'il eſt ainſi, dit elle, que Frandalo ait quelque moyen enuers ſes compaignons, & que celuy qui vous a enuoyez vers moy ſoit ſi
humain, que ma'ſſeure ceſte damoiſelle, i'ay eſperance qu'ilz en pren-
drõt pitie´, à tout le moins ſi n'eſt pour l'amour d'eulx, ilz y aurõt (peult
eſtre) quelq̃ regard à la requeſte que ie leur feray: & afin que ce ne ſoit
trop tard, ie vous prie deſlogeons d'icy, incontinent que nous pourrõs
veoir à nous conduire. Et ſe couchant ſur vn manteau, paſſa ceſte nuict
aſſez mal à ſon aiſe.

K ij   Comme

Comme Gandalin & Lazinde

conduirent l'Infante Heliaxe, & le Geant Phoron en
la ville d'Alfarin vers Efplandian & Frandalo,
& de l'honneftete' & bon traictement
qu'ilz luy feirent.

Chapitre   XXX.

Eliaxe qui n'auoit aulcunement repofe' la nuict,
tant luy eftoit griefue la perte d'Alfarin, propre
empanaige du prince Alphorax fon mary, & la
contrée plus plaifante & delicieufe de toute la
Turque, veoyant l'aube du iour aparoiftre, efueilla les deux Cheualiers, faifãt eftat fi elle pouuoit arriuer deuant la ruine du temple que le peu
ple retire' dedans feroit faulue', par les prieres & humbles fupplicatiõs
qu'elle feroit pour eulx, tant à Efplandian qu'à Frandalo. Lors monterent tous à cheual, & feirent telle diligence, qu'ilz entrerent en la ville
comme chafcun fe mettoit en equipage, pour dõner l'affault à la fortereffe. Si aperceut Frãdalo Heliaxe d'affez loing, vers laquelle il picqua,
& luy donna le bon iour: puis print fon palefroy par les refnes, & ayant
la tefte nue

la teſte nue, la conduit ou eſtoit Eſplandian & ſes compaignons, qui
tous luy feirent tresbon recueil, ſachants qu'elle eſtoit fille du Roy, &
femme de ſi grand prince. Adoncq' demanda à Frandalo, lequel eſtoit
Eſplandian. Madame, reſpondit il, en le luy monſtrant, voy le cy preſt
à vous faire ſeruice, ainſi qu'il m'a aſſeuré. Mais quand elle le veit, tât ieu
ne, & ſi beau, elle feut esbahie comme nature l'auoit pourueu de tant de
perfections, & principalement de ceſte force & prouëſſe non pareille,
dont il eſtoit recommandé entre les plus cheualereux : & dit à Frandalo, en bonne foy ie l'ay ouy en pluſieurs lieux eſtimer l'vn des meilleurs
Cheualiers du monde: auſsi luy ay-ie veu faire choſes, que ie n'euſſes iamais penſé de luy, veu le peu d'aage qu'il a : de ſorté que ſi la courtoiſie
luy eſt aultât familiere que les armes & la beaulté, ie croy qu'il ſoit bien
le plus acomply gentilhomme que lon ſçauroit ſouhaiter : & dont ie
me pourray apperceuoir preſentement ſ'il m'accorde ce que ie luy demanderay. Madame, reſpondit Eſplandian (qui ne ſe peut tenir de rougir pour les louengos qu'elle luy donnoit.) Vous ſeriez bien la premiere que ie refuſay de ma vie : Et vous qui eſtes tant belle & de ſi bonne
grace, & cóme ne ſerois-ie preſt de vous obeïr? Ie vous ſuplie doncques,
Cheualier, dit elle, pardonner à ce peuple qui eſt au temple, & me le
dóner auecq' congé de l'enuoyer ou bon ine ſemblera, ſans qu'il luy ſoit
fait plus de moleſte. Ce maiſt dieux, madame, dit Eſplandian, vous ne
ſerez pas refuſée pour ſi peu , & feray enuers ces Cheualiers qu'ilz le
vous accorderont comme moy : meſmes voſtre liberté & celle de Phoron, pour vous conduire ou il vous plaira, qui eſt ce dont plus Frandalo nous à affectueuſement priez auant que vous arriuaſsiez en ce lieu : &
pour l'amour de luy, aduiſez ſ'il vous plaiſt aultre choſe nous commander, car nous vous obeïrons de tresbon coeur. Bien humblement les remercia la princeſſe Heliaxe, & ſ'adreſſant à Frandalo, luy dit : Sire Cheualier, le bien que vous & voz compaignons me faites, ne ſera iamais par
moy mis en oubly : ains eſſayeray par tous moyens de le recognoiſtre,
quoy qu'il tarde : Et pour Dieu faites ſ'il vous plaiſt retirer voz gents, à
ce que ces poures miſerables puiſſent ſortir ainſi que m'auez acordé : Ce
pendant ie m'en voys les recóforter, car ie doubte que la plus part d'eulx
ſont plus morts que vifz. Lors pria Carmelle l'acompaigner, & elles
deux ſans aultre compaignie vindrent à la porte du temple, qu'ilz trouuerent bien cloſe & remparée. Si appella tant qu'aucuns vindrent parler à elle, mais oncques poure homme r'amené du gibet, par grace du
prince, ne fut plus aiſe que ce populaire quand ilz la recogneurent, penſants que l'Infât Alphorax eut fait quelque acord auecq' leurs ennemis.
Au moyen dequoy, ilz luy ouurirent vn petit guiſchet, & entrerent les
deux damoiſelles au temple demandants à la princeſſe cóme elle eſtoit
venue à ſi bonne heure ſecourir ceulx qui attendoient pour toute miſe-

K iij ricorde,

ricorde, leur mort cruelle. Mes amis, respondit Heliaxe, i'ay tant fait
auecq'les Chrestiens par le moyen de Frandalo (que ie cognois de long
temps,) qu'ilz vous laissent sortir les vies sauues, & aller ou bon vous
semblera, & moy mesme aussi qui estoye tombée en leurs mains, comme vous: Pouraultant aduisez si voulez me suiure à Tesifante, ou monseigneur Alphorax est à present, qui pour l'amour de moy vous fera autant de gracieusete, qu'il luy sera possible. Quand ces poures gents es-
perduz entendirent la paction qu'on leur presentoit pour l'amour de
leur dame, ilz s'acorderent tous d'aller auecq'elle, & ne l'abandonner,
la remerciant treshumblement du bien qu'elle leur auoit moyenne. Or
se desarment doncques ceulx qui ont harnois (dit Heliaxe) & sortez
tous quand & moy. Lors elle ainsi acompaignée, retourna vers Esplandian, & luy monstrant grand nombre de femmes & de petitz enfants
qu'elle auoit autour d'elle, luy dit: Ie vous prie voyez le bien dont vous
estes cause, & le dommaige que c'eust este, si ce petit populaire eust souf
fert mort pour chose non offensée: Et quand vous n'auriez fait de vostre
vie aultre bien que cestuy seul: si estes vous digne de grãd merite. Et toutesfois (dit elle en se soubzriant) il ne sera iour de ma vie, que ie n'aye
grande occasion de me plaindre de vous, veu le peu d'estime que vous
feistes de moy, quand Frandalo & vous me vintes trouuer deuant mon
pauillon, apres la deffaite de mes Cheualiers. Comment, madame? respondit Esplandian. Ie m'esbahis, dit elle, pourquoy vous me faites telle
demande: veu que vous pouuiez lors penser l'ennuy auquel i'estoye: &
neantmoins vous ne me daignastes quasi saluer ny parler à moy: en bõne foy c'estoit mal considere à vous. Madame, respondit il, ie vous supplie treshumblement me pardonner: car le peche que ie commis en cest
endroit, ne feut par ignorance: Mais craignant mettre le seigneur Frandalo en quelque ialousie, le voyant si affectiõne à vous faire seruice, & le
bon visaige que vous luy monstrastes, nonobstant la perte de voz gents.
Ceste excuse n'est pas raisonnable dit Heliaxe, aussi ne vous sera elle pas
remise si aifément. Et proferoit ceste parolle d'vne telle contenance,
qu'elle contentoit vn chascun par ce gracieux mescontentement. Parquoy Esplandian luy respondit: Madame, ie suis tout prest d'amender
ceste faulte, ou d'en porter la penitence. La penitence, dit elle, que vous
en aurez, sera que suiuant la grace que vous auez faite à ce poure peuple, & à moy aussi, vous nous donnez conge de nous retirer en la ville de
Tesifante, vers mon mary, qui vous en sçaura tresbon gre. Madame, respondit Esplandian, vous auez desia entendu le vouloir de nous tous, &
pouez aller librement, en quelque lieu qu'il vous plaira, ou moymesme
vous conduiray, si vous l'auez agreable. Assez de grands mercis leur feit
Heliaxe, laquelle (prenant conge d'eulx) remonta sur son palefroy, &
acompaignée de Phoron & d'vne infinite de peuple, print le chemin de
Tesifante

Tefifante. Sur lequel Frandalo la conduict vne lieuë & plus: & fi vouloit
paffer oultre, combié qu'il feuft naure' en plufieurs endroitz fur le corps,
mais elle le pria f'en retourner: car, difoit elle, encores que comme bon
Cheualier vous ayez eu le pouuoir de me feruir, & fauuer moy & les miens, il pourroit eftre que ie n'aurois moyen enuers vous de faire le femblable, fi vous tombiez es mains de monfeigneur Alphorax: lequel com
me ic penfe, aura efte' aduerty de ma fortune, par quelques vns des Cheualiers qui f'en font fuys, tellement que ie doubte qu'il foit defia aux
champs auecq' groffe trouppe de gents pour mon fecours. Et f'il eftoit
ainfi, ie le cognois fi peu patient, que f'il vous rencontroit (efmeu de la
perte d'Alfarin, mefmes de l'iiure qu'ont receuë mes Cheualiers, & moy
mefmes comme il penfera) le plaifir que vous effayez me faire, vous tour
neroit au danger de voftre perfonne, & à vn grand ennuy pour moymef
mes. Ainfi ie vous prie ne paffer oultre, & vous en retourner. Bien cogneut Frandalo qu'elle le confeilloit prudément, & à cefte caufe la com
manda à Dieu. Et la laiffant en la garde de Foron, reprint le chemin ou il
auoit laiffe' fes compaignons. Or eftoit il ia tard, parquoy Heliaxe appro
chant la fonteine aduentureufe, & y trouuant encores fon pauillon tendu, delibera n'en partir iufques au lendemain matin, qu'elle fe meit en
voye droit à Tefifante. Et ayant chemine' iufques enuiron midy, rencon
tra le prince Alphorax, auecq' grand nombre de Cheualiers, qui toute
nuict auoyent efte' fur les adreffes de la montaigne defendue, péfant que
ceulx qui auoyét prins fa femme la y menaffent, pour la garder plus feu-
rement: & telle eftoit l'opinion de ceulx qui luy apporterent les nouuelles de fon infortune. Mais Alphorax ny fa trouppe, n'auoyent rencontre'
vn feul hôme, & f'en retournoyent paffer à la fonteine aduentureufe, faf-
chez à merueilles quand ilz aduiferent la princeffe Heliaxe, laquelle Al
phorax courut embraffer, & en la baifant luy demáda comme elle eftoit
ainfi efchappée. Monfieur, refpondit elle, apres que ie le vous auray bien
racompte' encores doubtay-ie qu'il vous fera malaife' de le croire. Et à
dire vray, il femble que Fortune ait prins plaifir de me faire cognoiftre
en mefme iour tout le bien & le mal qu'elle peult en mon endroit. Lors
commença à difcourir la deffaicte de fes Cheualiers, les propos que Fran
dalo & Efplandian luy auoyent tenuz, & finablement l'honnefte traitement dont ilz auoyent vfe' enuers elle. Vrayement, ma dame, dit Alphorax, c'eft bien vn cas eftrange, & ne puis penfer comme ces Chreftiens
matins (ayants prins d'affault ma ville d'Alfarin) ont vfe' de telle humanite', non feulement à ce peuple, mais garde' voftre honneur, eftant telle
& fi belle que vous eftes. Et fault eftimer que noz Dieux ayans eu pitie'
de moy, vous ont gardée comme la chofe que i'ayme & eftime le plus. Et
toutesfois fi ie vis vn an, ie vous iure & prometz de mettre tant de gents
enfemble, que la cite' de Conftantinople, & fon pariure d'Empereur en

K iiii   fouffriront

souffriront,tellement qu'il en sera memoire mil ans apres ma mort. Heliaxe qui le veoit entrer en sa colere,pour le moderer quelque peu , luy
respondit: Monsieur,vous le pourrez faire quand il vous plaira,mais vo⁹
voyez maintenant ce peuple tant desolé,ie vous supplie parler à eulx, &
les recōfortez au moins mal que vous pourrez : car ilz ont mis toute leur
fiance en vous. Adoncq' Alphorax les feit approcher, & apres leur auoir
tenu maintz gracieux propos,retournerent à Tesifante.

Comme Gastilles print con-
ge d'Esplandian,puis feit voile en Constantinople vers l'Empereur,& de l'arriuée de Palomir,Bran-fil, & autres Cheualiers de la grand' Bre-taigne en la ville d'Alfarin.

Chapitre   XXXI.

A ville d'Alfarin mise au pouuoir des Cheualiers de
la montaigne defendue , ainsi que vous auez peu entendre , Gastilles ayant fait son apprest pour retourner à Constantinople, vint trouuer Esplandian,
& luy dit en ceste maniere:Monsieur,lors que ie laissay l'Empereur, il me commanda fort expressément
que ie l'aduertisse le pluftost qu'il me seroit possible,
de ce qu'il

de ce qu'il me feroit furuenu, afin qu'il aduifaft ou de venir en perfonne,
fi la necefsite y eftoit, auecq' l'armée qu'il affemble de iour en iour, ou la
rompre du tout: car l'yuer commence defia à nous menacer. Et pour autant que (graces à Dieu) ie veoy les affaires de pardeça en tresbon train, ie
fuis delibere foubz voftre bõ plaifir partir demain, & retourner vers luy,
afin qu'ayant entendu par moy comme le tout f'eft paffe, il n'entre (pour
cefte année) en plus grande defpenfe: ce que ie luy euffe pluftoft fait fçauoir, mais i'attendois toufiours l'iffue de cefte derniere entreprinfe, qui
eft fortie comme nous l'auons defirée. Monfieur, refpondit Efplandian,
puis que l'Empereur aura plaifir & proffit à voftre retour, ainfi que vous
dites, vous ferez bien de l'aller trouuer. D'vne chofe vous fupplie tant
qu'il m'eft pofsible, c'eft de luy prefenter mes treshumbles recommãdations à fa bonne grace, & l'affeurer qu'il n'a gentilhomme ne Cheualier
en fes païs plus à fon cõmandement que ie fuis: & quant au furplus, vous
aurez veu & fceu la plufpart de noz affaires, & entendez l'eftat ou elles
font, vous l'en pourrez aduertir. Aufsi comme ie fais garder le Roy Armato, attendant qu'il en ordonne ainfi que de fon prifonnier: non pas de
la montaigne defendue, car ie l'ay conquife foubz la faueur de madame
Leonorine, & ne la tiens auiourdhuy qu'a tiltre de fon chaftelain & feruiteur, tel que ie feray toute ma vie. Mais f'il luy plaifoit donner à Frandalo cefte ville d'Alfarin, tant pour luy augmenter fon bon vouloir, que
pource qu'il merite dauantaige, il me femble qu'il feroit tresbien, en regardant au feruice & grande fidelite qu'il a monftrée en tous lieux ou il
f'eft employe. Vous luy direz aufsi, que fuiuant le commandement que
m'a fait mon pere, i'efpere en brief aller en Conftantinople, & là me prefenter à luy & à madame Leonorine, ainfi que ie les aduertiz n'a gueres,
par la damoifelle Carmelle, & dont il vous peult bien fouuenir: & vous
prie ce pendant m'excufer enuers eulx, d'auoir fi longuemẽt differe: car
vous fçauez (à peu pres) qui en a efte caufe. Monfieur, refpondit Gaftiles,
l'Empereur mon oncle vous defire tant en fa compaignie, que ie ne veiz
oncques homme plus marry, ne madame ma coufine mefmes, quand ilz
apperceurent esbranler le nauire de la grand' Serpente, & trauerfer le
deftroiĉt du bofphore: ie leur diray tout ce dont vous me chargez, & demain des le poinĉt du iour ie prendray la route de la Grece. Ne voulez
vous pas premier, dit Efplandian, veoir Frandalo, Manely, & les aultres
qui font au liĉt naurez, & fçauoir d'eulx f'ilz veulent rien mander à l'Em
pereur? Oy bien, refpondit Gaftiles. Allons, ie vous feray compaignie,
dit Efplandian. Si vindrent au logis de Frandalo, ou ilz ne feurent pluftoft arriuez, que ceulx qui faifoyent le guet fur la tour du port defcouurirent enuiron trois mille en mer, vn grand nauire, qui à plaine voile tiroit droit à Alfarin, dont ilz vindrent incontinent aduertir Gaftiles: lequel fur l'heure feit partir deux brigantins, pour aller veoir fi c'eftoyent

amis ou

amis ou ennemis. Mais ilz retournerent peu apres auecq' ce vaiſſeau:de-
dãs lequel nauigeoyét Palomir, Brãfil, Helian le delibere, Garuate du val
craintif, & Brauor filz du geant Balan, que le Roy Amadis auoit nouuel
lement fait Cheualier, Ymoſel de Bourgoigne, Ledarin de Faiarque, Li-
ſtoran de la tour blanche, Trion couſin de la Roïne Briolanie, Tentilles
le ſuperbe, Guil le bien eſtime, auecq' Grodonan frere d'Angriote Deſtrauaulx, & les deux filz d'Iſanie gouuerneur de l'iſle Ferme, enſemble
maintz aultres qui ſeſtoyét embarquez en la grãd' Bretaigne, pour venir
au ſecours d'Eſplãdian. Et coſtoyant la mõtaigne defendue, auoyét ſceu
par les peſcheurs la deffaite de l'armée d'Armato, ſa captiuite, meſmes la
prinſe d'Alfarin:dont ilz eurent vn plaiſir nompareil, ſpecialemét apres
eſtre aſſeurez par les géts de Gaſtilles q̃ nulz de leurs compaignõs eſtoiét
morts à ce cruel aſſault de ville. Eulx dõcques arriuez au port, ainſi qu'ilz
prenoiét terre, Eſplãdian & maintz aultres (aduertiz de leur venue) vindrent audeuant les receuoir, & Dieu ſçait les careſſes, embraſſements, &
bonnes cheres qu'ilz ſe feirent les vns aux aultres. Puis les conduit Eſplãdian en ſon logis, ou ilz ſe refraiſchirent enuiron deux heures premier
que d'aller viſiter Frandalo, duquel Eſplãdian leur feit ſi grand cas, qu'ilz
le prierent tous de les conduire ou il giſoit malade:ce qu'il feit volũtiers.
Mais quand Frandalo ſceut qui ilz eſtoyent (quaſi honteux de les veoir
tant humilier enuers luy) ne ſçauoit bonnement que leur dire : & ainſi
qu'il ſoffroit puis à l'vn, puis à l'aultre, Palomir parla à luy de telle ſorte:
Sire Cheualier, mes compaignons & moy vous auons ouy tant eſtimer
en haulte cheualerie, qu'il n'y a celuy de nous qui ne voulſiſt vous faire
ſeruice, & obeir doreſenauant comme à leur chef & capitaine : par ainſi
mettez peine de vous guerir, afin que nous puiſsions bien toſt veoir la
guerre ſoubz voſtre conduicte. Meſſeigneurs, reſpondit Frãdalo, ie vous
ſupplie pardonnez moy, ie ſçay aſſez combien ie ſuis moindre que vous
ne me faites, & indigne de l'honneur que vous me portez:auſsi ne feis-ie
oncques choſe qui merite louenge, ſinon par le moyen de monſeigneur
Eſplandian : toutesfois i'eſpere (ſi Dieu me preſte longue vie & ſante)
m'employer deſormais en ſorte, que chaſcun cognoiſtra le deſir que i'ay
de faire ſeruice à la Chreſtiéte, & à vous tous particulieremét. Mon com
paignon, dit Eſplandian, ie vous prie beau ſire mettez peine de vous r'a-
uoir, puis nous deuiſerons enſemble du reſte . Et pource que ces Cheualiers ſont las & trauaillez du lõg nauigage qu'ilz ont fait, dõnez leur conge pour meshuy, demain nous viédrons vous reueoir. Et ce diſoit il craignant que le trop parler luy cauſaſt quelque accidét de fieure:car Gaſtiles auoit eſte au parauãt plus de deux heures deuiſant auecq' luy des prc
pos qu'il auoit euz auecq' Eſplandian ſur l'entreprinſe de ſon retour ver
l'Empereur. Ainſi luy donnerét (les Cheualiers nouuellement arriuez) l
bon ſoir, & ſortirent de ſa chambre : d'aultre coſte, Gaſtiles faiſoit tout
diligenc

diligence de s'equiper pour partir à l'aube du iour. Et de fait ayant prins
congé de tous ses amis, le soir mesmes entra en ses vaisseaux, & à l'heure
qu'il auoit deliberé singla en plaine mer, par si bon vent, que le huictiesme iour d'apres descouurit Constantinople, & entra au port. Ce que entendu par l'Empereur, le vint receuoir iusques sur la greue, puis le mena
en son palais, s'enquerant à luy de grande affection comme il auoit exe-
cuté son voyaige, & si Armato s'estoit retiré ou non. Monsieur, respondit il, le bon Cheualier Esplandian, & ceulx de sa compaignie, se recom-
mandent tous treshumblement à vostre bonne grace, & principalement Frandalo, lequel ie vous puis bien asseurer pour l'vn des meilleurs
seruiteurs que vous eutes oncques. Disant ceste parole, l'Imperatrix suruint accompaignée de l'Infante Leonorine, de la Roïne Menoresse, &
aultres dames & damoiselles : & leur feit Gastilles telle reuerence qu'il
sçauoit bien faire. Et pource qu'il s'amusoit à faire les recommandations
d'Esplandian à la princesse Leonorine, l'Empereur luy dit : Vrayement,
mon nepueu, vous acheuerez le discours de vostre entreprinse, puis vous
gouuernerez les dames si bon vous semble. Et commencez nous à des-
duire par le menu tout ce qui vous est aduenu en ce voyaige. Sire, dit il,
nous eusmes si bon vent au sortir de ce port, que sans aulcun destourbier
nous arriuasmes en la montaigne defendue: & toutesfois nous ne sceus-
mes faire tant de diligence, qu'Esplandian auecq' son nauire de la grand'
Serpente, & l'equipaige de Frandalo, n'eussent desia mis à fond partie
des vaisseaulx de voz ennemis, & donné la chasse au reste, iusques bien
auant dedans la Turcquie. Et encores mieulx : car le iour ensuyant le
Roy Armato feut prins, & son armée mise en routte. Et le bon feut,
quand ie luy feiz la reuerence, & qu'il me recogneut. Lors racompta
Gastilles la colere du Roy Turcq, les menasses & propos qu'il luy tint,
& depuis la defaicte des vingt Cheualiers à la fonteine aduentureuse, les
escarmouches & assaultz d'Alfarin, le dangier ou Esplandian & Frandalo se trouuerent, la prinse de la ville, celle d'Heliaxe, la deliurance d'elle, & du peuple qui s'estoit sauluè dans le temple de Iupiter, & comme a-
uant l'embarquement pour retourner vers luy, estoit arriuè de la grand'
Bretaigne vne nef, auecq' plusieurs Cheualiers, lesquelz il nomma tous
par nom & surnom, comme celuy qui les auoit aultresfois veuz auecq'
Amadis. Au reste, monsieur, dit il, le bon Cheualier Esplandian m'a priè
de vous dire, qu'il fera garder le Roy Armato, iusques à ce qu'il l'ait liurè
en voz mains, ou à qui il vous plaira : & semblablement la ville d'Alfarin. mais qu'il ne rendra la montaigne defendue à aultre, qu'a madame
Leonorine, soubz le nom de laquelle il l'a conquise, & espere la defendre
comme son chastelain, seruiteur & concierge, & non aultremèt. Quand
l'aurons nous par deça ? dit l'Empereur. Ce sera le plustost qu'il luy sera
possible, dit Gastilles, à ce qu'il m'a asseurè. En bonne foy ie vouldrois
que ce

que ce feut auiourdhuy pluftoft que demain,tant i'ay bonne volunté de
le cognoiftre, pour les haultes cheualeries qui augmentent en luy de
iour en iour. Et telles, que fi le Cheualier à la verde efpée a efté eftimé le
meilleur du monde,à prefent fon filz luy ofte grande partie de ceft honneur. Aufsi tout confideré,ie crois qu'Amadis n'a point plus fait en dix
ans,qu'Efplandian a paracheué en dix fepmaines. Mais,beau fire,Fran-
dalo fait il fi bien fon deuoir comme vous m'affeurez?Monfieur,refpon-
dit Gaftilles, il n'eft pofsible de faire mieulx. Et m'a prié le feigneur Efplandian vous faire entédre, que pour l'entretenir en cefte bonne volunté, il eft d'aduis que vous luy faciez prefent de la ville d'Alfarin, & qu'il
ne fçait homme plus digne à la garder que luy. Ce maiftdieux,dit l'Empereur, Efplandian & fes compaignons l'ont conquife, ilz en ordonne-
ront ainfi qu'il leur plaira. Toutesfois fil ne tient qu'a mon confente-
ment,ie fuis bien de ceft aduis, & ne laiffer d'aduátaige à luy faire aultre
bien,fil perfeuere ainfi qu'il a cõmencé. Et vous ma fille, dit il à l'Infante Leonorine, que refpondez vous à ce que voftre coufin affeure, qu'Efplandian ne tient la montaigne defendue pour aultre que pour vous?
Monfieur,refpondit elle, ie ne fçay comme vous ny tant d'aultres le pou
uez auoir en fi bonne eftime, veu le peu d'obeïffance qu'il porte à fon pe-
re:car fil eftoit tel que chafcun le renomme,il feuft long téps a venu par
deça pour acquiter ce à quoy il eft obligé. Qui me donne iufte occafion
de penfer que les propos que vous dit Carmelle de fa part, & femblablement tout ce qu'il vous a mandé par mon coufin,font(fans plus)paroles
feinctes. Aufsi n'ay-ie pas delibere(encores qu'il fe die mien)de l'accepter pour tel, & moins luy pardonner, premier que luy mefmes vienne
f'excufer en perfonne:lors i'aduiferay que i'auray àfaire.L'Empereur qui
voyoit fa fille parler de colere,& rougir plus que de couftume,ne fe peut
tenir de rire,& luy dit: Comment,ma mignonne,refufez vous le feruice
du meilleur Cheualier du monde? Oy monfieur, refpondit elle, & ainfi
le doit faire tout maiftre enuers fon feruiteur, quand il fuit fa prefence,
& n'obeit à fes commandemens, non plus qu'a fait celuy que vous eftimes tant aux voftres ny aux miens. Et vrayemét ma mignonne,dit l'Em
pereur, ie vo⁹ en fçay bon gré. Pleuft à Dieu que Nature vous euft pourueu d'vn corps femblable à voftre coeur, elle vous euft fait homme par-
faict, & non pas femme comme vous eftes. Or mon nepueu, vous oyez
la refponfe de ma fille : ie vous prie faites la entendre au bon Cheualier
Efplandian, afin qu'il fe depefche de venir, fil ne veult du tout perdre fa
bonne grace. Et combien que l'Empereur dift tous ces propos par ieu, fi
les print Efplandian tout aultrement, quand il en eut les nouuelles par
vn efcuyer,que Gaftilles luy depefcha le iour enfuyuant.

Comm

Comme Frandalo, accompaigne

de quatre vingtz Cheualiers, fortit d'Alfarin pour
aller courre vers Tefifante : de la prinfe de
Eiraca capitaine de la ville.

Chapitre   XXXII.

ES Cheualiers de la grãd' Bretaigne arriuez en la ville d'Alfarin (comme il vous a efte' recite') Frãdalo &
les autres naürez, gueris de leurs playes, Belleriz qui
trauailloit inceffamment pour entendre nouuelles
d'Alphorax, feut aduerty par fes efpies qu'il fe tenoit ordinairement en la grand' ville de Tefifante,
& le dit Belleris & Branfil, à quelques aultres: lefquelz ennuyez de propos, prierent affectueufement Frandalo de les mener en la guerre, & trouuer moyen d'eulx embufcher en lieu où ilz peuffent furprendre Alphorax, ou quelques vns des fiens, & filz abandon-
noient leur fort. Frandalo leur voulant complaire en tout ce qu'il luy e-
ftoit poffible, leur accorda (foubz le bon plaifir d'Efplãdian) de partir la
nuict enfuiuant, & mener quant & eulx, iufques à quatre vingtz Cheualiers fans plus . Ce qu'Efplãdian trouua bon, & luymefmes voulut eftre
de la partie . Aumoyen dequoy ceulx qui feurent ordonnez pour ceft

L   affaire fe

affaire fe trouuerent preftz, & fortirét à iour failly afin de n'eftre defcouuertz. Or cognoiffoient la contrée Belleris & Frandalo, fi bien que fans
auoir aultres guides, marcherét droit à Tefifante. Et ayáts cheminé iufques fur les vnze heures de foir, fe trouuerent en vn chemin fourché, ou
Frádalo feut d'aduis de feparer leur trouppe en deux, admoneftants les
Cheualiers(qui ne f'eftoiét encores meffez auecq' les Turcqz)d'eulx tenir ferrez : car, difoit il, la guerre de ce païs fe conduit tout aultrement
qu'en la grand' Bretaigne,ou les Cheualiers vont le plus du temps feulz,
& encores qu'ilz foient en compaignie,ilz f'efcartét l'vn de l'aultre pour
la moindre occafion qui leur fçauroit furuenir : mais icy ceulx qui han-
tent les armes marchét toufiours en fi gros nombre,que les combatz qui
f'y font font batailles non pas rencótres . Et fi y a bien pis:car fi trois céts
Turcqz peuuent furprendre cent, trente, voire vingt de leurs ennemis
feulement, & moins encores, ilz font gloire de les mettre à mort,prefe-
rant leur vengeance à vn honneur qui fe garde (cõme i'ay entendu) es
païs de l'occidét,ou lon combat quafi toufiours en nombre egal . Ainfi
(mes amis)ie vous prie que nul de vous f'efcarte, ains marchez en troup
pe,vous affeurant qu'au lieu ou nous allons,ne fauldrõs de trouuer affez
contre qui nous employer , & defployer noz armes . Ie fçay qu'à demy
mille de Tefifante Alphorax couche fouuent en vn palais qu'il a fait baftir,appellé Gruobinahc,ou le pourrons trouuer fi Fortune nous fauori
fe quelque peu: parquoy ie me fuis aduifé qu'il nous vault mieulx feparer en deux trouppes: mon nepueu Belleris prendra à gauche, & fe tiendra embufché pres la burgade de Ientinomele,de laquelle il veoira aifément fortir ceulx de Tefifante , & moy auecq' Efplandian : & la moitié
de vous fuiurons cefte fente,qui nous cõduira pres Gruobinahc, en vne
vallée ou nous no° tiendrõs couuerts pour fecourir Belleris, & luy nous,
f'il eft befoing. A quoy f'accorderent les Cheualiers : mais leur entreprin
fe trouua à la fin trop plus hazardeufe qu'ilz n'efperoient,ainfi qu'il vous
fera prefentement recité.

Belleris doncques & fa trouppe ayant laiffé Frandalo , cheminerent
tant,qu'enuiron deux heures deuant iour rencontrerét fix fouldatz, que
Belleris falua en langue Arabique, leur demandant ou ilz alloient. Seigneurs,refpondirent les aultres,nous vouldrions bien eftre en la ville de
Sraffe. Mes amis, dit il,nous en fommes deflogez cefte nuict, & allons à
Tefifante aduertir le prince Alphorax , du merueilleux dommaige
qu'ont fait depuis deux iours ces chiens Chreftiens à tout le peuple d'a-
létour:car ilz font fortiz d'Alfarin,& ont pillé & faccaigé tout ce qu'ilz
ont peu rencontrer,& encores font de prefent aux champs, continuants
de mal en pis : toutesfois f'il luy plaift nous donner quelque peu d'aide,
nous fçauons le lieu de leur retraite, & les pourrions enclorre fans qu'il
f'en fauluaft vn feul.Qui eftes vous qui nous dites ces nouuelles?refpon-
dirent en

dirent les fouldartz. Compaignons dit Belleriz, ie fuis Rouffan, coufin de Eiraca grand capitaine de Tefifante. Nous vous dirons doncques bonnes nouuelles de luy, refpondirent les aultres, & chofe qui vous fera agreable. Entendez qu'il n'eft pas loing d'icy, & eft party de la ville auecq' deux cens Cheualiers, pour fe venir ieter dedans Falandie, & la garder mieulx qu'on n'a fait Alfarin. Mais pource qu'il nous a commande' marcher deuant nous ne vous tiendrons à prefent plus long propos, & fur ce poinct les commanderent à Dieu. Mes amis, dit Belleriz, le bon iour que ie vous defire vous foit donne'. Ainfi pafferent oultre les fouldatz : lefquelz ne f'efloignerent gueres que Belleriz n'enuoya apres. Et craignant qu'ilz defcouuriffent fon entreprinfe, les feit tailler en pieces. Et aufsi toft enuoya l'vn de fes efcuyers, qui fçauoit les adreffes pour aduertir Frandalo que les ennemis eftoient aux champs, auecq' bien groffe troupe. Et qu'a cefte caufe il eftoit befoing d'eulx raffembler. L'efcuyer feit grand diligéce: Neantmoins premier que ces nouuelles feuffent venues à Frádalo:Belleriz rencôtra Eiraca & fes gens quafi au droit de Ientinomele. Et les ioignirent auant qu'ilz euffent moyen de laffer leurs heaulmes. Là monftra bien le capitaine de Tefifante, qu'il n'eftoit apprenty à fe trouuer en telz affaires: car comme preux & vaillant champion : fe mefla entre les Chreftiens, & fuiuy des fiens : feirent trefgrand deuoir de defendre & affaillir, encores que dix des plus braues de leur troupe feuffent defarçonnez & renuerfez par terre. Et ainfi que Eiraca fe mefloit en la preffe, Norandel & luy fe chargerent de telle force, que l'vn feut naure' au bras gaulche, non pas beaucoup, & l'aultre perdit les eftriers prenant fi grand fault fur le champ, qu'il demoura eftendu de fon long fans remuer pied ne main. Ce feut le capitaine de Tefifante,pour lequel retirer de la foulle, les Turcqz feirent vn tel deuoir, qu'ilz abbatirent quatre Cheualiers de la Bretaigne, lefquelz toutesfois fe releuerent promptement,& meirent la main aux efpées, dônans aux iarretz & flancz des cheuaulx,de forte qu'en moins de rien plus de vingt Turcqz leur tindrent compaignie, & maintz y perdirent la vie. A cefte charge feurent fort bleffez Enil & Gauarte, & les aultres fi mal menez que fans la trouppe de Frádalo qui furuint,ilz euffent efte' de tóut poinct deffaitz. Aufsi auoient ilz beaucoup tarde'. Mais l'efcuyer que Belleriz enuoya vers eulx : ne les peult attaindre qu'ilz ne fuffent en la vallée ou ilz fe deuoient rendre. Et combien qu'au parauant ilz entendiffent retentir les coups du combat : fi ne fe doubterent ilz de telle rencontre iufques à ce que l'efcuyer eut fait fon meffage. Lors coururent tous à bride abatue droit ou Belleriz & fes compaignons(hors d'haleine)ne faifoient plus que reculer, & parer aux coups des aultres, qui en euffent mis à mort plufieurs, mais le capitaine de Tefifante vouloit qu'on les menaft vifz au prince Alphorax. Toutesfois Frádalo, Efplandian,& ceulx

L ij   de leur

de leur troupe leur feirent cháger d’opinion, car aufsi toft qu’ilz veirent
leurs compaignons fi mal menez par les ennemis, ilz entrerent d’vne
telle colere pefle mefle, que fans Eiraca (qui ce iour là feit armes nompa-
reilles) ilz leur cuffent paffé fur le ventre de plaine arriuée. Et par la grãde refiftence qu’il feit, le combat dura encores plus d’vne groffe demie
heure, durant laquelle il fe maintint tant brufquement, qu’Efplandian,
ne le peult iamais faire rendre, qu’il ne l’euft abbatu & defarmé de fon
heaulme, lors fe meit à mercy. Cependant Frandalo & les fiens meflez
entre les autres, frappoient à dextre & à feneftre, tuants cheuaulx, arra-
chants efcutz & faifans tant de prouëffes que c’eftoit chofe admirable, &
nonobftant tous ces efforts, les Turcqz ne fe monftroient eftonnez: ains
combatirent iufques à ce qu’ilz aduiferent leur capitaine prifonnier, qui
fut caufe de leur faire prendre la fuite & tourner doz, non pas tous: car
il en demoura fur le champ plus de cent cinquante, les aultres fe faulue-
rent à la faueur de la nuict, qui eftoit fort obfcure. Or pouuoit il eftre
encores vne heure deuant iour: & craignoit Frandalo, que ceulx de Tefifante (fçachás cefte deffaite) fortiffent pour leur venir couper paffage.
Parquoy feit promptement remonter le capitaine Eiraca à cheual: &
tous les Chreftiens qui auoient efté abatus. Puis reprindrent le chemin
d’Alfarin, non par l’adreffe qu’ilz eftoient venuz, mais plus à l’efcart le
long d’vne petite fente, qu’ilz fuiuirent fi longuement qu’au poinct du
iour entrerent en vn grand bois, ou ilz defcendirent pour repaiftre eulx
& leurs cheuaulx. Et fans gueres y feiourner pour n’eftre furprins, feirét
fi borne diligence qu’ilz arriuerent en la ville enuiron foleil couchant.
Et ce pendant vindrent nouuelles à Tefifante de la deffaite de leurs gés:
dont Alphorax feut tant defplaifant qu’il cuida defefperer. Or auons
nous affez longuement parlé de la guerre: maintenant Amour viendra
en ieu, lequel voulant donner quelque allegement à l’Infante Leonorine, qui viuoit en vne eftrange peine attédant l’arriuée de fon amy Efpládian, le feit partir d’Alfarin, pour la venir veoir en Conftátinople, ainfi qu’il vous fera deduit aux chapitres fubfequentz.

Du grand ennuy qu’eut Efplan-

dian, ayant entendu par le meffagier de Gaftilles,
le malcontentement qu’auoit la princeffe
Leonorine contre luy.

Chapitre   XXXIII.

Vous auez

Ous auez nagueres entédu comme Gaſtiles racompta à l'Empereur tout ce qu'Eſplandian luy mãdoit,
meſmes à la princeſſe Leonorine, & la reſpôſe d'elle
que Gaſtiles eſcriuit à Eſplãdiã par vn eſcuyer, qu'il
luy enuoya expres, ſuiuãt le cômandement de l'Em-
peureur, afin de luy donner occaſion de venir le pluſtoſt qu'il pourroit en Conſtantinople. Ceſt eſcuyer
feit diligéce: & arriua à Alfarin le cinqieſme iour depuis la prinſe du capitaine de Teſifante: & rencontrant Carmelle à l'entrée de la ville, ſ'enquit à elle ſil trouueroit Eſplandian à propos, pour luy bailler vne letre
que Gaſtiles luy enuoyoit. Carmelle ſaige & bien aduiſée, ſouſpeçonnãt
que c'eſtoient nouuelles de l'Infante Leonorine, leſquelles pourroient
eſmouuoir Eſplandian qui eſtoit mal diſpoſé, luy reſpôdit: Eſcuyer mõ
amy, à peine ſçauriez vo⁹ parler à luy pour ceſte heure: mais ſuiuez moy,
& me baillez la letre, ie la luy preſenteray, puis vous feray donner reſpô
ſe. Si la creut l'eſcuyer, & vint au logis auecq' Carmelle: laquelle entrant
en la chambre d'Eſplandian, le trouua ſur ſon lict deuiſant auecq' le Roy
de Dace. Lors luy bailla la letre de Gaſtiles qu'il commença à lire, & en
la liſant, les larmes luy vindrent aux yeulx: & toſt apres ieta vn profond
ſouſpir, diſant ces motz. Hé Dieu? La damoiſelle qui le regardoit ententiuement ſe doubta auſsi toſt de ce qu'elle auoit pourpenſé, parquoy luy
demanda ſil ſe trouuoit mal. Mal? reſpondit il, ouy tant que ie vouldrois
eſtre mort, & veoyez ſi i'en ay occaſion. Adoncq' tendit le bras, & bailla
la letre à Carmelle, & auſsi toſt tournãt le viſaige d'aultre coſte', ſe meiſt
à faire le plus grand dueil du monde: mais quand elle eut veu ce qu'elle

L iij　　　　contenoit

contenoit,n'en fei t cas,ains dit à Efplandian:Comment,monfieur,vous
eftonnez vous de fi peu ? par mon ame ie cognois bien maintenant que
l'affection & amour des hommes eft bien differente aux pafsions que
nous aultres fimples femmelettes endurons,quand nous tôbons en cefte
extremite. Et fçauez vous enquoy? Vous hommes prenez cômunément
plaifir à manifefter ce que vous aimez,foit par paroles ou par contenance,& bien fouuent feignez d'aduátaige qu'il n'y a : & qui pis eft,tant plus
la dame ou damoifelle aimée eft de maifon , ou de grand merite, d'aultant plus vous prenez de gloire qu'on cognoiffe, non feulemêt que vous
luy portez affection,mais que vous eftes aimez & bien vouluz d'elle fur
tous aultres : qui eft bien le contraire du naturel des femmes (i'entendz
de celles qui fe peuuent nommer faiges & prudentes) car tant plus elles
font haultement apparentes, & plus ont de crainte que l'on apperçoiue
leurs pafsions amoureufes:de forte qu'elles nyent ordinairement de paroles, de geftes, & de contenance, ce qu'elles ont plus imprime en leur
coeur & efprit:& non fans caufe,attendu que ce qui vous tourne à loué-
ge (comme vous eftimez qui eft voftre amour manifeftée) leur apporte
vne certaine tache à leur honneur,que bien fouuent elles ne peuuêt puis
apres effacer. Par ainfi doncques il eft plus que neceffaire d'obferuer en
nous cefte modeftie & conftáce,non que ie me vueille reftraindre foubz
cefte loy,veu que toute ma gloire & felicite depend de vous , tellement
que ie ne defire plus grand bien en ce monde , que l'amour & feruitude
que ie vous porte foit publiée en tous endroitz,afin que ceulx qui auront
cognoiffance de voftre grand' valeur,& de mon peu de merite , appren-
nent l'heur qui eft en moy pour eftre voftre comme ie fuis . Ainfi monfieur, il me femble que vous deuez prendre en bonne part, & grandement à voftre aduantaige les propos que vous efcript Gaftiles auoir efte
tenuz de vous par madame Leonorine, & en la prefence de l'Empereur:
car ie vous refpondz fur mon hôneur,que voz deux affections font reci-
procques,& a treffagement parle vfant de telle difsimulation : ie ne diz
pas qu'elle n'ait aucune occafion de fe mefcontenter,veu les paroles que
ie luy ay aultresfois portées de voftre part , mais cela eft aife à rabiller:
& quand bien l'amitie qu'elle vous porte de fi long temps feroit defchi-
rée du tout(ce que ie ne penfe)ne plus ne moins qu'vn arc rompu & ref-
foude,eft plus ferme au lieu de la fouldure qu'à nul aultre endroit : aufsi
vous prefent & en fa compaignie, r'affemblerez ce que vous trouuerez
caffe,& la rendrez plus voftre qu'elle ne feut oncques. Et partant ie vous
confeille (qu'en luy obeïffant) vous alliez vers elle , & des demain fil
vous eft pofsible. Helas Carmelle,refpondit Efplandian,quel bien,quel
feruice luy feiz-ie de ma vie,pour auoir defferuy enuers elle la moindre
grace d'vne infinite qu'elle m'a octroyée ? mefmes par le rapport de
vous?Si doncques elle a iufte occafion de courroux enuers moy , l'ayant
tant offen-

tant offensée, dois-ie esperer aultre chose d'elle, sinon vn desdaing & v-
ne haine immortelle? Monsieur, dit Carmelle, ie suis femme, & cognois
mieulx le naturel des femmes que vous ne faites, ny tous les hommes du
monde ensemble, ie vous supplie croyez moy, & l'allez veoir : & au cas
qu'elle vous fasse maoluais recueil, ne vous fiez iamais en chose que ie
vous asseure. Sur ma foy, mon compaignon, dit le Roy de Dace, Carmel
le vous conseille si prudemment, que vous y deuez adiouster foy, ou de
tout poinct esloigner ceste fantaisie de vostre esprit, considere (comme il
est vraysemblable) que quelque fois & bien souuent tant plus l'ardeur de
la femme qui aime est extreme, & tant pluftoft eft efteincte & amortie:
car leur inconstance est telle, que pour la moindre occasion du monde,
elles aiment trop promptement, & oublient trop plus inconsiderément:
non que ie vueille accuser madame Leonorine de si grâde legerete, mais
pour parler veritablement des choses: & ne sçay sur quelle opinion vous
vous fondez, pour faire ainsi estat de son amour, veu qu'elle ne vous veit
oncques, ny vous elle : ains seulement vous vous estes contentez l'vn de
l'aultre par vne certaine renommée qui a volle, publiant les perfections
que lon dit estre en vous deux, qui se doit propremét appeller feu de pail
le, qui est aussi tost mort qu'allume. Ainsi doncques ne tenez en admiration si madame Leonorine se monstre à present si peu affectionnée en
vostre endroit, car celles qui aiment le plus tombent souuent en telle in-
gratitude & cecite d'esprit, qu'elles desdaignent, ou (pour le moins) met
tent en oubly à vn ceil d'oeil celuy qu'elles auront le mieulx aime par vn
bien long temps, & qui pour l'amour d'elles seront tombez en dangers
infiniz & tourments nompareilz. N'entédites vous oncques le bon tour
que feit Brisaide à Troilus apres la ruine d'Ylion? elle l'aimoit tant, qu'el
le cuida mourir entre ses bras, quand elle fut contrainte l'abandonner.
Et pensoyent les Grecz asseurément qu'elle se voulsist deffaire: & toutesfois à grâd' peine feut elle hors de Troye, qu'elle oublia du tout son Troi
lus, & transfera ceste vehemente amour qu'elle luy auoit portée toute sa
vie, sur Diomedes Roy de Trace. O Dieu, quelle inconstance, quelle legerete, quel fondement sur arene mobile, ceste malheureuse auoit sur
soy! entre aultres ornements precieux que son amy Troilus luy donna
par singularite, vne paire de gantz perfumez, lesquelz elle bailla à son
nouueau Diomedes vne heure apres sa prinse, en signe d'amitie & du
bien qu'elle luy portoit. Qu'eust dit lors Troilus s'il eust este present?
l'eust il peu croire? ie croy que non, & l'eust il veu de ses deux yeulx. Et
aussi quel aultre bon tour ioua à son mary la ribaulde Clitemnestra, au
lieu de le bien traiter apres le long siege de Troye, ou il demeura dix ans
entiers? elle le feit cruellement mourir par les mains de son ruffian Egi-
stus. Voulez vous en sçauoir d'aduantaige? Et ainsi qu'il ouuroit la bouche pour luy reciter vn milier de telles histoires, Esplandian luy dit:

L iiii　　　　　　Mon grand

Mon grãd amy, ie vous prie ne faites ce tort à madame Leonorine, mais conseillez moy seulemét comme ie me dois gouuerner desormais pour luy satisfaire. Allez la veoir, respondit le Roy, & s'il vous plaist ie vous tiendray compaignie. Et laisser noz compaignons ? dit Esplandian, haã ie ne le feray pour mourir. Pourquoy? respondit le Roy: ne sont pas suffisans Frandalo, Manely, & les aultres pour bien garder ceste place durant vostre absence ? Ie suis d'aduis que vous les mandiez auiourdhuy, & leur faisiez entendre, que pour quelques nouuelles qui vous sont suruenues, vous estes contraint les laisser vn huict ou quinze iours : & par mesmes moyen depeschez l'escuyer de Gastilles, & luy escriuez que vous le remerciez affectueusement de la bonne souuenance qu'il a eue de vous, & que vous enuoyerez de brief homme expres deuers l'Empereur, auecq' la response de ce qu'il vous a fait sçauoir : ce pendant ie donneray ordre que nous aurons vn nauire tout prest, pour nous porter à la montaigne defendue, ou nous nous embarquerons au nauire de la grand'Serpente, qui ne fauldra (comme ie pense) de nous conduire en Constantinople:& regardez seulement qui voulez prendre auecq' vous pour vous tenir cõpaignie. Mon grand amy, dit Esplandian, faites tout ce qu'il vous plaira, ie mets ma vie du tout entre voz mains. Il suffit, respondit le Roy : mais parlez à noz compaignons, & aussi renuoyez l'escuyer. Si demanda Esplandian encre & papier, & escriuit à Gastilles ainsi que le Roy de Dace luy auoit conseillé : & le lendemain Frandalo & les aultres le vindrent veoir à son leuer, comme ilz auoyent de coustume, & deuisants ensemble de plusieurs propos, Esplandian leur dit : Mes amis, ie suis contraint vous abandonner pour quinze iours ou trois sepmaines, & aller en vn affaire qui m'importe grandement: ie meneray auecq' moy mon frere le Roy de Dace, Gandalin, Enil, & la damoiselle de Dannemarc, sans plus. Ie vous prie ne le trouuer mauluais : car si ie n'estois forcé de ce faire, ie vous iure ma foy que ie m'en excuserois voluntiers. Or n'y eut il celuy en toute la compaignie qui luy osast demander en quelle part c'estoit, ains luy respondirent seulement, qu'il feit ce que bon luy sembleroit, & quant à eulx ilz garderoyent tresbien la place iusques à son retour, & feust il vn an absent. Ainsi bastissoit Esplandian petit à petit son voyaige tandis que le Roy de Dace faisoit calfreter, radouber, & freter le vaisseau, dedans lequel les Cheualiers de la grand'Bretaigne auoyent nauigé du Ponant au Leuant. Et estant en bon equipaige, vn lundy de grand matin Esplandian & ceulx qu'il auoit nommez s'embarquerent pour tirer droit à la montaigne defendue. Mais ilz ne feirent plustost largue en haulte mer, qu'elle se leua tant impetueuse par la contrarieté des vents, qu'il ne demeura auteuue, voile, ny cordaige entier. Si courut Fortune dix iours & dix nuictz, que le patron, nautonniers (non pas le cõducteur du busollée ou cadran) n'eussent sceu dire en quelle part ou region ilz

estoyent

eſtoyent: car durant ce temps le brouillart & nuées rendoyent l'air ſi ob-
ſcur , qu'a grand' peine ceulx du vaiſſeau ſe pouuoyent veoir l'vn l'autre,
&n'attendoyent (ſans la miſericorde de Dieu) que le briſement de leur
nauire . Ce qui leur cuida aduenir, ainſi qu'ilz abordoyent la roche de la
damoiſelle enchantereſſe, ou ilz feurent pouſſez ſur les trois heures apres
minuiɔ̃.Lors les mariniers ieterent prõptement les ancres,& prindrent
terre attendant le poinɔ̃ du iour.

Comme Eſplandian & ceulx de

la compaignie monterent au palais ruiné de la da-
moiſelle enchantereſſe,& des merucilles
qu'ilz y trouuerent.

Chapitre   XXXIII.

Splandian & ceulx de fa compaignie defcenduz en
terre, ignorãts le lieu ou leur nauire eftoit venu furgir, feirent allumer vn grand feu, autour duquel ilz
fe coucherent tous penfants dormir:mais ilz entendirent au hault de la roche vn tel bruit & hurlemét,
qu'ilz en feurét efpouëtez.Si cõmécerent les vents à
f'appaifer, la mer deuenir calme, & fe monftrer le
ciel tant eftelle, auecq' la clarte de la lune,qu'il faifoit clair cõme le iour.
Parquoy Efplandian voulant fçauoir quel bruit ce pourroit eftre, delibe
ra monter à mont:toutesfois il en feut retarde par fes compaignons,iuf-
ques au l'endemain matin,qu'Efplandian recogneut certainement eftre
la roche de la damoifelle enchanterefle, & dit au Roy de Dace : Ce maift
dieux ie penfe auoir efte autresfois icy , & eft le lieu ou le nauire de la
grand' Serpente me porta le propre iour que ie receuz l'ordre de Cheualerie, qui me donne meilleure efperáce de noftre voyaige que ie n'ay encores eue. Et ce difoit il,ayant tresbonne memoire du contenu en la pro
phetie qu'il trouua en la pate du lion.Adoncq' racompta au Roy de Dace comme il conquit l'efpée qu'il portoit , la mort du Serpent, & tout ce
qu'il luy auoit veu de fingulier.Et eft, dit il,la roche de la damoifelle en-
chanterefle.Par dieu,refpondit Gandalin,vous dites vray: car il me fouuient que pourfuyuant vn Cheualier , qui emmenoit par force vne damoifelle, ie trouuay icy Amadis voftre pere, & Grafandor,mefmes celuy que ie cherchois, cache là hault entre les ruines du vieil baftiment.
Lors en recita de poinct en poinct cõme le tout luy eftoit aduenu , & l'a-
mour extreme que ce Cheualier portoit à celle qu'il auoit enleuée maulgre elle. Mais,dit il,auant que nous partifsions d'enfemble, elle f'accorda à luy, & fe promirent mariage, combien qu'au parauant elle l'euft en
haine plus que chofe du monde : neantmoins aduertie que la force qu'il
luy faifoit eftoit caufée feulemét par trop l'aymer, oublia fon maltalent,
& conuertit fon inimitie en vne trop grande amitie . En bonne foy,ref-
põdit Carmelle,à ce que ie veoy nul ne doit defefperer de chofe qu'il en-
treprenne,aufsi ne feray-ie tant que ie viue. Et ce difoit elle pour Efplan
dian, qui auecq' le temps la pourroit aimer, & oublier du tout Leonori-
ne.Et tant continuerét leurs propos,que l'aube du iour f'apparut. Adõcq
dit Efplandian au Roy de Dace: Mon compaignon,ie vous prie m'aten-
dre icy tandis que ie monteray là hault:car ie ne veulx qu'aultre que Gãdalin & Enil me fuyue,lefquelz ie meneray auecq' moy,non pour crainte de danger,qui me furuienne,mais feulement afin qu'ilz m'aident à leuer la tombe dont ie vous parlois n'a gueres. Monfieur,refpõdit le Roy,
ie vous fupplie ne me faire ce tort, ie ne vous abandonneray pour mourir : mefmes en ce lieu ou i'ay vne finguliere affection de veoir ce que ie
ne veis oncques. Puis qu'ainfi vous plait, dit Efplandian, allons doncq',

& que

& que noz efcuyers fe chargent de viures, aumoins fi nous voulons repai
ftre durant noftre feiour. A ce cõmandement feurét les efcuyers prõpt
d'obeïr, & commencerent à monter contre mont la roche, tant qu'enuiron iour failly entrerent en l'hermitaige ou eftoit le grand idole, dont cy
deuant vous a efté parlé, & là pafferent la nuict. Puis l'endemain repre-
nans leurs erres, vindrét iufques à vn lac vis à vis du palais ruiné: & pour
ce que le foleil commençoit fort à f'abaiffer, ne voulurent marcher plus
auant, aufsi eftoyent ilz las & trauaillez. Mais tant que la nuict dura les
ferpéts qui abandonnoyent leurs cauernes pour venir boire, ne cefferent
de fifler, paffer & repaffer deuant eulx pour les affaillir: ce qu'ilz euffent
fait, fans la vertu de l'efpée d'Efplandian, de laquelle nulle chofe veni-
meufe pouoit approcher. Toutesfois ilz repoferent trefmal, & f'en partirent aufsi toft qu'ilz peurent à eulx conduire. Puis trauerfans les ruines,
vindrent au palais de la damoifelle enchantereffe, & trouuerent les portes fermées, qu'Efplandian pouffa fi rudement du pied, qu'il les ouurit,
& entrerent tous ou eftoit la tombe luyfante, & le lion deffus. Lors Efplandian dit aux trois Cheualiers: Cemaiftdieux quand i'y vins l'aultre
voyaige ie ne peuz leuer cefte lame, ie vous fupplie que chafcun de vous
y effaye, puis ie verray fi ie fuis point deuenu plus fort de reins que ie n'e-
ftois. A cefte parole f'aduança le Roy de Dace, mais pour effort qu'il y
meift, ne la peuft remuer: non feirent pas Gandalin ny Enil: dont Efplan
dian fe print à rire, & la faififfant par les deux coings, la leua aufsi aife-
ment qu'il euft fait vn bois de fappin, encores qu'elle feuft d'vn criftal ef-
pais de trois doigts, & longue de dix à douze piedz. Si apperceurent deffoubz vne pierre d'azur, la plus belle & mieulx orientée que lon euft peu
veoir, qui couuroit vn coffre de cedre fentant comme bafme, fermé d'v-
ne ferrure d'efmeraulde à clef de diamant, pédue auecq' vne petite chaine de fin or, le tout fait par vn merueilleux artifice. La pierre leuée, & le
coffre ouuert, veirent couché dedans la ftatue de Iupiter d'or maffif, &
enrichie de maintes perles, rubis & aultres bagues d'ineftimable valeur,
fpecialement la couronne qui enuironnoit fon chef: autour de laquelle
eftoyent enchaffez certaines efcarboucles en forme de lettres Grecques,
qui contenoyent ces motz: Iupiter eft le grand dieu des dieux. & en fa
main dextre vne table d'atente, portant cefte prophetie: Au temps aduenir que mon grand fçauoir fera perdu, le ferf de la ferue enfermé cy dedans, & la vie reftituée par qui la mort eft caufée, les Grecques ouailles
nourries longuemét en doulx pafturaiges, feront contraintes viure d'v-
ne herbe amere plus que fiel, par la grande contrainte que leur feront les
loupfmarins affamez: le nõbre defquelz fera tant exceffif, qu'ilz couuri-
ront la mer en plufieurs lieux: de forte que ces poures brebiettes enclofes
en leur gráde foreft & plufieurs de leurs aigneaulx mortz & lacerez, leur
pafteur (ayant quafi perdu toute efperance de plus les conferuer) pleure-

ra leur

ra leur fin malheureufe auecq'angoiffe de coeur & d'efprit. Lors furuiē-
dra le phaon du braue lion, par le moyen duquel cefte trouppe de loups
fera chaffée & defaite: & neantmoins il oftera au grād pafteur fa puiffan
ce & la mieulx aimée de fes ouailles,de laquelle il fe faifira,tellemēt que
fes fortes dents & vngues aguz ioyront de fon coeur, & entierement des
entrailles de fon ventre, demourans le refte du troppeau au pouuoir &
gouuernement de luy & de fa fiere compaignie,dont peu apres aduiendra que la deceptiue & grand'Serpente, l'efpée enchantée, & cefte haulte roche f'abyfmeront au fondz de la mer pontique,fi qu'ilz ne feront iamais veuz d'hôme viuant. & combien qu'Efplandian ēntendit tresbien
le Grec,fi ne peuft il comprendre ne donner tour, n'attainte à la fignification de cefte prophetie,ny aultre de fa compaignie, aufsi ne f'y voulurent ilz longuement amufer, ains furent trop plus ententifz à regarder
les pierreries & richeffes qu'ilz trouuerent en la tōbe, laquelle ilz delibererent emporter quant & eulx,& retourner en leurs nauires, fans faire là
plus long feiour: car leurs viures commençoient à faillir. Au moyen dequoy Efplandian commanda à Carmelle prendre le lion, & luy auecq'
le Roy de Dace chargerent la lame de criftal:Gandalin & Enil celle d'a-
fur, & les Efcuyers le coffre de cedre auecq' le Iupiter qui eftoit dedans.
Et en ceft equipage fortirent du palais, & deuallerent contre bas la roche,tant qu'ilz arriuerent en l'hermitage apres nuict fermée. Puis le lendemain reprenant la fente qu'ilz eftoiét venuz, feirent en forte qu'ilz entrerent en leur nauire vn peu deuant foleil couche. Et pource qu'Efplādian ne vouloit eftre veu en Conftantinople,fans le vaiffeau de la grand'
Serpente, commanda au pillote r'adreffer leur routte droict à la montai
gne defendue, ce qu'il feit. Mais ayans nauige deux iours ou plus, ainfi
que le Roy de Dace deuifoit auecq' Efplandian de la letre qu'on luy a-
uoit efcripte, luy demanda f'il feroit point d'aduis qu'il feift vn voyage
vers la princeffe Leonorine,pour entendre à la verite comme il eftoit en
fa bonne grace.Car(difoit il)peult eftre que Gaftilles a mal entendu, ou
que l'Empereur mefme luy a commande vous donner cefte trouffe,afin
de vous hafter de le venir trouuer. Pour le moins ie fçauray d'elle comme il luy plaift qu'elle vous voye, & que voˢ gouuernez enuers elle . Haà
mon grand amy, refpondit Efplandian, vous me touchez droictement
au mal qui me griefue le plus. Si vous me vouliez faire tant de bien,vous
m'obligeriez grandement à vous: & ce pendant ie vous iray attendre au
goulfe ou ie vous trouuay premierement auecq' Frandalo,quād nous le-
uames le fiege de la montaigne defendue. Affeurez vous dit le Roy, que
ie me mettray en tout deuoir . Or eftoit ordinairement attache à ce nauire vne petite barque que le patron faifoit mener oultre l'efquif, pour
fe fauluer luy & les fiens,fi quelque naufrage les furprenoit : en laquelle
entra le Roy auecq' mariniers pour le conduire, & prenás conge d'Efplā

M　　　　　　dian findian finglerent à Ource auecq' fi bon vent qu'en peu d'heure fe perdirêt l'vn l'aultre de veue:mais la nuict enfuiuant furuint telle tempefte,qu'au point du iour le pillote du Roy fut hors de toute cognoiffance de fon a-dreffe.Et fans fçauoir ou,ny en quelle part ilz auoient efte' pouffez,feut contrainct d'abandôner le vaiffeau ou il eftoit à la mercy des vagues,par l'efpace de quarante iours entiers,durant lefquelz ilz eurent tant de for-tunes,que ce feroit chofe prolixe à le vous racompter.Aufsi fortirions nous du propos ou nous fommes entrez,pour donner fin à noftre hiftoi-re.Suffife vous qu'eftans au bout de leurs viures,vindrent defcendre en l'Ifle du Geant Draphion,ou le Roy de Dace & fon efcuyer perdirêt l'en tendement par la vertu de l'eau qu'ilz beurent en vne fonteine d'oublian ce,qui fourdoit en ce païs là,& feurent prins & enfermez en vne cruelle prifon,de laquelle ilz fortirent quelque temps apres,par le moyen d'vne damoifelle qui fenamoura du Roy,& luy feit recouurer fante',armes, cheuaulx & vaiffeau,auecq' tout ce qui eftoit neceffaire pour luy & fon efcuyer,puis fembarqua auecq' eulx.Et coftoyans la marque Treuifa-ne,vindrent furgir en certaine Ifle ou on vouloit brufler vne gentilfem-me,pource qu'elle n'auoit Cheualier qui ofaft fouftenir fa querele.Mais le Roy la defendit,& vainquit celuy qui l'accufoit,& emmena cefte da-moifelle faifant largue en mer,tellement que fix iours apres paffans le long d'vne plage,apperceut vne bien belle fille dans vne tour,ou la tenoit prifonniere vn feigneur du païs,pour la raifon qu'elle declara au Roy par vne feneftre qui auoit veue fur la marine,& pour l'amour d'elle defcendit le Roy en terre pour combatre l'aultre,tant qu'il deliura cefte poure captiue.

Telles feurent les aduétures du Roy de Dace recitées au long es gran-des croniques que le maiftre Elizabel efcriuit peu apres le couronnemêt d'Efplandian:efquelles les prouëffes & entreprinfes des Cheualiers de la grand' Bretaigne & aultres demourez à Alfarin,font femblablement redigées & mifes par ordre.Contentez vous pour cefte heure d'entédre la maniere qu'Efplandian & la princeffe Leonorine fe veirent,comme depuis Vrgande la defcogneue vint en Conftantinople,des armées tant par mer que par terre,& de la bataille trefcruelle que fe donnerent les Roys du Leuant & Ponant:laquelle prenât fin,finera pareillemêt cefte hiftoire.Mais ayans plufieurs chofes à defcripre,auant que venir à ce poinct,nous retournerôs à Efplandian qui fesbahiffoit de iour en iour, & de plus en plus,qu'il n'auoit nouuelles de fon côpaignon,lequel l'a-uoit laiffe' pour la raifon qui vous a efte' declarée.

Comme

Comme Esplandian ayãt atten‐
du le retour de Garinter Roy de Dace, par l'espace de
deux sepmaines, & voyant qu'il n'en auoit nou‐
uelles, delibera (par le conseil de Car‐
melle) aller en personne en
Constantinople.

Chapitre　　XXXV.

Pres que Garinter Roy de Dace eut prins la route de
Constãtinople, cõme il vo⁹ a este dit: le nauire d'Es‐
plandian tira au goulfe ou il auoit promis l'attẽdre,
& y demoura ancre deux sepmaines, sans qu'il eut
nouuelles de ce qu'il desiroit le plus. Lors se doubta,
ou que le Roy de Dace estoit pery, ou que fortune a‐
uoit escarte son vaisseau. Parquoy delibera enuoyer
l'vn de ses mariniers apres pour s'enquerir: Toutesfois il voulut premier
en parler à Carmelle, & eulx deux retirez à part, luy dit: Ma grand' amie,
vous sçauez à quelle raison le Roy de Dace no⁹ laissa dernieremẽt, & l'en
treprinse de son voyage, mesmes la promesse qu'il me feit de retourner
incontinent, neantmoins nous n'en auons vent ne voye, qui me face pen
ser asseurément ou qu'il soit mort, ou que la tormẽte l'ait iete en si loing‐
　　　　　　　　　　　　　M ij　　　　　　tain païs,

tain païs,qu'il ne peult satisfaire à son intention ny à la miéne. Parquoy ie vous prie me conseiller que ie dois faire:car ceulx qui sont passionnez de semblable mal que le mien, encores qu'ilz ayent l'entendement sain en beaucoup de choses,si leur default il cõmunément en ce qui leur touche quant à ce poinct. Monseigneur,respondit elle, puis qu'il vous plaist vser de mon conseil,ie vous diray fidelement ce que i'en pense . Tant y a que si vous auiez cherche tout le mõde, à peine trouueriez vous personnage qui me peust paragonner pour iuger de la passion dont vous vous plaignez:car elle est en moy cõme en vous.Ie la sens cõme vous,& peult estre d'aduantage : ce neantmoins l'aise & grãd contentemét que ie reçois de vostre presence,m'ont apporte tant de remede,que ie prens plaisir à mon mal , & ne viz que pour le faire durer . Or pensois ie sur mon ame (à l'heure que vous m'auez entame le propos du Roy de Dace) à sa longue demeure, & me semble pour le mieulx que nous deuõs faire voile en Constantinople,vous asseurant que i'ay vn moyen pour vous adresser à madame Leonorine, en sorte que pourrez là veoir & parler à elle sans estre cogneu d'aultre que d'elle,si bõ luy semble. Et pour y paruenir il sera necessaire(nous arriuez au port)que tous ceulx de ce nauire soient aduertiz(si aulcun vous demande) de dire que vous estes demoure en la montaigne defendue , & ce pendant vous vous tiendrez cache au fondz du vaisseau sur la sauoure,& yrons Gandalin,Enil & moy trouuer l'Empereur , auquel ie feray entédre que vous m'enuoyez vers madame Leonorine,pour luy presenter de vostre part ce que vous auez conquis en la roche de la damoiselle enchanteresse , & du surplus laissez m'en faire. Quand Esplandian l'eut escoutée longuement, il demoura tout pensif, puis luy dit:Ma grand'amie ie ne crains ny doubte aulcunemét la mort, aussi ne me sçauroit elle venir plus aigre & ennuyeuse que la vie que ie souffre : mais ie crains le deshõneur de madame, & l'iniure que ie pourrois faire à l'Empereur qui a tant oblige mon pere enuers luy, que i'en serois blasme toute ma vie:Toutesfois ie me mettray en to⁹ les hazardz qu'il vous plaira.Il suffit,respõdit Carmelle,ie vous prie resiouissez vous & faites grand chere : car si femme vint oncques à bout de chose qu'ell' entreprint,i'en viédray de ceste cy . Adoncq' laissa Esplandian,& appellant le patron luy commanda faire voile & tirer en Constantinople. A-quoy il pourueut si diligemment, que le troisiesme iour d'apres ilz en trerent au port , & là Esplandian declara à ses gens ce qu'il auoit resol auecq' Carmelle , leur defendant par expres qu'ilz ne dissent à creatur viuante qu'il feust ailleurs qu'en la montaigne defendue. Car,disoit il,i ne suis maintenant en equipage pour me presenter deuant vn tel & grand prince qu'est l'Empereur . Et afin qu'on ne vous trouue menson gers,ie me tiendray au fondz du nauire tant que nous demourerons icy Lors luy & Carmelle auecq' Gandalin & Enil parlerent ensemble,& cõ
mença

mença la damoiselle à declarer amplement la sorte qu'elle entendoit
donner fin à son entreprinse. Ie feray, dit elle, presentement dresser sur
le tillac la tombe que nous auons apportée de la roche de la damoiselle
enchanteresse, ny plus ne moins que nous la vismes premierement: Puis
m'en iray vers l'Empereur luy dire que i'ay en ce nauire l'vne des plus
singulieres choses qu'il ait oncques veue. Et trouueray moyen de le faire descendre iusques icy, ou ie luy monstreray le lion, Iupiter, & tout le
reste. Et l'ayant bien veu, luy diray que vous enuoyez le tout à madame
Léonorine, & luy retourne en son palais entrerez au coffre de cedre, &
vous feray porter en la chambre de la princesse dedans ceste tombe couche de voftre long, dont ie l'aduertiray secretement : & par ce moyen
elle pourra parler à vous & vous à elle côme bon luy semblera. Oy mais,
respondit Esplandian, la maniere puis apres de sortir? Ie la prieray, dit
elle, de me donner le coffre de cedre pour inhumer le corps de Matroco
qui mourut bon Chrestien, dedás lequel vous serez enfermé, & demain
de grand matin ie vous feray rapporter ceans. Par Dieu, respondit Gandalin, voila la plus gentile inuention du monde, & confesse maintenát
que ie ne feuz oncques qu'vne beste au respect de Carmelle. Ne vo' meslez, dit elle, que de faire bonne mine, remettez à moy le surplus & com-
mençons presentement. Si descendit Esplandian à la saurure, & ordóna
la damoiselle de la tombe ainsi qu'elle auoit pourpensé. Puis elle, Gandalin & Enil aborderent en terre, & vindrent trouuer l'Empereur qu'ilz
saluerét treshumblement, nompas Carmelle : car comme il vous a esté
dit, elle ne faisoit estime d'homme viuant, tant grád prince ou seigneur
feust il, que d'Esplandian. Or estoit elle & Gandalin aufsi cogneuz en
Constantinople, pour le long seiour qu'ilz y auoient fait aultrefois : Parquoy l'Empereur receut Gandalin treshumainemét, & luy dit d'vn bon
visage : Gandalin mon amy, encores que vostre presence m'ait apporte
vn ennuyeux desplaisir, me souuenant vous auoir veu pardeça auecq' la
personne de Chrestiente que i'ayme aultant & que ie n'espere iamais re-
couuter: si soyez vous le tresbien venu, & pour Dieu dites moy côme se
porte le bon Cheualier à la verde espée. Sire, respondit Gandalin, il y a
desia long temps que ie le laissay pour venir pardeça : toutesfois ie sçay
bien qu'en quelque part qu'il soit, vous auez en luy vn prince autant vostre que le sçauriez demander. En bonne foy, dit l'Empereur, ie le croy,
& suis tresaise du bien que lon m'a donne à entendre luy auoir esté fait
par le Roy Lisuart, qui voluntairement s'est desmis de son Royaulme
& l'en a inuesty. Sire, respondit Enil, c'est chose vraye, ie le vous puis af-
seurer comme celuy qui estoit present quand il a esté couróne. Et combien que ie luy desirasse la monarchie de tout le monde, certainement
selon les gestes & humble côtenance du bon Roy Lisuart, ie ne me peuz
lors tenir de pleurer tant faisoit de compassion: non pas à moy seul, ains

M iij   à tout le

à tout le peuple qui le regardoit. Ie vous prie Cheualier, dit l'Empereur, me compter comme cela aduint, car tous preudhommes sont obligez, non seulemēt à sçauoir les choses vertueuses, mais à les imiter à leur possible. Lors Enil comméça à descouurir entieremēt ce que vous auez entendu de ce faict. A quoy l'Empereur (tenāt la teste baissée) resua longuement, puis dit tout hault: Ie croy en verité que beaucoup d'ans s'escouleront premier que lon treuue vn meilleur prince que le Roy Lisuart, ne qui ait passé sa ieunesse auecq' plus de prudence & de magnanimité de couraige. Aussi à ce que i'en ay peu cognoistre Fortune & Vertu luy ont esté fort fauorables. Fortune, en luy dōnant force pour vaincre & obtenir gloire sur plusieurs malheurs & entorses qu'elle mesme luy preparoit: Puis la Vertu l'ayāt reduict sur la fin de ses iours au chemin pour acquerir paradis. Et acheuant ceste parole changea propos pour s'adresser à Carmelle, à laquelle il demāda par gaudisserie, si elle estoit aussi passiōnée de l'amour d'Esplandian qu'elle souloit estre. Sire, respondit elle, s'il y a en moy quelque chose de changé (depuis que ie ne parlay à vous) c'est que l'amour, la seruitude & affection que ie porte à celuy à qui ie suis, sont de beaucoup augmentez, & s'accroissent tous les iours. De ceste parole chascun se print à rire. En bonne foy, dit l'Empereur, nous pouons doncques bien croire que vous n'estes venue en ceste court pour praticquer quelqu'vne de noz damoiselles en l'amour du bon Cheualier, encores qu'il le vous eust expressément commandé. Sire, respondit elle, vous iugez selon que la raison deuroit estre: toutesfois ie prens si grand plaisir à le seruir en tout ce qui le contente, que ie ne veulx rien excepter. Et à parler veritablement, mon arriuée vers vous est pour vous demander vn don, non pas d'or ny d'argét: mais seulement qu'il vous plaise descendre là bas iusques au port, & veoir vn present que monseigneur Esplandian enuoye à madame Leonorine, comme son Cheualier. Ce maistdieux, dit l'Empereur, vous nous requerez de chose dōt nous mesmes vous deurions bien fort prier. Venez doncques presentement, Sire, dit Carmelle, car mon seiour ne peult estre long pardeça. Lors sortit de son palais l'Empereur, acompaigné de maintz preudhommes: & arriuez sur la greue, entrerent au nauire de Carmelle, laquelle luy mōstra la tombe de cristal, puis celle de pierre d'azur, & finablement la statue de Iupiter, ou l'Empereur s'arresta plus qu'a nulle des aultres choses: nō tāt pour les richesses que pour lire la prophetie qu'elle tenoit, & l'ayant leue ne se peult trop esbahir. Ce que cognoissant Carmelle, luy dit: Sire, tout ce que vous voyez a demouré deux cens ans & plus au palais ruiné de la damoiselle enchanteresse, & toutesfois durant ce temps, nul Cheualier pour preux & vaillant qu'il ait esté, ny effort qu'il y ait mis, ne l'a peu conquerir, nō pas veoir seulemét, iusques à ce que monseigneur Esplandian y soit arriué, qui s'en est fait maistre & possesseur cōme vous voyez.

Vrayement,

Vrayement, respondit il, voicy le plus beau present que ie veiz oncques,
& digne de plus grande admiration : car s'il est de richesse nompareille,
encores ne l'estimé-ie rien au respect du sçauoir qui feut en celle à qui il
appartint premierement, comme elle nous donne bien à cognoistre par
la contenue des menasses qu'elle nous fait en ceste table d'attéte: & Dieu
vueille que tout aille mieulx que ie n'en espere. Sire, dit Carmelle, encores qu'il soit tel, si crains-ie que madame vostre fille ne l'ait tant à gré,
qu'elle vueille (en recompense) quitter le bon Cheualier Amadis, & celuy à qui ie suis, de la promesse qu'ilz luy ont faite. Ie ne sçay pas cela, respondit l'Empereur, mais ie suis asseuré de longue main, que nul tresor
temporel ne se peult egaler au bié & vertu qui est en vostre maistre. Aussi ne consentiray-ie iamais que Leonorine face cest eschäge, aymát trop
mieulx Esplandian en ma compaignie que tous les tresors de la terre en
mes coffres: & à bon droit, veu que le meschant peult bien thesoriser d'or
& d'argent, non pas de vertu, qui n'est familiere sinon à ceulx qui la cher-
chent. Ainsi doncques remportez vostre present si bon vous semble : car
Esplandian ne peult demourer quitte enuers nous, que par la presence
de soymesmes. Sire, dit Carmelle, i'ay commandement de le laisser à ma
dame Leonorine, soit soubz ceste condition ou aultrement. Et s'il vous
plaist (puis qu'elle n'est venue quant & vous) ie le feray porter en sa cham
bre. Carmelle, respódit l'Empereur, ma fille est allée auecq' l'Imperatrix,
à vn mille d'icy, elle de retour vous le luy pourrez presenter, & croy qu'el
le ne le refusera pas : non tant pour la valeur, que pour le bié que ie veulx
à celuy qui le luy enuoye, comme elle sçait tresbien. Ce disant laissa Carmelle, & retourna à terre, prenant le chemin de son palais : non sans de-
uiser auecq' ses gentilzhommes de l'excellence de ceste tombe. Et tant
plus ilz en parloyent, & plus l'auoyent en grande estime : de sorte qu'ilz
asseurerent publiquement n'auoir veu de leurs vies present si riche, ne de
telle singularité.

Comme Esplandian feut mis

dedans le coffre de cedre, & porté auecq' la tombe en la
chambre de la princesse Leonorine, & des propos qu'ilz eurent ensemble.

Chapitre   XXXVI.

M iiij   Apres que

Pres que ceſte troupe ſe feuſt retirée, comme il vous
a eſté dit, Carmelle appella Eſplandian, qui tandis
ſ'eſtoit tenu couché au fonds du nauire, & luy racõpta la maniere que leur entreprinſe auoit eſté execu
tée: les propos que l'Empereur auoit euz d'arriuée a-
uecq' Gandalin & Enil, & quant & quát tout ce que
vous auez entendu. Sur mon ame, reſpondit Eſplan-
dian, ie ne feuz oncques en telle peine: car vous oyát tous parler fors madame Leonorine, ie ne ſçauois que péſer: quand l'Empereur vous a affer-
mé qu'elle n'eſtoit pas en la ville, croyez que cela m'a dóné vn grand reconfort. N'ay-ie pas bien ioué mon perſonnage? dit Carmelle. Oy le mieulx qu'il eſt poſsible, reſpondit Eſplandian. Et ſ'il eſt vray ce que l'on dit
que bien commencer fait quaſi touſiours bien parfaire, ie me tiens aſſeuré que ie viendray au deſſus de mes attaintes. Ainſi deuiſoit Eſplandian
auecq' la damoiſelle, Gandalin & les aultres: & ce pendant la nuiĉt ſuruint, & retourna l'Imperatrix des champs. Ce qu'entendu par Carmelle,
feit incontinét coucher Eſplandian au coffre de cedre, ſi propremét qu'il
auoit air de tous coſtez. Puis le couurát des lames de criſtal & d'azur, Gádalin, Enil, & leurs eſcuyers prindrent la tombe, & accõpaignez de la da
moiſelle ſortirent de la nef, & vindrét au palais. Or feut incontinét Leonorine aduertie du beau preſent que luy enuoyoit Eſpládian, & attédoit
Carmelle en bonne deuotion: car on luy auoit dit, que ſur le tard elle luy
feroit apporter en ſon logis. Parquoy auſſi toſt qu'elle l'aperceut, vint au
deuant accompaignée de maintes dames & damoiſelles aultant curieu-
ſes qu'elle de veoir ceſte ſingularité. Adoncq' Carmelle qui l'apperceut
venir ſ'aduança, & luy faiſant vne grand' reuerence, luy dit: Madame, le
bon Cheualier Eſplandian vous enuoye ce preſent qu'il a cõquis puis n'a
guieres en la montaigne de la damoiſelle enchantereſſe, ſuyuant le bon
heur & deſtinée qui luy eſtoit promiſe paſſé a cent ans. Et le vo⁹ enuoye
expreſſémét pour vous faire cognoiſtre de plus en plus le grád deſir qu'il
a d'eſtre aduoué voſtre Cheualier. Touteſfois auant que paſſer oultre, il
eſt requis que vous me promettiez deux choſes. La premiere que vous ny
aultre regarderez dedãs la tombe iuſques à demain matin que ie retourneray vers vous auec la clef pour ouurir vn coffre de cedre ꝗ vous y trouuerez. La ſeconde, qu'apres que l'aurez ouuert n'en ferez preſent pour le
porter au lieu ou mõ pere eſt hermite, & là inhumer les os de Matroque:
lequel mourut bon Chreſtié, cóme vous auez peu ſçauoir. Carmelle m'a
mie, reſpondit l'Infante, cela vous promettray-ie bien: neantmoins ie
m'eſbahis qui meut Eſpládian de differer tant à venir veoir l'Empereur.
Madame, dit elle, vous le ſçaurez demain: & attendant aduiſez ou il vous
plait faire deſcharger noz gens. En ceſte grand' ſalle, reſpondit Leonorine, à ce que mes femmes le veoyent plus à leur aiſe. Par ma foy, madame,
vous me

vous me pardonnerez, dit Carmelle, ce lieu est trop commun pour laisser chose tant precieuse. ie ne dis pas qu'elles n'aient le plaisir de le veoir mais l'ayant veu, il sera pour le mieulx mis en vostre garderobe, dont vo aurez la clef & non aultre. Lors ceulx qui portoyent la tombe entrerét en la salle, & la meirent au mylieu, attendans que Leonorine & les aultres l'eussent regardée & contemplée à leur aise : & n'eust esté la presence de Carmelle, asseurez vous qu'elle eust esté encores bié mieulx visitée. Mais elle ne voulut partir de là premier qu'elle feust enfermée. Puis print conge, & sortant hors tira à part la princesse : & luy baillant la clef du coffre ou estoit Esplandian, luy dit : Madame, ie vous laisse en ceste tombe deux tresors d'inestimable valeur : combien que la difference en soit grande, ainsi que vous pourrez cognoistre, vous retirée seule : tant y a que soubz ceste clef git la chose du monde que vous auez plus souhaitée en vostre compaignie. Et sans attendre response de Leonorine, Carmelle sortit de la chambre, & auecq' Gandalin & sa compaignie retourna en son nauire, laissant la princesse en vne merueilleuse doubte, pour les paroles qu'el le luy auoit tenues. Et tellement imprima en sa fantasie que c'estoit Esplandian mort, qu'elle feut contrainte faire sortir toutes ses damoiselles, fors la Roïne Menoresse, qui demoura pour luy tenir compaignie. Lors se ieta sur son lict, & commença à faire vn dueil nompareil, fondát quasi en larmes. La Roïne Menoresse esbahie de ceste mutation si prompte, ne sçauoit que penser : toutesfois voyant que d'heure à aultre son ennuy aug mentoit, s'approcha d'elle, & luy dit : Madame, ie vous supplie ne me celer plus longuement la cause de vostre tristesse : car ie vous iure ma foy si i'y puis donner remede, que ie m'y employeray côme pour moymesme. Leonorine qui souspiroit sans cesse, ne peut de long temps rédre aucune raison : mais à la fin importunée iusques au bout luy respôdit : Helas m'amie, pour Dieu laissez moy en paix, & vous suffise que ie n'euz oncques si grand desir de viure, que i'ay à present de mourir. Côment madame ? dit dit la Roïne, ne me direz vous aultre chose ? Non, respôdit Leonorine. Et en bonne foy, dit la Roïne, vous me ferez doncques tort, & auray raison d'estimer que l'amitié que vous m'auez monstrée par le passé a esté simu lée, dont ie me plaindray à iamais : attendu que ie vous ay esté telle que i'eusse hazardé pour vous, non seulement ma vie, mais mon honneur, & mon ame. Quand Leonorine l'entendit parler de telle affection, elle s'asseura quelque peu, & luy respondit : Vous auez enuie de le sçauoir ? & vo? le sçaurez tout maintenát, soubz condition que vous mettrez plus de pei ne d'auácer mes iours, que de les retarder, puis que i'ay deliberé mourir. Or il vous peult encores bien souuenir de la premiere fois que Carmelle vint par deça apporter nouuelles d'Espládian, filz du bon Cheualier à la verde espée, qui auoit commandement de par son pere (comme elle disoit) de se retirer vers nous pour nous seruir en son lieu, suyuant la pro
messe qu'il

meſſe qu'il nous feit luy eſtant en ceſte court. Et feignoit Carmelle que
pour ceſte ſeule occaſion Eſplandian l'enuoyoit en Conſtantinople, afin
de le faire entédre à l'Empereur & à nous toutes. Mais il y auoit bien aultre anguille ſoubz roche : car elle venoit exprés pour me prier auoir com
paſſion de ſon maiſtre, lequel par trop m'aimer & deſirer viuoit en la plʰ
eſtrange langueur que l'on ſçauroit penſer. Dont il aduint que vaincue
d'vne infinité de remonſtrances qu'elle me feit, ie confermay en mon e-
ſprit ce que la renommée de luy y auoit imprimé auparauant, & me mis
à luy vouloir bien plus qu'a moymeſmes. Non que i'aye de ma vie penſé
commettre faulte qui peuſt entacher mon honneur, ains ſeulement faire gloire d'auoir vn tel Cheualier mien, & preſt à m'obeyr. Si creut ce feu
& ſ'eſt augmenté en mes entrailles de ſorte, que ie ne puis penſer à aultre qu'a Eſplandian : l'amour duquel m'a depuis tant ſollicitée que ſa lon
gue abſence m'a cuidé faire mourir. Et neantmoins l'attente que i'auoye
de le veoir de iour en iour m'a donné effort pour porter mon mal, auecq
telle patience, que vous ny aultre ne ſ'en eſt apperceu comme ie croy. Et
tout ainſi que le nautonnier trauerſant les vndes en temps d'oraige & de
tempeſte, cuidant faire diligence d'aborder au port de ſalut, rencontre
quelque eſcueil qui arreſte ſon vaiſſeau, & tombe en naufrage : moy auſſi poure & infortunée penſant eſtre au bout de mes malheurs par la preſence de celuy que i'attendois, ſuis tombée au gouffre de deſeſpoir, con-
ſiderát les propos que m'a n'a guieres tenuz Carmelle, me diſant tout bas
ces motz : Madame, ie vous laiſſe en ceſte tombe deux treſors, l'vn deſquelz eſt la choſe du monde que vous auez plus ſouhaitée en voſtre com
paignie. Qui me fait penſer que ce ne peult eſtre aultre que le corps d'Eſplandian mort, & que (comme il eſt vrayſemblable) il a voulu m'eſtre
apporté pour le plaindre & pleurer, ce que ie feray tout le téps de ma vie :
laquelle ne me ſera plus gueres longue, ſ'il plaiſt à Dieu. Diſant ceſte parole ieta vn hault ſouſpir, & demoura euanouye entre les bras de la Roïne Menoreſſe : laquelle bien esbahie d'ouyr ceſte princeſſe tenir propos
tant eſloignez de l'eſtime ou elle l'auoit touſiours eue, ne ſceut de prime
face comme elle la deuoit conſeiller ny conſoler. Toutesfois conſiderant l'extremité ou elle eſtoit, voulut pouruoir aux deux accidés qui ſ'of
froyent à l'heure, & courut querir de l'eaue froide, qu'elle luy ieta ſur le
viſaige : au moyen dequoy elle reprint ſes eſpritz. Et commença la Roïne à luy dire : Comment, madame, voulez vous ieter le manche apres la
coignée ? Voulez vous eſtre eſtimée folle, & perdre la reputation que voʰ
auez partout le monde ? Ou eſt ceſte conſtance, ceſte modeſtie & pruden
ce qui vous ſouloit eſtre ſi familiere ? Fault il que pour vne parole (pour
eſtre mal entendue) vous vous oubliez ainſi ? Et quand bien il ſeroit vray
qu'Eſplandian feuſt mort, le pouez vous rappeller par ceſte paſsion ? Sur
mon Dieu patience (au pis aller) vous deuroit ores faire compagnie, non
pas iouer

pas iouer à quitte ou double comme vous faites par voz propos mefmes.
Carmelle vous a dit que la chofe que vous defirez le plus eft enfermée en
cefte tombe : eft il inconuenient qu'Efplandian n'y foit vif? Seroit-ce le
premier amy qui auroit fait femblable entreprinfe, pour l'amour de celle qu'il aime?Il y a bien vn bien, car fi ie deuoye rompre & tombe & tom
beau,ie verray prefentement ce qui en eft. Helas ma coufine,refpôdit la
princeffe , ie crains beaucoup que vous le voyez trop toft pour moy : car
ʃil eft mort (comme ie penfe) affeurez vous que ie luy tiendray compaignie premier que foit iour.Ie vous prie,dit la Roïne,ne foyez malheureu
fe deuant le temps,& me laiffez faire. Tenez doncques,refpondit Leono
rine,voila la clef que me laiffa Carmelle. Si la print Menoreffe, & entrât
en la garderobe ou eftoit la tôbe , leua la premiere lame de criftal, & demanda affez hault,fi quelqu'vn eftoit dedans.Efplandian,à qui vne heure auoit dure vn an attendant cefte aduenture, oyant parler la Roïne,re-
ʃpondit incontinent : Oy,madame.Et qui eftes vous? dit Menoreffe. Ma
dame,refpondit il, ie fuis l'heureux ou bien fortune Efplandian, qui me
fuis enferme en cefte tombe, preft à receuoir la mort ou la vie,comme il
plaira à madame Leonorine vfer de pitie ou de rigueur ēuers moy. Eftes
vous,dit la Roïne, Efplandian filz du bon Cheualier à la verde efpée,qui
nous a tant de fois promis par meffages nous venir feruir? Oy,madame,
refpondit il, & qui pour acomplir ma parole me fuis fait apporter ceans,
ainfi que vous voyez. Si vous me voulez promettre,dit la Roïne,& iurer
de ne paffer mon cômádemét en chofe que ie vous ordône, ie vous feray
veoir & parler à celle que vous defirez tant feruir. Cela vous promettray
ie bien,refpondit il, & plus grand' chofe ʃil vous plait, pourueu que madame le vueille & en foit contente.Il fuffit,dit la Roïne. Adoncq' leua la
feconde lame, puis ouurit le coffre ou il eftoit : & fortant dehors feit vne
grand' reuerence à la Roïne.Or ne la cognoiffoit il encores,mais elle luy
dit à l'inftât: Sire Cheualier,peult eftre auez vous oy parler de moy quelque fois : ie fuis Menoreffe, qui pour deliurer de peine madame & vous,
ay bien voulu vous tirer de cefte prifon. Et pourtât ie vous prie tenez voꝰ
coy,& m'attēdez icy. Ce difant vint trouuer Leonorine, qui trébloit côme la fueille en l'arbre:& d'vne gayete de coeur luy dit:Madame,quand
l'iuer a efte rude & long,on dit communément que l'efte dure plus & fe
trouue plus beau. Apres aufsi vne grande trifteffe furuient vne trop plus
grande ioye. Vous auez pleure voftre Efplandian pour mort, mais ie ne
veiz de ma vie mort enfeuely fi beau ne mieulx parlant que le mort que
i'ay trouue dedans cefte tombe.Et venez veoir fi ie refue ou non.Quand
Leonorine entendit Menoreffe parler d'Efplandian en telle forte, & rire
quant & quant, le coeur luy commença à treffaillir de grand' ioye : & fe
leuant de fon lict fans refpondre vn feul mot à la Roïne,courut droit à la
garderobe , à l'entrée de laꝗlle elle auifa celuy qu'elle auoit tant regrete:
qui aufsi

qui aufsi toft meit les genoilz en terre , pour luy baifer les mains . Mais Leonorine ne voulut lors vfer de ceremonie : ains oubliant tout fon ac-couftumée modeftie , la grauite legiere requife à femblables , mefmes la honte qui communément accompaigne dames vertueufes & faiges , ne peut tant commáder à foymefmes , qu'elle ne fe ietaft entre les bras d'Ef-plandian , le baifant auecq' toute telle priuaulte', que fi elle l'euft veu, ai-me' & cogneu toute fa vie . Et croy certainement que fi la Roïne Meno-reffe ne l'euft retirée & reprinfe de cefte legierete', qu'a l'heure ces amans feuffent trefpaffez : veu que les efpritz d'eulx deux auoyent abandonne toutes les parties du corps , pour f'approcher de leurs bouches & careffer l'vn l'aultre, iufques à l'extremite' des leures, preftz de fortir & paffer oul-tre . Ie ne dis pas que la Roïne Menoreffe n'euft tort : & au contraire, fi quelqu'vn vouloit accufer Leonorine de folie ou inconftance, ie luy ref-pôds qu'elle eft trop excufable, & en l'vn & en l'aultre : car encores qu'el-le n'euft oncques veu Efplandian, & qu'il femble par raifon qu'elle le de-uoit mieulx cognoiftre premier, que de luy monftrer fi grande priuaul-te':il fault bien eftimer côme il eft vray, qu'Amour l'auoit de long temps fi bien graue' & empreint en fon coeur, qu'elle le voyoit ordinairement des yeulx de fon efprit. Et tout ainfi que Nature f'eftoit eftudiée à la ren-dre parfaicte en tout ce qu'elle auoit peu : Amour femblablement auoit prins plaifir à la faire plus aimante & aimée,qu'aultre qui ait efte' deuant elle. Parquoy il ne fe fault efmerueiller fi elle monftra tant bon vifaige à fon amy cefte premiere fois, attendu la peine & le long torment qu'elle auoit fouffert depuis le iour que Carmelle luy en apporta les premieres nouuelles. Ainfi doncques eftans ces deux amans l'vn deuant l'aultre (Efplandian toufiours à genoulx) fe monftroyent fi rauiz, que la Roïne Menoreffe ne fe peut tenir de dire à Leonorine : Madame , il me femble que vous feriez bien de commáder au Cheualier qu'il fe leuaft, & le me-ner en voftre chambre: puis deuifez enfemble tant que la nuict durera,fi vous le trouuez bon : mais de le laiffer ainfi à genoulx, fur ma foy il n'y a point d'ordre. Ma grand' amie, refpondit Leonorine, il nous a fuy deux ans & plus:maintenát ie le veulx tenir fi pres de moy,qu'il ne nous puif-fe plus efchaper.Lors le print par la main,afin qu'il fe leuaft,toutesfois il n'en feit femblant:ains luy dit: Madame,Gaftilles me manda n'aguieres à Alfarin que vous me portiez quelque maeuluais vouloir, ie vous fup-plie m'en dire la caufe:car fi ie vous feiz oncques faulte,c'a efte' feulemét pour vous aimer de tout mon coeur,comme ie fuis tenu.Et neantmoins f'il vous femble qu'en cela i'aye trop prefume', pardonnez moy, & m'en donnez telle punition que bon vous femblera.Mon amy,refpondit elle voftre longue abfence m'a caufe' tant d'ennuyz,que ie vous prie & com mande ne vous efloigner plus ainfi de moy. Madame,dit Efplâdian,ay-ant fait(foubz voftre conge') encores vn voyage vers mes côpaignôs,qu

pourroyen

pourroient mal penſer de les auoir laiſſez en l'affaire pour venir prendre
icy mõ plaiſir: ie vous iure ma foy que ie ne vous offenſeray iamais pour
ceſte occaſion,ny aultre qui puiſſe ſuruenir . Cela vous acorday-ie bien,
dit elle, pourueu que retourniez le pluſtoſt qu'il vous ſera poſsible. Au
reſte ie veulx que d'icy en auant vous m'aymiez en ſorte qu'aultre que
moy ait puiſſance ſur vous , & que vous ſoyez mon Cheualier. Or vous
leuez,puis ie vous feray entendre le ſurplus de mon vouloir. A ce cõman
dement ſe leua Eſplandian , & le prenant Leonorine par la main dextre,
le conduit en ſa chambre,puis le feit aſſeoir en vne chaire , & elle aupres
de luy. Lors commencerent à raconter les peines qu'ilz auoient ſouffer-
tes,la ſorte que leur amour feut premieremét baſtie , qui en moyenna la
cauſe, & le but ou ilz aſpiroient,qui eſtoit le futur mariage d'eulx deux.
Et tellement ſaltererent l'vn l'aultre que ſi la Roïne Menoreſſe n'euſt ſer
uy de teſmoing,veu la colere ou ilz eſtoient, ie ne ſçay ſi en attendant ilz
ſentrefeuſſent rien preſte´ . Ainſi paſſerent la nuiĉt ces deux amans tant
que l'aube du iour commença à prendre . Ce que voyant la Roïne ſap-
procha de Leonorine,& luy dit: Madame,les plus courtes folies ſont les
meilleures,il eſt deſia grand iour : & pourra l'Imperatrix enuoyer quelqu'vne de ſes femmes,& elle meſmes venir veoir comme vous vous por
tez:car herſoir tout tard,on luy dit que voˢ voˢ trouuiez mal. Pour Dieu
donnez conge´ à ce Cheualier , & le renfermons afin que ne ſoyons ſur-
prinſes. Las combien peu agreable feurent ces nouuelles à Eſplandian,
& meſmes à l'Infante,laquelle preuoyát le danger qui pourroit aduenir
eſtans trouuez enſemble,luy dit:Mon amy,ceſte nuiĉt bien heureuſe,&
qui nous à tant fauoriſez vous fera,ſ'il vous plaiſt,ſouuenir de la promeſſe que vous m'auez faite. Ie vous prie que ie vous reuoye le pluſtoſt que
vous pourrez. Et comme elle acheuoit ceſte parolle, la Roïne qui eſtoit
aux eſcoutes, entendit quelqu'vn monter les degrez de la chambre , dõt
toute effrayée elle aduertit Leonorine,parquoy Eſplandian ſe retira haſtiuement en la garderobe,& ſans auoir loiſir de prendre plus long con-
ge´ rentra au coffre de cedre, neátmoins Leonorine ne ſe peut tenir de le
baiſer premier que l'enfermer , & comme elles acheuoient de mettre la
lame de criſtal ſur la tombe,Carmelle frappa à la porte , acompagnée de
Gandalin & Enil, meſmes de ceulx qui l'auoient apportée le ſoir de deuant. Si leur feut l'huis ouuert par la Roïne Menoreſſe, & entrans en la
chambre , Carmelle aduiſa Leonorine,qui venoit au deuant d'eulx,à laquelle elle dit,apres auoir donne´ le bon iour:Madame i'ay commandement de celuy qui m'a enuoye´ vers vous, ne faire plus long ſeiour pardeça,vous plaiſt il pas me donner conge´, & faire deliurer le coffre que
vous m'auez promis? Damoiſelle, reſpondit Leonorine , ie le vous ay
promis,& le vous tiendray, combien que i'aymaſſe trop mieulx le tout
demourer ainſi qu'il eſt,que non pas le ſeparer. Or l'allez prendre quand

N

il vous

il vous plaira, vous le trouuerez au lieu mefmes, ou vous le feiftes mettre
herfoir. A l'heure les dames & damoifelles de la princeffe, aduerties
qu'elle eftoit leuée: vindrent en fa chambre, qui empefcherent Leonorine de parler fi priuément à Carmelle, comme elle euft bien voulu, feulement luy rendit la clef du coffre, lequel elle feit tirer de la tombe. Puis
Gandalin, Enil, & deux efcuyers, le prindrent & emporterent quand &
eulx, difant Leonorine à Carmelle: Ie vous prie remerciez de par moy
le Cheualier qui m'a eu en fi bonne fouuenance. Et trouuez moyen f'il
vous eft pofsible que fuiuant ce qu'il à promis & mandé plufieursfois à
l'Empereur & par vous mefmes: il nous vienne veoir le pluftoft qu'il
pourra. Madame, refpondit elle, ie le feray de tresbon coeur, & comme
celle qui defire vous complaire & obeïr. Ne faillez pas donc, dit la princeffe, & fur ce point Dieu vous vueille conduire. Lors fuiuit Carmelle
ceulx qui emportoiét Efplandian, laiffant Leonorine acompagnée d'aife & de trifteffe ioinctes enfemble. D'aife, pour auoir veu celuy qu'elle
tenoit plus cher que foymefme: & de trifteffe, pour fon partement fi
foudain. Toutesfois l'efperáce qu'elle auoit de fon brief retour, luy mo-
deroit grandement fon ennuy. Ayant doncq' Carmelle paracheuée fon
entreprinfe comme vous l'auez entendu, ne voulant rien obmettre, à ce
qui eftoit requis de faire, pour amortir toute foufpeçon enuoya deuant
au nauire Gandalin & les aultres, & vint trouuer l'Empereur qui eftoit
defia leue', & fe promenoit le long de la gallerie, lequel aufsi toft qu'il la
veit entrer, luy demanda fi le prefent qu'Efplandian enuoyoit à fa fille,
eftoit encores en fon nauire. Non fire, refpondit elle, ie le feiz porter her
foir tout tard en fa chambre, comme ie vous auois promis, & luy ay le
tout laiffe', hors mis ce que i'en ay eu pour ma part. Et quoy? dit l'Empereur. Le coffre de cedre, refpondit Carmelle, dedans lequel ie feray (fe
Dieu plaift) inhumer le corps de Matroque, qui repofe en l'hermitage
de mon pere: mais pour aultant, fire, que i'ay delibere' ce matin faire voile en la montaigne defendue vers celuy à qui ie fuis: il vous plaira me
donner conge'. Damoifelle, dit l'Empereur, ie luy manday dernieremét
par vous l'aife & grand plaifir que ce me feroit, qu'il nous vint veoir: ie
vous prie le luy dire encores, l'affeurant que luy arriue' pardeça il aura
de moy & des miens, tout l'honneur & bon traitement qu'il fera pofsible. Sire, refpondit Carmelle, Dieu vous doint bonne vie & longue. E
prenant conge', retourna au vaiffeau, ou l'attendoyent Efplandian, &
fes compagnons.

Comm

Comme Esplandian feit faire

voile, penſant prendre port en la montaigne
defendue, & des grandes aduentures
qui luy aduindrent.

Chapitre　XXXVII.

Splandian dõcques rapporte en ſon nauire, & Carmelle retournée, ainſi qu'il vous a eſte recite : aduiſerent enſemble de ne faire là plus long ſeiour, crai-
gnãts eſtre deſcouuertz. Et à ceſte cauſe cõmãderẽt
leuer les ancres & haulſer les voiles, prenãt la route
de la montaigne defendue: mais Fortune les pouſſa
par vne tormente non pareille, & maulgre eulx, le
long de la coſte d'Alfarin. Là ſ'appaiſa le vent, & commẽcerent à nauiguer terre à terre, & quaſi à meſme heure apperceurent entre les rochers
gens de pied, & de cheual qui combatoient l'vn cõtre l'aultre d'vne merueilleuſe hardieſſe. Dont Eſplandian eſmerueille, dit à Gãdalin & Enil,
ie vous prie puis que nous ſommes arriuez ſi à poinct, allons veoir d'ou
procede l'occaſion de leur meſlée, & aidons à ceulx vers qui le droit ſera. Allons, reſpondirent les deux Cheualiers. Si prindrent incontinent
terre, & montans ſur leurs deſtriers commanderent à leurs mariniers

N ij　　　les attendre,

les attendre, puis coururét à bride abatue ou se faisoit le côbat, & approchants pres cogneurent leurs côpagnons aux croix blanches qu'ilz portoient sur leurs haulbertz : lors les voyant en dangier, & enclos de toutes partz d'vn grand nôbre de Turcqs, Esplâdian brocha le cheual des esperons, passant sur rochers & cailloux, & entra en la meslée non pas fort auant : car les Turcqs gardoiét vn destroit ou il feut de prime face repoulsé trop rudemét : neantmoins à la fin, Gandalin & Enil, le seconderent si bien, qu'auecq' l'aide des premiers assailliz, nonobstant la grand' resistéce des aultres, ilz les enfermerent & leur passerent sur le vétre, toutesfois aulcuns d'eulx se sauluerét de vitesse, demourâts les Chrestiens maistres du camp, sans qu'il perdissent vn seul hôme de leur coste'. Or ne sçauoiét bonnemét que péser ceulx qui auoyent ainsi este' secouruz, d'ou sortoyét ces trois nouueaulx Cheualiers : mais quâd ilz les cogneurét, oncques gés ne feurent plus aises, & louerent grâdemét nostre seigneur, du bien qu'il leur auoit fait. Si leur demanda Esplandian, côme ilz estoient là venuz. Seigneur, respondit Elian le delibere', mes compagnons & moy auons tant importune' Belleris de nous mener à la guerre : qu'il nous a seruy de guide ceste nuict, que sommes sortis d'Alfarin, pensants surprédre la ville de Galatie, qui est sur le riuage de ceste mer, assez pres d'icy. Et de fait nous nous y sommes tenuz embuschez lôguemét : mais à la fin cognoissant estre descouuertz, & pésants nous retirer au petit pas : auons este' enclos, si malheureusemét que sans la grace de Dieu, & l'aide que vous no' auez faire, nous estiôs indubitablemét perduz & deffaitz. Foy que ie dois à Cheualerie, dit Esplandian, si vous eussiez tous bien côsidere' le païs où nous sommes, & que la perte de l'vn de nous est trop plus grande que de mille, si estions entre les Chrestiés, vous ne vous feussiez ainsi hazardez : mais ce qui est fait est fait. Et afin qu'il ne nous suruienne pis, retournons en mon nauire qui nous attend là bas. Seigneur Esplandian, respôdit Belleris, l'occasion est chauluе, & fuit celuy qui la refuse, quand elle se presente. Vous voyez la deffaite de ces Turqs, qui est telle, que ie pése certainement n'estre demoure' vn seul homme dedans la ville, parquoy ie suis d'aduis que nous y reprenions le chemin, & le plus couuertement qu'il nous sera possible. Puis si nous voyons nostre poinct, nous donnerons à trauers les portes, & entrerons (peult estre) dedans sans aulcune resistence : ce pédât enuoyez l'vn de voz escuyers, dire à ceulx du vaisseau, qu'il tirent droit à Alfarin, ou qu'ilz ne se meuuent de là, sans auoir de no' nouuelles. Ceste opinion feut trouuée bône, & s'y accorderent tous. Lor marcha Belleris deuant, & le suiuit Esplandian & les aultres cheminâts serrez le long d'vne combe, ou ilz apperceurent d'assez loing vn person nage, assis sur vn roch pointu, tant hideux que merueilles : lors picquerent tous pour sçauoir que c'estoit, & veirent vne femme tant vieille ca ducque & ridée, que ses deux tetasses luy deualloiét iusques au dessoub

du nom

du nombril, son vestement estoit d'vne grand' peau d'Ours, sur laquelle
pendoient les cheueulx longs, blancz & fort heriçonnez: & viuoit ceste
femme entre les rochers, passe a six vingtz ans, au hasle, à la pluye, & au
vent: aumoyen dequoy on eust iuge' à veoir son corps nud, que c'estoit
l'escorce de quelque orme, ou chesne fort ancien, dont n'y eut celuy qui
ne se meit à rire, & demanderét à Belleris s'il en auoit oncques ouy parler. Ouy certes, respondit il, elle est si proche parente du Roy Armato,
qu'elle feut soeur germaine de son bisayeul: & combien qu'en ses ieunes
ans elle ait este' douée de tous les dós que Nature sçauroit mettre en crea
ture parfaicte, si ne se voulut elle oncques marier, pour requestes, prieres
ou importunite', que luy sceussent faire ses parents: ains s'adonna tant en
l'art de magie, & sciéces supernaturelles, qu'elle n'a este' & n'est encores
seconde à nulle quant à ce poinct, tellement qu'elle a predit long temps
a, que lon verroit (auant sa mort) ce grand Royaulme de Turquie perdu,
& mis en la subiection des estrangers: & pour ceste cause a elle fait faire
creuser ce roch, & bastir dessoubz en voulte vne chambre ou deux, ou
elle se tient ordinairement, parée comme vous la veoyez: & à ce que le
bruit est par tout, elle a passe' l'aage de neuf vingtz ans, approchant pres
des deux cents. Et afin que vous la cognoissiez mieulx, c'est elle sans aultres qui a fait mettre à la fonteine aduétureuse les pilliers dorez & tables
d'attente, que vous (seigneur Esplandian) peustes veoir, quád vous trouuastes la belle Heliaxe, & deffeistes les Cheualiers qui la gardoiét. Vraye
ment, dit il, ie vouldrois bien sçauoir à quoy elle passe le temps, pour
estre ainsi solitaire. Seigneur, respondit Belleris, cela n'a peu encores
estre sceu d'homme viuant: toutesfois on tiét pour certain qu'elle a porte' en ceste cauerne grand nombre de liures, auecq' lesquelz elle préd vn
singulier plaisir. Ie m'esbahis, dit Espládian, que quelques vns ne se sont
aduenturez d'entrer dedans. Aussi ont ilz, respondit Belleris, mais ilz en
sont retournez tant mal menez & batuz, qu'au sortir, aulcuns en ont receu la mort. Parlons à elle, dit Esplandian, peult estre nous dira elle rien
qui vaille. Adoncq' s'approcherent plus pres, mais aussi tost elle se leua
du lieu ou elle estoit assisse, & s'enfuit en son trou: à l'entrée duquel elle
s'arresta, disant à Esplandian: Cheualier, plus de cent ans auát que feus-
ses nay, i'auois predict la destruction de ce païs par ton arriuée: & pour
ceste cause ay-ie trop mieulx aime' eslire ceste vie cruelle & miserable,
que de tóber en tes mains captiue & malheureuse. Ce disant entra plus
oultre, & s'esuanouit sans que nul d'eulx sceut qu'elle deuint, dont ilz se
prindrent à rire: & sans s'amuser là d'aduantaige, suyuirent leur chemin,
sur lequel ilz apperceurent d'assez loing venir vers eulx soixante ou quatre vingtz Cheualiers prestz à combatre. Lors doubtants que ce feussent
encores ennemis, s'embuscherent, & feirent partir Enil & Belleris pour
en sçauoir la verite': lesquelz se mettáts à trauers les garrigues, au couuert

N iij

d'vne touffe

d'vne touffe de lieges, veirent qu'vn de la trouppe portoit vne enseigne
de taffetas rouge, au mylieu de laquelle estoit vne grand' croix blanche:
& recogneurent Frandalo qui marchoit deuant tous, parquoy tournerent court vers leurs compaignons : lesquelz bien aises de tant bonnes
nouuelles, vindrent à l'encontre : & comme ilz feurent à la veue l'vn de
l'aultre, Frandalo pensant estre surprins, commanda à ses gents se tenir
serrez. Et pour mieulx attirer les aultres au côbat, enuoya deux ou trois
des mieulx montez pour les escarmoucher : mais ilz les veirent couuerts
de croix blanches, & sceurent que c'estoit Belleris & ceulx qu'ilz cher-
choient, ce que venu à la cognoissance de Frandalo, donna des esperons
à son cheual, bien esbahy de veoir Esplandian, qu'il pensoit asseurément
estre en la montaigne defendue. Lors s'embrasserent l'vn l'aultre, deuisants de leurs fortunes passées.

Comme Frandalo & la troup-

pe des Cheualiers Chrestiens, prindrent d'emblée la ville de Galatie : & de la depesche de Gandalin vers l'Empereur de Constantinople, pour auoir secours.

Chapitre XXXVIII.

Apre

APres doncques que ces Cheualiers Chrestiës feurent
assemblez, Esplandiã demãda à Frandalo pourquoy
il s'estoit mis aux champs auecq' ceste grosse cõpaignie. Seigneur, respondit il, i'ay ce matin esté aduer
ty que Belleris mõ nepueu estoit sorti la nuict passée
auecq' aultres Cheualiers, pour aller courre sur noz
ennemis : & doubtant qu'ilz trouuassent embusche,
ou plus fort qu'eulx, ie l'ay incontinent fait sçauoir au seigneur Norãdel
voštre oncle, par l'aduis & commandement duquel i'ay prins le chemin
que vous voyez. Toutesfois puis que nous n'auons rencõtre (ne vous aus
si cõme ie crois) chose qui nous ait prouoqué à combat, retournons pour
le mieulx vers Alfarin. Mais vous, monsieur, quelle aduéture vous a admene par deça si apoinct? Aduenture? respondit Esplandian, certes telle
la pouez vous bien nõmer : car pensans Gandalin, Enil & moy faire voile
à la montaigne defendue, Fortune a poulse nostre nauire maulgre nous
si pres d'icy, que nous auons peu choisir à veue d'oeil Belleris & les aultres combatans vn grand nombre d'ennemis, qui les auoyent aculez entre ces rochers : au moyen dequoy nous sommes descenduz à terre, & entrez si auant en la meslée, que la victoire a esté de nostre coste : & depuis
suyuant l'aduis de vostre nepueu tirions vers Galatie, laquelle, à ce qu'il
nous asseure, sera facile à emporter sans resistence, veu ce que nous auons
desia fait. Certainement, respondit Frandalo, il pourra bien estre, & puis
que Fortune aide le plus souuent aux hardis entrepreneurs, passons oultre, & me suyuez : ie sçay vne adresse par laquelle ie vous y cõduiray sans
estre descouuertz. Allons doncques, dit Esplandian. Lors suyuirent tous
Frandalo marchans au petit pas, tant qu'ilz vindrent au hault d'vn tartre
distant d'vn petit mille de Galatie, d'ou ilz peurent choisir à leur aise qui
sortoit ou entroit dedans. Si apperceurent grand nombre de peuple tant
à pied qu'a cheual : lequel aduerty de la fortune aduenue à leurs gents,
s'en alloyent à la file pour les secourir, pensans trouuer encores les Chrestiens au lieu du combat : mais ilz leur tournoyent le dos. Ce que veoyants les deux Cheualiers coururent à bride abatue en aduertir Frandalo
& sa trouppe, lesquelz ioyeux de tant bonnes nouuelles marchants au
grand gallot, vindrent donner rudement dedans les portes, & tuerent
ceulx qui les gardoyent, de sorte qu'ilz s'en feirét maistres, & de la place
aussi : en laquelle ilz ne trouuerent que gents impotens, ou de peu de defense. Ce fait, leuerent les pontz, & se tindrét sur leurs gardes, pour veoir
la contenance des ennemis, lors qu'ilz en auroyent les nouuelles, qui fut
peu apres : car vn paisant se ieta du hault des murailles, & courut apres
les en aduertir. S'ilz feurent lors dolents & trop marriz, il est aisé à pre-
supposer, veu qu'oultre la perte de leurs biens, ilz perdoyent leurs femmes & petis enfants, estimants qu'on les deust tous enuoyer esclaues en

N iiii

païs estran-

païs eſtranger, dont ilz ſe deſconfortoyent tant que merueilles : mais vn
Cheualier d'entre eulx, homme de grande menée, voyant ſi piteuſe deſolation, leur donna coeur, & les ſceut tant animer, qu'ilz ſe delibererent
de mourir tous, ou reprendre ce qui leur eſtoit eſchappé. Et ſur ce poinct
(plus de fureur que de raiſon) retournerent vers la ville, & l'aſſaillirent ſi
inconſiderément, que grand' partie d'eulx y laiſſa la vie, & feurét repoulſez & chaſſez en treſgrand deſordre : meſmes par Frandalo, Eſplandian,
Enil, Gádalin, Elian, Tiron, & dix aultres des principaulx, leſquelz pour
augmenter la paour aux Galaciens, ſaillirent ſur eulx, & en deſconfirent
vn nombre infiny. Mais tout ainſi qu'vn chat enfermé & pourſuyuy (premier que ſe mettre en defenſe) eſſaye par tous moyens à fuyr la fureur de
l'homme, & ſe trouuant deſnué de trou ou ouuerture pour ſe garentir, ſe
monſtre lors ſi furieux, qu'il aſſault celuy duquel au parauant il eſtoit aſſailly, & bien ſouuent luy fait oultraige : ſemblablement ce poure peuple
ayant deuant les yeulx la mort qui les menaſſoit, pour la pourſuite que
leur faiſoyent les dix Cheualiers Chreſtiens, deſeſperez de toute miſericorde, eurent recours à leurs armes : de ſorte que voulãs venger leur ſang,
tournerent viſaige par telle magnanimité, que Frandalo feut abatu, Eſplandian & les aultres encloz & ſi mal menez, qu'ilz y feuſſent demourez pour eſpies, ſans le ſecours que leur donnerent leurs compagnons, &
la nuict qui ſuruint, & les ſepara. Au moyé dequoy les Chreſtiens ſe retirerent en la ville, & les aultres prindrent le chemin de Teſifante vers le
prince Alphorax : lequel aduerty de leur infortune, leur dit pour tout reconfort : Mes amis, ie ſuis deſplaiſant de voſtre perte, à laquelle (ſi noz dieux le permettent) ie pouruoiray auecq' telle vengeáce, qu'il en ſera memoire à iamais. Car i'eſpere, non ſeulement chaſſer les larrons qui ſont
entrez en noz païs, ains aller nous meſmes en perſonne piller, razer, &
deſtruire la ville de Conſtantinople, ſon meſchant Empereur, & tout l'-
Empire des Chreſtiens. Et entendez que pour ce faire i'ay long temps a
enuoyé mes embaſſadeurs vers mes amis & alliez, tous leſquelz m'ont
promis y employer leurs forces, & deſia ſont arriuez aulcuns à Tenedo,
où nous nous deuons tous aſſembler : & attendant que i'aye moyen vous
faire mieulx, ie donneray ordre qu'on vous diſtribuera quelque argent
pour vous entretenir. Treshumblement le remercierent les citoyens de
Galatie, & ſe tindrent de là en auant à Teſifante, pleurans leur malheur
de iour en iour. D'aultre coſté Eſplandian, Frandalo & les aultres qui eſtoyent demourez ſeigneurs de ceſte place, conſiderans qu'il leur ſeroit
impoſsible garder tant de païs auecq' ſi peu de gents, ordonnerent que
Gandalin iroit en Conſtantinople vers l'Empereur, luy remõſtrer comme ilz auoyent affoibly nouuellement Alphorax, & conquis Galatie ſur
luy, qui eſtoit l'vn des ports plus fameux du Leuant : & qu'a ceſte cauſe il
luy pleuſt leur renuoyer Gaſtilles, ou aultre, auecq' quelque renfort : aultrement

trement ilz feroyent contrainctz l'abandonner, ou Alfarin : veu le peu
qu'ilz eſtoyent, & les alarmes que leur donnoyent leurs ennemis à toute
heure. Et afin qu'il fuſt plus enclin d'y pouruoir, luy enuoyèrent la plus
part des ioyaulx precieux du pillaige. Or n'auoyẽt ilz barque ny barque-
rot, parquoy leur fallut auoir recours au nauire dedãs lequel Eſplandian
eſtoit venu, qui de bon heur ſe tenoit à l'ancre, attendant le comman dement de ce qu'il auoit à faire. Et eut Sergil commandement de ſon maiſtre pour l'aller faire venir. Luy doncques arriue', & Gãdalin preſt à ſ'em
barquer, Eſplandian le tira à part, & luy dit: Gandalin mon amy, vous a-
uez eſte' toute voſtre vie fidele à mon pere, qui me donne grande ocaſion
de me deſcouurir à vous plus qu'a aultre que ie ſçaiche. Vous verrez madame Leonorine, à laquelle vous preſenterez mes treshumbles recommandations à ſa bonne grace, l'aſſeurant que ie ne fauldray d'accomplir
(& de brief) ce que luy ay promis & qu'il luy a pleu me commãder. Vous
luy preſenterez auſi les deux belles eſclaues que lon m'a dõnées, leſquelles ie luy enuoye pour la ſeruir : afin que leur preſence luy ſerue d'auoir
quelquesfois ſouuenance de moy. Et ſçachant bien que vous n'eſtes ap-
prentif à faire les remonſtrances qui ſont requiſes en telles matieres, ie
vous ſupplie, Gandalin, vous y employer comme i'ay eſperance en vous.
Monſieur, reſpõdit il, dieu me doint grace de vous faire ſeruice. Or allez
doncques, mon amy, dit Eſplandian : & ſur ce poinct entra Gandalin en
ſon nauire, auecq' ce qu'il auoit charge de porter. Lors feurent les voiles
tẽdues, & ſingleret en mer par ſi bon vent, qu'il arriua peu de iours apres
en Conſtantinople, & deſcendit au port, faiſant prendre par deux eſcuyers les preſents qu'on enuoyoit à l'Empereur. Puis monta au palais, ou il
le trouua acompagne' de grand nombre de Cheualiers, dames & damoiſelles. Si le recogneut l'Empereur de prime face, & vint l'embraſſer, luy
demandant ou il auoit laiſſe' le bon Cheualier Eſplandian, & ſ'il ſe deliberoit point le venir bien toſt trouuer. Sire, reſpondit Gandalin, il ſe re-
commande treshumblement à voſtre bonne grace, & m'a commande'
vous venir aduertir comme depuis quinze iours, luy, Frandalo, & quelques vns des noſtres ſont entrez en la ville de Galatie. Galatie? dit l'Empereur, foy que ie dois à Dieu voila bien beſongne' : car à ce que lon m'a
aſſeure' autresfois, c'eſt l'vne des plus riches villes de la Turcquie: mais ie
ne ſçay ſ'il la pourra garder. Oy bien ſire, reſpondit il, pourueu que voſtre plaiſir ſoit leur enuoyer quelque ſecours, aultremẽt ilz ſeroyent contrainctz à la longue l'abandonner, pour garder Alfarin, ou Alfarin pour
tenir Galatie: qui ſeroit honte à eulx, & grand dõmage pour vous & toute la Chreſtiente'. Y ont ilz trouue' grand butin, dit l'Empereur, ou perdu
beaucoup de gents? Sire, reſpondit Gandalin, aulcuns des ennemis y ont
eſté tuez. Adonc luy racompta la maniere que le tout eſtoit aduenu, puis
faiſant ouurir les caſſes, ou eſtoyent les preſents, luy monſtra entre aultres ſin-

tres singularitez les effigies de brouze de Nabuchodonofor Roy des Af-
firiens, celle du grand Alexandre, & ce qu'il eftima plus, la vraye repre-
fentation d'Hector le Troyen, ainfi arme' comme il eftoit lors qu'il com
batoit côtre la gent Grecque. Certes l'Empereur eut raifon d'en faire vn
fi grand cas : car Agamenõ f'en contêta pour le plus precieux butin qu'il
eut du fac de Troye, par ce qu'Hector mefmes f'eftoit ainfi fait infculper
durant le fiege par vn trefexcellent ouurier, & mettre fur la principale
porte d'Ylion. Et depuis paffans plufieurs fiecles tõba es mains des Rois
de Turcquie, qui l'auoyent colloque' en la grand' place de Galatie, fouftenu d'vn hault pillier de marbre verd. Ce que Gandalin donna à enten
dre à toute l'afiftence, aumoins que tel eftoit le bruit du païs, dont l'Em
pereur fi aife que rien plus ne fe peut tenir de dire : Cemaiftdieux ie ne
ferois pas plus contét de la prinfe de Tefifante, que ie fuis de ce beau prefent, & en mercie de bon coeur les Cheualiers qui me l'enuoyent. Sire,
refpondit Gãdalin, aufsi ont ilz eftime' qu'il vous fera plus agreable que
non pas les vaiffeaulx d'or ny d'argent qu'ilz ont trouuez, partie defquelz
font en cefte aultre caffe, qu'il feit ouurir fur l'heure. Et apres qu'ilz les
eurent longuement regardez, Gandalin faifant approcher les deux efcla
ues d'Efplandian, les prefenta à la princeffe Leonorine, luy difant : Madame, le bon Cheualier Efplandian ne fçachant vous faire offre de chofe plus grande (apres luy) que de ces deux belles filles, les vous enuoye
comme efclaues : afin que chafcun entende que tout ainfi que vous eftes
premiere en perfection de nature, aufsi n'y a il auiourdhuy creature viuante qui merite mieulx commander aux creatures qui commandent
que vous : par ainfi fi vous luy faites la grace de les accepter, il eftimera
cefte faueur l'vne des plus grandes qu'il eut oncques. Or fçauoit Leonorine aultant bien defguifer fes affections que femme de la terre: parquoy
voulant que chafcun continuaft en l'opinion qu'on auoit d'elle, refpondit affez mal gracieufement à Gãdalin : Sire Cheualier, il femble par voz
propos qu'Efplandian ait enuie de fe mocquer de moy, & que vous mef
mes m'ayez en reputation de femme qui croye de legier. Par voftre foy
me penferiez vous bien fi enfant que ie ne cognoiffe à veue d'oeil (fi Efplandian eftoit tant mien que vous m'en affeurez) qu'il euft differe' iufques à maintenãt à venir par deça, & ne feuft que foubz couleur d'acquiter la promeffe que le Roy Amadis fon pere no' a faite paffe' a fix ou fept
ans ? Mais i'entends bien que c'eft, il nous veult contenter de paroles, &
d'vn tas de meffaiges qu'il nous enuoye d'heure à aultre auecq' vne infinite' d'excufes, aufsi mal à propos que chofe du monde, & defquelles ie
n'en prendray de ma vie vne toute feule en payement. Vienne doncques
luy mefmes, puis ie croiray (peult eftre) de luy ce que i'en dois croire.
Quand l'Empereur la veit parler fi franchemét, il monftra bien à fa contenance qu'il prenoit grand plaifir à la colere de fa fille, & luy dit : Ma
mignonne

mignonne, que dira Gandalin de vous veoir si peu gracieuse alencontre
de celuy qui est tant vostre? Ie vous prie, belle dame, moderez vous vn
peu, & prenez ce qu'il vous enuoye: car si vous le refusez, il aura grand' oc
casion de se mescontéter. & vous voyez que pour l'amour de vous il fait
tant de prouesses, que le bon Cheualier à la verde espée n'en approcha
oncques. Monsieur, respondit elle, ie croy bien qu'il soit egal à son pere,
pour le respect de Cheualerie, non pas de courtoisie. Par ma foy madame, dit Gandalin, si vous le cognoissiez comme ie fais, vous le loueriez
(possible) de ce dont vous le blasmez le plus: veu que s'il a differé de venir vers vous, a esté seulement pource qu'il pense encore auoir si peu fait
de cheualerie, qu'il ne merite vne seule faueur de vostre bône grace, considerant vostre grandeur, & le peu qui est en luy: côbien qu'il soit estimé
auiourdhuy le premier de tous ceulx qui ont porté armes depuis cét ans
en ça. Et toutesfois puis que vous l'accusez de ce qui le deuroit plus excu
ser, ie vous responds sur mon hôneur que, laissant toutes choses arriere, il
vous viêdra trouuer ausi tost que ie seray de retour, pour vous obeyr en
tout ce qu'il vous plaira luy commâder. Gandalin, respondit la princesse, ne pensez pas (quelque chose que ie die) que i'aye plaisir ou desplaisir
de sa presence ou absence, sinon d'aultant que l'Empereur en prend, &
moy pour l'amour de luy, sçachant l'amitié & bon vouloir qu'il a tousiours porté au Roy Amadis son pere, & depuis côtinué au filz: & si sçay
bien qu'il est hors de sa puissance d'auoir excuse raisonnable, pour nous
faire penser aultrement, qu'il ne nous aìt fait tort. Neantmoins puis qu'il
plait à l'Empereur, ie retiendray le present qu'il me fait, soubz l'asseurance & promesse ou vous mesmes vous obligez, qu'il viendra vers nous incontinét que vous serez arriuez à Galatie. Certes Leonorine iouoit mer-
ueilleusement bien son personnage: & tard eust on pensé qu'elle & Esplandian eussent si recentemét confermé leur amour mutuelle comme
ilz auoyent fait en la presence de la Roïne Menoresse, ainsi qu'il vous a e-
sté recité, & mesmes Gâdalin ne sçauoit ou il en estoit, encores qu'il eust
porté Esplandian en la garderobe, enfermé dedans la tombe côme vous
auez entendu. Si luy demâda l'Empereur quel seiour il esperoit faire par
dela. Sire, respondit Gandalin, le moins que ie pourray: car il me seroit
mal seant demourer en repos, tandis que mes compaignons sont au trauail. Parquoy ie vous supplie treshumblement me depescher le plustost
qu'il vous sera possible. Gandalin, dit l'Empereur, ie manderay auiourdhuy mon admiral, & si feray leuer gens en telle diligence, que dedans
cinq ou six iours vous vous pourrez embarquer ensemble. Ce disant sortit de sa chambre, & vint s'esbatre au iardin, ou les dames le suyuirent.
Lors Gandalin veoyant Leonorine toute pensiue se promener seule le
long d'vne longue allée couuerte de mirtres, s'approcha d'elle, & luy dit:
Madame, monseigneur Esplandian m'a commandé vous faire entédre
que de-

que depuis le iour qu'il vous laiſſa, & qu'il receut tant de faueur de vous,
ſon coeur(qui eſt entierement voſtre)vous a ſi peu eſloigneʼ qu'il a cuideʼ
mourir mille fois du regret qu'ont eu ſes yeulx de perdre la lumiere de
voſtre preſence.Et à dire vray,i'ay cogneu beaucoup d'hommes paſſion-
nez d'amour : mais ie croy qu'il n'en feut oncques de ſemblable à la ſienne,ny de plus ſaigement diſſimulée,qui me fait merueilleuſement doubter de ſa perſonne:par ce qu'il eſt impoſſible,veu ce qu'il endure conti-
nuellement,& le peu de conſolation qu'il a de ſes plus priuez amis (igno
rans ſon malaiſe) qu'il ne meure en brief : dont il aduiendroit treſgrand
dommaige à toute la Chreſtienteʼ, veu le commencement de Cheualerie & grande proueſſe qui eſt en luy,& telle que ſil continue,il la rendra
en plus d'excellence qu'elle n'a eſteʼ depuis le commencement du monde. Et pourautant(madame)que i'ay eſteʼ touſiours(cõme vous auez peu
eſtre aduertie)ſeruiteur du pere, & que ie cognois le naturel du filz,& le
danger ou ie le voy tomber, ſi vous n'auez pitieʼ de luy : ie me ſuis enhar-
dy vous declarer la peine en laquelle ie l'ay laiſſeʼ,meſmes qu'il m'a com-
mandeʼ expreſſément vous aſſeurer,que tout ce qu'il pretend & deſire eſt
d'auoir moyen pour demourer aupres de vous . Et toutesfois veoyant le
danger ou ſont ſes compaignons iour & nuict, il ne ſçait cõment il pour
ra honneſtemét les laiſſer.Par ainſi il vous ſupplie imputer ſa longue abſence à Fortune, non pas à la coulpe de luy, qui n'eſt nay que pour vous
obeyr & complaire entierement. Gandalin proferant ces paroles faiſoit
vne contenance tant triſte, qu'il eſmouuoit quaſi Leonorine à pleurer:
auſſi auoit il acouſtumeʼ de ſi ieune aage à faire ceſt office, qu'il entédoit
mieulx ou il falloit donner,qu'aultre de ſon temps. Gandalin mon amy,
reſpondit elle,ie ne ſçay que vous entendez que ie face d'aduantaige que
i'ay fait pour luy, n'a quelle ocaſion vous penſez que ie pretende à le faire mourir, veu que ſil deuenoit ſeulement malade , ie ne me ſens aſſez
forte ny conſtante, pour me conſeruer la vie vne ſeule heure, d'ennuy &
de faſcherie que i'aurois.Oſtez doncques de voſtre eſprit que ie voulſiſſe
eſtre aultre que ſienne, & ne trouuez deſormais eſtrange ſi deuant l'Empereur ou en publicqʼ ie tiens propos ſi peu à ſon aduantaige : car ie ne
conſentirois pour rien du monde que l'on cogneuſt encores vne ſeule e-
ſtincelle du grand feu allumeʼ, auquel mon coeur ſe bruſle iour & nuict,
pour le bien que ie luy deſire.Madame,dit Gandalin,ie ſuis ſeur qu'il receura vn plaiſir extreme ſçachant ceſte bonne volunteʼ, & qu'il laiſſera
toutes choſes pour venir en ceſte court,ſi vous le trouuez bon. Oy, reſpõ
dit elle,& ie l'en prie tant qu'il m'eſt poſſible,& vous auſſi de luy perſuader . Durant ces propos ſuruint vers l'Empereur ſon admiral Tartarie,
ainſi appelleʼ pour la nation ou il auoit prins naiſſance,eſtant iſſu de bien
poure maiſon : mais eſleueʼ en authoriteʼ par ſon bon ſens & hardieſſe,eſ
ſorte qu'il commandoit en toutes les mers de l'Empire . Bien longue
ment de

ment deuiſa auecq'luy l'Empereur, ſur les propos que luy auoit tenuz
Gandalin du ſecours de Galatie, & finablement luy commanda armer
en toute diligence iuſques à trente galleres ou fuſtes, & leuer deux mil
hommes, les plus gens de guerre qu'il pourroit trouuer pour trouuer
quant & luy. Tartarie obeiſſant au vouloir de l'Empereur, executa ſa cõ-
miſſion, tellement que le ſixieſme iour enſuiuant feut preſt à faire voile
auecq'tout ſon equipage.

Comme Vrgande la deſcogneue

arriua à Galatie, & du dãger ou elle ſe trouua, par la tromperie que luy feit Melye l'enchantereſſe.

Chapitre   XXXIX.

Artarie doncques & Gandalin ayans prins congé
de l'Empereur, paſſerent le deſtroit de Conſtantinople, & ſans fortune arriuerent à Galatie auãt que
la ſepmaine feut hors. S'ilz feurent bien receuz des
Cheualiers Chreſtiens, il eſt vrayſemblable : car le
nombre d'eulx eſtoit tãt petit & ſi eſcarté, qu'ilz de-
ſeſpererét quaſi de pouoir garder ceſte place auecq'
Alfarin & la montaigne defendue. Mais quand ilz veirent ce renfort, ſe
tindrent

tindrent tous affeurez, & fepareient ces deux mil hommes, ainfi que la neceffité le requeroit. Or auoit Efplandian vn merueilleux defir d'entendre de Gandalin s'il auoit parlé à Leonorine, & comme elle fe portoit : au moyen dequoy luy retiré fur le tard en fa chambre le manda venir à luy. Et eulx deux feulz, Gandalin luy racompta fidelement tous les propos qu'ilz auoyent euz enfemble deuant l'Empereur, & depuis au iardin. Et fur ma foy monfieur, dit il, vous luy faites tort, veu le moyen que vous auez de luy fatisfaire & à vous pareillement : car quelque chofe qu'il vous plaife mettre en auant pour excufe, vous n'eftes fi preffé pardeça que ne puiffiez bien aller vn tour vers elle, dequoy elle vous fupplie. Ie le feray, refpondit Efplandian, mais fi fauldra il aduifer comment. Penfez y, dit Gandalin, & me laiffez aller coucher, ie n'euz oncques fi grand enuie de dormir. Allez, refpondit Efplandian, & foyez icy demain de grand matin. Adoncq' fortit hors Gandalin & demoura Efplandian tout penfif, ne voyant quafi moyen honnefte, pour laiffer fes compaignõs en telle neceffité. Toutesfois Dieu y pourueut, car la nuiɛt mefme, vne heure deuant le iour, ainfi qu'il commençoit à fommeiller, entroit vn fon le plus melodieux du monde, & entendez qu'il procedoit du nauire de la grand Serpéte qu'il auoit laiffé à la mõtaigne defendue, laquelle eftoit arriué pres Galatie, mais tard fe feuft doubté de cefte aduenture, ny qu'Vrgande euft efté dedans, veu qu'il la penfoit notãment en la grand' Bretaigne. Si continua telle melodie vne demie heure ou plus, puis entendit vn tel bruit de trompetes & clerons, meffé auecq' vne refonance de phifres & tabours fi haulte, que ceulx du guet foufpeçonnerent l'armée de mer de leurs ennemis eftre là arriuée pour les affieger. Et à cefte caufe feirent alarme en la ville, & coururent tous aux murailles, demourás en ce doubte pour l'obfcurité de la nuiɛt, iufques à ce que le iour leur permift choifir le grand nauire d'Vrgande, equippé de baudriers & bãderolles le mieulx qu'il eftoit poffible, dont Efplandian feut fi refioy, que deuallant au port entra auffi toft en vne fregate auecq' Talanque, Manely & quelques vns des principaulx, pour veoir qui eftoit dedans. Et approchás pres cogneurent Vrgande la defcogneue, qui les attendoit fur le tilhac, laquelle leur tendant les bras leur efcria d'affez loing : Mes amis, vous foyez les tresbien venuz, ie vous prie montez tous en ce nauire, afin que ie vous embraffe. Lors f'aduança Efplandian & entra premier que tous. Et comme il vouloit faluer Vrgãde, elle fe profterna iufques en terre pour luy baifer le pied, dont il feut honteux & la releua luy difant : Madame, ie n'euffe iamais penfé que vous euffiez prins plaifir à vous mocquer de moy, veu que ie m'eftime plus obligé à vou qu'aultre qui viue. Et pour Dieu vne aultrefois fi ie vous ay offenfé, chaftiez moy par meilleur moyen. Bien heureux Cheualier, refpondit elle l'aide que i'efpere auoir de vous deuant peu de iours m'a incité de fair

ce qu

ce que i'ay fait, ainſi ie vous prie le prendre en bõne part. Ce diſant l'embraſſa, puis Talanque, Manely & les aultres ſemblablemẽt, tous leſquelz
luy porterent treſgrand honneur, la ſuppliant humblement leur faire
entendre l'occaſion de ſa venue ineſperée. Mes amis, dit elle, vous le ſçau
rez quelque autre iour tout à loiſir, & attendant ie vous aduiſe qu'il vous
eſt neceſſaire d'aller de brief en Conſtantinople ou vous entrerez armez
& veſtuz d'vne meſme pareure que ie vous apporte: tant y a que le differer iuſques à vn aultre ſaiſon vous ſeroit dommaigeable: Parquoy ie
vous conſeille que ce ſoit des premiers iours de la ſepmaine prochaine,
vous aſſeurant que l'Empereur vous receura d'auſsi bon coeur que Cheualiers qu'il vit oncques, & durera l'aiſe & le plaiſir que vous aurez auec
luy iuſques à ce que la roue mobile de Fortune faiſant ſon tour, admene-
ra quant & ſoy maintz trauaulx, paſsions & amertumes, leſquelles cau-
ſeront à vous & à d'aultres vn ennuy nompareil. Et pour vous faire entendre que tout ce que ie vous prediz eſt veritable, ie vous aduiſe que
moymeſmes dois tomber aux deux plus grands dãgers de ma perſonne
ou ie feuz oncques, ſoit en ce quartier ou ailleurs. Et le mal eſt que ſelon
les deſtinées, ie ne puis donner ordre, ignorant comme ny parquoy vn
tel malheur m'eſt pourchaſſe, encores qu'il ſoit quaſi ſur le poinct d'aduenir. Madame, reſpondit Eſplandian, pour vous en deliurer, vous pouez tenir ſeure, que nous mourrons tous auant qu'ayez mal. Mon enfant,
dit elle, il fault que les deſtinées des perſonnes ſ'accompliſſent. Mais chã
geons propos ie vous en prie, car cela me donne trop de melancolie. Madame, dit Manely, vous plaiſt il pas deſcendre à la ville? Ouy, dit elle, & ſi
veulx que lon y mãde venir Norãdel, qui eſt demoure (comme ie ſçay)
à Alfarin, & vous enſemble iouiray du plus grand aiſe que ie pourrois
receuoir, ioinct que i'ay admene en ce vaiſſeau le Roy de Dace, naure
d'vn combat qu'il a eu contre Garlante ſeigneur de l'Iſle de Calafre, qui
luy vouloit oſter par force deux damoiſelles. Et combien que Garlante
ſoit eſtime Cheualier preux & hardy, ſi l'a mene le Roy à telle raiſon,
qu'il luy euſt couppe la teſte ſans le pardon qu'il luy requiſt, lequel il luy
accorda ſoubz cõdition que iour de ſa vie il ne feroit tort n'iniure à Cheualier: & ainſi le iura & promiſt Garlãte en ma preſence, car de fortune
i'arriuay là ſur les entrefaites, & entendiz leurs differẽtz. Et pource que
ie veiz le Roy au danger de ſa perſonne, pour le nombre des grandz playes qu'il auoit ſur le corps, ie ne le vouluz abandonner, ains le feiz entrer
ceans, & mettre en la meilleure chambre ou il eſt quaſi guery. Haà quelles bonnes nouuelles, reſpõdit Eſplandian. Sur ma foy ie craignois beau
coup qu'il feut perdu, & pour Dieu madame, ſoyez contente que ie le
voye. Si les conduit Vrgande ou il eſtoit couche, & comme ilz ſ'entre-
uirent, Eſplandian ne ſe peuſt contenir de larmoyer pour le grand plaiſir qu'il eut de l'auoir recouuert: toutesfois ilz n'eurent pour l'heure de

O ij   grandz

grandz propos enfemble, aufsi ne le voulut permettre Vrgande, doubtãt
qu'il furuint quelque efmotion au Roy qui eftoit encores foible & debi-
lité. Et à cefte caufe feit fortir Efplandian, & defcendans auecq' elle en la
fregate ou ilz eftoient venuz, retournerét au port de Galatie, & de là feut
conduite Vrgande au meilleur logis de la ville, auecq' aultant d'hõneur
qu'ilz euffent peu faire à la Roïne Brifenne ou Oriane, fi l'vne d'elles euft
efté en fa place. Et le lendemain enfuiuãt Efplandian cõpafsionné d'vn
grand nombre de femmes & petitz enfans, qui auoient efté trouuez en
la ville des le iour qu'ilz la furprindrent, remonftra eftre trop meilleur
leur donner congé que d'en faire plus longue garde, veu que ce ne feroit
que defpenfe. Et de les captiuer (dit il) & mettre en feruitude, noftre feigneur en pourroit eftre malcontent. Par ainfi qui me vouldra croire, v-
fant enuers eulx de mifericorde pluftoft que defeuerité, ie fuis d'aduis
qu'eulx tous affemblez, on les enuoye à Telifante les prefenter de par nõ
à la princeffe Heliaxe, qui nous en fçaura tresbon gré, & fi ferõs defchar
gez d'aultant. A cefte opinion f'accorderent tous les Cheualiers, & eut
Carmelle cefte commifsion. Et qui euft veu apres elle ce petit populaire,
mefme vn tas de femmes, pleurans tendrement pour fe veoir ainfi banir
& eftráger de leur propre cité, certes le coeur euft efté bien dur qui n'en
euft prins grand' compafsion. Or les laiffons doncques aller, & entédez
le danger ou le l'endemain fe trouua Vrgande la defcogneue, laquelle
bien venue entre ces Cheualiers, prenoit vn fingulier plaifir à leur ouyr
racompter les entreprinfes & rencontres qu'ilz auoyent eues au païs de
Turquie, depuis la prinfe d'Alfarin. Et difcourãs les vns apres les aultres
les chofes dont ilz eftoient plus memoratifz, fouuint à Efplandian de la
vieille qu'ilz auoient veu entre les rochers ou elle faifoit fa refidence, tellement qu'il ne fe peult tenir de foubzrire, dont Vrgande f'apperceut &
luy en demãda la caufe. Madame, refpõdit il, ie péfois à la beaulté d'vne
ieune pucelle que nous rencõtrafmes nagueres moy & quelques vns de
cefte trouppe affez pres d'icy, la mieulx en ordre de toutes chofes qu'il
eft pofsible. Et pour le vous depeindre au naturel, ie vous puis affeurer
(foubz la parolle de Belleris) qu'il y a quelque huiçt ou neuf vingtz ans
qu'elle fçait aller & parler: & toutesfois elle a vn teinçt tãt fraiz & delié,
qu'a le bien contempler ie ne le vous pourrois mieulx acõparer qu'a l'ef-
corce de ces grandz ormes qui feruent communément d'vmbrages aux
carrefours d'aulcuns villages de la grãd' Bretaigne. Au refte fes cheueulx
font blancs comme neige, & tiffus enfemble pour eftre mal pignez, qui
luy donnét vne fi bõnne grace, qu'a les veoir efpars fur vne peau d'Our
(qui luy fert pour toute vefture) il n'y a homme fi affeuré qui ne perdi
contenance d'vne amour trop foubdaine & vehemente dont il feroit fu
prins. Or en auoit ouy Vrgãde parler maintesfois, & la defiroit veoir fu
toutes chofes, pour fçauoir dont elle eftoit renommée. Parquoy dit à E
plandia

plandian:En bonne foy ie la cognois mieulx que vous ne penſez, & ſçay
qu'elle a eſte en ſes ieunes ans l'vne des plus belles creatures de ſon téps,
fille, ſoeur & tante de Roy. Elle ſe nôme Melye, qui pour acquerir ſcien-
ce & entendre parfaitement les artz de nigromancie a tellemét contem-
né le monde, qu'elle a eſleu pour tout heritaige vne roche, & au dedans
fait faire vne cauerne ou elle ſeſt retirée, & vit en treſgráde ſolicitude:&
ſi vous iure ma foy qu'il y a vingt ans & plus que i'ay eu deſir de la venir
trouuer, mais aultres affaires qui m'ôt touché de plus pres, ont touſiours
empeſché que mon vouloir n'a eſte mis à execution. Madame, reſpôdit
Eſpládian, puis que vous eſtes ſi pres, acompliſſez le maintenát, & nous
tous enſemble vous y conduirons & tiendrons eſcorte. Ie vous en prie,
dit elle, & auſſi toſt que nous aurôs diſne. Les tables dôcques leuées cha
cun affectionné de veoir choſe ſi eſtrange ſe tint preſt pour aller acôpai-
gner Vrgande: Toutesfois Eſplandian en eſleut ſeulément ſoixante, leſquelz bien armez & montez ſortirent de Galatie, & Vrgande au milieu
d'eulx ſur ſon palefroy. Si les conduit Belleris, & approchans la cauerne
ou ilz auoient touué Melye aultresfois, l'apperceurent aſſiſe (les iambes
croiſées) ſur vn coing de roch: Adôcq' Vrgáde pria qu'on ſ'arreſtaſt afin
qu'elle ſeule parlaſt priuément à elle, ce que les Cheualiers luy accorderent. Lors Vrgande chaſſa ſon palefroy, & eſtant tout ioignant d'elle, luy
dit:Madame, ie vous prie ne trouuer mauuais ſi ie viés vous viſiter & me
preſenter à vous faire ſeruice. Qui eſtes vous?reſpôdit Melye. Ie ſuis, dit
elle, Vrgande la deſcogneue, qui de tout temps ay eu deſir de vous veoir.
Haà Vrgande, experte entre les plus ſçauátes, reſpôdit Melye, voſtre venue pardeça m'eſt grandement agreable. Deſcendez que nous puiſſions.
deuiſer enſemble des choſes que vous & moy auôs prins peine d'appren
dre:car encores que vous ayez eſte le ſeul motif & occaſion d'acheminer
pardeça les Cheualiers Chreſtiens, par leſquelz noſtre poure païs ſouffre
tant, ſi vous excuſé-ie, cognoiſſant l'obligation quevous auez à voſtre religion, pourtant approchez & venez à moy ſil vous plaiſt. Vrgande la
voyant ſi caduque & debile, feit incontinét ce qu'elle luy diſoit, eſperant
bien l'arreſter voulſiſt ou non, iuſques à ce que ceulx qui l'accôpaignoiét
feuſſent arriuez, es mains deſquelz elle la liureroit pour l'emmener à Ga
latie(mais à fin contre fin) car la vieille ayant Vrgande pres d'elle, ſe retira à l'entrée de ſa cauerne, & luy dit : Vrgande, il me faſcheroit que ces
Cheualiers entendiſſent noz propos, entrons ceans. Si n'en feit Vrgande
aulcune difficulté, ains ſ'aſſeuroit d'en ioyr à ſa diſcretion ſi vne fois elle
la pouoit ioindre, & la ſuiuit. Adoncq'Melye ſe lança ſur elle & l'empoi-
gna à la gorge ſi eſtroictemét qu'Vrgande n'auoit moyen d'appeller Eſ-
pládiã ny les aultres à ſon ſecours: Ce neátmoins eulx doubtás de ce qui
aduint, coururét haſtiuement à la cauerne, & le premier qui y entra feut
Taláque, puis Manely:Mais auſſi toſt qu'ilz eurét mis le pied dedás, tôbe

O iij   rent de

rent de leur hault comme efperduz,& prindrent fi grand fault qu'Efplãdian qui alloit apres l'entendit.Or portoit il quant & foy le remede propre à telles aduentures,c'eftoit fa bonne efpée,contre laquelle nul enchã
tement auoit tant foit peu de vigueur,ainfi qu'il experimenta premierement quand il entra en la chãbre d'Arcabonne mere de Matroco.Efplã-
dian doncq' voyant fes deux compaignons en telle necefsite' & trop do-
lent,fe feuft volũtiers amufe' à les releuer n'euft efte' qu'il apperceut Melye qui tenoit Vrgande foubz les genoilz,& tafchoit par tous moyens de
l'eftrangler.Et à cefte caufe il f'aduança pour la fecourir,menaffant Melye fi elle auoit mal qu'elle le compareroit aigremét : mais pour cela elle
ne laiffa faire tout l'effort,iufques à ce qu'Efplandian feut ioignãt d'elle,
& preft à luy donner de l'efpée fur la tefte. Lors elle gaigna au pied penfant auoir refuge en fa chambre ou eftoit l'effort de fes charmes & enchã
temens,& ainfi qu'elle approchoit le fueil de l'huis, Efplandian la faifit
par fa peau d'Ours , & voulfift elle ou non l'arrefta de fi court, qu'elle
ne peuft paffer oultre. Et cõme il eftédoit les bras pour la mettre à mort,
fe fouuint qu'il fe feroit tort,n'eftant conuenable à Cheualier fouiller fes
mains au fang d'vne femme foible & de nulle refiftence . Certes tel fouuenir modera la colere de ce bon Cheualier , en forte qu'il ne luy voulut
tant meffaire, ains delibera feulement la tirer de la voulte . Et de fait la
print au poil, & commença à la trainer à force. Adoncq' apperceut vn
grand finge ride', eftincellant des deux yeulx comme fi ce feuffent deux
charbons allumez , lequel fe lança fur luy pour le deffigurer : mais il luy
donna tel coup de poing entre les deux yeulx,qu'il le meit à mort.Et paf
fant oultre emmena Melye hors de fa fpelonque, puis la laiffant à la garde de Frandalo,retourna fçauoir fi Vrgande eftoit viue ou non,& la trou
ua faifant telle grimace , qu'il fembloit proprement que l'ame luy deuft
fortir du corps . Dequoy il eut telle pitie' qu'il la print entre fes bras &
l'emporta à l'air , & aultant en feit à Talanque & Manely, aufquelz vn
quart d'heure apres il ne fouuint de chofe qui leur feuft aduenue, & feurent aufsi fains & entiers qu'auparauant. Parquoy remonterent tous à
cheual, emmenant quant & eulx Melye que Sergil meit fur le fien,&
luy en crouppe la tenant embraffée eftroictement de peur qu'elle n'ef-
chappaft.Et Dieu fçait fi en cheminant Vrgande les affeuroit de la peur
qu'elle auoit eue.Et telle,difoit elle,mes amis, que ie penfois bien mou-
rir:mais tout ainfi qu'vn clou repoulfe l'aultre,l'aife que i'ay de me veoir
à prefent deliurée, me fait quafi du tout oublier le malaife ou i'ay efte'.
Et continuant ces propos entrerent en la ville, eftant defia haulte heure.

Comme

Comme Carmelle arriua a

Tefifante vers Heliaxe,& du combat merueilleux
qu'eurent Efplandian,Frandalo,Gandalin,
& Enil,contre trois Geants,& douze
Cheualiers Turcqs.

Chapitre   XL.

Ant chemina Carmelle auecq' les petis enfans &
femmes de Galatie, qu'ilz arriuerent à Tefifante,
ou ilz trouuerent leurs peres & maris qui f'y eftoyent fauluez comme il vous a efte' dit cy deuant. Las
penfez quelle douleur ilz eurent de prime face, con
fiderans leur exil, & entiere perte de leurs biens.
Certes il n'y a fi dur coeur, qui ne feuft fondu en larmes, veoyant l'homme & la femme enuironnez de leurs petis enfan-
çons, & n'auoir prefque moyen de leur donner que boire ny manger. Si
en vindrent incontinent les nouuelles au prince Alphorax:lequel oyant
reciter leurs doleances,dit fi hault que chafcun l'entédit: Haà dieux immortelz! il fault bien dire que pour quelque grand meffait, ou de moy,

O iiii   ou des

ou des miens, ceste ruine & forte guerre soit entrée en mes païs . Appaisez vous, Dieux misericordieux, & permettez plustost par vostre infinie bonté, que tout le mal que vous enuoyez sur tant de simples personnes innocentes,tombe sur moy seul qui vous ay irrité:ou sinon donnez moy grace qu'a vostre gloire ie puisse chasser ceste mauldicte secte de Chrestiens, ennemis de voz sainctes loix: vous iurant que s'il vous plaist me tenir la main, i'en feray vn tel carnaige, que vous aurez occasion de vous appaiser, si le peu de deuoir ou ie me suis mis à les chasser de ceste terre,vous a peu prouocquer à telle ire contre moy . Puis demanda comme ilz estoyent eschappez. Sire, respondit celuy qui l'en auoit aduerty, vne damoiselle assez belle, nommée Carmelle, ainsi que i'ay entendu,les a admenez,qui desire parler à vous,& à madame Heliaxe. Madame,dit Alphorax à sa femme,la cognoissez vous point:Oy,monsieur, respondit Heliaxe, comme celle qui me tenoit bonne compaignie le iour que ie tombay es mains de Frandalo : vous asseurant qu'elle s'efforça de me faire tout le seruice dont elle se peut aduiser. parquoy ie vous prie commãder qu'on luy fasse l'honneur & recueil qu'elle merite. M'amie, dit Alphorax, il me plaist tresbien. Lors coururent aulcuns querir la damoiselle, laquelle arriuée ou estoit Alphorax,s'adressa de prime face à Heliaxe,& sans la saluer aultrement luy dit:Madame,vous cognoissez le maistre & le Seigneur à qui ie suis, & lequel seul a puissance sur moy : ne trouuez doncques estrange si ie m'ay voulu tant peu humilier deuãt la maiesté du prince Alphorax,ou la vostre. Et afin,madame,que vous entendiez la cause de ma venue par deça, ie croy qu'auez sceu long temps a la prinse de Galatie, de laquelle les Cheualiers Chrestiens sont auiourdhuy maistres, & l'ont conquise sur voz gens, sans y trouuer aultre garnison que ces femmes & petis enfans, que monseigneur Esplandian & ses compaignons vous enuoyent, pour en ordonner ainsi que bon vous semblera . Vous asseurant que(osté le deuoir de leur religion) ilz ont desir de vous faire plaisir & seruice aultant qu'a princesse de la terre. Carmelle ,respõdit l'Infante,ce n'est pas le premier bien qu'ilz m'ont fait : ie me tiens de long temps si obligée à eulx , que soit en leur aduersité ou plus grande prosperité,il ne sera iamais iour de ma vie que ie n'aye desir de le recognoistre. Toutesfois ie sçay bien que ie n'en ay auiourdhuy le moyen ny auray cy apres(comme ie pense)si la muable Fortune ne donne vn si grand tour de roue, qu'elle les fasse abaisser, d'aultant qu'ilz sont maintenant esleuez. Alors cognoistront ilz en moy en quelle estime i'ay leur vertu, & les faueurs qu'ilz m'ont faites. Carmelle ,dit adonc Alphorax,vous ont ilz rien commandé me dire ? Non monsieur, respondit elle, mais ie vous aduise qu'ilz se deliberent vous venir bien tost veoir,auecq' tel equipaige que vous aurez peu d'occasion de vous en contéter. Par to⁹ mes dieux,dit Alphorax,ie les releueray de ceste peine,

s'ilz ne

filz ne font extreme diligence: car tant de gens font en chemin pour me
fecourir, que ie pafferay en Conftantinople, & ruineray le mefchant Em
pereur, & toute la Chreftiente. Adoncq' fera il aife à ma femme (fi bon
luy femble) de recognoiftre enuers eulx les feruices qui luy ont faitz, cõme elle dit. Monfieur, refpondit Carmelle, les entreprinfes prennêt bien
fouuent tout aultre fin que l'on ne penfe, aufsi Dieu qui eft par deffus cõ-
mande & difpofe de toutes chofes felon fon bon plaifir, non pas à la volunte des perfonnes. Or ay-ie maintenant fatisfait au commandement
de ceulx qui m'ont enuoyée vers madame, dit elle à Heliaxe, parquoy il
vous plaira me faire reconduire iufques en lieu de feurete. Monfieur, dit
la princeffe à Alphorax, ie vous fupplie faites luy cefte courtoifie, car ie
ferois trop marrie qu'elle receut le moindre ennuy du mõde: ce qu'il luy
accorda. Et oultre, Heliaxe luy feit prefent de l'vn des plus riches acou-
ftremens qu'elle euft. Puis l'enuoya conduire par vingt Cheualiers, iufques pres de Galatie: ou arriuée feit entendre deuant tous quelle auoit e-
fte l'executiõ de fon voyaige, mefmes les propos que luy auoit tenuz Alphorax, qu'Vrgãde nota tresbien, difant aux Cheualiers: Par ma foy, mes
bons amis, quant à Alphorax parlant ainfi, il a fuyui fon naturel, qui eft
fuperbe & audacieux. Neantmoins ie vous affeure que fortune luy promet de grandes chofes : & pource qu'elles ne luy peuuent tarder, ie m'en
tairay pour cefte heure. Et vous prie en attendant qu'aucuns de vous me
facent le bien de retourner à la fpelonque de Melye, querir les liures que
nous y auons laiffez : lefquelz eftans en ma poffefsion feruirõt peult eftre
quelque iour à vous & à d'aultres. Efplandian oyant Vrgande parler d'af
fection, & cognoiffant le defir qu'elle auoit de les recouurer, luy refpondit: Madame, auant que ie dorme ie mettray peine de vous obeyr. Et fans
plus differer pria Enil, Frandalo, & Gandalin de luy tenir compaignie:
lefquelz f'allerent incontinent armer, & eulx à cheual auecq' leurs efcuyers fans plus, fortirent hors la ville, laiffant Vrgande auecq' Norandel,
qui eftoit nouuellement arriue à Alfarin. Si cheminèrent ces quatre
Cheualiers, tant qu'ilz vindrent au roch de Melye, ioignant lequel ilz
apperceurent d'affez loing trois Geants, & douze Cheualiers, qui appel-
loyent à l'entrée de la cauerne Melye à haulte voix : car les bergiers gar-
dants les tropeaulx (qui l'auoyent veu emmener par force à Galatie) leur
en coururent porter les nouuelles: & pour fçauoir f'ilz mentoyêt ou non,
eftoyent venuz là expreffément. Si cogneut bien Efplandian & ceulx de
fa compaignie que c'eftoyent ennemis: parquoy delibererent de les com
batre, encores qu'ilz fuffent en trop plus grand nõbre qu'eulx. Et de fait,
couuertz de leurs efcuz, tenans leurs glaiues preftz à coucher en l'arreft,
donnerent à trauers. Efplandian rencontra le premier des Geants, Frãda
lo le fecond, Gandalin & Enil le tiers: & donna Efplãdian fi grand coup
au fien, qu'il luy feit prendre vn fault merueilleux, demourant maiftre & de

ſtre & deſtrier ſur la place ſans remuer pied ny main. Mais il aduint tout
aultremét aux deux aultres, car ayans rompu leurs bois contre Frãdalo,
Gandalin & Enil, leurs cheuaulx mal embouchez les emporterent à vn
grand mille de là, premier que les pouoir arreſter: & à l'inſtant les quatre
Cheualiers Chreſtiés furent enuelopez des douze Turcqs, trois deſquelz
furent mis à mort dés la premiere charge. Lors cõmença la meſlée cruelle & dangereuſe, & telle qu'auant le retour des deux Geants cinq aultres
de leurs compaignons ſe ſentirent tant mal menez, que le plus ſain de
tous eſtoit nauré à l'extremité. Ainſi n'en reſtoit plus que trois, leſquelz
Eſplandian & Frandalo laiſſerent gouuerner à Gandalin & Enil, pour al
ler au deuant des deux qui venoyent au grand gallot ſecourir leurs com
paignons. Et cõme ilz vindrent au ioindre, oncques ne fut veu plus beau
combat: car Eſplandian ſe ſouuenant de la princeſſe Leonorine, ne don
noit coup d'eſpée qu'il ne feiſt ſortir le pur ſang du corps de celuy auquel
il ſ'adreſſoit, dont rougiſſoit ſouuent la dure roche biſe. Ce nonobſtãt il
trouua bien qui luy ſçauoit rendre ſon change: telement qu'en moins de
rien ſon eſcu feut detaillé & mis en tant de pieces, qu'il ne luy demoura
au poing aultre choſe que les courroyes: dequoy il eut tel deſplaiſir, que
ſe ſoubzleuant ſur ſes eſtriers, donna à ſon ennemy ſi grand coup ſur la
coiffe de fer, qu'il l'en deſarma, & luy commencerent les yeulx à eſtince-
ler ſi fort, qu'il baiſſa le col iuſques ſur la criniere de ſon cheual, laiſſant
tomber bas l'eſpée qu'il tenoit. Et à l'inſtant Eſplandian le rechargea entre haubert & heaulme ſi rudement, qu'il luy aualla la teſte, & ſ'enfuit le
cheual auec le corps à trauers pays. Ce pendant Frãdalo combatoit l'aultre ſi bruſquement, qu'il le tenoit aculle & du tout hors d'halaine. Gandalin & Enil d'aultre coſté ne faiſoyent moins d'effort: car eſtans au milieu des quatre, combatoyent par telle viuacité de couraige, qu'ilz deffirent les deux plus adroitz. Mais les deux aultres tenoyét touſiours bon,
combien qu'ilz feurent en branſle de fuir, quand ilz veirent Eſplandian
picquer droit à eulx, auſſi ne luy euſſent ilz peu reſiſter: toutesfois il ſ'arreſta court, pource qu'il apperceut aulcuns de ceulx qui eſtoyent tõbez,
ſe releuer, & reprendre les armes. Lors tourna bride, dont ſi mal luy aduint, que ſon cheual meit le pied dedans vne orniere, & tomba de coſté,
demourant Eſplandian au plus grand dãger de mort qu'il feuſt oncques:
pource que ſes ennemis l'enuironnerent incontinent, preſtz à luy mettre l'eſpée par deſſoubz le haubert dedans les trippes. Choſe aiſée & facile, ſi noſtre ſeigneur n'y euſt pourueu, donnant force à ſon deſtrier de ſe
releuer, & le maiſtre quant & quant: lequel ſe voyant en liberté, & ayant
l'eſpée au poing, feit telle execution, qu'il ne laiſſa vn ſeul en vie de ceulx
qu'il peut attaindre. Et en ces entrefaites les deux auſquelz Gandalin &
Enil auoyent encores à faire, ſ'enfuirent par la montaigne, comme ſi to
les diables les emportoyent: & ſans eſtre gueres pourſuyuiz ſe ſaul-

uerent

uerent, demourant pour gaige le Geant : auquel Frandalo remeit la vie,
tant pour la pitié qu'il luy feit demandant pardon, que pource qu'auſsi
bien il ne valoit gueres mieulx que mort.

Comme Eſplandian entra en

la ſpelonque de Melye pour auoir ſes liures, & d'vne charge qu'on feit à luy, Frandalo, Enil, & Gandalin,
ainſi qu'ilz penſoyent retourner en Galatie.

Chapitre   XLI.

E combat mis à fin, comme vous auez entendu, chaſ
cun feit bãder & regarder ſes playes au mieulx qu'il
peut. Puis entra Eſplandian en la cauerne de Melye.
prendre les liures qu'il cherchoit : & vint en vne bien
belle chambre quarrée, autour de laquelle le lierre
eſtoit creu, en ſorte qu'on euſt iugé aſſeurément y a-
uoir eſté approprié pour ſeruir de tapiſſerie. Et pen-
doyent à la voulte quatre lampes, qui ardoyent iour & nuict aux quatre
coings, ſans que iamais la lueur ſ'amortit, tant auoit l'enchantereſſe ſceu
experimen

experimenter son art en cest endroit. Et comme Esplandian regardoit d'vne part & d'autre, aduisa l'huis d'vne garderobe, au meillieu de laquel le estoit planté vn grand chandelier d'or massif à sept branches & sept gros flambeaux de cire vierge, bruslans incessamment: & à costé vne tablette de Ciprés, & au dessus les liures de Melye, les vns couuerts de lames d'or & taillez à la damasquine, & les autres de fin argent esmaillé de plusieurs sortes d'esmail. Si les print Esplandian, & les emporta quant & soy iusques hors de la cauerne: puis les bailla à son escuyer, & remontant à cheual luy & sa compaignie, suiuirent le chemin qu'ilz estoyét venus, pensans retourner en Galatie. Mais ilz feurent arrestez plustost qui ne cuidoyent: car les Turcqz qui s'en estoyent enfuyz (comme vous auez entendu au chapitre precedent) donnerent l'allarme à vne petite ville prochaine, d'ou sortirent vingt hommes de cheual, & quarante de pied: lesquelz asseurez que quatre Cheualiers Chrestiens sans plus auoyent fait ceste charge à leurs gens, s'estoyent diligentez pour les venir enclorre, specialement ceulx qui se trouuerent les mieulx môtez. Si les descouurirent d'assez loing Frandalo & ses compaignons, toutesfois malaisément se pouuoyent ilz retirer sans combat, ou endurer quelque honte. Parquoy Esplandian feut d'aduis attendre la fortune, & enuoyer l'vn de leurs escuyers hastiuement aduertir ceulx de Galatie, du danger ou ilz estoyent, afin d'auoir secours. A quoy Frandalo contreuint à son possible, remonstrant le grand trauail qu'eulx & leurs cheuaulx auoyent souffertz tout le iour, & le grand nombre des ennemis, au respect d'eulx: tellement (dit il) si nous entreprenons de les soustenir, ie crains beaucoup que pensant acquerir gloire & Cheualerie, ne tombions en danger d'estre estimez folz presumptueux & temeraires. Quoy doncques? respondit Esplādian, voulez vous endurer la honte de fuir? Ce maistdieux quát à moy, i'ayme mieulx prendre le hazard de mort ou de vie, tel qu'il pourra venir. Voicy que nous ferons, respondit Frandalo, mon escuyer s'en courra à Galatie aduertir Talanque & les autres, comme vous auez arresté: & quant à nous, ie sçay vn pont assez pres d'icy, ou nous nous retirerons, & le defendrons attendans nostre secours: aumoins ne pourrons nous estre assaillliz qu'en lieu estroict, aultrement considerez vous mesmes quel ordre il y auroit de resister à tant de gens, & de pied, & de cheual, qui viennent à la file. Allons doncques, respondit Esplandian, & laissans le chemin à droicte, prindrent sur la gauche, comme Frandalo les guidoit. Si ne cheminerent longuement qu'ilz trouuerent vne petite riuiere assez creuse, & vn pont dessus, & quasi à l'instant furent chargez de leurs ennemis, principalement d'vn Turcq braue & mieulx monté, que nul des aultres: aussi estoit-ce le capitaine de tous, lequel tenant vne grosse lance, commença à crier en langue Arabicq, contre Esplandian & ses compaignons: Canaille, vous fuyez, mais par noz dieux vous mourrez

presen-

prefentement. Enil qui entendit cefte menaffe mieulx que nul d'eulx,
tourna vifaige, & donnant des efperons à fon cheual, fe chargerent le
Turcq & luy, fi rudement, qu'Enil eut le bras droit percé, & le Turcq le
corps de part en part, tombant mort fur le champ : qui anima tellement
ceulx de fa trouppe, qu'ilz cuiderent enclorre Enil : mais trouua moyen
de regaigner l'entrée du pont. Certes qui euft veu lors les prouëffes &
haultes Cheualeries de ces quatre champions, on euft eu raifon de les e-
ftimer telz qu'ilz eftoient, principalemét Efplandian, qui ne tiroit coup
d'efpée en vain. Et cóbien qu'ilz feuffent peu au refpect de tant, fi chauf-
ferent ilz vne fois ou deux les efperons à ceulx qui eftoient plus haftez,
de forte que fans le renfort des gents de pied qui furuindrent, ceulx de
cheual euffent eu trop à faire : dont il ne fe fault esbahir, attendu que la
plufpart d'eulx eftoient géts de ville inexperts aux armes, & trop plus a-
droitz à vne table qu'à mener vn cheual, ou rompre vne láce. Aumoyen
dequoy les quatre Cheualiers leur porterent grád dommaige en moins
d'vn quart d'heure, & tel, que ny ceulx de pied, ny de cheual ne fofoient
plus aduenturer d'entrer fur le pont, quád l'vn d'eulx f'aduifa de tafter le
guè, afin de les enclorre fil eftoit pofsible. Ceftuy duquel ie vous parle auoit nom Tluacam, homme adroit & gentil Cheualier au pofsible,
aufsi le feit il bien cognoiftre auant que le combat print fin : car encores
que l'eaue feuft haulte, & le bord de la riue mal aifé à aborder de l'aultre
part, fi paffa il oultre, & y porta à plufieurs fois iufques à huiét de leurs
fouldatz. Ce que voyát Frandalo & fes compaignons, feurent contraints
eulx feparer eulx deux, Efplandian & Enil demourerét ou auoit efté có-
mençée l'efcarmouche, & Frádalo auecq' Gandalin entreprindrent garder l'aultré cofté du pont. Et Dieu fçait fi lors ilz eurent des affaires : car
Tluacam voulant vaincre ou mourir, & f'eftant faify d'vn aultre glaiue,
chargea Gandalin de fi droit fil, qu'il cuida renuerfer homme & cheual
par terre, & brifa fon bois. Parquoy meit foubdain la main à l'efpée, &
frappant à dextre & à feneftre, penfant eftre fuiuy des fiens, efchauffa fi
bien fon cheual, que vouluft ou non, il le porta iufques au mylieu du
pont: ou le cuidant arrefter, gliffa & cheut en l'eaue, & fe noya. Lors fe
prindrent les Turcqs à faire vn tel cry, que lon n'euft pas ouy tonner, &
quant & quant baifferent tous les teftes, & iouants à quitte ou double,
meirét tout leur pouuoir d'enfoncer tant d'vne part que d'aultre les quatre Cheualiers Chreftiens : lefquelz fouftindrent ceft effort fi cheualeureufement, que force feut aux aultres de reculler, & en demoura neuf
qui feurent ietez en l'eaue : mais Efplandian & les fiens eftoient fi laffez
qu'ilz n'en pouuoient quafi plus. Lors ilz apperceurent leur fecours venir à bride abbatue : & entendez que l'occafion pour laquelle il auoit
tant arrefté, Frenace efcuyer de Frandalo, qui eftoit allé querir Manely
& les aultres, efperant trouuer encores fon maiftre ou il l'auoit laiffé, y

P   eftoit

eſtoit repaſſé, & ne les trouuant point, ſe doubta bien qu'il en auroit nouuelles au pont, & de fait ilz arriuerent tant à propos, qu'Eſplandian & ſes trois compaignons eſtoient quaſi preſque recreuz. Mais quand ilz cogneurent leurs géts, oncques poures priſonniers mis en liberté, ne feurent plus aiſes ny les Turcqz plus eſtonnez: toutesfois ilz ſe commencerent à ſerrer, deliberez de venger leur mort pluſtoſt que de rendre les armes. Et auant que les Cheualiers de Galatie les peuſſent rompre, ilz leur donnerent trop d'affaires, combien qu'ilz leur paſſerent à la fin ſur le vétre, ſans qu'il en rechapaſt vn ſeul pour aller porter les nouuelles à leurs amis. Or auoit Enil eſté durement bleſſé au commencement, ainſi qu'il vous a eſté dit: parquoy feit regarder à ſa playe, les aultres naürez ſemblablement: puis reprindrent la voye de Galatie, ſe contentants pour ce iour de la victoire qu'il auoit pleu à noſtre Seigneur leur enuoyer. Et arriuants à la porte, trouuerent Vrgande qui les attendoit: laquelle ſçachant cóme le tout ſ'eſtoit paſſé, & le danger ou Eſplandian ſ'eſtoit veu, luy dit par maniere de ieu: Par ma foy monſieur, ſi i'euz belle peur de mourir quand ie tombay es mains de Melye, ie croy que vous ne l'auez eue moindre depuis que ie ne vous ay veu, aumoins ainſi que i'ay peu entédre de ceulx qui ſçauent le danger ou vous vo' eſtes trouué ce iourd'huy. Madame, reſpondit il, ie ſçay bien que ie ſuis mortel, & que ma vie & ma mort ſont es mains de Dieu quand il luy plaira, & ſi vous conſeſſeray aiſément, que ſi nous n'euſſions eſté ſecouruz, qu'à la longue noz affaires ſe feuſſent mal portez: neantmoins ie m'aſſeure bien, premier que cela feuſt aduenu, que nous euſſions fait tomber ſi bon nombre de noz ennemis, que les aultres euſſent eu plus occaſion de pleurer leur perte, que d'eulx reſiouir de leur gaing. Vrgande cogneut bien aux geſtes d'Eſplandian, qu'il auoit mal prins ſon propos: & à ceſte cauſe luy dit: Monſieur, ie vous ſupplie me pardonner, & excuſer l'indiſcretion des femmes, meſmes la mienne, qui me ſuis oubliée pour ce coup. Haà madame, reſpódit Eſplandian, vous auez toute puiſſance ſur moy, & me pouez depeindre quand il vous plaira couard, hardy, ou tel qu'il vous ſera à plaiſir. Et ainſi deuiſants, vint deſcendre en ſon logis, ou maiſtre Elizabel (nouuellement arriué d'Alfarin) viſita ſes playes, & les aultres ſemblablement, qui auoient beſoing de bon ſecours.

Comme

Comme les Cheualiers de la

grand'Bretaigne, qui eſtoient à Galatie, ſ'embarquerent auecq' Vrgande au nauire de la grand' Serpente pour aller en Conſtantinople, &
de ce qui leur aduint.

Chapitre   XLII.

Vinze iours entiers les Cheualiers, qui auoient eſte
naurez à ceſte derniere rencõtre, feurent cõtraintz
garder la chambre, attendants la guerifon de leurs
playes . Durant lequel temps Vrgande la deſcogneue, prenoit vn ſingulier plaiſir à lire aux liures
de Melye, qu'Eſplandian luy auoit fait apporter
Et tant y trouua de ſingulieres coniurations, & aul-
tres enſeignemens de l'art de nigromancie, qu'elle ſ'esbahiſſoit comme celle qui les eut ſi long temps en ſa poſſeſſion, ne ſçauoit encores
plus qu'elle ne faiſoit, iugeant en ſoy meſmes la damoiſelle enchâtereſ-
ſe auoir eſte la plus parfaite de toutes celles qui ſe meſlerent oncques de

P ij   telles

telles drogueries, ainfi que lon pouuoit euidemment cognoiftre par le
contenu de ces liures. Or s'approchoit le temps qu'il eftoit neceffaire,
fuiuant les deftinées à Efplandian, & fes côpaignons faire le voyage de
Conftantinople: parquoy aufsi toft qu'ilz fe trouuerent difpos, Vrgande les feit tous affembler en vne grand' falle, & elle au mylieu d'eulx leur
tint telz propos: mes amis, fçachant partie des profperitez & infortunes
dont vous menaffent les influences & cours celeftes: ie me fuis mis en
chemin, mefmes pour venir veoir Efplandian & vous tous, de qui i'ay
receu vn merueilleux plaifir, cognoiffant à mon arriuée l'amytie que
vous vous portez & le defir qu'auez d'accomplir l'ordre de cheualerie,
non pour en reccuoir gloire & recompenfe en ce monde qui eft trom-
peur: ains feulement pour l'augmentation de noftre foy, & feruice de
Dieu qui vous en fçaura gre. Et afin que vous puifsiez longuement continuer en ce bon vouloir, & que le fait que i'en efpere puiffe venir en feu
re maturite: i'employeray deformais, non feulement le trauail de ma
perfonne, iufques en toute extremite: mais le fçauoir qu'il a pleu à noftre feigneur me prefter, auecq' lequel ie vous confeilleray ce qui me
femblera neceffaire, pour faire fleurir & augmenter voftre renommée,
defia efpandue en toutes les parties du monde. Et pour commencemét,
ie fuis d'aduis que vous vous embarquiez tous auecq' moy dedans le
nauire de la grand' Serpente, qui nous conduira en Conftantinople vers
l'Empereur: fans lequel il eft impofsible que cefte grande entreprinfe,
ou vous vous eftes acheminez, fe paracheue felon voftre defir. Ioint
que luy mefmes auant plufieurs reuolutions d'années, fe trouuera en
vne merueilleufe necefsite, & telle, qu'il fe tiendra plus que trop heureux de vous auoir en fon aide. Et à bon droit: car à la fin luy & vous
furmonterez la fortune, felon voz intentions. Lors cognoiftrez euidemment que ce que ie vous predis, eft certainement veritable. Tandis
qu'Vrgande tenoit ces propos, n'y auoit homme en la compaignie qui
ne feuft ententif à l'efcouter. Et n'euft efte qu'ilz l'eftimoient verita
ble & non menfongere en tout ce qu'elle predifoit: ilz euffent doub
te grandement de la menaffe qu'elle faifoit à l'Empereur, eftant fi gran
monarque & puiffant feigneur. Toutesfois l'iffue qu'elle leur promet
toit de ce trouble, leur donnoit quelque contentement en leurs efpritz
& en attendant faifoient bien eftat d'efprouuer leurs forces, tellemen
que la prouëffe fe diuulgueroit encores d'aduantage. Et au regard d'a
dreffer leur chemin vers l'Empereur, comme Vrgande vouloit, certe
c'eftoit bien le but, auquel Efplandian tendoit le plus, efperant fi la gue
re eftoit ouuerte en la Grece, & le danger de l'Empereur fi eminen
faire tant d'armes, qu'il acquiteroit, non feulement fon pere de l'obl
gation qu'il auoit faite aux dames de les aller feruir, mais confirmero
l'amitie que la princeffe Leonorine luy portoit, en forte qu'il la pou
roit auo

roit auoir à femme. Et à ceste cause print la parole pour tous ses compaignons, asseurant Vrgande qu'il n'y auoit nul d'entre eulx qui ne feust
prest à luy obeïr, & aller ou il luy plairoit. Mes amis, dit elle, faites doncques demain de grãd matin passer voz cheuaulx en mon nauire, & quãt
à voz armes, ne vous en donnez peine: i'y pouruoiray si bien, que chascun en sera content. Suffise vous de vous embarquer pour incontinent
apres faire voile: car bien souuent vne entreprinse trop differée ne vient
à telle execution qu'elle deburoit, non par faulte de bonne & meure deliberation, ains pour la negligence de ceulx qui sont ordonnez la mettre
à execution. Ainsi feut arresté le voyage de Constãtinople, en sorte que
tous les Cheualiers de la grand'Bretaigne entrerent au nauire de la grãd'
Serpente, menants quant & eulx Frandalo, Melye, & le capitaine de Tesifante, qui auoit esté prins vn peu au parauant, cõme vous auez peu entendre, demourãts pour la garde de la ville les gents de l'admiral de Grece. Ce fait, on veid le nauire s'esbranler de soymesmes, & prendre la route de la montaigne defendue, ou arriuez, chargerent le Roy Armato &
les deux capitaines Turcqz: car ainsi le voulut celle qui les guidoit. Puis
le sixiesme iour ensuiuant, vint la grand'Serpente surgir à demy mille
de Constantinople ou elle s'arresta. Lors Vrgande feit armer ses Cheualiers, des harnois qu'elle leur auoit apportez, qui estoient blancz, ayãts
deuant & derriere vne croix vermeille, qui leur dõnoit si bõne grace, que
rien plus. Or estoient ilz quarante de nombre fait, desquelz les noms ensuyuent: Esplandian, Frandalo, Norandel, Talanque, Manely le saige,
Ambor de Gandel, Garuate du val craintif, Gandalin, Enil, Trion cousin de la Roïne Briolanie, Brauor filz du Geant Balan, Belleris, Elian le
delibere, Licoran de la tour blanche, Listoran du pont d'argent, Landin
de Sariaque, Ymosil de Bourgongne, Ledadrin de Ferraque, Sarquiles
cousin d'Angriotes, Palomir, Branfil, Tantiles le superbe, Galbion filz
d'Ysamel, Carpin son frere, Carin de Carante, Attalio filz d'Oliuas, Bracele filz de Brandoyuas, Garamante filz de Norgales, Amphinio d'Alemaigne, Brandonie de Gaule, Penatrie d'Espaigne, Flamene son frere,
Culspicio de Boesme, Amandario de la petite Bretaigne, Siluestre de
Hongrie, Manlie de Suesse, Galfarie de Romanie, Galiot d'Escosse, Amandalie son frere, Calfeur l'orguilleux. Si feut incontinent ce vaisseau descouuert par ceulx de la ville, lequel ilz recogneurent tresbien,
l'ayant veu aultresfois quand il leur donna la paour que vous auez entendue es chapitres precedents: toutesfois esperants que celuy qui y nauigeoit ordinairement y estoit en personne, coururẽt tous aux murailles,
& le long de la greue pour le veoir descendre: dont le bruit feut si grand,
qu'il vint aux oreilles de l'Empereur, deuisants lors auecq' les dames.
Celles nouuelles pleurent tant à Leonorine, qu'aussi tost qu'elle ouit
nommer la grand'Serpente, elle se leua du lieu ou elle estoit, & vint aux

P iij

feneftres

feneftres veoir fi elle pourroit choifir Efplandian : mais le nauire eftoit
encores trop loing du port, & fi ne fe mouuoit aulcunement pour en approcher : parquoy craignant eftre deceue comme elle feut à l'aultrefois,
commença à muer de couleur : dequoy la Roïne Menoreffe f'apperceut
fi bien, qu'elle luy dift par maniere de mocquerie: Madame, cefte mauluaife chere que vous faites, eft elle pour nous defguifer voftre aife, ou de
crainte que ie ne fuborne celuy qui nous vient veoir? Mais vous ma cou-
fine, refpondit elle, depuis quand vous meflez vous de gaudir?fur ma foy
ie ne penfay de ma vie à la premiere de fes deux chofes, & doubte encore moins de la feconde: car vous fçauez tout ce que ie fçay, & fi n'ignore
pas qu'oncques puis le nauire de la grand' Serpente ne feut là ou ie la
voy, que nous n'eufmes pas pourtant celuy que nous attédions: parquoy
ie crains(& auecq' raifon)qu'il nous en prenne tout autant. Et côme elle
acheuoit cefte parole, le nauire f'esbrâla iufques à vn trait d'arc du port,
& peut-on veoir aifément ouurir l'vn de fes flancs, & ieter vn efquif, &
peu apres defcendre Carmelle & deux aultres damoifelles, lefquelles cô
mencerent à fonner trefmelodieufement de deux inftruments qu'elles
portoient,& ne ceffa cefte armonie,iufques à ce qu'elles eurent prins ter
re.Lors marcherent droit au palais de l'Empereur : lequel recognoiffant
Carmelle, eut meilleure efperáce de veoir Efplandian qu'il n'auoit oncques eue, & f'approchant pour en fçauoir des nouuelles, elle luy feit la
reuerence ny plus ny moins que les aultresfois,luy difant: Sire, monfeigneur Efplâdian(que vous auez tant fouhaite en voftre compaignie)eft
prefentement arriue en ce port, dedans le nauire de la grand' Serpente,
auecq'bon nombre de Cheualiers,fes côpaignôs & amis, mefmes d'Vrgande la defcogneue : lefquelz vous fupplient leur faire tant de bien de
les attendre ceans,ou ilz defirent vous faire la reuerence.Vrayemét Carmelle, refpondit l'Empereur, ie n'ouy de ma vie meffaige qui tant m(
pleuft:ie feray ce qu'ilz me mâdent, encores que i'euffe bien delibere d
les aller receuoir là dehors,& faire l'honneur qu'il leur appartient: mai
puis qu'ilz le veulent aultremét,ie leur fatisferay. Il fuffit, dit Carmelle
nous retournerôs doncques vers eulx,les affeurer de voftre bon vouloi
Allez, refpondit l'Empereur, & leur dites de par moy, qu'ilz feront le
plus que tresbié venuz.Ainfi f'en partit Carmelle auecq' les deux aultr
damoifelles,& ce pendant qui euft prins garde à Leonorine, on euft a
fément iuge l'alteration de fon coeur tant plein d'aife, que fans la Roï
Menoreffe qui luy tenoit la bride,elle euft(peult eftre)fait chofe peu a
uantageufe à fon honneur, voulant à toute force laiffer l'Imperatrix
mere,& aller au deuant d'Efplandian,pour l'abfence duquel elle auoi
longuemét fouffert.Mais la Roïne faige & difcrete,feit tant qu'elle l'
refta à la feneftre,afin que lon ne cogneuft la mutation de fon vifaige
ne tarda gueres Carmelle,qu'on la veit r'entrer en l'efquif, & aborde
grand' S

grand' Serpente:de laquelle on aualla peu apres deux barques,qui appor
terent quelques cheuaulx à terre:puis retournerent querir les Cheualiers
& ceulx qui voulurent fortir , & entre aultres fix damoifelles , trois defquelles fonnoyent des haultzbois,puis fe taifoyent, & commençoyét les
aultres trois vne armonie de lucz & violons, la plus plaifante, qu'on euft
peu ouyr. Et en tel equipaige defcenduz au port & montez à cheual, entrerent en la ville, marchans premier les fix damoifelles fuyuies de deux
Turcqs, qui feurent prins au fiege de la montaigne defendue . Derriere
eulx le capitaine de Tefifáte, le Roy Armato,à cofte de luy l'Infante Me
lyc veftue de la robe d'ours qu'elle auoit le iour de fa prinfe,& les quaran
te Cheualiers deux à deux acouftrez (& leurs cheuaulx aufsi) de femblable parure : au mylieu defquelz eftoit Vrgande la defcogneue parlant à
Efplandian & au Roy de Dace. Et comme ilz feurent ioignant le palais,
l'Empereur, l'Imperatrix & les dames vindrét les receuoir : & f'adreffant
l'Empereur à Vrgande , luy feit autant d'honneur que fi elle euft efte la
plus grand' Roïne de la terre : ce pendant les Cheualiers eftans entre les
dames,donnerent bien à entendre à ceulx qui les regardoyent qu'ilz n'e-
ftoyent moins courtifans enuers elles , que cheualereux & promptz aux
armes : mefmes Efplandian , lequel f'approchant de Leonorine , meit le
genoil en terre pour luy baifer les mains : mais elle le refufa,faifant penfer vn chafcun eftre mal contente de luy , pour auoir fi long temps differe à venir à la court côme il auoit promis: dont l'Empereur qui y prenoit
garde ne fe peut tenir de rire,& luy dit : Comment ma fille? eft-ce le bon
recueil que vous faites à voftre Cheualier , & le gre que vous luy portez
pour eftre venu par deça expreffément vous feruir? Ie vous prie fouuienne vous qu'il merite aultre vifaige, & ne fuft-ce que pour l'amour de fon
pere,à qui vous eftes tant obligée. Monfieur, refpondit Leonorine, c'eft
ce qui me fait plus mal contente de luy : car f'il reffembloit aufsi bien le
Cheualier à la verde efpée en courtoifie que de vifaige,il n'euft tant diffe
re d'obeïr au cômandemét qu'il a de luy , & aux prieres que vous & moy
luy auons faites par Carmelle & aultres, comme vous fçauez . Cemaiftdieux m'amie,dit l'Empereur,vous dites vray:toutefois ie n'euffe pas péfe que vous eufsiez tenu fi longuement voftre coeur, veu ce qu'il a fait
pour vous,& les beaux prefents qu'il vous a enuoyez. Monfieur, refpondit elle,f'il a fait quelque chofe pour moy, c'a efte hors mon commáde-
ment: i'euffe trop mieulx aime qu'il euft fait moins en cela , & il euft o-
bey au vouloir de fon pere & au mien. Madame, dit l'Empereur,parlant
à Vrgande, voùs voyez en ma fille combien eft grande la colere d'vne
femme marrie.Sire,refpondit elle,la raifon eft de fon cofte : car Efplandian obeyffant à fon pere,deuoit fe conformer à la volunte d'elle, & à la
voftre aufsi:& ayant en cela failly,tout ce qu'il dit auoir fait en fa faueur,
doit eftre eftime comme rien, encores que ie fçaiche affeurément que la

P iiii   fouuenance

souuenance de madame vostre fille l'a fait quelque fois combatant entrer en tel peril, que c'est chose miraculeuse comme il en est peu eschap-
per sans mort. Et par ainsi madame, dit elle à Leonorine, il merite auoir
pardon:& ie vous en prie. Durant le parler d'Vrgande la princesse regardoit Esplandian d'vn tel oeil, qu'il viuoit & mouroit en elle:& luy d'aultre part luy faisoit sentir de quelle sorte Amour traite ceulx qu'il tient le
plus en sa puissance, tellement qu'elle demoura longue espace sans respondre à Vrgande, non pour luy vouloir mal ou desplaisir de ce qu'elle
auoit dit, ains sentant son coeur si esmeu, qu'elle trembloit cõme la fueille sur l'arbre: toutesfois elle s'asseura à la fin, & luy respondit: Madame,
puis que vous trouuez bon que ie luy remette sa faulte, ie le feray pour ce
coup, soubz condition que s'il s'oublie doresenauant comme il a fait par
le passé, vous porterez pour luy la penitéce de son demerite. Lors le print
par les mains, & le leua changeant de propos: pource que l'Imperatrix(à
laquelle le Roy de Dace auoit parlé ce pendant) suruint, & feut côtraint
Esplādian laisser Leonorine pour l'entretenir. Or n'auoit l'Empereur encores fait aulcun recueil au Roy Armato, ne l'ayant cogneu de prime fa-
ce:mais aussi tost qu'on le luy mõstra il le vint embrasser, & luy dit:Mon
sieur mon frere, ie vous prie excuser mon ignorance, & me pardonner, si
du commencement ie ne vous ay fait meilleur recueil, ne sçachant qui
vous estiez:i'amenderay la faulte quand il vous plaira. Monsieur, respon
dit Armato, ie suis maintenāt(puis qu'il plait à Fortune) en lieu ou vous
pouez me commander: & toutesfois ie vous supplie vous souuenir que
ie feuz, & que ie puis estre: & faire enuers moy ainsi que vous vouldriez
que ie feisse pour vous en pareil cas. Considerant en vous mesmes qu'vn
tel malheur que le mien vous peult semblablement aduenir: & que ce
n'est moindre vertu d'vser de gracieux traitemét enuers les vaincuz, que
de combatre & suppediter les plus grãdz. Si le cõduit l'Empereur en son
palais, ou les aultres le suyuirent:& comme ilz feurent en la grand'salle,
il les laissa auecq' l'Imperatrix pour parler à Frandalo, lequel il tira à part
& luy dit: Seigneur Frandalo, pour vous donner à cognoistre combien
me sont agreables les seruices que vous m'auez faitz, ie veulx que desormais vous portiez l'enseigne de mon Empire, duquel ie vous crée & esta
bliz mareschal. Treshumblement le remercia Frandalo, se tenant heureux d'estre paruenu en telle authorité.

Comme Norandel & la Roy-
ne Menoresse feurent amoureux l'vn de l'aultre,& des
propos qu'ilz eurent ensemble.

Chapitre   LXIII.

Ainsi estoit

Insi estoit l'Empereur entre ces Cheualiers, leur faisant la meilleure chere dont il se pouoit aduiser. Et
en ces entrefaites aduint que la princesse Leonorine
& la Roïne Menoresse voyãs le Roy de Dace & Norandel ensemble, appellerent Carmelle, & luy demã-
derent qui ilz estoyét. Mesdames, respódit elle, aultrefois auez vous peu veoir celuy qui a moins de bar
be, qui est le Roy de Dace, lequel admena ceans Frandalo : & cest aultre
est Norandel filz du Roy Lisuart, estime l'vn des plus adroitz Cheualiers
que lon treuue. Ie vous prie, dit Leonorine, faites les approcher, que no'
parlions à eulx. Lors Carmelle les appella : & comme ilz feurent deuant
les deux princesses, tant plus ilz contemployent l'excéléce de leur beaulté, & plus se donnoyent de merueille, & non sans cause : car (apres Leonorine) à peine eust on sceu trouuer en toute la Grece vne qui secondast
à la Roïne Menoresse, specialement en bonne grace. Mais si elle auoit
quelque perfection en elle, Nature ne s'estoit pas oubliée enuers les deux
Cheualiers, principalement en Norandel, qui iusques alors n'auoyét sen
ty l'aiguillon d'Amour:& moins la Roïne Menoresse. Toutesfois ce petit larronneau les surprint si couuertement, qu'il les lia tous deux, les ren
dant captifz l'vn de l'aultre : de sorte qu'apres plusieurs propos se retirans
à part, laisserent le Roy de Dace deuisant auecq' Leonorine:& demanda
la Roïne à Norandel qu'il luy sembloit de la princesse. Madame, respondit il, encores que ie l'eusse ouy estimer entre toutes les parfaites du mon
de, si n'eussé-ie iamais pensé que la Beaulté mesmes eust esté si belle que
ie la veoy : combié que vous luy en deuez si peu, que ie m'estimerois bien
heureux d'auoir esté endormy le iour que i'entreprins de venir par deça.
Pourquoy? dit la Roïne, vous a lon fait ceans si mauluaise chere? Non,
madame, respondit il, mais on m'y a desrobé ce que plus i'auois gardé
songneusement toute ma vie. La Roïne ne sçachant qu'il vouloit dire,
fut lors bien esbahie, & luy demanda que c'estoit, & s'il cognoissoit le lar
ron. Oy madame, respondit il, & si est bien en vous de m'en faire la iusti-
ce s'il vous plaist : car vous, & non aultre, auez ce dont ie me plains. En
bonne foy, dit la Roïne, vous me pardónerez, car ie n'ay rien à vo' que ie
sçache. Madame, respondit Norandel, depuis le temps que ie me cognois i'auois gardé ma liberté entiere, sans l'aliener à personne viuante:
toutesfois en entrãt ceans (aussi tost que i'ay eu l'oeil sur vous) ie me suis
trouué de libre & franc que i'estois, serf & captif de vostre bonne grace:
laquelle ie vous supplie treshumblement me donner, en recompense de
ma liberté, que vous m'auez vsurpée. Vrayement Cheualier, respondit
elle, vous vous foruoyez grandement pour ce coup: car si vous m'eussiez
regardée comme vous deuiez, vous ne m'eusiez trouuée telle que vous
dites, & eusiez pensé deux fois à me tenir telz propos. Neátmoins ie ne

les prenles prendray de vous (qui estes estranger) en si mauluaise part, que mon honneur me le commande: aufsi croy-ie que vous parlez tout aultremét que le coeur ne vous iuge. Et ce disoit elle pour sonder le gue', & enten-dre asseurément de Norandel si ses paroles estoyét feintes ou non: lequel oyant ceste fafcheufe refponfe, se trouua merueilleufement estonne': ce nonobstant (presse' d'amour) luy refpondit ainsi: Madame, pardonnez moy l'offenfe que i'ay commife enuers vous. Tant y a que par la foy que ie dois à Cheualerie ie vous ay entierement defcouuert le fecret de mon ame. Et si vous ne m'en voulez croire pour ce coup, i'efpere à l'aduenir faire telle chofe, que vous vous apperceuerez de l'enuie que i'ay d'eftre voftre Cheualier, si vous me voulez faire ce bien & honneur de me rece-uoir pour tel. Quand la Roïne Menoreffe le veit si ferme, mefmes qu'en proferant ces paroles il befgueyoit d'affection, elle eut à fon aduis argu-ment pour adioufter foy à fon dire. Au moyen dequoy elle luy refpon-dit: Seigneur Norandel, si vous faites ce que vous me promettez, ie croi-ray ce que vous dites. Et quant à vous retenir pour mon Cheualier, il me femble que ie me ferois tort de refufer telle faueur d'vn si gentil perfon-naige que vous eftes: ainfi ie le vous acorde, & vous en prie. Ce difant ti-ra de fon doigt vne petite bague qu'elle portoit ordinairement, & la luy donna pour tefmoignaige de leur nouuelle alliance. Et n'euft efte' que l'-Empereur fe vouloit mettre à table pour foupper, ilz n'euffent si toft mis fin à leurs propos: mais l'Imperatrix fe retira, & feut contrainte la Roïne Menoreffe de la fuyure, & admener quant & elle Melye & Carmelle, auf quelles on feit tout l'honneur & bône chere dont on fe peut aduifer. Puis eftants les tables haulfées, Leonorine qui auoit veu Norandel & la Roï-ne parler si affectueufement l'vn à l'autre, fe doubta bien qu'il y auoit an-guille foubz roche, parquoy la tirant à part comméça à luy dire: Ma cou-fine, ie croy que ce Cheualier qui vous a si long temps entretenue, vous comptoit quelques nouuelles de la grand' Bretaigne, ou chofe qui vous plaifoit grandement. Ie vous prie belle dame dites moy que c'eftoit: car vous eftiez merueilleufement ententiue à l'efcouter. Comment, mada-me? refpõdit elle, depuis quand auez vous apprins à vous gaudir? Appel-lez vous gaudir, dit la princeffe, quand on fait à bon efcient? Pleuft à dieu que la mocquerie que ie penfe fur vous peuft aduenir ainfi que ie la vous defire, i'aurois pour le moins aultant d'arres fur vous, que vous auez eu fur moy iufques à ce iourdhuy, dequoy ie ferois grandement aife, non tant pour auoir qui m'accompaignaft en femblable mal qu'eft le mien, que pour vous rendre en pareil change ce que vous me preftaftes, quand vous fceutes premierement les amours du bon Cheualier Efplandian & de moy. Par ainfi ne craignez à me declarer ce qui en eft, aultrement ie vous tiendray dorefenauant fufpecte en tout ce que i'ay fait & vouldray faire. Madame, refpondit la Roïne, pluftoft certes vous declareray-ie ce

que i'euffe

que i'eusse voulu celer à ma propre chemise.Le Cheualier dont vous par
lez (ie ne sçay par quel malheur) m'a tant fait sienne, que ie sens en moy
chose que ie n'auois oncques pensée. Et tout ainsi que ceulx qui sont at-
tains d'vne grosse fiebure continue, trouuent meilleur le goust de l'eaue,
que l'esperance de la vie: semblablement moy qui estois coustumiere de
contemner, non seulement le pouoir d'Amour, mais blasmer ceulx qui
se rendent à sa subiection (estimant leur estre chose plus voluntaire que
forcée)ie me sens tellement surprinse, que si Dieu n'y pouruoit,ie suis au
plus grand danger de tomber,que feut oncques poure femmelette.Com
ment ma cousine? dit Leonorine,le seigneur Norádel seroit il bien si des
pourueu de sens qu'il voulsist desdaigner l'amour d'vne si belle & hône-
ste dame que vous estes?auez vous cogneu en luy qu'il porte ailleurs affection? Non,respódit elle, ains au contraire s'est declare tout à moy, sans
ce qu'il en ait eu aultre aduantaige, sinon que ie l'ay accepte pour mon
Cheualier. Vrayement,dit Leonorine,i'en suis tresaise:& si vous eussiez
fait le contraire, il eust eu grande occasion de se plaindre, & vous encores plus de refuser vn tel bien,quád il se presente sans dissimulation:aul-
trement si ce que ie nomme bien est variable, ce n'est bien, mais maledi-
ction . Ie croy certainement que le seigneur Norandel aimeroit mieulx
mourir de mille morts, que de s'acoustrer d'vn si malheureux acoustre-
ment : ainsi deliberez vous de le bien traiter,vous asseurát que ie vous se-
conderay en tout ce que ie pourray, & feray pour vo⁹, comme vous auez
fait pour moy . Et tant deuiserent ensemble, que l'Empereur & sa compaignie estants hors de table,vindrent veoir les dames:toutesfois ny Leo
norine, ny la Roïne Menoresse eurent le moyen pour ce soir d'entretenir leurs amis d'aultre chose que d'vn piteux regard , auecq' lequel leurs
coeurs passionnez receuoyent quelque allegement.Or estant l'heure d'-
aller dormir,chascun se retira au logis qui luy auoit este ordonne.Et cóme la Roïne Menoresse se trouua seule couchée en son lict,commença à
penser aux propos que Norandel luy auoit tenuz, deliberát quelquefois
essayer à son possible d'en distraire sa fantaisie : puis aussi tost changeoit
de propos, & disoit en soymesmes: Helas,y eut il oncques constáce plus
grande que celle que i'ay eue iusques à maintenant? fault il ainsi me rendre apres auoir endure par le passe tant de durs & cruelz assaultz ? Las ie
cognois bien qu'il est force,& qu'il vault trop mieulx presentement rece
uoir guerison, que de brusler ainsi à petit feu comme ie fais. Mais quoy?
s'il aduient que i'obtempere à mon desir (pourette que ie suis) ie voy à
veue d'oeil le danger ou ie tombe,& la seruitude ou i'entre,de laquelle ie
ne pourray sortir de ma vie : ainsi il vault trop mieulx me vaincre moymesmes, & commander à ce qui me commande,que faire chose dont cy
apres ie me puisse repentir . Puis se taisoit: & se tournant puis ça puis là,
cóme personne trauaillée,& en corps & en esprit, plustost n'auoit resolu
vne chose,

vne chofe, qu'aufsi toft elle ne feuft rompue, tant eftoit fon inconftance
gráde. Toutesfois apres auoir bien debatu en foy tous les plaifirs ou def-
plaifirs qui fe reprefentoyent, finablement profera à haulte voix ces paroles : Ie ne fçay qu'il en aduiendra, mais Amour me promet de grandes
chofes: au fort fi ie m'oublie dorefenauát, il en fera blafme, non pas moy
qui ne feray rien qu'en fa puiffance, & en cefte opinion fendormit. Et le
lendemain fe trouuans Norandel & elle à propos, confermerent tellement leur amitie, qu'ilz entreprindrent la conduire plus par prudence,
que par pafsion. Ce que doiuent imiter ceulx & celles qui font en termes
femblables, pour paruenir au poinct de l'heureufe iouïffance, qu'on fouloit appeller anciennement le gracieux don de mercy.

Comme Vrgande la defcogneue

declara à l'Empereur la prophetie qui auoit efte trouuée en la
tombe, & de deux dragons qui l'emporterent en l'air
auecq le Roy Armato, & Melye, au mylieu de
la ville de Tefifante.

Chapitre   XLIIII.

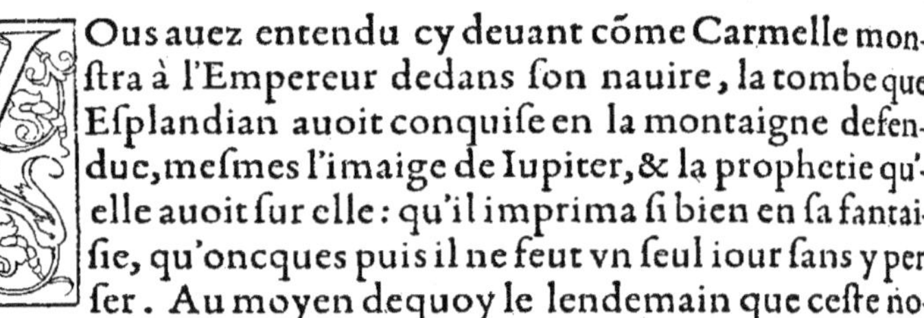

Ous auez entendu cy deuant cóme Carmelle monftra à l'Empereur dedans fon nauire, la tombe que
Efplandian auoit conquife en la montaigne defendue, mefmes l'imaige de Iupiter, & la prophetie qu'-
elle auoit fur elle : qu'il imprima fi bien en fa fantaifie, qu'oncques puis il ne feut vn feul iour fans y penfer. Au moyen dequoy le lendemain que cefte ño-
ble compaignie feut arriuée en Conftantinople, confiderant qu'il n'y a-
uoit perfonnaige au monde plus digne à declarer ce dequoy il doubtoit
qu'Vrgande la defcogneue, la feit appeller en fa garderobe, ou eftoyent
l'Imperatrix, Leonorine, & la Roïne Menoreffe fans plus. Et eulx cinq
enfemble, l'Empereur feit apporter la ftatue de Iupiter, & dit à Vrgande : Madame, ie vous prie me faire tant de bien de me declarer (fil vous
eft pofsible) que veult dire le contenu des letres qui font en ceft image.
Si leut Vrgande l'efcripture, & apres y auoir quelque peu penfe, refpondit à l'Empereur : Sire, le grand fçauoir que ceft idole a predit deuoir e-
ftre perdu au temps aduenir, eft defia aduenu : car comme vous fçauez,
la puiffance de Iupiter & des aultres dieux faulx & controuuez a efte
fupprimée & anneantie par l'aduenement de Iefus Chrift. Et quant à ces
motz, le ferf de la ferue aura cy fepulture, & la vie reftituée par qui feuf-

fre la

fre la mort, ce font termes difficiles & trefobfcurs : toutesfois ie les vous
declareray aumoins mal qu'il me fera pofsible. Or penfoient Leonorine
& la Roïne Menorefle qu'elle voulfift parler d'Efplandian qui auoit efté
mis au coffre de cedre, comme vous auez leu. Parquoy elles furprinfes
d'vne crainte non pareille, cõmencerent à fe regarder l'vne l'aultre plus
mortes que viues : ce cognoiffant Vrgande, voulut les affeurer, continuant fon propos de telle forte. Sire, cefte prophetie feut faite pour Matroco feigneur de la montaigne defendue, lequel comme vous fçauez,
feut payen iufques à fon dernier iour qu'il recogneut noftre feigneur Iefus Chrift. Par ainfi il demoura long tẽps feruiteur de la ferue : car telle fe
doit nommer la fecte malheureufe d'idolatrie : mais Efplandian voyant
fa repentance, permit qu'on l'inhumaft en l'hermitage ou eft encores de
prefent le pere de Carmelle, laquelle depuis à tant honnoré le corps du
Geant, qu'elle mefme a enfepuely fes oz au coffre de Cedre, que vous,
madame (dit elle à Leonorine) luy donnaftes, fi bien vous en fouuiẽt. Et
au regard de cefte ligne contenãt telles parolles : La vie fera reftituée par
qui feuffre la mort, cela fe doit aufsi entendre de luy, car perdãt cefte vie
tranfitoire, a recouuert l'eternelle au fein d'Abraham tãt luy a fait noftre
feigneur de grace, par le merite de la pafsion de fon filz en qui il a creu,
comme ie vous ay dit. Et voila, Sire, le plus que ie puis à prefent tirer de
cefte prophetie. Oy mais, refpondit l'Empereur, que deuiẽdra le demourant? Sire, dit elle, ie ne le vous fçaurois declarer non plus que pourroient
faire mes dames, voftre fille ou la Roïne Menorefle. Tant y a que vous
le verrez acomplir en brief, & s'il vous touche en quelque chofe, le plus
grand bien qui vous en peult aduenir eft, que le tout redondera plus au
falut de voftre ame, qu'a nulle pompe ou gloire mondaine, & vous contentez pour cefte heure s'il vous plaift. Oy vrayement, refpondit l'Empereur, & à toufiours aufsi : car pourueu que l'ame foit bien, ie me donne
peu de la mifere ou pafsiõ du corps. Et fur ce poinct laiffa Vrgãde auecq'
l'Imperatrix, & vint en fa falle ou l'attendoient grand nombre de Cheualiers & gentilzhõmes, auecq' lefquelz il paffa le refte du iour, en tous
les paffetemps dont il fe peut aduifer. Mais ce pendant Fortune ourdif-
foit petit à petit la toile & file, auquel elle le vouloit enclorre & toute fa
trouppe, pour leur dõner les ennuys & tribulations qu'ilz eurent depuis,
le commencement defquelz feut tel que vous pourrez entendre prefentement. A vn mille de la ville l'Empereur auoit fait baftir vn fomptueux
palais appellé Vaelbeniatnof, le plus aprochant qu'il auoit peu de celuy
qu'Apolidõ edifia en l'Ifle ferme : & eftoit ce lieu acompagné d'vn parc,
fourny de tout ce qui eftoit requis au plaifir de l'hõme, & là delibera mener les dames auecq' Efplandian & fa cõpagnie, mefmes le Roy Armato, pour leur faire la meilleure chere qu'il luy feroit pofsible. Et de fait
le troifiefme iour enfuiuant deflogerent tous de Conftantinople, & vin-
Q　　　　drent à

drent à Vaelbeniatnof. Si entreret par la porte du parc, dãs lequel trouue
rent les veneurs & limiers atiltrés au bois,tellemét qu'a leur arriuée feut
lance vn grand Cerf,lequel finablemét apres maintes rufes vint mourir
quafi entre les dames. Et paffant oultre, rencontrerent le Sanglier efcu-
mãt de la chaffe que luy dõnoit le vaultroy, fi afpre qu'ilz le cõtraigniret
f'acculer, & à coups de defenfes chaffer les plus fortz leuriers d'autour de
luy:mais à la fin l'vn des veneurs luy donna en la gorge & l'abatit. Tant
dura ce plaifir qu'il feut heure d'aller foupper : parquoy fe retirants ces
feigneurs & dames au palais,trouuerent les nappes mifes & les feruit on
en toute magnificence.Puis eftans les tables haulfées, commença le bal,
qui ne print fin iufques à ce que le fommeil les feit tous retirer,efperants
recommencer le lendemain mieulx que deuant. Ce qu'ilz euffent fait indubitablemét fans Fortune, qui voulut eftre de la partie, & troubla telle
ment la fefte qu'elle leur donna bien à entendre comme elle fe fçait faire
acroire de ce qu'il luy vient à plaifir. Le iour doncques enfuiuant eftants
defia fur la vefprée,ces princes & Cheualiers,dames & damoifelles, fef-
batants au parc,les vns deuifants auecq' celles qu'ilz auoiét plus affectiõ-
nées, contétants leurs efpritz de propos moins ennuieux qu'amour leur
enfeignoit,les aultres couráts & f'esbatáts à cueillir fleurs, & faire ce qui
leur feoit le mieulx : Melye (de laquelle on n'auoit fceu tirer iufques à
lors vne feule parole) f'adreffa à Vrgande, & luy dit deuant tous : Madame,ie m'esbahis (f'il eft ainfi que vous ayez aultãt de fçauoir comme lon
eftime)que ne donnez maintenant quelque plaifir à cefte belle compaignie. Melye,refpondit Vrgande, là ou vous ferez,ie n'entreprendray iamais rien deuant vous:mais vous le deuez faire,eftant feure que l'Empereur vous en fçaura tresbon gre. S'il luy plaift,dit elle, i'en fuis contente,
pourueu que puis apres vous ferez cõme moy, ou mieulx fi vous pouez.
Vrayement,dit l'Empereur,ce party eft raifonnable,& ie vous prie toutes deux. Sire, dit Melye, commandez doncques à Vrgande qu'elle me
prefte vn liure que foulois auoir, fur lequel eft l'effigie de Medée & fon
nom efcript au deffoubz, lors pourrez veoir partie de mon art, & fi Vrgande ne l'a fceu iufques à maintenant, elle le pourra apprédre de moy.
En bonne foy,dit Vrgande, ie ne refuferay pas ce bon tour. Lors appella
l'vne de fes femmes,& luy commanda aller querir le liure,& tandis Melye print par la main le Roy Armato.Et cõme fi elle luy euft voulu parler d'affaires,fe promenerét quelque temps enfemble.Puis vindrent f'af-
feoir ou eftoient l'Imperatrix & les dames deuifants de plufieurs propos
en attendant ce que Melye auoit demande, que la damoifelle d'Vrgãde
luy apporta peu apres. Si ouurit le volume & commença à y lire , faifant
aulcuns fignes toufiours les yeulx efleuez cõtre le ciel, & appellãt Vrgãde,luy dit,qu'elle f'approchaft pour veoir chofe qu'elle n'auoit oncques
veue. Vrgande qui ne fe doubtoit de la fineffe qu'elle luy preparoit, fe

vint met-

vint mettre d'vn cofte' & Armato tout ioignant, de forte qu'elle demoura entre luy & Melye: laquelle commença à fueilleter le liure, leur monftrant certaines propheties & aultres fingularitez, & quafi à l'inftant le
ciel fe troubla d'vne nue rõde, & vn brouillart fi obfcur, qu'ilz ne fe pouuoient veoir l'vn l'aultre quand la nue f'entrouurit. Adõcq' defcendirent deux dragons grands à merueilles, trainants vn chariot qu'ilz vindrent prefenter vis à vis d'Vrgande, laquelle Armato & Melye ferrerent
fi eftroitement, que voulfift elle ou non, ilz la poulferent dedans, & eulx
apres. Lors les dragons ayants leur charge, f'efleuerent en l'air & les emporterent, criant Vrgande fecours à haulte voix, mais ce fut en vain : car
à vn œil d'œil elle feut perdue dans le ciel, dont furuint tel trouble en
cefte cõpaignie, qu'Efplandian, Talanque, Ambor, Manely, & les aultres Cheualiers venuz quant & elle, feirent ferment de iamais n'arrefter
en lieu plus hault d'vne nuict, qu'ilz ne l'euffent trouuée. Au moyen dequoy le iour mefmes, prenãts conge', & de l'Empereur & de celles qu'ilz
laiffoient à regret, r'entrerent en la nef de la grand' Serpente : mais premier Efplandian parla à l'Infante Leonorine, la fuppliant treshumblement ne prendre en mauluaife part l'entreprinfe que luy & fes compaignons auoient faite pour perfonne à qui ilz eftoiét tant obligez, l'affeurant qu'aûfsi toft qu'ilz en auroiét nouuelles, ilz retouncroient en Conftantinople. Mon amy, refpondit elle, il me femble que cela fe deuoit
faire vn peu plus à loifir, non pas fi chauldement que vous l'auez voulu:
toutesfois ie fuis cõtente de ce qu'il vous plaift, mais n'oubliez le retour
ainfi que vous promettez. Ce qu'Efplandian luy iura, & tandis Norandel & la Roïne Menoreffe (tant ennuyez que merueilles) ne fçauoyent
bonnement quelle contenance tenir, & auoiét l'vn & l'aultre les coeurs
fi ferrez, que la Roïne feut contrainte fe retirer en fa chambre, & fe ieter
fur vn lict, fermant l'huis fur elle: de forte que Norandel n'eut moyen de
luy dire à Dieu, ains f'embarqua, acompaigne' d'vne infinite' d'ennuis &
regretz: & commença la grand' Serpente à voguer d'elle mefmes, en for
te qu'elle print port à la montaigne defendue peu de iours apres.

Comme les deux Dragons por-

terent Vrgande, Melye & le Roy Armato, au mylieu de
la ville de Tefifante, & de la grand' armée que
feit mettre fus Armato, pour entrer es
païs de l'Empereur de
Conftantinople.

Chapitre   XLV.

Es Dragons en l'air emportants au chariot Vrgande, Armat[o]
& Melye vollerent d'vne telle aesle, qu'ilz se trouueret vn pe[u]
deuant le iour au dessus de la grãd' ville de Tesifante, & là po[serent?]
seret ces trois personnages:puis reprindret leur vol , & se'sua[s-]
nouiret,qu'oncq' puis on ne les veit. Si feut le Roy Armato biẽ aise quã[d]
asseurément il recogneut estre arriué au lieu ou il auoit toute puissance
& s'en vint en son palais ou il trouua la garde à qui il se feit cognoistre:&
incontinẽt en alleret aduertir le prince Alphorax, lequel bien esbahy s[e]
leua de son lict, & ictans sur ses espaules vne robbe fourrée , courut em[-]
brasser son pere,qui luy sembla si change',tant pour sa longue barbe,qu[e]
de l'ennuy qu'il auoit souffert, que les larmes luy vindrent aux yeulx, [&]
commença à luy dire:Monsieur,vous soyez le plus que tresbien venu, [&]
pour Dieu dites moy s'il vous plaist,cõme Fortune vous a este' si amie [de]
vous deliurer de la misere ou vous auez este' par tant de iours à mon tre[s]
grand desplaisir. Mõ filz,respõdit il,Melye le vous racõtera mieulx qu[e]
moy:car elle est seul moyen du bien que i'ay à present,& si a amene' quã[t]
& nous Vrgãde la descogneue , dont quelque fois vous auez ouy parle[r]
Et comme il acheuoit ceste parole, Melye & Vrgande entrerent, & feu[t]
le bruit si grãd par la ville du retour du Roy, que tout le peuple s'esmeu[t]
pour le venir veoir,aultant ioyeulx de son arriuée, qu'Vrgãde marrie [de]
se trouuer en tel lieu:& ce qui plus encores l'ennuya , Melye luy dit asse[z]
mal gracieusement deuãt tous:Vrgãde,deux choses m'incitent à te sau[-]
uer la vie.La premiere,pource qu'en ma captiuite' tu n'as permis m'est[re]
dite parole mal gracieuse, & moins qu'on m'ait fait mal,ou desplaisi[r]
L'aultre, que ie sçay certainement le Roy Armato auoir receu par to[n]
moyen tout le bon traitemẽt qu'il a eu durãt ses infortunes:neantmoi[ns]
le mal que tu as procure' à ce païs(estant cause que les Chrestiens y so[nt]
entrez)est suffisant pour te faire souffrir prison perpetuelle , en laquel[le]
ie t'enfermeray si estroitement par mon sçauoir , que le tien te proffite[ra]
peu pour en sortir de ta vie. Et combien que telle sentence deust esto[n-]
ner Vrgande,si se monstra elle tant constante,qu'elle n'en changea on[-]
ques de couleur,deliberant en soymesmes prendre en patiéce tout le p[eur?]
qui luy sçauroit venir,à ceste cause respõdit à Melye : Madame, vous [fe-]
rez de moy ce qu'il vous plaira,mais il me semble que vo' me deuez tra[i-]
ter ny plus ny moins que vous auez este',lors que i'ay eu pareille puissã[-]
ce sur vous que vous auez sur moy,autremẽt vous me ferez tort & à vo[us]
mesmes aussi: à moy qui suis vieille & ancienne me mettãt en la capti[ui-]
te' dont vous me menassez (ne vous ayant oncques meffait) & à vou[s]
preferez cruaulte' à la bõte' de laquelle vous auez este' tousiours estim[ée]
Si ne luy respondit Melye vn seul mot, ains cõmanda qu'on l'enferm[ast]
en vne grosse tour qui estoit au mylieu de la ville , sur laquelle elle [fit?]
telles cõiuratiõs,qu'Vrgãde cogneut biẽ que sans la misericorde de D[ieu]
il luy seroit impossible d'auoir iamais liberte': toutesfois elle viuoit [en]
espera[nce]

esperance, considerant l'estat muable de Fortune, & que le Roy Armato mesmes auoit esté deliuré casuelemét, lequel demoura quelque iours
en sa grand'ville de Tesifante sans faire semblant de se vouloir venger.
Mais à la fin depescha ambassadeurs vers tous les seigneurs du Leuát, ses
amis, alliez & confederez, les suppliant prendre les armes, pour chasser
les Chrestiens, non seulemét de Galatie, Alfarin, & aultres places qu'ilz
auoient vsurpées sur luy, ains destruire Constantinople, auecq' le reste
de la Chrestienté. Et pour ceste occasion leur escriuit la letre, dont la te-
neur s'ensuit.

Letre du Roy des Turcqs

Armato, à tous les princes d'Orient.

R mato appellé par la presciéce de noz dieux immor
telz au gouuernement du grand Royaulme de Turquie, frontiere & boulleuert de la loy Payéne: à tous
les Califfes, Rois, Souldás, admiraux & gouuerneurs
des païs qui sont es parties d'Oriét, salut. Au retour
de la prison, dót nous sommes deliurez maintenát,
il m'a semblé bon vous faire entendre, comme puis
nagueres est sorty du Septentrion & venu en ces marches vn Cheualier
descendu (comme lon dit) de la lignée de Brutus le Troyen, auquel noz
Dieux ont permis pour noz iniustices (comme il est vraysemblable) có-
querir la montaigne defendue, mettant à mort Matroco & Furion, deux
Cheualiers estimez entre les meilleurs de tout l'Orient. Et qui pis est
(s'augmentant de iour en iour le nombre des Chrestiés) s'efforcent exter
miner & aneantir nostre saincte loy: pour aquoy obuier auions prins les
armes & mis sus vne forte & puissante armée, pensants pour le moins les
chasser de noz limites. Toutesfois apres auoir tenu longuement le siege
deuant la montaigne defendue, & reduit en telle extremité ceulx de dedás qu'ilz n'auoient plus nulz viures: celuy duquel nous nous doubtós le
plus, premier entrepreneur de ceste guerre, trouua moyen soubz la faueur d'vn paillard (qui fut nostre) appellé Frandalo, d'entrer dedans,
& nous surprendre par cautele. En sorte que demourant nostre armée deffaite, demourasmes aussi prisonnier en leurs mains, ou ilz nous
ont gardé estroictement par l'espace quasi d'vn an entier: durant lequel
tombans noz affaires de mal en pis, se sont saisiz par trahison ou d'em-
blée, des portz d'Alfarin & Galatie, les deux meilleurs de nostre Royaul
me. Ce qu'ilz n'eussent iamais entreprins, sans le secours que leur à fait
le traistre & desloyal Empereur de Constantinople: qui pour les secou-
Q iij   rir & fa-

rir & fauorifer, à rompu lafchement les trefues que nous auions enfemble. Et maintenant lieue tant de gents, que fans l'aide de vous aultres:
nous fommes en danger de tomber en leur mercy. Chofe qui vous feroit
de grande confequence, veu que nous fommes (cóme vous fçauez) frontiere & rampart de vous tous. Pourtant nous vous prions & admonne-
ftons en noz Dieux, que tant pour la defenfe de noftre loy, que pour l'v-
tilite' de tout le païs du Leuant, vous affembliez voz forces en fi grand
nombre que nous puifsions chaffer ces Chreftiens de noz limites, & có-
querir l'Empire de Conftantinople, iufques es parties de Gaule, & de la
grand'Bretaigne, qui nous fera aife' & proffitable. Ces letres efcriptes,
& les ambaffadeurs depefchez feirent telle diligence qu'auant la fin de
Iuillet eufuiuant f'affemblerent au port de Tenedos tant de gents, que
le bruit en vint aux Cheualiers Chreftiens, par le moyen que vous enten
drez. Vn iour entre les aultres Belleris, Talanque, & Manely, fortiz de
la montaigne defendue, efperants prendre fur le chemin de Tefifante
quelque Turcq, qui leur dift nouuelles tant du Roy Armato, Melye,
qu'Vrgande la defcogneue, approchants pres de la fonteine aduentureu
fe, ainfi que le iour commençoit à poindre: aduiferent entre les pilliers
de bronze, le pauillon & le lict de camp que Heliaxe y auoit laiffe', & vn
ferpent grand oultre mefure couche' dedans, qui aufsi toft fe print à fuir
& les Cheualiers à le fuiure, péfant le mettre à mort: mais leurs cheuaulx
n'en voulurét oncques approcher : & toutesfois il commença à fe plaindre aufsi dolentement que feroit vne femme en trauail. Et à l'inftant
fe prefenterent quatre hommes bien armez & montez, qui d'effroy crie-
rent. Damps Cheualiers, retirez vous fans plus vouloir ainfi oultrager
noftre damoifelle: aultremét vous mourrez de malle mort. A peine eurent ilz acheue' cefte parole qu'ilz fe coururent fus, les vns aux aultres,
& briferent les Cheualiers, eftrangers leurs lances, en forte qu'il feut aduis à Manely & fes compagnons auoir efte' attaints de feftuz. Et neantmoins nul d'eulx ne peult oncques coucher fon bois, ains pafferent carriere fans leur donner attainte. En ces entrefaites le Serpent entra en vn
trou, fi qu'oncques puis ne lé veirent. Et cóme ilz tournoient bride pour
recouurer leur faulte: les quatre aultres n'y voulurent entendre, ains leur
crierét en fuyant: Cheualiers, noftre damoifelle eft faulue, cótétez vous
du refte fi bon vous femble. Allez à tous les diables, dit Talanque, que
mal an puiffe auoir qui courra meshuy apres vous. A cefte caufe eulx
trois enfemble retournerent vers la fonteine: non fans f'entregaudir, de
de ce qui leur eftoit aduenu. Et comme ilz feurent vis à vis du pauillon,
veirent vn aultte Cheualier donnant à boire à fon cheual: vers lequel
picqua Belleris & luy demanda fon nom. Qu'en auous à faire? refpondit l'aultre. Pource, dit Belleris, que vous le direz prefentement de
gre', ou vous aurez combat auecq' moy. A l'vn pouez vous bien faillir
refpondi

respondit le Cheualier, non pas à l'aultre: car encores que vo⁹ soyez trois, si suis-ie content d'esprouuer maintenant que sçauét faire les Cheualiers de la grand' Bretaigne. Quand Taláque l'entendit parler si audacieusement, ne se peut tenir de luy dire : Par dieu, dãp Cheualier, vous l'esprouuerez sans differer: & donnant des esperons à son cheual, vint de si grand' roideur encontre: l'aultre ne le refusa, ains l'attaignit de si droit fil, qu'il le ieta bas. Dequoy Manely esmerueillé, s'aduança pour en prendre la vengeance: mais si son cõpaignon fut mal traité, il eut encores pis, & pis encores Belleriz : se releuant tous trois honteux de leur malheur, lequel ilz faisoient bien estat de releuer à coups d'espée, quand l'aultre s'enfuit à trauers le bois, criant si hault qu'il fut entendu : Cheualiers, tenez vous vne aultre fois mieulx à cheual, & ne vo⁹ trauaillez de me suiure, si ne voulez perdre voz pas. Et dea, dit Taláque, que sera-ce cy, tomberons nous meshuy ainsi? Sur ma foy ie croy que nous sommes enchantez. Or remontõs à cheual, & allons apres ie vous prie, afin que nous puissions sçauoir si Dieu ou tous les diables ou entreprins de nous fascher ceste iournée. Si reprindrent leurs cheuaulx, & eulx montez dessus vouloyent suiure l'aultre : mais ilz entendirent vne voix lamétable, parquoy s'arresterent pour veoir que ce pouoit estre. Lors aduiserent vne femme descheuelée, criãt & demandant secours, & vn lion qui la suyuoit prest à la deuorer : dont eulx esmeuz de compassion se cuiderent mettre entre deux. Toutesfois le lion commença tellement à rugir, que les cheuaulx espouentez emporterent leurs maistres à plus de deux grandz traitz d'arc loing de là : & ce pendant la femme & le lion se disparurent. Dequoy Talanque & Manely esbahiz encores plus qu'au precedent, demanderent à Belleriz s'il auoit ouy parler de telles aduentures. Ce maistdieux, respõdit il, ceulx qui ont enuie de veoir choses estranges doiuent hanter ceste fonteine : car il y en a encores tant (aultres que celles que vo⁹ y auez veues) que c'est merueilles. Et sçauez vous à quelle vertu cela se fait? Melye les y a ordonnées de long temps, parquoy il ne s'en fault estõner. Aussi ne fais-ie que bien apoint, dit Manely : toutesfois n'estoit l'entreprinse pour laquelle nous nous sommes mis aux champs, foy que ie dois à Cheualerie ie n'en partirois premier que le tout ne m'eust esté manifesté. Ce sera pour vn aultre coup, respondit Belleriz : passons oultre ie vous prie, que ne soyons descouuertz. Adoncq' tirerent à main gauche, costoyans tousiours le grand chemin de Tesifante: & ayans cheminé enuiron cinq mille du païs, rencontrerent dix hommes à cheual sans armes, conduisans deux damoiselles, l'vne desquelles estoit assez belle & bien vestue. Les dix hommes eurent si grand paour, qu'ilz abandonnerent les femmes, se sauluans en vn tailliz prochain, ou ilz ne furent poursuyuiz aulcunement: ains s'arresterent les trois Cheualiers aux deux damoiselles, desquelles ilz esperoyent auoir nouuelles de ce qu'ilz desiroyent. Et de fait apres qu'ilz les

Q iiii

eurent

eurent vn peu aſſeurées, leur demanderent que lon diſoit du Roy Arma
to, & ſ'il eſtoit encores priſonnier. Seigneurs, reſpondit la plus ancienne,
il eſt eſchappé depuis peu de iours en ça des mains des Chreſtiens, & eſt
de retour à Teſifante auecq Melye, qui a enfermé Vrgáde la deſcogneue
en vne tour, dont elle ne partira iamais ſans ſon cógé. Voila qui va bien,
dit Belleriz. Et qu'a fait le Roy depuis ſon retour? Parle-il point qu'il ſe
vueille venger de ceulx qui l'ont detenu ſi long temps? Oy pour certain,
reſpondit elle : car tous les Rois, Souldans, Califfes & Admiraulx de la
loy payenne luy ont promis deſcendre en Conſtantinople & ruiner la
Chreſtienté. Et deſia ſont la pluſpart arriuez (comme il eſt bruit) en l'iſle
de Tenedos. En bonne foy, dit Belleriz à ſes compaignós, veu ce que ces
damoiſelles nous diſent, ie ſuis bien d'aduis que ne nous chargeons d'elles, ains retournions ſur noz briſées. A quoy ilz ſ'accorderent : & leur don
nant congé, feirent ſi bonne diligence, que ſur les deux heures du ſoir ilz
arriuerent à la montaigne defendue, ou ilz raconterent à leurs compaignons les merueilles qu'ilz auoyent veues à la fonteine aduentureuſe. Et
au partir de là, dirent ilz, nous trouuaſmes dix hommes à cheual, condui
ſans deux damoiſelles, deſquelles nous auons ſceu pour certain qu'Vrgande eſt enfermée bien eſtroitement en l'vne des tours de Teſifante, &
ſi fort enchantée par les coniurations de Melye, qu'elle eſt taillée de n'en
ſortir iamais : & auſsi que les Rois Payens ſ'aſſemblent de iour en iour à
Tenedos, pour venir courir ſus à l'Empereur de Conſtátinople, & au reſte de la Chreſtienté.

Comme le corſaire Creſcelin

nepueu de l'admiral Tartarie apporta certaines nouuelles
à Eſplandian de la grand' armée de mer que prepa-
royent les ſeigneurs du Leuant, pour venir
en Conſtantinople.

Chapitre XLVI.

Le rapport

E rapport que feirent Belleriz, Talanque & Manely à leurs cõpaignons du grand appareil que les Payens mettoyent fus pour enuahir l'Empereur de Cõſtãtinople, & generalemẽt toute la Chreſtienté, leur donna plus à penſer qu'ilz n'auoyent encores fait : tellement qu'ilz ſ'aſſemblerẽt diuerſes fois, pour aduiſer ſ'il eſtoit plus expediẽt de renforcer les garniſons de la montaigne defendue, Alſarin, & Galatie, que d'aller en Conſtantinople ſe ioindre auecq' l'Empereur. Et comme ilz eſtoyent en ces termes, Crelcelm nepueu de l'admiral de Grece (qui peu au parauãt auoit deſrobé ſix galleres ou fuſtes à l'Empereur, pour ſe faire corſaire) vint aduertir les Cheualiers, cõme nauigeant en la Phrigie, il auoit deſcouuert au port de Tenedos ſi grand nombre de galleres, fuſtes & aultres vaiſſeaux d'ennemis, que la mer en eſtoit couuerte : leſquelz indubitablement ſ'aſſembloyent pour venir courre ſus à l'Empereur, & ruiner Conſtãtinople : dequoy, dit il, ie vous ay bien voulu aduiſer, tant afin que pouruoyez à voz affaires, que pour vous ſupplier tous moyenner mon appointement enuers l'Empereur : vous aſſeurant ſ'il me pardonne la faulte que i'ay cõmiſe enuers ſa maieſté, que ie luy feray doreſenauant tant de ſeruices, qu'il ſ'en contentera. Seigneur Crelcelm, reſpondit Eſplandian, i'ay touſiours ouy eſtimer l'Empereur l'vn des meilleurs princes du mõde, & plus aiſé à appaiſer, quand on veult (auec raiſon) ſe recõcilier à luy : parquoy ie me fais fort ſ'il cognoit qu'ayez enuie de le ſeruir (comme vous dites) qu'il oubliera non ſeulement voſtre faulte, mais vous fera pl⁹ de grandz biens qu'a nul aultre de ſes ſeruiteurs : & pour luy en donner commencement

d'occaſion

d’occafion, ie fuis d’aduis que vous retourniez auecq’ voftre equipaige
iufques au goulfe de la Propontide, & trouuez le moyen f’il vous eft poffible de prendre quelque Turcq, pour entendre au vray la deliberation
des ennemis : & fi voulez Belleriz ira quant & vous, puis felon que vous
ou luy rapporterez, nous aduiferons de là en auât fur ce qui fera plus ex-
pedient. A quoy f’accorda aifément le corfaire, de forte que le iour mefmes feit faire voile: & accompaigné de Belleriz, coftoyerent la Trace iufques à Solombre : & fe tenants couuerts à l’entrée du goulfe, y demeurerent quelques iours, pour executer leur entreprinfe. Durant ce temps Efplandian, qui ne dormoit iour ne nuict, péfant à l’aduertiffemét de Crelcelm, feut d’aduis que Frandalo & tous les aultres Cheualiers de la grâd’
Bretaigne f’en retournaffent en Conftâtinople, pour aider à l’Empereur
(ce dont il les pria affectueufement) & moy, difoit il, auecq’ le Roy de
Dace, Gandalin & Enil attendrons auecq’ la garnifon de ceans le retour
de ceulx qui font allez à Tenedos: lefquelz auoir ouy parler, ou nous y
demeurerons du tout, ou nous vous fuyurôs toft apres. Or eftimez fi l’o-
pinion d’Efplandian feut malaifée à faire accorder à Norandel, veu que
du iour qu’il laiffa la Roïne Menoreffe, il n’auoit fceu môftrer vifaige ou
contenance d’hôme ioyeux, ains eftoit deuenu fi melancolique, que chafcun f’en esbahiffoit. Et combien que les aultres ne feuffent en rien enta-
chez de femblable affection, fi n’y eut il celuy qui feift le retif: mais fe cô-
defcendirent tous au vouloir d’Efplandian, au moyen dequoy fans faire
là long feiour, f’embarquerent par fi bon vent, qu’ilz arriuerent en Conftâtinople le feptiefme iour d’apres. Dont l’Empereur aduerty, feut merueilleufement aife, & vint au deuant iufques au port : & apres auoir em-
braffez les vns les aultres, ne voyant Efplandian en cefte compaignie,
demanda ou il eftoit demouré. Adoncques luy raconterent les Cheualiers l’aduertiffement que leur auoit donné Crelcelm du cofté d’Afie, le
grand appareil que faifoyent les Rois du Leuant pour leur courre fus,
comme luy & Belleriz eftoyent retournez veoir la contenance des ennemis, & en fçauoir plus certaines nouuelles, & finablement l’occafion
pour laquelle Efplandian eftoit demouré en la montaigne defendue a-
uecq’ le Roy de Dace, Gandalin & Enil. L’Empereur bien esbahy de cefte entreprinfe, fe trouua eftonné de prime face: toutesfois comme prince faige & magnanime difsimula ce qu’il penfoit : & quelques iours a-
pres voulant pourueoir aux inconueniens premier qu’ilz arriuaffent, feit
en toute diligence fournir Conftantinople & fes aultres villes, places &
portz de mer, de viures & munitions qu’il cogneut y eftre neceffaires:
& ce pendant depefcha fes capitaines, afin qu’ilz affemblaffent gents par
tout fon Empire, & fe tinffent preftz quand la necefsité les requerroit.
Ainfi eftoit l’Empereur ententif aux affaires de la guerre, & Norandel
à gouuerner la Roïne Menoreffe: laquelle le voulant efprouuer comme l’or,

me l'or à la fournaife, delibera vn iour entre les aultres luy monftrer plus
mauluais vifaige qu'elle n'auoit de couftume , feignant qu'elle auoit entendu pour certain qu'il en auoit vne aultre en la grand' Bretaigne : dont
Norandel f'excufa en toutes les fortes du monde. Mais tant plus il affer-
moit le contraire , & plus luy faifoit acroire la Roïne qu'elle en penfoit
d'aduantaige . Dequoy il fe trouua tant perplex, qu'il ne fe peut tenir de
luy dire: Par ma foy, madame, à ce que ie puis prefumer, vous auez enuie
que ie meure : car le mal que vous me faites eft fi grand, qu'il ne fe peult
eftimer, finon par ceulx qui ont cognoiffance de voftre cruaulte. Et oultre l'affection que ie vous porte eft telle, qu'il feroit impofsible de la pouoir bien exprimer par moy ny par aultre , fi quant & quant on ne decla-
roit la beaulte' & perfection dequoy Nature a voulu vous embellir. Ainfi m'eflongnant de voftre bonne grace, ie fens bien ma vie eflongner de
moy : à laquelle ie n'aurois regret, n'eftoit qu'en mourât ie perds le moyê
de vous faire feruice, non pas le benefice de loyaulte' : car foit en moy ou
mort ou vie, elle accompaignera l'efprit en quelque lieu qu'il puiffe eftre
ordonne'. Proferant Norandel ces paroles, les larmes luy tomboyent des
yeulx groffes comme pois, dont la Roïne Menoreffe eut telle pitie' , que
oubliant fa difsimulation luy refpondit auec vn contentement de vifai-
ge:Mon amy , ie le croy , & vous prie me pardonner mon indifcretion.
Tant y a que ce que i'en ay fait, a efte' pour vous ofter le moyen qu'il n'ad
uienne ce dont ie me plaignois. Et puis que ie vous veoy fi ferme(fuyuât
ce que ie vous confeillay l'aultre voyaige)fouuienne vous combié la dif-
fimulation eft requife & neceffaire entre ceulx qui font malades de noftre maladie. I'entends difsimulation, non pas de vous à moy , mais deuant les gents, pour leur en ofter toute cognoiffance. Madame, dit Norãdel, ie ne vous feray de ma vie faulte que ie puiffe, fentant ma conftance
fi forte, qu'il eft impofsible à mon coeur fe diftraire de vous aimer, feruir
& honorer fur toutes chofes, voire & deufsiez vous exercer en luy toutes
les cruaultez dont peuuent eftre puniz ceulx qui aiment & ne font point
aimez . Durant ces belles lamentations, Leonorine, qui leur feruoit de
contre, entretenoit Frandalo & les aultres qui eftoyent en cefte compaignie : & comme fi elle n'euft fceu l'occafion qui auoit meu Efplãdian de
ne venir en Conftantinople, f'en enqueroit à eulx, feignant eftre malcon
tente:mais ilz l'excufoyent fort & ferme, fuyuant les propos qu'ilz auoyent tenuz à l'Empereur, ainfi qu'il vous a efte' dit.

Comme

Comme Creſcelin & Belleriz

retournerent à la montaigne defendue, auecq' vn bringan-
tin qu'ilz prindrent chargé de Turcqs, par leſquelz ilz ſceurent toutes les entreprinſes
des ennemis.

Chapitre XLVII.

Eu de iours apres que Creſcelin & Belleriz feurĕt ſor
tiz du port de la montaigne defendue, faiſans voile
le plus couuertement qu'ilz pouoyent le long de la
Phrigie, Fortune les fauoriſa tãt qu'vn brigãtin chargé de Turcqs nauigeant à Tenedos, tomba en leurs
mains, & de tous ceulx qui eſtoyent dedans n'en ſaul
uerĕt que quatre: par leſquelz ilz ſceurent aſſeurémĕt
que l'armée des princes du Leuãt deuoit partir dedãs vn mois ou ſix ſepmaines au plus tard, & tirer droit à la ville de Conſtãtinople, laquelle ilz
eſperoyent prendre aiſément, ayans ſceu par leurs eſpies que l'Empereùr
ne ſ'en donnoit de garde. Ces nouuelles entĕdues, tournerent court pour
en aduertir Eſplãdian: lequel craignant que l'Empereur ne peuſt reſiſter
à ſi grand effort, delibera d'employer tous ſes amis, pour luy donner ſecours : & enuoyer vers eulx Gãdalin & Enil auecq' letres de creãce, meſmes à l'Empereur de Rome ſon oncle, auquel il eſcriuit ceſte letre.

Letre d'Eſplandian a l'Empe-
reur de Rome.

Onſieur, le danger que ie voy preparé pour toute la
Chreſtiĕté me cõtraint vous enuoyer Enil, par leĝl
vous pourrez au long entĕdre le grand effort & trop
puiſſante armée q̃ toꝰ les Rois & potĕtatz des païs du
Leuãt (ennemis de noſtre foy) ont mis ſus, à la perſua
ſiõ d'Armato Roy de Turquie, pour venir ruiner, nõ
ſeulemĕt l'Empire de Grece, mais paſſer oultre iuſq̃s
à ce qu'ilz ayét exterminé noſtre foy & creãce . Et pourautãt q̃ ceulx dõt
voꝰ tenez le lieu, ont touſiours eſté les vrais defenſeurs & protecteurs de
noſtre religiõ, meſmes q̃ le cas voꝰ touche de ſi pres, il me ſemble (monſieur)

ſieur)que n'y deuez eſpargner choſe qui ſoit en voſtre puiſſance, ains aſſembler voz forces en toute extremite, & equipper voz vaiſſeaulx pour
donner ſecours à ce bon prince,qui eſt frontiere (comme vous ſçauez) à
vous & à tous les potentatz qui tiennent la loy de Ieſus Chriſt. I'en eſcris
ſemblablement au Roy mon pere, & à la pluſpart des aultres ſeigneurs
Chreſtiens:vers leſquelz i'enuoye Gandalin.Et par ce que i'ay charge E-
nil vous dire le ſurplus,ie ne vous feray plus longue letre:mais vous ſup-
plieray le croire comme moymeſmes.Et aultant en eſcriuit il au Roy de
Sardaigne, & de ces deux eut ſeulemét charge Enil : auquel il bailla am-
ples inſtructions & memoires de tous les aduertiſſemens qu'il auoit euz
du coſte de Turquie,la force des ennemis tant de pied que de cheual, le
nombre de leurs vaiſſeaulx,& aultres munitions de guerre. Et cómanda
à Gandalin aller quant & luy, iuſques en Cicile ou il prendroit gens &
vaiſſeaulx pour le conduire en la grand'Bretaigne vers Amadis, & delà
en Gaúle au Roy Periõ, à Sobradiſe vers Galaor, au Roy dom Bruneau,
Quedragan,Dragonis,& Gaſquilan,à chaſcun deſquelz il manda ſemblables letres, & leur porta Gandalin toutes telles inſtructions que faiſoit Enil à l'Empereur, luy commandant par expres les aſſeurer qu'attendant leur arriuée il ne partiroit de la montaigne defendue, laquelle
il garderoit iuſques au mourir.Si eurent Gandalin & Enil temps ſi propre,qu'en moins de quinze iours, ilz paſſerent enſemble le far de Meſi-
ne,& prindrent port à Sarragouze, ou Gandalin loua vn Brigátin, pour
parfaire ce qu'il auoit en charge.Et afin que vous entédiez quel fruit apporta leur legation,ie laiſſeray Gandalin trauerſer la mer mediterranée,
pour entrer en l'Occean , & parlerons premier d'Enil qui arriua à Oſtie,
ou pour lors ſeiournoit l'Empereur de Rome ,acompagne du Roy Floreſtan,ne parlans que de chiens & oyſeaulx . Mais quand ilz aduiſerent
Enil preſumans qu'il leur apportoit quelques mauuaiſes nouuelles : luy
demanderent,ou il auoit laiſſe Eſplandian. Enil ſage & bien appris,bai-
ſa la letre adreſſante à l'Empereur,& la luy bailla,puis au Roy de Sardaigne celle qui ſ'adreſſoit à luy,& apres qu'ilz les eurent leues,voyãs qu'elles portoient creance,le retirerent à part , ou il leur diſcourut amplemét
tout ce que vous auez entendu.Adonc l'Empereur laiſſant Enil auecq'le
Roy Floreſtã,ſ'approcha des gentilzhommes & Cheualiers qui eſtoient
en ſa compagnie,& leur dit:Mes amis,il nous fault aller à la guerre,mon
nepueu Eſplandian m'a aduerty (par ce gentilhóme qu'il a enuoye vers
moy) comme le Roy des Turcqs,& tous ſes alliez ſont en armes, & ont
dreſſe vn merueilleux equippaige , pour aſſaillir mon frere l'Empereur
de Conſtantinople.Mais ie faiz veu à Dieu(ſil me dóne vie & ſante)que
deuant qu'il ſoit le mois de Septébre,i'y ſeray auecq' vne telle force, que
ie luy donneray à penſer deux fois,non pas à aſſaillir,ains à ſe bien defen
dre.Et par ainſi chaſcun ſe tienne preſt : car i'iray moymeſmes en per-

R　　　　ſonne

sonne. Puis appella le Roy Florestan, & luy demanda s'il seroit pas de la partie. Monsieur, respondit il, demain ie manderay par tous mes portz, qu'on tienne prestz les vaisseaulx de guerre qu'on pourra recouurer, & enuoyeray ce pendant assembler gens, pour faire ce dont mon nepueu me prie. Sire, respondit Enil, monseigneur Esplandian escrit au Roy Amadis par Gandalin, & à plusieurs de ses amis, lesquelz il prie d'eulx venir ioindre auecq' vous : tellement que i'espere que quasi en mesme saison, voz armées pourront estre prestes, & que sans gueres attendre l'vn l'aultre, vous vous pourrez assembler. Vrayement, respondit le Roy Florestan, c'est tresbien aduise. Et sur ce poinct, feurét depeschez capitaines de toutes partz, pour aller mettre ordre à leuer gens, freter, armer, & equipper vaisseaulx pour faire le voyage du Leuant.

Gandalin d'aultre part costoyát Corse, les Isles de Maiorque Minorque, laissant la Guynée & Barbarie à ponge, passa le destroit de Gibraltar, & eut si bon vent qu'en peu de iours sans s'arrester es Espaignes, arriua en la grand' Bretaigne vers le Roy Amadis, qui pour lors seiournoit à Londres, & luy bailla la letre que luy escriuoit Esplandian, & semblablement luy declara le contenu de sa creance, les fortunes bonnes & mauuaises qu'il auoit eues, depuis qu'il partit de Mireflcur, & entre aultres la deffaite de l'armée de mer des Turcqs, la prinse du Roy Armato, l'occasion pour laquelle se leua le siege de la montaigne defendue, l'arriuée de Gastilles, la prinse d'Alfarin, du capitaine de Tesifante, la surprinse que lon feit à Galatie, la perte d'Vrgande, & finablement tout ce que nostre histoire vous à amplement deduit par le menu es chapitres precedens. Et afin, sire, dit il, qu'il soit mis ordre à l'inconuenient qu'il preueoit à toute la Chrestiente (s'elle n'est secourue) il m'a enchargé expressément de vous dire, qu'il a sceu pour certain que tous les Rois du Leuant ont iure & promis ensemble la ruine totalle du nom Chrestien. Ce qui est assez apparent veu l'assemblée & grand amas de gens qu'ilz font en l'Isle de Tenedos, qui est tel, que selon le rapport de noz espies, le nombre des vaisseaulx est de plus de six centz voiles, acompaignées de quatre à cinq centz mil hommes. Dieu nous regardera s'il luy plaist en pitie, respondit le Roy Amadis : quant à moy, ie me mettray en tout le deuoir qu'il me sera possible, & en aduertiray le Roy Perion mon pere, & mon frere Galaor. Sire, dit Gandalin, i'ay charge de me transporter vers eulx, & aller semblablement trouuer Gasquilan, dom Bruneau, Quedragant, & aultres, ausquelz Esplandian escrit comme à vous : & si m'a charge par expres que ie veoye le Roy Lisuart, & luy faire ses treshumbles recommandations. Il est bien raisonnable, respondit le Roy, toutesfois ie suis d'aduis que vous taisiez

deuant la

deuāt la Roïne ma mere , l’occaſion de voſtre venue: mais que vous luy
faites entēdre, que tout ſe porte bié, non pas au Roy ſi le trouuez à part:
car il eſt tel que chaſcun cognoiſt , pour prendre ſagement les choſes
comme la fortune les admene. Et pouraultant que l’affaire de mon filz
ne requiert retardacion: ie vous prie Gandalin, apres vous eſtre refreſ-
chy vn iour ou deux, paſſez oultre comme il vous a commandé. Ainſi
demoura Gandalin pour ce iour, durant lequel la Roïne Orienne deuiſa longuement auecq’ luy. Puis le lendemain ſ’en partit, & feut trou
uer le Roy Liſuart & la Roïne Briſenne à Mirefleur: leſquelz ſçachans
qu’il venoit de la part d’Eſplandian, feurent tant aiſes que rien plus. Et
comme la Royne, pour vieille & diſcrete qu’elle feuſt, euſt touſiours
vn naturel de femme: preuint le Roy à demander que faiſoit ſon filz.
Gandalin acouſtume à promptes excuſes, meſmes ſuiuant le commā-
dement du Roy Amadis , luy feit entendre, qu’il l’auoit laiſſé en l’Iſle
Ferme, mal diſpoſé pour le trauail de ſon long voyage , non pas, dit il,
ſi mal qu’il n’euſt bien encores pris la peine de vous venir trouuer: mais
il a eu crainte que ſon mal ſ’augmentaſt , aimant trop mieulx garder la
chambre quinze iours ou trois ſepmaines demy ſain, qu’vne longue &
ennuyeuſe fieure trois ou quatre mois . Cela creut aiſément la Roïne, & pour l’eſpoir qu’elle en eut de le veoir bien toſt, n’en feit cas : toutesfois dés le ſoir meſmes, Gandalin aduertit le Roy Liſuart, de tout ce
que vous auez entendu, & ſ’excuſa prudemment des propos qu’il auoit
tenuz à la Roïne deuant luy, ſuiuant le vouloir du Roy Amadis . Dé-
quoy le Roy Liſuart luy ſceut tresbon gré: & quand au reſte il luy pro-
meit d’y penſer, tandis qu’il iroit vers ceulx, auſquelz il auoit à faire. Et
par ainſi Gandalin deſpeſché de luy retourna vers Amadis, lequel ce
pendant gaigné par la Roïne Orienne, luy braſſa vn mariage, tel que
vous entendrez.

Vous auez leu au commencemēt de noſtre hiſtoire , les ſeruices que
la damoiſelle de Dannemarc leur auoit faitz, & le meſtier dequoy elle & Gādalin ſ’eſtoient meſlez: & par ainſi il eſtoit raiſonnable, qu’ayās
eſté participans à leurs ieuneſſes & follies, ilz le feuſſent aũſsi à leurs
proſperitez & fortunes . Et ſouuent auoit parlé la Roïne Orienne à
Amadis du mariage d’eulx deux : mais il trouuoit la choſe peu conuenable , d’aultant que la damoiſelle de Dannemarc eſtoit deſia fleſtrie,
& Gandalin de moyen aage & fort diſpoſt . Neantmoins ainſi que
communémēt toutes femmes de bon eſprit ſçauent venir afin de leurs
entreprinſes: la Roïne trouua façon de faire condeſcendre le Roy à ce
qu’elle auoit deliberé, tellement qu’auſsi toſt que Gandalin feut de retour de Mirefleur , il le tira à part & luy dit: Gandalin , la Roïne deſire
grādemēt de vous arreſter aupres de moy, tāt pour l’amitié qu’elle ſçait

que ie vous porte, que pour le bien qu'elle mesmes vous veult. Et à ceste cause, elle vouldroit qu'eussiez à femme la damoiselle de Dannemarc, qu'elle aime, & aduantaigera de beaucoup si vous le faites : vous la cognoissez de long temps saige, bône & vertueuse, & quât à moy, ie vous en prie & le vous conseille. Gandalin s'en feust voluntiers excusé, & à dire vray, le pourpoint estoit trop neuf, pour hoppelande si vsée : toutesfois ayant de son ieune aage apprins n'auoir aultre volunté que celle d'Amadis, trouua bô tout ce qu'il luy pleust : de sorte que le mariage de luy & de la damoiselle de Dannemarc, feut parfait & celebré en moins de trois iours. Et ce pendant Amadis feit prêdre les letres & instructiôs que Gandalin deuoit porter à Gasquillan, & au Roy dom Bruneau, & les leur enuoya par vn gentilhomme des siens nommé Hâdro, proche cousin de la comtesse de Flandres : les priât tant qu'il luy estoit possible, de secourir son filz à si bonne cause. La sepmaine ensuiuant Gandalin plus affectionné au seruice d'Esplâdian, qu'à faire l'amour à sa femme, s'en partit pour aller en Gaule vers le Roy Perion : & de là, à Sobradise trouuer Galaor. Et durant ces allées & venues, Amadis manda tous les nochers & pillotes qu'il peult recouurer : commandant au Roy Arban de Norgales, aduiser à ce qui seroit necessaire pour l'entreprinse d'vn tel voyage, tant en gens que en vaisseaulx. Voyla comment les affaires de ceste guerre estoient demenées, en la plus grand partie de l'Europe tandis que les Rois du leuât s'assembloyent petit à petit : ausquelz nous retournerons presentement.

Comme la grâd cite de Constantinople feut assiegée par les princes du Leuant : & des saillies que feirent ceulx de la ville pour les garder d'approcher.

Chapitre XLVIII.

L'armé

’Armée des Roïs payens s’assembloit de iour en iour
en l’Isle de Tenedos, & ce pendant l’Empereur for-
tifioit sa ville au mieulx qu’il pouoit & de gens & de
viures:commandant à ceulx qui auoient charge de
l’armée de mer,faire retirer to⁹ les vaisseaulx au port
de Constantinople,lequel il feit fermer d’vne grosse
chaine de fer, afin que ce coste fust du tout en seure
garde. Puis enuoya quelques brigantins vers la Natolie descouurir l’armée des ennemis,& luy en rapporter certaines nouuelles. Ce pédant les
bonnes gens du plat païs acheuerent de seyer les bledz, & aultres grains
qui estoient encores sur la terre,lesquelz ilz apporterent en la ville. Et le
huictiesme iour d’apres les brigantins qui estoiét partiz, comme il vous
a este dit,descouurirent en mer vers le destroit d’Elesponte, la grosse flote des Turcqs qui vint surgir à Abide,& là se tindrent quelque téps pour
charger certaines victuailles & aultres munitions qui leur restoiét. Dót
l’Empereur incontinent aduerty,ordonna que les móstres des gens qu’il
auoit dedans sa cite se feroient, donnant la garde à Frandalo de la porte
du Dragon,ainsi appellée, pource qu’au commencemét de la fondation
de Constantinople, lors qu’elle print nom de Bisance, on trouua soubz
les fondemens de ce portail vn Dragó,lequel feut lie,enchaine & nourry si longuement, qu’on estimoit chose fort estrange . Norandel eut la
charge de la porte Aquiline, Gastilles son nepueu de celle du puis, ainsi
nommée pour vn puis qui en estoit ioignant, profond à merueilles . Et
faisant r’emparer les aultres portes,pourueut au reste,ainsi que doit faire
vn prudent chef durát qu’il se sent assiege. Sur ces termes vn Grecq’qui

R iij   auoit este

auoit esté prins par les Turcqz, se vint rendre en la cité, & asseura pour
certain que le Souldan de Liquie estoit en personne auecq' le Roy Arma
to, & quasi tous les seigneurs du Leuant, acompagnez de deux cens Galleres, tant subtiles que bastardes, cinquante nauires belles & grosses, tréte mahomnes, & vingt & vn taforées, qui sont nauires vn peu differentes
des galeaces. Et si auoient d'aduātage tréte fustes & plusieurs brigātins,
barchaulx, galions & esquirasses, sur lesquelz estoient chargez leurs viures & aultres munitions. Et quant au nombre de gens de pied, ilz pouuoient estre trois cens cinquante mil hōmes ou plus. Dist aussi qu'Alforax auoit la principale charge de la mer, & Armato celle de la terre, &
que leur deliberation estoit de ne partir iamais de Cōstātinople, qu'ilz ne
l'eussent razée: & aller de là iusques à Rome, & plus oultre s'ilz auoiét le
moyen. Et le sixiesme iour d'apres, ceste grosse armée (passant le goulfe
de la propontide) vint surgir au destroit de Constantinople, tirant à la
mer Maior, ou ilz se tindrent aultant que la cité demoura asiegée, pillās
tout le païs d'alentour, & là demeurerent vne sepmaine entiere, premier
que descendre nulz de leurs gens du costé de Trace. Tandis se separerét
quelques galleres & vaisseaulx legiers, qui vindrent faire vne algarade
assez pres du port, d'ou ilz furent rechassez à leur grand perte : car six des
principaulx y demourerent enfoncez: toutesfois le iour ensuiuant commencerent à prédre terre, & vindrent à grād' force pour gaigner le port.
Là y eut maintz beaulx coups d'espée & de glaiues donnez d'vne part
& d'aultre. Là maint vaillant homme fina ces iours, & feut fait pasture
aux poissons. Là monstrerent bien les Cheualiers de la grand' Bretaigne
qu'ilz n'estoient apprentiz en telz effortz. Et qui eust veu lors Norandel,
Frandalo, Manely & Talanque repoulser ceulx qui se cuidoient aduan-
cer, on eust peu parler aisément de quel zele ilz combatoient. Que voulez vous que ie m'amuse à ce conflict? Le port feut defendu, & les ennemis chassez & repoulsez de là : toutesfois leur nombre estoit tel, que nō-
obstant l'effort des gens de l'Empereur, ilz gaignerét terre à deux traictz
d'arc de la ville, & feurent ceulx de dedans forcez d'eulx retirer. Estans
doncq' les payens hors de leurs vaisseaulx, se separerent en quatre partz,
tellement que Constantinople feut si bien asiegée, qu'il n'y eut peu entrer ny sortir vn seul homme sans tomber en leur mercy : Parquoy aussi
tost le Roy Armato commanda faire vn nōbre infiny d'eschelles, la plus
part doubles, esperant premier que la sepmaine feust hors, donner l'as-
fault à la ville, la prendre, piller & saccager. Mais ceulx de dedans ne dor
moient iour ne nuict pour faire feuz artificielz, & tout ce qui estoit requis en séblable necessité. Si ne tarderét gueres les Payés à executer leur
deliberation, de sorte qu'vn lundy à l'aube du iour, vindrent d'vne estrā-
ge fureur pour mettre le feu aux portes & escheler la ville, cōbien qu'ilz
perdirét pour ce coup leurs peines, & beaucoup d'aultres y demeurerét

Aumoyen

Au moyen dequoy force leur feut d'eulx retirer auecq' leur courte honte
& grande confufion. Et en eulx retirant, Norandel acompaigne de quatre ou cinq cens hommes, feit vne faillie par vne faulfeporte, & leur dô-
nerent à dos d'vn tel effroy, qu'ilz les menerent batant iufques dedans
leurs tentes & pauillons. Toutesfois non contens d'auoir efte fi bien cha
ftiez la premiere fois, delibererét d'y retourner le vendredy d'apres mourir tous ou entrer dedans. Et de fait au iour ordonne coururent aux murailles, & eftoit le nombre des affaillans fi grand, & l'affault dône en tant
de lieux, & par mer, & par terre, que fi noftre feigneur n'y euft pourueu,
il eft certain que la ville euft efte prinfe à ce coup, mefmes du cofte que
gardoit Frandalo : car la plus part de fes gens perdirent coeur, & f'enfuy-
rent abandonnants leur garde. Dont il aduint que plus de cent Turcqs
monterent fur la muraille: neátmoins leur feiour n'y fut long, par ce que
l'Empereur(qui durant l'affault fe tenoit au mylieu de la cite, auecq' le
refte de fa puiffance, pour fecourir ceulx qui en auroyent befoing)aduer
ty de ce defordre, marcha droit vers le quartier de Frandalo, & repoulfa
de telle hardieffe fes ennemis, qu'il leur feit perdre l'enuie de plus y retourner, tellemét qu'ilz ne receurent moins de perte au fecond affault,
qu'au premier. Bien eft vray que dix Cheualiers de la grand' Bretaigne y
furent tuez, dont leurs compaignons eurent trefgrand defplaifir, fpecialement pour la perte de Ledarin de Faiarque, de Trys, & Ymofil de Bour
goigne. Ayant doncques ce deuxiefme affault prins l'iffue que vous auez
entendue, Armato f'affembla en confeil auecq' les aultres Rois & Souldans, pour aduifer qu'il eftoit bon de faire. Si fut conclud qu'ilz fe tien-
droyent campez, pour enfermer la ville : car la cuider auoir de force, ilz
cogneurent bien qu'ilz perdroyent leurs peines, & partant n'y voulurent
plus effayer. Bien fe prefentoyent ilz quelquesfois à l'efcarmouche, ou fe
faifoyent trefgroffes & lourdes charges. Ainfi fe paffa vn mois & plus,
fans faire chofe digne de reciter d'vne part ny d'aultre, iufques à ce qu'vn
iour entre aultres vne damoifelle meffaigere du Souldan de Liquie vint
à la porte que gardoit Norandel, auquel elle demanda fi le Cheualier de
la grand' Serpente eftoit en cefte compaignie. Pourquoy?refpondit Norandel. Ie luy apporte, dit elle, vne letre de la part d'vn des principaulx &
gentilz Cheualiers qui foit en l'Afie. Norandel defirant entendre le contenu de la letre, luy refpondit que c'eftoit luy. Or la voyez, dit elle, à voftre aife: puis faites refponfe fi bon vous femble. Ce difant tourna bride,
fuyuant le chemin qu'elle eftoit venue. Et ouurit Norandel la letre, contenant ce qui f'enfuyt,

   Rodrigue grand Souldan de Liquie, amy des dieux, ennemy de leurs
ennemis, defenfeur de la loy Payenne, A toy qui te dis Cheualier de la
grand' Serpente, falut. Sçaiches que l'occafion qui nous a fait paffer tant
de mer pour venir en ces marches, a efte foubz l'efperance de venger

R iiii   les oultra-

les oultraiges que mon oncle Armato Roy de Turquie a receu de toy &
de tes compaignons, sans t'auoir oncques meffait. Et combien que nous
tenions seure la ruine du meschant Empereur, qui te fauorise en tant de
malheureuses & damnées entreprinses, & qu'auant peu de iours luy &
les siens passeront au fil de noz espées, si aurois-ie regret que ceste infortune t'aduint premier, que ie ne feisse espreuue de ma personne à la tienne, pour la renommée qui est de toy par tout le monde. Par ainsi aduise si
tu veulx accepter le combat de nous deux seulz, de dix contre dix, cent
contre cent, ou en plus grand nombre, si bon te semble. Te iurát par tous
noz dieux, que ceulx que tu admeneras auecques toy pour cest affaire n'-
auront non plus de desplaisir que ma propre personne, si n'est de ceulx
qui seront ordonnez pour les combatre, suyuant la conuenáce que nous
ferons. Partant fais moy response digne de toy, & que ton honneur n'y
soit foullé.

Norandel ayant leu ce cartel bien à loisir, le monstra à ses compaignons, lesquelz furent d'aduis qu'on accordast au Souldan ce qu'il demandoit. Mais Norandel ne voulut rien arrester premier qu'il en eust
communiqué à l'Empereur, au seruice duquel il s'estoit submis durant
l'affaire: & pour ceste cause l'alla incontinent trouuer. Et apres luy auoir
fait entendre le contenu de la letre qu'il auoit receue soubz le nom d'Esplandian, & l'aduis de ces compaignons, l'Empereur luy demanda quel
estoit le sien. Sire, respondit il, s'il vous plaisoit que moy & neuf de ceulx
que i'esliray entreprinsions ce combat, vous feriez beaucoup pour nous.
Mon grand amy, dit l'Empereur, vous voyez l'estat ou ie suis, & le temps
auquel ie dois garder, non pas vous ny les vostres à qui ie me fie du tout,
mais le moindre souldat qui soit en ceste cité. Toutesfois ie me veulx
tant conformer à vostre vouloir, que si vous & voz compaignons le trouuez bon, i'en suis content. Sire, respondit Norandel, eulx & moy vous en
supplions treshumblement. Et bien, dit l'Empereur, si Dieu plaist vous y
acquerrez honneur, ainsi comme vous auez fait à maintes aultres rencótres aussi perilleuses. Treshumblement le remercia Norandel, & ce iour
mesmes feit assembler les Cheualiers de la grand' Bretaigne par l'aduis
desquelz fut faite la response au Souldan, telle que vous entendrez.

Les Cheualiers seruiteurs de Iesus Christ, estans à present auecq' l'Em
pereur de Constantinople, pour la defense & augmentation du nom
Chrestien, à toy Rodrigue Souldan de Liquie, condigne salut. Tu as má-
dé deuers le Cheualier de la grand' Serpente, vne damoiselle qui se dit
tienne, laquelle nous a baillé aulcunes letres adressantes à luy, le som-
maire desquelles contient deux choses. La premiere, tu te plains des entreprinses qu'il a faites sur le Roy Armato ton oncle. L'aultre, le desir
que tu as d'esprouuer ta personne cótre la sienne, ou plus grand nombre
contre

contre plus grand, si bon luy semble. Mais partât que le Cheualier que tu demandes n'est à present icy, n'en lieu pour te respondre, nous auons aduisé te satisfaire pour luy, & accepter les offres que tu luy as faictes, t'asseurant qu'il y a tel personnage en ceste trouppe filz de Roy, & neuf aultres auec luy, qui te combatront iusques à pareil nombre des tiens, si tu les veulx bailler. Aduise doncq' sur cest affaire : & ayans eu ta response, auecq' la seureté du camp, nous ne fauldrons à nous trouuer au lieu qui sera estably.

Ceste letre close & sellée, comme il est de coustume, Norandel la bailla à vn de ses escuyers, pour la porter au Souldan, lequel luy feit response qu'il auoit seulement enuie de s'esprouuer contre le Cheualier de la grand' Serpente, & non aultre. Mais vrayement, dit il, si ceulx qui vous ont enuoyé vers moy ont desir de combatre contre dix des miés, ilz les trouueront prestz, & aultant gentilzhommes & de haulte lignée que ceulx de leur part. Et au regard de la seureté du camp, i'y pouruoiray si bien, qu'ilz auront occasion d'eulx en contenter : pourtât retournez vers eulx, sçauoir leur vouloir. Ainsi fut despesché l'escuyer, qui alla & reuint tant de fois, que finablement le combat fut accordé de dix contre dix, & le camp dressé assez pres de la ville : ou se trouuerêt le lendemain les dix Cheualiers, desquelz les noms ensuiuent, Norandel, Garuate du val craintif, Talanque, Manely, Ambor de Galdel, Helian le delibere, Brauor filz de Balaan, Trion cousin germain de la Roïne Briolanie, Ymosil de Bourgoigne, & Listoran du pont d'argent.

Comme les dix cheualiers

Chrestiens entrerent au camp, & du combat qui fut entre eulx & les dix payens, que presenta le Souldan de Liquie.

Chapitre   XLIX.

Toute

Oute la nuict veillerent les dix Cheualiers à la
principale eglife de Conftantinople, fe confeffans
& faifans enuers Dieu ne plus ne moins que filz
euffent efte prestz de mourir. Et le lendemain ainfi que l'aube du iour commençoit à poindre, l'Empereur les vint trouuer, accompaigne de maintz
preudhommes, de l'Imperatrix, l'Infante Leono-
rine, la Roïne Menoreffe, & aultres dames & damoifelles. Si feut la
meffe deuotement celebrée, puis retournerent au palais, & là f'armerét
Norandel & les neuf aultres qu'il auoit efleuz, & voulurent les dames
les feruir d'efcuyers : tellement que Norandel receut telle faueur de la
Roïne Menoreffe, qu'elle luy attacha toutes les pieces de fon harnois
l'vne apres l'aultre : & ainfi qu'elle l'equipoit, il trouua moyé de luy dire : Madame, l'honneur que vous me faites me caufe tel effort, que i'efpere auiourdhuy donner à cognoiftre à ceulx qui nous verront comba
tre, de combien ma puiffance eft augmétée par voftre moyen. Mais fil
vous plaifoit que i'euffe encores de vous quelque manchon ou bague,
que ie peuffe emporter quant & moy, ie m'eftimerois l'vn des plus heureux Cheualiers du mõde. Mon amy, refpondit elle, le ioyau plus precieux que ie vous puiffe prefenter, c'eft mon coeur, qui accõpaignera le
voftre, afin qu'eftãs ioinctz & vniz, ilz puiffent mieulx conferuer la vie
de vous & de moy enfemble. Et tirãt vn bracelet d'or qu'elle auoit touf
iours garde des fon enfance, le luy atacha au bras droit. Et ce cercle, dit
elle, rond

elle,rond commé vous voyez,tefmoignera de noftre amour fans fin,feru-
ant de renfort à cè bras , que(fi Dieu plaift)en le defendant , defendra fi
bien fon maiftre,qu'il retournera en fi bonne fante que ie le defire.Tres-
humblement la remercia Norandel : & ce pendant Leonorine entretenoit Talanque,Manely & les aultres, aufquelz elle difoit : Mes amis,i'ay
bien efperance que noftre feigneur fera tant pour vous , que la victoire
demourera de voftre cofte: car le combat que vous entreprenez n'eft pas
pour defendre l'honneur d'vne damoifelle, ains la gloire de la foy de luy
mefmes . S'il eft doncques ainfi que la force procede de luy,eftimez certainement qu'il vous en departira aultant qu'il vous en fera befoing. Ma
dame,refpondit Talanque,aultrefois nous fommes nous trouuez en pareilles feftes, defquelles nous fommes fortiz aux defpés de ceulx qui no⁹
y auoyent appellez, comme nous ferons encores fi Dieu plaift auiour-
d'huy . Et fur ce poinct prenans conge d'elle,defcendirent ou leurs cheuaulx les attendoyent : & les conduit l'Empereur & grand nombre de
preudhommes iufques aux portes de la cite . Puis les commandans à la
garde de noftre feigneur, marcherent les dix Cheualiers brauemét droit
au lieu ordöne pour ce combat . Si vint au deuant le Souldan en belle &
groffe compaignie les receuoir : & d'arriuée leur demanda ou eftoyent
ceulx que l'Empereur enuoyoit pour eftre iuges auec les fiens. Souldan,
refpondit Norandel , nous ne voulons aultre que vous mefmes, qui e-
ftes eftime gentil prince & fidele . Par tous mes dieux, dit il , i'aimerois
mieulx mourir de mille mortz qu'il vous y fuft fait vn feul tort . Nous le
croyons ainfi, dirent les Cheualiers . Adoncques les feit entrer au camp
d'vn cofte,& les dix Payés par vn aultre: toutesfois premier que venir au
combat il appella Norandel & fes cöpaignons,& leur dit: Efcoutez,mes
amis,ie vous prie entendre quelle eft la couftume de mes païs en fembla
bles affaires,puis fi la trouuez bonne vous l'entretiendrez:finon,les miés
fe gouuerneront par la voftre,fi elle eft differéte. Declarez nous la doncques fil vous plait,refpondit Norandel,& fi elle eft raifonnable,nous ne
la refuferons point. Entendez,dit il,que tous Cheualiers iouftét vn pour
vn , afin que lon cognoiffe à veue d'oeil la bonte & excellence des meilleurs : & fil aduient qu'aulcun foit abatu, celuy qui eft demoure à cheual n'affauldra l'aultre iufques à ce que leurs compaignons ayét fait leur
deuoir en pareil. Lors fe mettra celuy de cheual à pied , & viendra au
combat de l'efpée contre celuy qu'il a abatu : pource qu'il aduient fouuent que les meilleurs Cheualiers tombent en ceft inconuenient, par la
feule faulte & peu d'adreffe de leurs cheuaulx, qui font caufe de les faire
faillir d'attainte , ou ne courir de droit fil . Ce qui ne fe peult excufer en
ceulx qui font à pied , aufquelz eft bien permis fecourir l'vn l'aultre fi bõ
leur femble. Vrayement,refpondit Norandel,telle couftume eft bien or
donnée,& l'enfuyurons moy & mes compaignons. Parquoy le Souldan
fortit

fortit des barrieres, & feit crier par ſes heraultz que les combatās feiſſent
leur deuoir. A ce cry ſ'eſbrāla vn Payen, qui à courſe de cheual vint choi-
ſi Norandel: lequel ne le refuſa, ains ſe couurant de ſon eſcu, ſe donnerēt
telles attaintes, que leurs lances furent briſées iuſques dedās le gantelet,
ſe rencontrans eſtomach contre eſtomach de telle roideur, que le Payen
tomba à la renuerſe, demourant eſtendu ſur le champ, ſans que Norandel euſt aulcun mal. Bien eſt vray que ſon cheual feut eſpaule', tellement
qu'il meit pied à terre, attendant que les autres euſſent couru, comme il'
auoit promis. Adoncq' Garuate du val craintif courut contre vn des aultres, & ſe chargerent ſi apoinct, qu'ilz perdirent les eſtriers, & furent deſ-
arçonnez. Si ſ'aduança Talanque & le tiers Payen, auſquelz la fortune fa
uoriſa plus qu'a nul des precedens: car ilz coururent ſi bien qu'ilz ne gau-
chirent ny ſe meurent des arçons, & ſ'eſclatant leur bois, volla en maintes pieces. Autant en aduint à Manely & à Ambor, non pas à Brauor filz
de Balan: pource qu'il ataignit celuy côtre lequel il courut droit au pictz,
& le renuerſa contremont. Et quaſi auſſi toſt Ymoſil de Bourgoigne eut
ſi grand coup de lance, que les yeulx luy eſticellerent, & ſe trouua tant
eſtourdy, que ſon cheual l'emporta iuſques au plus pres des barrieres, ou
il cheut tout plat. Elian le delibere', & celuy contre lequel il ſ'adreſſa furent contraintz ſe tenir aux crains de leurs deſtriers. Lyſtoran du pont
d'argent faillit d'attainte, & ſon ennemy pareillement: & autant en print
à Trion, & au dernier qui courut. Adoncques deſcendirent ceulx qui e-
ſtoyent demourez à cheual pour venir au combat de l'eſpée, & commen
ça entre eulx vne telle meſlée qu'on n'ouyt oncques parler de ſemblable,
pour ſi peu de Cheualiers: leſquelz ſe maintindrent l'vn contre l'aultre,
que le plus fort ſe trouua las & ſi hors d'halaine, qu'ilz furent contraintz
ſe repoſer vn peu. Et côme Norandel eſtoit appuye' ſur ſon eſpée, qu'il tenoit plantée contre terre, le brachelet de la Roïne Menoreſſe, luy deual-
la hors de ſa manche de maille, qui luy cauſa tel ſouuenir, qu'oubliant
du tout le mal qu'il auoit ſouffert, dit ſi hault qu'vn chaſcun l'entendit:
Par Dieu, Seigneur, ce repos nous part de mauuaiſe grace. Trop de gens
doubteront deſormais de la gloire que nous pretendons d'acquerir. Par
ainſi chaſcun face hardiment ce qu'il doit, & ne m'eſpargne qui pourra.
A ceſte parole embraſſa ſi peu d'eſcu qui luy reſtoit, & ayant le bras haul
ſe', donna tel coup d'eſpée à ſon ennemy, qu'il le feit chanceler: puis re-
doubla, & l'attaignit enuiron le hault de l'armet, tellement que le Turcq
fut contraint mettre le genoil à terre, & laſcher l'eſpée: de laquelle Norandel ſe ſaiſit preſt à luy tailler la teſte, ſ'il n'euſt demādé mercy. Ce que
voyant Talanque & Manely, deſployerent tellement leurs forces, qu'on
cogneut aiſément leur victoire prochaine. Et quant à Brauor, il auoit deſ
ia mis bas le ſien: parquoy courut aider à ſes compaignons, & Norandel
ſemblablement. Certes de tel renfort ſ'apperceurent peu apres les aultres

qui re-

qui reſtoient à deſconfire : car en moins de rien ilz ſe trouuerent en telle
neceſsite, que ſans le Souldan de Liquie, qui pria les Cheualiers Chreſtiens de differer quelque peu, ilz eſtoyét mortz ſans remede. Mais il ap-
apella Norandel pour parler à luy. Si luy demanda qu'il vouloit. Ie vous
prie, dit il, ne paſſez oultre en ce combat, & vous contentez que ie tiens
ceulx de ma part pour vaincuz, comme à la verite ilz ſont, & ſi mal menez, que l'effort que vous ferez deſormais ſur eulx, ſeroit plus eſtime à
cruaulte, qu'a prouëſſe & cheualerie. Neantmoins ſi ma priere ne vous
eſt agreable, faites en ainſi que bon vous ſemblera. Souldan, reſpondit
Norandel, ſilz ſe veulent tenir pour telz, & demander pardon, ilz l'auront : car nous ne ſommes couſtumiers mettre les armes en choſe ou il
n'y a point de reſiſtence. Suffiſe vous, dit il, que moy qui ſuis leur ſeigneur ſouuerain, vous accorde la victoire, & vous prie quant & quant,
leur eſtre miſericordieux. Vous iurant par ma couronne (ſi leur faites ce
bon tour) qu'il ne ſera iour de ma vie que ie ne vous en ſçache gre. A ceſte parole ſortirent du camp les dix Cheualiers Chreſtiens, & montants
à cheual, reprindrent le chemin de la cite, ou l'Empereur les attendoit
en bonne deuotion, car il auoit veu l'iſſue du combat, & comme ilz e-
ſtoyent demourez victoreux. Non pas entendu leur propos, mais ilz les
luy reciterent incontinent qu'ilz feurent deſcenduz, dont il loua grandement noſtre ſeigneur, les eſtimants d'aduantage de l'hóneſtete qu'ilz
auoient gardée aux vaincuz.

Comme la Royne Calafie

vint au ſecours des Payens, & du merueilleux & perilleux aſſault qu'elle donna en la ville de
Cóſtantinople.

Chapitre   L.

S   La renommée

A renõmée de ceste guerre entreprinſe par les Rois Taborlans, Souldás, Califfes & ſeigneurs dominãts es marches de Tartarie, Inde, Arabie, & aultres païs du Leuant, alencõtre de l'Empereur de Conſtãtinople & ſon Empire, fut tãt diuulguée, qu'elle vint aux oreilles de la puiſſante Roïne Calafie, regnãt en Californie, païs treſopulét & fertile: qui cõfine la ſource du fleuue Boriſtenes, pres la deſcente des mõtaignes Riffées. Ceste cõtrée de laquelle ie vous parle, fut autresfois peuplée de bõs Cheualiers & aultres gents de toutes qualitez, mais les femmes par vne certaine malice, trouuerét moyen les faire to⁹ mourir, eſtabliſſants loy entre elles, que de là en auãt elles recognoiſtroiét à dame & Roïne ſouueraine l'vne d'entre elles, ſe gouuernãts ny plus ny moins que les Amaſones. Et par ainſi ne leur eſtoit permis hãter les hõmes, ſinõ vne fois ou deux l'an, en la ſaiſon & iours nommez qu'elles ſortoient leurs limites, & appelloyét leurs voiſins, auecq'leſquelz Dieu ſçait ſi elles trouuoiét moyen de faire payer l'vſure du temps perdu: tellemét, que la plus part ſ'en retournoiét enceintes. Mais la nourriture de leurs enfants eſtoit bien differente: car la vie eſtoit aſſeurée aux filles, leur bruſlant le tetin droit, & non aux maſles, qu'elles faiſoient mourir à l'inſtant de leur natiuité, ayants cõſpiré n'en laiſſer viure vn ſeul, ou ſi peu, qu'elles leur pourroyent commander facilement. A ceste cauſe elles eſmouuoient ſouuét guerre à l'encõtre des Tartares, habitãts leurs fins & limites, les trauaillãts à merueilles, par diuerſes & continuelles courſes, tant par mer que par terre. En leur loy &

couſtume

couſtume ſe gardoit telle rigueur,que ſi aulcun homme tomboit caſuel-
lement,ou en quelque ſorte que ce feuſt en leurs mains, il ſeruoit de paſture à vn grand nombre de griffons,nourriz entre elles ieunes & ſi bien
reclamez,qu’oncques faulcon ne cogneut mieulx le leurre du bon faul-
connier,que telz gétilz oiſeaulx entédoyent la voix de celle qui les paiſ-
ſoit ordinairement.Or pour venir au poinct,ceſte Roïne de Californie,
femme de coeur & de bon eſprit,hardie,ieune,belle, & de meilleure gra
ce,ayant ſceu l’eſmotion de la guerre entreprinſe contre les Chreſtiens,
eut deſir de ſ’y trouuer,non pour mal qu’elle leur voulſiſt , ains ſeulemét
afin de les cognoiſtre,& veoir leur païs tant renommé: & pour ceſte raiſon aſſembla grand nombre des principales dames de ſon Royaulme,
leur remonſtrant l’honneur qu’elles pourroyent acquerir en ce voyage,
lequel peult eſtre,dit elle,nous ſera tant fauorable , que par noſtre effort
& grand’ prouëſſe augmenterós noſtre empire & ſeigneurie,eſtács crain
tes & redoubtées de chaſcun : non pas demourer touſiours enſepuelies
entre ces mótaignes, ainſi qu’ont fait par le paſſé celles,deſquelles nous
tenons auiourdhuy le lieu.Si les ſceut perſuader la Roïne,en ſorte qu’eſ-
meues d’vn deſir merueilleux de la ſuyure, equiperent en toute diligéce
leurs vaiſſeaulx, & ſ’embarquerent faiſant voile en Trace par ſi bon vét,
que le dixieſme iour d’apres les aſſaulx de Conſtantinople, ſe ioignirent
auecq’ l’armée d’Armato,ou elles feurét receues hónorablemét: & apres
pluſieurs propos que le Souldá de Liquie,& aultres princes du camp eurent à la Roïne de Californie,ſpecialemét ſur la deliberatió de leur gráde entreprinſe,elle marrie du peu qu’ilz auoyent fait contre la ville,pria
qu’on luy ſouffriſt tenter la fortune auecq’ les moyens qu’elle auoit quát
& elle . Et pour les induire à luy otroyer ſa requeſte, les aſſeura auoir
cinquante griffons,qui ne fauldroient incótinent qu’on les laiſſeroit ſor
tir de leur cage à ſe ruer ſur les Chreſtiés,ſans faire aulcun deſplaiſir à ſes
femmes, pource qu’ilz les cognoiſſoient de longue main,& cóme nour-
riz entre elles. Et ce pendant qu’ilz ferót leur vol,dit elle,ie donneray tel
aſſault à la ville,que nous l’emporterós ſans difficulté: car ſi les gents de
l’Empereur ſe preſentent pour defendre la muraille, mes griffons ſeront
preſtz à les rauir & emporter, ainſi que l’eſmerillon fait l’alouette : mais
afin qu’il n’en puiſſe venir aulcun inconuenient aux voſtres, il ſera be-
ſuing qu’ilz ſe tiennent en leurs loges & tentes, iuſques à ce qu’ilz ſoient
r’enfermez. Quád le Roy Armato & le Souldan de Liquie,eurent enten
du le bon zele & affection qu’elle auoit de ſ’employer,& meſmes les in-
uentions qu’elle leur promettoit,ilz ſ’accorderét tous, que le lendemain
elle feroit tout l’effort qu’il luy ſeroit poſſible.Et à ceſte cauſe manda incontinent à celle qui auoit la garde des griffons,qu’elle ne les peuſt pour
ce iour,afin qu’ilz euſſent mieulx enduict quand viendroit au beſoing:
& oultre máda crier à ſó de tabourin, que toute ſa trouppe ſe tinſt preſte

S ij

pour

pour donner l'affault à la ville le iour enfuiuant des le plus matin. Ainfi
ayant la Roïne Calafie pourueu à fon entreprinfe, à l'heure afignée toutes fes femmes armées felon leur mode, portants la plufpart d'elles arcz
& pauois, coururent de grand' roideur droit à la muraille, & auecq' efchelles commencerent à monter côtremont. Lors feut l'alarme chaulde
par la cite', & vindrent de toutes parts Cheualiers & citoyens pour la defendre : & comme ilz fe trouuerent les vns aux creneaux, les aultres au
plus hault des tours, la Roïne feit figne qu'on lafchaft les griffons : lefquelz affamez, faifants leur vol deffus la ville, fe faifirent de ceulx qu'ilz
trouuerent en plus belle prinfe, dont furuint tel effroy aux gents de l'Em
pereur, que la plufpart de ceulx qui combatoient abandonnerent la mu
raille pour eulx mettre à couuert. Las quelle pitie' veoir ainfi emporter le
bon fouldat, citoyé, Cheualier ou aultre! mefmes les femmes, petits enfants, & tout ce qu'ilz pouoient mettre en leurs ferres! & quelque fois a-
pres les auoir efleuez en l'air, les laiffer tomber fur le dur paue', dont leur
enfuiuoit vne mort malheureufe & eftrange! Certes fi noftre Seigneur
n'euft mieulx garde' la cite' durant leur vol, que ne feirent ceulx qui y e-
ftoient ordonnez, il eft indubitable qu'elle euft lors efte' emportée. Mais
il aduint vn cas merueilleux, car ainfi que les griffons tenoiët leur proye
& que les Cheualiers de la grand' Bretaigne, auecq' peu d'aultres refi-
ftoient à ceft affault de femmes, les Payés (lefquelz on auoit aduertiz ne
fortir de leurs tentes) durant cefte efcarmouche, efmeuz d'vn defir trop
grand de butiner au fac de la cite', qu'ilz penfoient certainement prinfe,
coururét à l'affault, faifants telle crierie que les griffons f'amufants à pai-
ftre, laifferent les corps qu'ilz auoyent rauiz, & remontants à mont, fe
ruerent entre ceulx qu'ilz veirent ainfi venir à la foulle : defquelz ilz feirent tel carnage en moins de rien, que plus de quatre cents tôberent par
terre, & tandis ceulx de la ville, voyants tourner la chance, rembarerent
fi viuement les Californiennes, que les principales d'elles demourerent
és foffez, & feut la Roïne contrainte fe retirer, cognoiffant bien fon entreprinfe ne fortir l'effect qu'elle efperoit, non par la faulte de fes Cheua
liers, ains pour n'auoir efte' obeye, comme on luy auoit promis. Si commanda qu'on trouuaft façon de reprendre fes oyfeaulx, toutesfois la
faulconnerie ne les peut r'auoir, premier qu'ilz feuffent gorgez & fai
mourir plus de mille Turcqs ou aultres, defquelz ilz fucçoient feulemé
la fang : & en feurent le Roy Armato & le Souldan de Liquie fi defplai-
fants, qu'ilz cômencerent à porter tant mauluais vifaige à la Roïne Calafie, qu'elle feut en branfle de retourner en fes païs, fans vouloir de là en
auât tirer coup d'efpée à leur faueur. Toutesfois elle fe r'apaifa peu apres
& combatit le Roy Amadis, côme il vous fera deduict, pourfuiuât le re
fte de ce liure cinqiefme. Et àfin que nous ayons meilleur moyé de le cô
tinuer, nous retournerons aux princes Chreftiens, qui affembloient leu
puiffanc

puiſſance pour venir ſecourir l'Empereur, & ſ'embarquerent es portz,
deſquelz ferons preſentement mention. Mais premier qu'ilz arriuaſſent
en Conſtantinople, maints bons Cheualiers de la grand' Bretaigne &
aultres feurent tuez en la cité: tant es aſſaultz que leur donnerent les
Payens, qu'aux derniers de la Roïne Calaſie, entre leſquelz nulz ne feurent tât plaintz, que Ledarin de Faiarque, Trys, Ymoſil de Bourgoigne,
& les deux filz du Geant Balan.

Comme les princes Chreſtiens

tant de la mer du Ponant que du Leuant aſſemblerent
leurs forces, pour venir au ſecours de l'Empereur de Conſtantinople , & de
leur nauigation.

Chapitre   LI.

I vous auez leu le diſcours de noſtre hiſtoire, il vous
a eſté recité cy deuât, comme Enil arriua vers l'Em
pereur de Rome, & Floreſtan Roy de Sardaigne. Et
auſsi ce qui aduint à Gádalin, depuis qu'il eut paſſé
le deſtroit de Gilbatar & entré en la mer Occeane,
iuſques en la grand' Bretaigne & ailleurs: ou il trou

S iij

ua Ama-

ua Amadis & ceulx aufquelz il auoit charge de f'adreffer. Maintenant
refte à parler du furplus. Entendez doncques que Gádalin ayant feiour-
ne huiĉt iours à Londres : plus par le commandement du Roy Amadis
& de la Roïne Oriane : que pour plaifir qu'il print à la femme qu'ilz luy
auoyent fait efpoufer, fçachât les affaires efquelles il auoit laiffé fes com
paignons, f'en partit : & chemina tant qu'il vint en Gaule vers le Roy
Perion à qui il bailla les letres que fon filz, & petit filz luy efcriuoyent.
Puis luy declara au lõg les affaires du Leuant telz qu'ilz eftoient, & la cõ-
fequence qui pouoit aduenir à toute la Chreftienté, fi vne fois l'Empire
de Conftantinople eftoit reduit en l'obeiffance des infideles. Tant fceut
bien haranguer Gandalin, que le bon vieillard Perion efmeu d'vn zele
catholique : delibera faire ce voyage en perfonne, & y mener bonne &
groffe compaignie de nauires & aultres vaiffeaulx chargez de gents de
guerre. Si ne demoura longuement Gandalin auecq' luy, ains tandis
qu'il faifoit des preparatifz, paffa en Efcoffe, à Nuuerge, Sobradife : Dace, & Sueffe : & fi bien executa fa legation que chafcun des Rois & princes, aufquelz il f'adreffa, fe meit en grand deuoir de fecourir Efplandian, tellement que toft apres les vaiffeaaulx feurent en equipage de feruice, & fe rendirent ceulx de Sueffe, Nuuerge, & de Dace à prefent
nommé Dannemarc, au port de Suer. Puis faifants voile, coftoyerent
Frife, Holande, & Braban, tant qu'ilz vindrent furgir à Bouloigne : ou le
Roy Perion auoit fait affembler grand nombre de nauires, hurques &
aultres vaiffeaulx, lefquelz equippez de gents, de viures, & toutes ne-
cefsitez de guerre, leuerent les ancres, & finglerent de compaignie en
plaine mer. Et ayants coftoyé la Normandie, entrerent en la petite Bretaigne droit au haure Sainĉt Matthieu : ou les Rois Lifuart & Amadis,
acompaignez de Grumedan & maintz bons Cheualiers, fe vindrent ra-
fraifchir, fortants du promótoire de Lucar, apres auoir paffé l'Ifle de Sor
lingué. Ceulx d'Yrlande f'embarquerent au cab Antiquan, & ceulx d'Ef
coffe au cab Baffo. Et ayants nauigué la mefme routte des Bretons, fe ioi
gnirent auecq' les princes Occidentaulx qui alloient ce voyage, de forte
que le troifiefme iour enfuiuant feirent voile : & finglants par vn vét de
Nordeft defcouurirent les Efpaignes, pafferét le port de fine terre en Cõ
poftelle, puis le cab Sainĉt Vincent. Et tirant à Ponge, trauerferent le deftroit de Gilbatar, & laiffant la Barbarie, & la Guynée à Ourfe : falueren
les promontoires de Taniar, Auĉtora, & Lagarde, prenáts le tour de Co
medere, pour laiffer à pouge les Ifles de Maiorque & Minorque, & en
trer es deftroitz de Bufina & Monaco, & de là au port d'Elefe & Corfe
ou ilz prindrent le Roy de Sardaigne Floreftã auecq' fa flotte. Mais pre
mier qu'ilz y arriuaffent courut Fortune tellemét, que quelques gallion
ne peurent fuiure les nauires, & demeurerent derriere : mefmes huit hu
ques fi fort efcartées, qu'on les tenoit quafi pour perdues. Neantmoir
tout

tout fe retrouua le lendemain au port fainte Luce, ou fans feiourner fuyuirent la route de Mefsine, pafferent le far pour tirer droit à Regi, ou l'armée de l'Empereur de Rome (fortât du port d'Oftie) eftoit venue furgir
en les attédant. Et là demeurerét fix iours entiers, tant pour charger eaue
doulce, que pour calfreter & radouber leurs nauires & aultres vaiffeaulx
qui en auoient befoing . Puis le feptiefme enfuiuant ayants vent propre,
feirent leuer les ancres & haulfer les voiles, & finglerét le long de la Mo-
rée, vindrent à Modon : & paffant oultre coftoyant cefte cofte, entrerent
au cab de Maluafie, ou ilz eurent quelque peu de vent contraire : toutesfois à la fin eftant la mer bonace, poufferent iufques au cab de Colon, &
en l'ifle de Negrepont. Et entrants au largue de l'archipelago, defcouurirent à Pouge le cab dit Athos, tant qu'ilz approcherent Galiopi, laiffants
l'ifle de Tenedos, à Ourfe, pour n'eftre defcouuertz des Turcqs qu'Arma
to y auoit laiffez, afin de tenir efcorte à leurs viures . Si ne tarderent gueres à gaigner le far, & entrer au goulfe de la Propontide, coftoyás la Trace iufques au port de Salombre, qui eft à trente milles de Conftantinople, ou ilz prindrent terre, pour de là en auant s'approcher du camp des
Payens. Lors fut aduifé entre eulx que le Roy Cildadan & Quedragant
demoureroient chefz de l'armée de mer : & leur ayant laiffé bon nombre
de gens pour la fourniture de leurs vaiffeaulx, cefte groffe flote tira à Cô-
ftätinople, efperant charger Alforax & fon armée de mer premier qu'ilz
s'apperceuffent de leur venue. Mais il aduint aultrement, car les Payens
(qui auoient gens au guet de toutes partz) les defcouurirent, & ne voulu
rent permettre qu'Alforax combatit : ains le prierent bien fort qu'il gar-
daft feulement l'entrée du deftroit, pour ofter le moyen à ceulx de la ville d'eftre auitaillez par ce cofté là. Ce que cognoiffant le Roy Cildadá &
Quedragant, ne fe voulurent hazarder, ains fe tindrét à demy mille pres,
attendant le Roy Lifuart, l'Empereur de Rome, & ceulx qui venoyét par
terre : & tandis feirent dreffer plufieurs efcarmouches auecq' leurs vaiffeaulx legers, mais Alforax ne vouloit partir de fon trou, & demouroit
le plus ferré qu'il pouoit. D'aultre cofté le Roy Armato & fa troupe aduerty du grand fecours qui s'approchoit le long de la greue, feirent ioindre leurs forces enfemble, deliberez garder le cofté de la mer Maior : par
laquelle ilz pouoient recouurer viures plus aifément, tant de la Natolie,
que de la Tartarie. Si feirent les Rois Amadis, Perion, & aultres telle diligence, que le neufiefme iour enfuiuant vindrent camper à la veue de
Conftantinople, vis à vis de leurs ennemis, & en lieu qui leur fembloit
plus aifé & commode . Mais fi les Payens furent de prime face eftonnez
de ce nouueau fecours, l'Empereur & ceulx de la ville ne l'eftoyét moins
en leur endroit, doubtans que ce fuft renfort contre eulx : auffi n'auoient
ilz aulcunement efté aduertiz de la depefche de Gádalin ny d'Enil, pour
aller vers les princes Chreftiens, lefquelz admenerent quand & eulx le

S iiii

nombre

nombre de trois cents trentehuict vaiſſeaulx , & deux cents vingtſix mil
hommes de guerre, tant Cheualiers qu'aultres. Or pour retourner à la flo
te des Chreſtiens , le Roy Cildadan cognoiſſant qu'Alforax faiſoit le re-
nard , pria Quedragant (qui auoit telle puiſſance que luy) eſtre content
qu'il l'allaſt eſcarmoucher auecq' ſoixante de leurs vaiſſeaux plus legers,
afin de l'attirer au combat ſil eſtoit poſſible. Ce qu'il luy accorda voluntiers , parquoy mettant ſes vaiſſeaulx à la voile ſ'approcha des ennemis,
en ſorte qu'ilz furét preſtz d'eulx ioindre main à main. Toutesfois ou par
crainte, ou pour obeir au Roy Armato, Alforax n'en voulut máger pour
ce coup, ains entra plus auant au deſtroit : au moyen dequoy le Roy Cildadan ſe retira, & vint au port de la cité, faiſant vne fanfare la plus braue
du monde. Ceulx de Conſtantinople voyans les bandieres & banderol-
les de la grand' Bretaigne, & d'aultres Royaulmes Chreſtiens, luy reſpon
dirent de leur part ſi hault, que le bruit des trompetes, clerons & tabours
fut ſi grand, qu'Armato & tous les Payens le pouoyent facilement ouyr.
Lors fut le Roy Cildadan receu de l'Empereur meſmes, par Norandel,
Taláque, Manely, & grand nombre d'aultres bons Cheualiers: auſquelz
il feit entendre le ſecours qui leur eſtoit venu , & quelz princes auoyent
entreprins le voyager. Sur mon Dieu, reſpondit l'Empereur, ilz m'obli-
gent grandement à eulx: & toutesfois ie ſuis esbahy par qui ilz ont peu e-
ſtre aduertiz des entreprinſes d'Armato. Comment monſieur? dit Cildadan, Eſplandian ne vous en a il iamais parle? Non ie vous aſſeure, reſpon
dit l'Empereur , ny à nul de ſes compaignons que ie ſçaiche . N'eſt il pas
en ceſte ville? dit le Roy. Ce maiſt dieux, reſpondit Norandel, il n'a voulu abandonner la montaigne defendue , & ſe delibere de la garder , ſi les
Payens y mettent le ſiege. Aſſeurez vous, dit Cildadan, qu'il n'y fera deſormais long ſeiour, que le Roy Amadis ne l'enuoye bien toſt querir : car
nous ſommes en termes de donner incontinent la bataille : & ſ'il failloit
à ſi belle iournée, il y auroit regret toute ſa vie. Aſſez d'aultres propos eurent les Cheualiers de Conſtátinople auec le Roy Cildadan & ceulx qui
luy tenoient compaignie, auſsi demoura il auecq' eulx iuſques au lendemain matin , qu'il rentra en ſes vaiſſeaulx pour venir ou il auoit laiſſé
Quedragant auecq' le reſte de l'armée de mer.

Comme

Comme Esplandian & le Roy

de Dace feurent enuoyez querir par Gandalin en la montaigne defendue, ou ilz estoyent demourez, en attendant
le secours des princes Chrestiens: & d'vne letre
que le Souldan de Liquie & la Roïne
Calasie escriuirent à Amadis & Esplandian.

Chapitre   LII.

E Roy Cildadan retourne' comme vous auez entendu vers Quedragant, & l'armée de terre campée à la
venue des Payens, Amadis feut aduerty par ceulx
qui auoyent entre' nouuellement en Constantinople, comme Esplandian & le Roy de Dace estoyent
demourez à la montaigne defendue. Aumoyen dequoy il depescha incontinent Gandalin auecq' vne
fuste, pour les aller querir. Si entra Gandalin en mer, & eut vent si à propos, que sans empeschemét il arriua vers eulx peu de iours apres. Adoncques leur declara comme le Roy Amadis, & quasi tous les princes de la
Chrestiente' estoyent campez à moins de demy mille du camp d'Armato, & tout ce que luy & Enil auoyent fait en la charge pour laquelle ilz
estoyent

estoient partiz d'auecq' eulx. Et pource, dit Gãdalin, que noz gents se deliberent donner en bref la bataille, ilz vous prient tous vous y trouuer. Vrayement, respondit Esplandian, Gandalin mon amy, c'a esté bien besongné à vous : & vous mercie de tant de peine que vo˞ auez prinse. Mõsieur, dit le Roy de Dace, n'estes vous pas d'aduis que les allions trouuer? Quant à moy, i'aimerois mieulx perdre vn bras, que d'y faillir. Mon frere, respondit Esplãdian, demain, si Dieu plaist, le nauire de la grand' Serpente nous y portera. Or auoit elle tousiours vogué de soymesmes, comme vous auez entẽdu maintesfois, mais elle leur faillit pour ce coup : car apres qu'ilz furent entrez dedans, elle ne sesmeut aulcunemẽt, dont Gãdalin esbahy ne se peut tenir de dire : Par Dieu ce vaisseau ressemble au cheual qui a le pied blanc, il nous fault bien au besoing. Amy, respondit Esplandian, ie pense certainement que cela procede pour la prison d'Vrgande, qui est maintenant au pouoir de Melye, & si bien enchantée, que son sçauoir luy proffite autãt peu, que fait à nous ce vaisseau, qui se mouuoit par les enchantemens & coniurations d'elle : & lequel n'a moyen à present de sesbranler, comme on peult veoir. Certes Esplandian disoit vray, car en ce temps mesmes la coñtrée ou Vrgande souloit faire sa demeure, apellée l'Isle non trouuée (pour auoir esté tousiours inuisible) fut lors descouuerte & veue de tous. Si leur conseilla Gandalin qu'ilz s'embarquassent en sa fuste : Esplandian & le Roy de Dace le creurent, & entrans dedans, tirerent droit vers Constantinople nauigant iour & nuict, en sorte qu'ilz descouurirent vn dimenche de grand matin les vaisseaulx des Rois Cildadan & Quedragant, que peu apres ilz vindrent aborder. Lors furét Esplandian & le Roy de Dace receuz d'vnchascun auecq' vne tresgrande chere : puis vint trouuer le Roy son pere & les aultres Cheualiers qui estoyent en terre ferme, & apres vne infinité de caresses & acollemens fut aduisé que de là en auant ilz verroyent leurs ennemis de plus pres qu'ilz n'auoyent fait : en sorte que maintes belles escarmouches se dressoient chascun iour, ou se trouuoyent ordinairemẽt les Cheualieres de la Roïne Calafie, entre lesquelles vne sienne seur nommée Liote, hardie & adroite aux armes, print prisonnier vn Gaulois, qui asseura le Souldan de Liquie qu'Amadis de Gaule Roy de la grand' Bretaigne, & Esplãdian son filz estoient en leur armée : dequoy le Souldã aduerty, & la Roïne Calafie semblablement, delibererẽt ensemble leur escrire vnes letres contenant ce qui sensuit,

Rodrigue Souldan de Liquie, ennemy mortel des ennemis de noz dieux, & Calafie Roïne de Californie, region opulente en or & precieuses pierres, plus que nulle aultre, faisons sçauoir à vous Amadis de Gaule Roy de la grand' Bretaigne, & à vostre filz le Cheualier Serpentin, que l'occasion de nostre descente en ces païs, a esté causée sur deux poinctz

L'vn est

L'vn en esperant la ruine de la Chrestienté: & l'aultre pour essayer à faire
perdre la renommée que lon vous donne d'estre les deux meilleurs Cheualiers du monde: car nous nous pensons telz, que si voulez accepter le
combat de vostre personne à la nostre, nous ferons euidemment cognoi
stre que nostre prouesse n'est moindre que la vostre. Et afin que la gloire
des vainqueurs soit manifestée, les vaincuz demeureront en leur pouoir,
pour en disposer puis apres ainsi que bon leur semblera. Aduisez doncques de nous faire response par ceste nostre messaigere, à laquelle nous
auons dôné charge vous declarer (si refusez ce party) que desormais aurons iuste cause de nous attribuer le dessus de toutes les louenges & faueurs que Fortune nous a portées iusques à present: & vous estimer aussi
peu à l'aduenir, comme vous l'auez esté beaucoup par le passé. Ceste letre baillée à la damoiselle, qui porta les premieres à Norandel, entra au
camp des Chrestiens, & aduertie ou estoit la tente d'Amadis, le vint trou
uer ainsi qu'il deuisoit auecq' le Roy Lisuart, Esplandian & aultres bons
Cheualiers. Lors mettant le genoil en terre, demãda lequel d'eulx estoit
le Cheualier de la grand' Serpente, & son pere. Amadis print la parole &
luy monstrant Esplandian luy respondit: Damoiselle m'amie, i'en suis
l'vn, & cest aultre est mon filz. Vous plaist il quelque chose de nous? La
damoiselle ietant l'oeil sur Esplandian esmerueillée de sa grand' beaulté, dit lors: En bonne foy, Roy Amadis, ie croy vrayement que ce soit il,
car ie l'ay ouy estimer en diuerses contrées tel que ie le voy de mes deux
yeulx. Damoiselle, respondit Amadis, si pour le veoir vous auez trouué bon venir en nostre câp, vous estes dôcques satisfaite. Cela seul n'en
a esté cause, dit elle: mais pour vous apporter ceste letre que le Souldan
de Liquie, & la Roïne Calasie vous enuoyent: pourtât voyez la, & y faites response. Amadis la print & sortit hors la damoiselle attendant leur
resolution. Puis l'ayant leue Amadis, la monstra au Roy Lisuart & aux
aultres qui estoient presents, & y eust lors entre eulx grãde controuersie
sur l'otroy ou refuz de ce cõbat, pource que la plus part d'eulx estoient
d'aduis qu'on le deuoit refuser, & remonstroient plusieurs raisons per-
tinentes: mesmes le grand nombre d'ennemis qu'ilz auoyent deuant
eulx prestz à dôner la bataille. Et s'il aduenoit, disoyent ilz, que Fortune
feust contraire au Roy Amadis & Esplandian (ausquelz gist partie de no
stre esperance) tel malheur apporteroit vne crainte à beaucoup qui sont
maintenant en bonne volunté de faire leur deuoir. Aultres soustenoient
le contraire, & que ce seroit vne honte, attendu que ce seul refuz donne-
roit couraige aux ennemis: mais que lon pouuoit bien honnestement
demander, que le nombre des cõbatants d'vne part & d'aultre feust plus
grand. Ce maistdieux, dit Amadis, soit de deux contre deux, de vingt cõtre vingt, ou de plus largement, la victoire est entre les mains de Dieu.
Par ainsi de n'accepter ce cõbat ie me ferois tort, & entamerois vne trop
grand

grand’ playe pour toute la Chreſtienté, laquelle pourroit ſeigner longue
ment . Dauantage, i’ay eſperance en noſtre ſeigneur, pour la foy & honneur duquel ie ſuis entré en ce voyage . Quand Eſplandian entendit le
vouloir de ſon pere , il parla plus hardiment , declarant que pluſtoſt luy
ſeul entreroit en la meſléc, non ſeulement auecq’ le Souldan & la Roïne,
mais deux aultres auecq’ eulx ſilz ſy vouloyent trouuer . Et à ceſte cauſe feut arreſté qu’Amadis & luy combatroyent : parquoy la meſſaigere
feut mandée, & luy dit Amadis: Damoiſelle, vous direz au Souldan & à
la Roïne que mon filz & moy leur accordons ce qu’ilz demandent, par
ainſi eſliſent les armes quand il leur plaira : & au regard du camp, il ſera
entre leur armée & la noſtre . Les aſſeurant en foy & parole de Roy, que
nul de noz gents ne ſeſmouuera pour bien ou mal qui nous y aduienne,
ce que nous leur prions faire en ſemblable . Et ſilz veulent des le iourdhuy en auoir le paſſetemps, nous en ſommes treſcontens. Si ſen retourna la damoiſelle, laquelle arriuée vers ceulx à qui elle eſtoit , leur declara la reſponſe telle que vous l’auez entendue . Dont le Souldan treſaiſe,
& ſpecialement la Roïne, pour le grand deſir qu’elle auoit de veoir Eſplandian, demanda à la damoiſelle qu’il luy en ſembloit . Madame, reſpondit elle , i’ay veu en ma vie beaucoup d’hommes & de femmes, leſquelz Nature auoit douez de grand’ beaulté: mais ſur mon dieu ie côfeſ-
ſe que ce n’eſt que peincture, pour le regard de la perfection que i’ay trou
uée en luy: car il eſt tel & ſi excellemment beau, que tant plus i’y penſe &
plus ie me perſuade que telle beaulté eſt plus diuine qu’humaine . C’eſt
beaucoup, dit la Roïne. Ie ne ſçay pas, reſpondit la damoiſelle, que vous
appellez beaucoup : mais ie ſuis ſeure, ſi vous l’auiez veu comme moy,
que vous en diriez bien aultant, & peult eſtre d’aduantage. Vrayement,
dit la Roïne, premier que d’entrer en la meſlée contre luy, ie le verray
doncques ſans armes, & parleray à luy, non d’ennemy à ennemy, ains cô
me font communément les amis les vns aux autres. Madame, dit le Sou
dan, puis que voſtre volunté eſt telle , il ſera bon que noſtre damoiſell
retourne vers eulx , les prier permettre que demain vous les alliez trou
uer en leur camp, non pour les ennuyer, mais pour leur faire honneur, &
qu’a ceſte cauſe ilz vous enuoyent ſaufconduit . Ce moyen feut trouu
bon de la Roïne , & ſans plus tarder renuoya la damoiſelle vers Amad
& Eſplâdian, qu’elle trouua encore ou elle les auoit laiſſez. Adoncq’ leu
recita la requeſte que leur faiſoit la Roïne , & le deſir qu’elle auoit de l
veoir premier que combatre, & partât qu’il leur pleuſt luy enuoyer ſau
conduit. Amadis ne ſe peut tenir de rire, voyant comme ceſte meſſaig
re exprimoit l’affection de ſa maiſtreſſe: & demanda au Roy Liſuart q
luy en ſembloit. Mon filz, reſpondit il, accordez luy ce qu’elle demand
car i’ay ouy aſſeurer (depuis que nous ſommes par deça) la Roïne eſ
treſſaige & belle princeſſe. Vous oyez voſtre reſpôſe, dit Amadis à la d
moiſe

moifelle,& vienne la Roïne quand il luy plaira, elle fera la tresbien ve-
nue.Lors la damoifelle retourna vers elle,laquelle aife au pofsible de cefte affeurance,delibera le lendemain les aller trouuer. Or ne fçauoit elle
en quel acouftrement elle leur feroit plus agreable. Vne fois trouuoit
bon fe parer ny plus ny moins que quãd elle combatoit. Puis tout foubdain changeoit d'opinion, & luy fembloit l'habit de femme luy eftre
trop plus honnefte & mieulx feant, veu qu'elle n'alloit vers eulx pour
f'efprouuer aux armes, ains feulement pour acquerir l'amour & bonne
grace d'Efplandian f'il eftoit pofsible. Et conteftant ainfi en foymefmes
paffa toute la nuiét,& le matin tournant fur fes brifées apres vn long trauail d'efprit, côclud que pour ce iour elle f'habilleroit en femme,car elle auoit apres moyen fe môftrer en equippage de Cheualier, & ainfi feroit elle veue d'eulx en l'vn & en l'aultre acouftrement. Aumoyen dequoy feit apporter les robes plus precieufes qu'elle euft, & fe meit en ordre ainfi que fait plus fouuent celle qui defire eftre trouuée belle & ay-
mée.Et pour l'accôpaigner voulut qu'vne douzaine de fes femmes (fans
plus)la fuiuiffent,tant bien equippées de pierreries & groffes perles,que
c'eftoit chofe non pareille. Ce fait mãda querir en fes vaiffeaulx vne befte la plus eftrange du monde,fur laquelle elle montoit quelque fois par
vne magnificéce,pource qu'elle eftoit grande comme vn puiffant Dro-
madaire, de poil long, tirant fur le iaulne, auecq' aulcunes taches noires. Ses deux oreilles luy pendoient ainfi que deux pauòis,n'ayant qu'vn
feul oeil au front luyfant plus fort qu'vn miroir ardant.Elle eftoit camu-
fe au pofsible, & luy fortoient de la bouche deux crocz ou defenfes. Et
combien qu'elle euft les piedz fenduz comme vn boeuf, fi n'y auoit il
Cerf au monde qui l'euft peu attaindre à la courfe, feuft en plat païs ou
à trauers les rochers.Ainfi deliberée entra au camp des Chreftiens,def-
quelz elle feut bien regardée auant qu'elle arriuaft à la tente du Roy Li-
fuart:ou l'attendoient Amadis & quafi tous les principaulx de l'armée,
qui prierent Quedragant de fortir pour la recueillir.Ce qu'il feit de bien
bône grace:car aufsi toft qu'il l'apperceut, f'aduança, & luy faifant vne
trefgrande reuerence,luy aida à defcendre.Puis la prenant foubz le bras
la conduit en la tente ou les feigneurs eftoient affemblez, defquelz elle
feut receue treshonnorablement. Mais quand elle aduifa Efplandian fi
beau, elle feut efprife de fon amour en forte, qu'elle fe repentit tresfort
d'auoir entreprins cefte veue,non feulemét pour le peu d'efperáce qu'elle eut de le rendre fien (eftant foubz diuerfes loix) ains doubtant que
cefte fantaifie nouuellemét imprimée en fon efprit, alienaft tant fes forces pour trop penfer en luy quand viendroit au combat, qu'elle perdift
la reputation par elle acquife en armes entre les meilleurs Cheualiers du
môde.Pour aquoy obuier, delibera en foymefmes faire là peu de feiour,
cognoiffât le naturel d'Amour eftre tel qu'il fçait defrober les coeurs des
T   perfonnes

perſonnes & ſ’en faire communément vray poſſeſſeur, premier que celuy qui eſt poſſedé ſ’en puiſſe apperceuoir. Et comme ces princes l’entre-
tenoient de pluſieurs & gracieux propos, elle ſ’adreſſa à Eſplandian &
luy dit: Sire Cheualier, pour deux excellences dont vous eſtes renommé
i’ay prins la peine vous venir veoir iuſques icy: la premiere eſt, le don de
beaulté qui eſt envous plus que ie n’euſſe iamais pēſé, l’aultre eſt, la force
de voſtre perſonne & magnanimité de courage telle, que vous eſtes dit
inuicible. L’vne ay ie veué de mes deux yeulx ſi parfaite que ie n’eſpere iamais en veoir vne ſemblable, & veſcuſſe ie mil ans & plus: & quant
à la ſeconde, le cōbat que vous aurez contre le treſpreux Souldan de Liquie nous en rendra ſeur teſmoignage. Et n’euſt eſté qu’il m’a prié m’a-
dreſſer au Roy Amadis (pour le deſir qu’il a de ſ’eſprouuer contre vous)
moymeſmes en euſſé-ie fait l’eſpreuue. D’vne choſe vous veulx ie bien
aduiſer, que ſi l’hōneur nous demeure, & à vous la vie, ie vous diray puis
apres choſes qui m’importent, & que i’ay bonne enuie vous declarer pre
mier que faire voile en mes païs. Or ay-ie quant à preſent ſatisfait à mon
enuie: parquoy ſeigneurs (dit elle aux princes là aſſemblez) ie vous ſupplie m’excuſer ſi ie ne vous tiens plus long propos, car ie ſçay bien que
le trop demourer auecques vous (pēſant gaigner ce que ie cherchois) me
pourroit bien faire perdre moymeſmes, dont ie ſerois trop deſplaiſante:
veu qu’auant ſoleil couché, i’eſpere me veoir en lieu, & faire tāt d’armes,
que celuy qui ne feut oncques vaincu d’homme (ainſi qu’il eſt bruit) le
ſera par vne ſimple femme telle que ie ſuis. Madame, reſpondit le Roy
Perion, Fortune peult beaucoup à qui il luy plaiſt, ſi vous faites ce que
vous dites, vrayement vous ferez plus que nous ne penſons, à l’oeuure
ſe cognoiſt l’ouurier. Et pource que l’iſſue du combat ſera la gloire de
vous ou de luy, nous attendrons iuſques alors d’en iuger certainement.
Et combien qu’Amadis ſe ſentit fort oultragé par la Roïne, ſi n’en feit
il ſemblant: mais la print doulcement ſoubz le bras, & la mena ou ſa cōpaignie l’attendoit. Et ainſi qu’elle montoit pour ſ’en retourner, il luy dit
en ſoubzriant: Madame, quand viendra aux coups, ie vous ſupplie ne me
faire du pis que vous pourrez, veu que ie ne feuz oncques ennemy des
femmes, ains leur ay fait toute ma vie ſeruice, & feray ſi Dieu plaiſt. A
ceſte parole ne luy reſpondit la Roïne vn ſeul mot, mais picqua vers l’armée des Payens, pour aller prendre ſes armes. Et en ces entrefaites arriu-
au camp d’Amadis le bon Cheualier Brian de Moniaſte, lequel ayant e-
ſté enuoyé par le Roy d’Eſpaigne ſon pere, auecq’ groſſe puiſſance en A-
frique aſsieger la ville de Ceſonie, depuis appellée Cente, feut aduert
par vn eſcumeur de mer, de l’entreprinſe des Chreſtiens, & comme leu
armée & groſſe flotte auoient paſſé le cab de fin de terre. Au moyen de
quoy il enuoya incontinent vers ſon pere, le ſupplier treshumblemen
qu’il luy permiſt faire ce voyage, aquoy il ſ’accorda par importunité. E

à ceſt

à ceſte cauſe Brian leua le ſiege de Cente, & rentrant en ſes vaiſſeaulx, vint en Cicile, & de là a Galipoli, puis en Conſtantinople, ou il ſe ioignit auecq' les princes de la Chreſtienté qui luy feirent tresbon recueil.

Comme le Roy Amadis & ſon

filz Eſplandian combatirent le Souldan de Liquie, & la Roïne Calafie: & de la bataille qui feut le iour meſmes, par mer & par terre entre les Chreſtiens & Payens.

Chapitre   LIII.

L A Roïne Calafie retournée en ſon camp cõme vous auez entẽdu, ſ'arma incõtinẽt, & le Souldan auſsi. Si ne tarderẽt gueres à venir au lieu aſsigné, qui eſtoit iuſtemẽt entre les deux armées, ou ſe trouuerẽt toſt apres Amadis & Eſplãdian . Et pource que les deux camps ne ſe tenoiẽt aſſeurez l'vn de l'aultre (nonob-ſtant toutes promeſſes & iuremens qui euſſent eſté faitz) ſe meirẽt en bataille, ſans toutesfois ſ'eſmouuoir en nulle ſorte, & mãda le Roy Periõ à Quedragant & au Roy Cildadan, que ſelon qu'ilz entendroient des ennemis, ilz chargeaſſent leur armée de mer: & le ſem blable feit ſçauoir à l'Empereur de Conſtantinople, afin de ſe tenir preſt. Et comme les quatre combatãs eſtoiẽt ſur le point de ruer l'vn ſur l'aul-tre, le

T ij

tre, le Souldan appella Amadis & Efplandian, & leur demanda s'ilz vou
loient pas entretenir & iurer (fuiuant ce qu'il leur auoit mande par fa da
moifelle) que les vainqueurs emmeneroyét fans empefchemét les vaincuz. Oy vrayement, refpondirent ilz, & vous gardez doncques de nous.
Lors f'adreffa Amadis à la Roïne, & le Souldan contre Efplandian, auquel dóna tel coup de lance en l'efcu, qu'il le luy faulfa oultre plus d'vne
grand'braffe, & penfoient plufieurs affeurémét qu'il feuft nauré à mort,
combien qu'il n'eftoit ainfi : car la lance luy paffa foubz l'effelle fans luy
faire aultre mal : mais Efplādian luy rendit toft apres fon change, le poul
fant fi rudemét, qu'il luy feit perdre arçon & eftriers, & tomba en terre fi
grād fault, qu'il roulla deux ou trois tours auāt que f'arrefter, de forte que
le heaulme luy fortit de la tefte. La Roïne Calafie courut cótre Amadis,
& luy contre elle : & cóme ilz feurent au my lieu de la carriere, Amadis
tourna le gros bout de fon glaiue vers elle, & paffant oultre, ne la voulut
charger : toutefois elle coucha bas & donna au chanfrain du cheual, fe
rencontrans corps cótre corps, fi que la Roïne cheut en la place, & Ama
dis feut contraint mettre pied à terre, tant feut fon cheual eftourdy du
tronçon de lance qui luy eftoit demouré à la tefte. La Roïne fe releua
próptement, & f'approcha d'Amadis tenant l'efpée au poing, & le femblable feit Rodrigue contre Efplandian, qui luy auoit permis prédre halaine & relacer fon heaulme, nó pour bié qu'il luy voulfift, mais au bout
de fa carriere il aduifa fur les murailles de Cóftantinople l'Infante Leonorine, dont il deuint fi efperdu que chafcun difoit de luy, que le Souldá
luy auoit entamé le corps. Neantmoins peu apres ilz cogneurent bien
du cótraire : car il meit pied à terre, & commença entre eulx deux le plus
perilleux combat qu'il eftoit poffible. Or eftoit Rodrigue aultāt à droit
aux armes qu'aultre Cheualier de fon temps : mais Efplandian le mania
de fi pres, qu'il luy feit fouuét oublier les rufes dont il fçauoit vfer en telz
affaires, & le traita à la fin fi rudement, qu'on cogneut à veue d'oeil la victoire luy eftre promife. La Roïne ce pendant faifoit tout fon effort de
venir au deffus d'Amadis, lequel tenant vn gros tronçon de lance, f'en
feruoit au lieu d'efpée, & luy en donna tel coup fur la crefte de l'armet,
qu'il luy feit eftinceller les yeulx. Dont elle trop indignée commença
à luy dire : Comment Cheualier, auous eftimé de moy que ie fois chien
ou paifant, pour eftre ainfi traitée à coups de bafton ? Par mon chef deuant que m'efchappiez vous n'auez armes fur vous qui ne vous facen
bien befoing à garantir voftre vie. Calafie, refpondit Amadis, i'ay tout
ma vie efté feruiteur des dames, & fi maintenāt ie cómençois par vous à
leur vouloir mal, le bié que les aultres ont receu de moy, en feroit moins
eftimé. Vous me tenez dócques du nóbre d'elles ? dit la Roïne, vous fen-
tirez prefentement que ie fuis quelque chofe d'aduātage. Ce difant prin
fon efpée à deux mains, & d'vne grād'colere luy dóna tel coup qu'elle luy
meit l'ef

mit l'efcu en deux, & cuidant redoubler, Amadis fe ieta fur elle, & à
force de bras, luy arracha celuy qu'elle auoit pendu au col, fi rudement
qu'elle dóna du genoil en terre. Toutesfois elle fe releua aufsi toft, & péfant fe venger, mit tout fon pouoir de recharger Amadis, lequel fe de-
ftournant, l'attaignit de fon tronçon de lance pres de l'oreille, & l'eftour
dit fi bien, que l'efpée luy fortit des poings. Lors fe lança fur elle, & la tenant au heaulme, luy dift: A cefte heure ferez vous ma prifonniere vueil
lez ou non, aufsi bien que le Souldan l'eft de mon filz. A cefte parole ieta la Roïne fa veue à cofte, & cogneut qu'Amadis difoit vray, parquoy
elle luy refpódit: Voftre prifonniere fuis-ie, puis qu'il plait à Fortune. Et
à l'inftant f'approcherét Rodrigue & Efplandian, & eulx quatre enfemble fortirent du camp & vindrent ou l'armée des Chreftiés eftoit aſſem-
blée. Les payens qui veoyent ainfi emmener ceulx aufquelz ilz auoient
quafi plus d'attente pour le iour de leur bataille, firent contenance de
les vouloir refcourre, qui fut caufe que les Chreftiens fe tindrent tout le
iour en bataille. Ce pendant fut aduifé entre eulx, qu'on enuoyeroit la
Roïne & le Souldan en Conftantinople, & fut Gandalin chargé de les
conduire, & prefenter à Leonorine, de la part d'Amadis & Efplandian,
qui les remercia bien affectueufement. Et auát qu'il retournaft au camp,
fe vint rendre vn fouldat du païs de Trace, qui auoit demouré en Tartarie plus de vingt ans, lequel dit aux Rois Perion & Lifuart, que leurs
ennemis eftoient deliberez les furprédre au poinct du iour, dont ilz ad-
uertirent l'Empereur de Conftantinople, afin qu'il fe tinft fur fes gardes.
Or auoit il en fa ville quarante mil hommes de guerre, & ordonna fur
l'heure que trente mille fortiroyent pour dóner fur la queue des Payens
aufsi toft qu'ilz verroient le commencement du conflit: & fift fçauoir
par mefme moyen au Roy Cildadan & Quedragant, que fes efpies luy
auoient rapporté cóme Alforax auoit defgarny fes nauires de gens pour
renforcer ceulx de terre, fe cófians au deftroit qu'ilz vouloient garder, ef
perans voguer en la mer Maiorque, fi mal leur baftoit, & qu'a cefte caufe
il feroit bon (foubz le vouloir des aultres princes Chreftiens) qu'ilz luy
donnaffent à dos, & que Frandalo les fecóderoit auecq' fon equipage. Ce
que entendu par les deux chefz de l'armée de mer, enuoyerent vers Ama
dis & ceulx qui commandoient en cefte guerre, lefquelz leur manderét
qu'ilz fuiuiffent l'opinion de l'Empereur le lendemain aufsi toft qu'ilz
verroient l'aube du iour. Parquoy Frandalo ne ceffa toute nuict d'appre
fter feuz artificielz, auecq' lefquelz il faifoit eftat de brufler la plus part
des vaiffeaulx d'Alforax, ce qu'il fit, comme vous entendrez en ce prefent chapitre. Mais pour retourner au Roy Armato & à fes forces, vne
heure deuant le iour, fuiuant leur deliberation, commencerent à marcher contre les Chreftiens, penfans les trouuer endormiz, & enfoncer
leur guet auant qu'ilz euffent loifir de fe mettre en bataille. Toutesfois

T iiij   ilz fe

ilz se trouuerent deceuz:car ilz estoient desia en ranc, se tenans serrez en
bonne volunté de les receuoir,& ainsi le feirét. Si eut l'Empereur de Rome l'auägarde auecq' le Roy Lisuart,& Amadis. Le Roy Perion, Galaor,
& Esplandian la bataille. Puis Florestan, Bruneo,& Balan l'arri
regarde.
Du costé des Payens marcherét de front le Souldan Alapa, soixäte Rois
deux Califfes, & quatre Tamorlanes : lesquelz se vindrent furieusement
ruer sur l'Empereur de Rome & sa trouppe,& d'arriuée y eut maintz che
ualiers abatuz d'vne part & d'aultre:car Esplädiä & les princes Chrestiés
ioinctz ensemble,ne döneret coup d'espée que la mort n'ensuiuit . Mais
si feurent ilz au cömencemét repoulsez par le grand nöbre de traitz que
tiroient les ennemis,en telle quantité qu'au descocher oncques gresle ne
töba si menue que leur saiettesvolloyent en l'air. Dont aduint qu'auant-
garde,bataille & arrieregarde eut trop à souffrir,& sur ce point sortirent
de la ville Norandel, Talanque & Manely,Trion,Landin Licorä, Ymosil,Palomir,Enil,Elian,& finablement tous les compaignös d'Esplandiä
auecq' les trente mil hommes choisiz par l'Empereur de Cöstantinople.
Ceste petite trouppe bien deliberée,effraya tellement les Payens , qu'ilz
perdirent quelque peu de leur asseurance,& reculleret aultant qu'ilz se
stoient aduancez:& à l'heure ceulx qui au parauät auoiét esté en crainte
reprindrent si bon coeur que chascun d'eulx tourna visaige, & recouure
rent ce qu'ilz auoient perdu:en sorte qu'ilz eurét occasion de crier victoi
re & bataille gaignée. D'aultre costé Quedragant & Cildadan,mettans
leurs vaisseaulx à la voile, singlerent dans le destroit : à l'entrée duquel
Frandalo les vint attaindre auecq' quatre vingtz vaisseaulx de toutes sor-
tes.Et cöme ilz eurét quelque peu parlemété ensemble, sus l'expediét de
leur entreprinse(cösiderans la force de leurs ennemis grosse & merueilleuse)feut accordé que Frädalo,qui l'auoit quelque fois esprouuée passe
roit deuät auecq' les siens. A döc se print à voguer,& quasi aussi tost Alfo
rax les approcha,donnant signe de bataille à ses gés:qui d'vne tresgrande
hardiesse inuestiret dix des premieres galleres des Chrestiens & les meirent en fond. Toutesfois Frädalo tint bö,& enträt pesle mesle,meit le feu
à plus de cent vaisseaulx,premier que Cildadan se régeast au cöbat:mais
peu apres luy & Quedragant y arriuerét,& à bien assaillir bié defendre.
Si dura le conflit plus de huit heures,sans pouoir cognoistre de quel costé töberoit la victoire,& iusques à ce que Quedragät aborda le vaisseau
d'Alforax,& y entra de force,faisant tout passer au fil de l'espée. Quel be
soing est il de s'amuser plus longuement à ce conflit?Les Turcqz voyans
leur capitaine mort,& à veue d'oeil leur ruine, prestz de töber proye aux
Chrestiens, prindrent à la fuite, & à force de ramer, entrerent en la mer
Maior.Non pas tous, car il en demoura prins, bruslez, ou enfoncez de
deux à trois cens galleres, galleaces, fustes , ou brigantins , & le reste se saulua, par la maniere que vous auez entendue: à qui la nuict aida tant:

da tant, que la chaſſe fut plus toſt finie, qu'elle n'euſt eſté. Alforax
doncques mort & ſon armée deffaicte, les victorieux ſe rallierent, attendants qu'ilz peuſſent auoir nouuelles de leurs gents de terre, qui
(durant ce temps) auoient eu tant à ſouffrir que merueilles, & entre aultres les bons vieillards Perion & Liſuart, leſquelz vøyants Eſplandian
eſchauffé comme le lyon pourſuyui, ne le voulurent abandonner, craignants le perdre: & tant le ſuyuirent, frapants à dextre & à ſeneſtre, qu'ilz
ſe trouuerent enclos de plus de mille cheuaulx Turcqs, ſans qu'ilz euſſent aultres Cheualiers de leur part pour les ſecourir, que Grumedan, le
duc de Biſtrie, Guylan, Brandoyuas, Nicoran du pont d'argent, Cendil
de Gonate & quelques autres. Certes ces huict ou neuf faiſoient bien ſen
tir à ceulx qu'ilz rencontroient, que ce n'eſtoit le premier danger ou ilz
auoient eſté: neantmoins laſſez à la fin & mouluz des coups orbes qu'ilz
receurent, ſe ſentirent quaſi hors d'halaine, & qui pis eſt leurs cheuaulx
furent abatuz ſoubz eulx, & eulx meſmes ſi fort naurez, qu'ilz moururent tous ſus le champ, hors mis Eſplandian, qui n'en pouoit quaſi plus
quand le Roy Amadis ſon pere & grand nombre de Gaulois le vindrent
trouuer. Adoncques recommēça le combat plus rigoureux qu'il n'auoit
eſté tout le iour: car Amadis & ceulx qui le ſuyuoient, voyants les Roys
morts, & leurs compaignons eſtenduz ſus le champ, meſmes Eſplandian
à pied, cuyderent perdre patience, & firent ſur l'heure tel effort, que les
Turcqs & Payens ſ'eſcarterent, & eut Eſplandian nouuelle monture que
on luy amena. Luy doncq' à cheual monſtra bien, nonobſtant les playes
infinies qu'il auoit ſus le corps, qu'il n'eſtoit recreu: car il ſe mit tellement
à pourſuyure ſes ennemis (pour l'ennuy qu'il eut de ceulx qu'il veit tuer)
qu'a moins de rien (ſouſtenu de ſon pere, & de la trouppe qui le ſuyuoit)
contraignit le Souldan d'Alapa & ſes gents à tourner dos: & en fuyāt luy
donna tel coup d'eſpée ſus la teſte, qu'il luy fiſt rendre l'eſprit & à plus de
cent aultres d'arrache pied. Amadis ſemblablement faiſoit tant d'armes
& tous les Cheualiers de Gaule, de la grand' Bretaigne & de Sueſſe, meſmes le Roy de Dace, Talanque, Maneli, Ambor & Norandel, que c'eſtoit
choſe non croyable. Ce nonobſtant l'effort d'eulx euſt à la fin peu prouſi-
té, ſans le renfort que leur amena l'Empereur de Conſtantinople, & vn
gros eſcadron de gents de cheual que l'Empereur de Rome auoit raliez,
par le moyen duquel le Roy Armato, accōpaigné de trente Roys & leur
ſuyte furent deſconfitz, & la plus part taillez en pieces, faiſants les Chre
ſtiens tel carnage, que le ſang couloit par les champs, cōme ſil euſt pleu
vn iour entier, & encores euſt elle eſté plus grande: mais la nuict ſuruint
qui les ſepara, & demourerent les princes Occidentaulx campez au lieu
du conflict, attendants le iour pour parfaire le ſurplus de leur vouloir. Ce
pendāt Amadis fiſt mettre guet & eſcoutes de toutes parts, pource qu'on
le vint aduertir, que le Roy Armato, qui eſtoit fuy, raſſembloit ſes gents

T iiii   petit

petit à petit, & pour les aduertir, faifoit fonner fans ceffe leurs cors & tabours, allumants de grands feuz tout alentour du lieu ou il f'eftoit retiré.
Et mefmes enuoya deux Cheualiers vers la marine fçauoir comme il e-
ftoit allé de fon filz. Mais il luy fut rapporté qu'il eftoit mort, & tous fes
vaiffeaulx enfoncez, hors mis cinquante ou foixante, qui f'eftoient retirez à la fin du deftroit du cofté de la mer Maior, attendant fon comman
dement. Croyez que telles nouuelles ne luy pleurent gueres, toutesfois
voyant eftre plus requis pourueoir à la necefsité, que de confommer le
temps en pleurs & plaintes, appella les capitaines qu'il peut recouurer,
auec lefquelz il delibera partir fur l'heure, & faire embarquer auant iour
fi peu de gens qui luy reftoient premier que les Chreftiés f'en apperceuffent. Lors commanda de main en main, que chafcun fe retiraft paifible-
ment & fans bruit droit à la marine, ou arriuez entrerent en leurs vaiffeaulx, fuyants vers la Tartarie de la plus grand' vifteffe qu'il leur fut poffible. Dequoy l'Empereur de Conftantinople aduerty, enuoya incontinent apres Frandalo & bon nombre de galleres, mais il eftoit trop tard.
Et ce pendant furent les naurez mis en la cité, & les morts enterrez felon
la qualité de leurs perfonnes, ou l'Empereur fe monftra trefaffectionné
fpecialement quant aux fepultures des Rois Perion & Lifuart, pour lefquelz Efplandian (venant à l'Empire) & ceulx qui luy fuccederent, feirent dreffer deux Pyramides, non moins belles que celles iadis conftrui-
ctes pres Méphis, tant par les Roys Miris, Chemnis qu'aultres. Et aupres
d'eulx inhumerent les corps du vaillant Balan, Helyan, Polimnir, Enil,
Grumedan le bon vieillard, & maints preux Cheualiers, qui moururent
en cefte iournée, combatants pour fouftenir la foy de Iefus Chrift, auec
lequel leurs ames bien heureufes iouyffent à prefent du royaulme cele-
fte. Et pour autant que nous n'auõs fait mention de la Roïne Calafie depuis fa prifon, ne du fecours qu'elle auoit admené aux Payés, il m'a fem-
blé raifonnable vous declarer l'occafion pourquoy fes femmes ne combatirent point. Entendez que cefte Roïne fe trouuãt en mefme iour prin
fe, tant de l'amour d'Efplandian que par l'effort d'Amadis, toft apres
qu'elle fut en la compaignie de l'Infante Leonorine, ou Gandalin la con
duit, elle manda à fa feur Lyote qu'elle fe retiraft auec fes femmes en
mer, fe tenãts à l'efcart hors des Payens, fans f'efmouuoir pour chofe qui
leur aduint, fi elle n'auoit aultre mandement d'elle. Cela fut caufe en par
tie de la ruyne des ennemis: car fe doubtants de trahifon pour eftre ainfi
abandonnez, furent de là en auant plus intimidez & foufpeçonneux que
ilz n'auoient efté, & non fans caufe, veu que fi Lyote euft fait efpaule au
Roy Armato par mer & par terre, comme elle euft peu faire, fans la defenfe de fa feur, il eft vrayfemblable que ceft efcadron de femmes, qui
eftoit de vingt mille ou plus, euft porté gros dommage aux Chreftiens,
mais noftre Seigneur y pourueut par fa bonté.

Comme

Comme apres que les Payens

feurent chaffez de Trace, l'Empereur renonça à fon
Empire, & en inueftit Efplandian, faifant le ma-
riaige de luy & de fa fille Leonorine.

Chapitre   XLIIII.

LEs obfeques & funerailles des Rois, prîces, feigneurs
& aultres qui moururét en cefte iournée acomplies
& parfaites, les naurez gueriz, & toutes chofes rap-
paifées, l'Empereur de Conftantinople cognoiffant
qu'Amadis & ceulx qui eftoyent venuz des parties
d'Occident & Septentrion, vouloyent retourner en
leur païs, les pria affectueufement qu'ilz f'affemblaf-
fét : pource qu'il vouloit leur declarer partie de ce qu'il deliberoit faire a-
uant leur partement. Si fe trouuerent tous lendemain à la grand' falle du
palais, & eftant l'Empereur au mylieu, commença à leur dire: Mes freres
feigneurs & bons amis, l'obligation enquoy ie vous fuis redeuable eft fi
grande, qu'encores qu'il ait pleu à noftre feigneur me faire Empereur de
toute la Grece, fi fçay-ie bien eftre hors de ma puiffance vous pouoir fatisfaire, ne tenant l'honneur & le bien que i'ay (apres Dieu) que de vous,
foit en particulier ou general . Or fuis-ie fexagenaire, tout chenu & fort
caduc, pour les peines que i'ay fouffertes en mes ieunes ans fuyuát les armes. l'ay vne feule fille, qui cft le bafton & efperance de ma vieilleffe, laquelle i'ay delibere' (fi vous le trouuez bon) donner en mariage au preux
Cheualier Efplandiã, & par mefme moyen luy remettre l'Empire & gou
uernemét de tous mes païs. Et pour mieulx viure en folitude, & me feparer du monde, ay aufsi conclud en moymefmes me retirer (auec l'Imperatrix ma femme) au monaftere que i'ay fait baftir, & là viure religieufement, recognoiftre Dieu, & faire penitence des maulx que i'ay commis
par le paffe'. Pourtát, mes bons feigneurs & amis, ie vous prie fi vous auez
agreable ce party, me le declarer tous : & vous premieremét, môfieur mõ
frere, dit il à Amadis, à qui l'affaire touche cõme de pere à filz. Monfieur,
refpõdit il, mõ filz fera ce que luy cõmanderez. Ie vous diray, dit l'Empereur, il me fouuiét qu'entre aultres propheties qui doiuent aduenir de ce
temps, il y en a vne qui cõforme (cõme ie penfe) à noz volútez. Efplãdian
a (ainfi qu'ay entédu) fur foy quelques caracteres, ou fon nom eft manife
fte', & aultres qui ne peuuent eftre leuz fi n'eft par la femme mefmes qui
luy eft deftinée. Voyons doncq' fi c'eft ma fille ou non. Lors enuoya querir l'Infante Leonorine, laquelle admenée par l'Imperatrix acompagnée
de grãd nõbre de dames & damoifelles, l'Empereur pria trefaffectueufe-
ment Ef-

ment Efplandian qu'il fe defpouillaft, pour mōftrer les letres qu'il auoit apportées fur foy du ventre de fa mere. Ce qu'il ne refufa, ains deuant to' ofta fa chemife. Lors vn chafcun veit aifément les caracteres blancz contenans ce mot, Efplandian. mais ilz ne fceurent rien cognoiftre aux rouges. Parquoy l'Empereur feit approcher fa fille, & luy en demanda fon aduis. Monfieur, refpondit elle, vn peu deuant que Melye trompaft Vrgande, elle & moy eftant feules en ma chambre, enuoya querir vn des liures qu'on luy auoit oftez, couuert d'vne lame d'or, ou la damoifelle enchantereffe eft reprefentée deffus. Et me fouuient auoir veu dedans femblables caracteres, que ceulx que ie voy à Efplandian : & au deffoubz leur fignification, qui n'eft aultre chofe que fon nom & le mien. Ma fille, dit l'Empereur, fi vous auez encores le liure, ie vous prie faites le nous apporter. A quoy elle obeit fans differer. Lors luy monftra l'endroit que Melye luy auoit leu, contenāt ce qui f'enfuit : Le bienheureux Cheualier qui cōqueftera l'efpée & le grand trefor enchante' par moy, apportera du vêtre de fa mere fon nom empreint en caracteres blancz, & celuy de fa future femme en fept caracteres rouges : lefquelz feront fi difficiles à entendre, que nul viuant lors, pour faige ou fçauant qu'il foit, ne les pourra exprimer fans veoir ce liure, qui leur enfeignera que ces fept caracteres reprefentent les fept dictions qui enfuiuent : Leonorine, Fille, Du, Grand, Empereur, De, Grece. En bōne foy, dit l'Empereur, voicy cas mermeilleux, & qui monftre bien la damoifelle enchantereffe auoir plus fceu en fcience fupernaturelle, qu'aultre qui ait efte' en fon temps. Et puis que ma fille a fi bien deuine', ie fuis d'aduis que vous (dit il à l'archeuefque de Trace) acordiez à Eſplādian ce que Nature luy a promis deuāt qu'il fuft ne', qui eft Leonorine. Et par ce moyen fut celebre' ce mariage, & parfait le iour mefmes auecq' peu de ceremonies, eftant encores la court troublée de la mort de tant de princes & gros feigneurs. Suffife vous que ces deux amās eurent l'vn de l'aultre ce qu'ilz auoyent tant defire'. Et proclama on en ce iour là Efplandian Empereur de Grece, fuyuant le vouloir de fon beaupere : lequel deux mois apres fe retira auecq' l'Imperatrix à vn monaftere & lieu de deuotion, ou ilz vefcurent longuement depuis, feruans à Dieu deuotement. Et par ce que la Roïne Calafie auoit toufiours pretendu efpoufer Efplandian, fe voyant fruftrée de fon intention, ne fe peut tenir de dire deuant cefte grand' affemblée : Mes bons Seigneurs, ie vous fupplie entendre de moy, ce que i'ay defir vous manifefter prefentement. Il eft certain que ceulx qui me cognoiffent n'ignorent point que ie ne foye l'vne des plus grandes & puiffantes princeffes qui foit en tout le Leuant, pour la grand' abondance d'or & pierres precieufes qui fe treuue en mes païs. Quant à mon lignaige, ie fuis fille de Roïne, de race ancienne, & aultant noble qu'il y en ait au monde. Or m'auoit Fortune admenée en ces marches, me promettant brief retourner, auecq' vn nombre infini d'efclaue

auecq'vn nombre infiny d'efclaues & aultre grand butin:mais au cõtrai-
re,moy qui pretendois à la captiuité des aultres, me fuis trouuée prinfe
& mieulx prifonniere que ceulx qui font es mains de leurs mortelz ennemis. Cefte prifon dont ie parle n'eft pas pour la foy que le Roy Amadis a de moy, m'ayant vaincue, car encores que ie foye ieune d'aage, le
fens a telle maturité en moy,que ie me cognois certainement eftre fub-
iette au bon plaifir de Fortune: mais la prifon dont ie me plains, eft celle ou mon coeur f'eft enfermé de foymefmes, & à vn feul mouuement
par la feule beaulté & bonne grace, que i'ay trouuée au nouueau & bien
heureux Empereur : & toutesfois m'eftimant telle que ie fuis, i'efperois
bien (laiffant ma loy,& prenãt la voftre)l'auoir à feigneur & mary,com-
bien que telle efperance cõmença grandement à f'amoindrir des le iour
que ie vy ma dame Leonorine eftre plus recommandée en toutes perfections,qu'aultre dont i'aye oncques ouy parler, ne que ie peuffe veoir de
ma vie.Ainfi doncques parlant contre moymefmes,il euft efté impofsible de trouuer party plus egal, ne mieulx conforme l'vn à l'aultre, que le
mariage de l'Empereur Efplandian & d'elle.Qui me fait bien inger Fortune pretendre du tout à immortalifer ma pafsion, à laquelle ie donneray tel empefchement(fi ie puis)qu'oubliant cefte premiere affection,&
il vous plaife me donner aultre mary, digne de moy, ie l'accepteray voluntiers auecq' le baptefme & la loy que vous tenez. Quand l'Empereur
Efplandian la veit en fi bon propos, commença à la congratuler en tout
ce qui luy fut pofsible:& appellant Talanque, beau gallant & difpos,re-
fpondit à la Roïne : Ma dame, ce gentilhomme que ie vous prefente eft
mon confin, filz du Roy Galaor, & l'vn des meilleurs Cheualiers que ie
penfe en tout le monde : ie vous prie à ma fiance, ne le defdaigner à feigneur & efpoux, vous affeurant que ie ne fçache fi grande princeffe en la
terre,qui ne f'en deuft bien cõtéter. La Roïne le regarda d'vn tel œil,que
facilement elle creut Efplandian,& luy dift:A voftre parole ie l'accepte,
& des à prefent me donne du tout à luy, & fi feray que l'ifle, à laquelle
moy & celles qui m'ont deuancé,n'ont voulu fouffrir viure vn feul hom
me, fera deformais gouuernée par luy, comme font les autres contrées
de leurs princes & Rois.Et par ce que fa feur Lyote n'eftoit à cefte affemblée,ains à cofté du deftroit auec fes nauires, fuyant le mandement de
la Roïne Calafie, comme vous auez entendu, pria l'Empereur qu'elle
fuft mandée,lequel y enuoya à l'heure l'admiral Tartarie.Elle doncques
arriuée,& ayant entédu le vouloir de fa feur,f'accorda facilement à tout
ce qu'il luy pleut : & par mefme moyen fut mariée à Manely le fage, &
toutes deux efpoufées à mefme inftant,faifants baptifer les aultres qui e-
ftoiết venues en leur armée. Et peu de iours apres ces nouueaulx mariez
& leurs femmes,prenants cõgé des princes,feigneurs, dames & damoifelles de la court, f'embarquerent : & eut Manely les vaiffeaulx efquelz
le Roy

le Roy Cildadan son pere estoit arriué en Leuant, & Talanque ceulx du
Roy Galaor, qu'ilz feirent freter & fournir de tout ce qu'ilz pensoiét estre
plus necessaire en contrée si estrange. Puis faisans voile à Californie, y arriuerent, non sans grand'tourmente, mais finablement ilz y paruindrét,
& eurent depuis maintes guerres contre leurs voysins, qu'ilz debellerét,
augmentans leurs limites de maintes lieues & longues iournées. Et pour
ce que le but ou tend nostre histoire, n'est de parler d'eulx plus auāt, nous
nous en tairons, pour continuer ce qui aduint depuis en Cōstantinople.

Vous auez entendu au chapitre precedent l'amour de Norandel & de
la Royne Menoresse, qui s'augmentoit en eulx de iour en iour, ce que cognoissant l'Imperatrix, les fit marier ensemble : & donna l'Empereur à
Norandel la montaigne defendue, les villes d'Alfarin & Galatie, pour
lesquelles il recompensa Frandalo des isles Galatiénes, fertiles, riches &
tresbien peuplées. Or ne pouoit oublier l'Empereur Esplādian la prison
d'Vrgāde la descogneue, parquoy vn iour entre les autres (vn peu au parauant que ceulx qui estoient venuz des parties occidentales s'embarquassent, pour retourner en leur pays) il leur fit entendre la sorte que Me
lye l'auoit desrobée & enleuée par enchantemét en la grand' ville de Te
sifante, ou elle la tenoit prisonniere enfermée en vne grosse & forte tour.
Si les pria affectueusement luy conseiller comme il se deuoit gouuerner
en cela. Mon filz, respondit le Roy Amadis, le meilleur est que vous enuoyez deuers le Roy Armato, luy offrir rendre pour elle, le Souldan de
Liquie, qui est vostre prisonnier, & s'il le refuse, nous luy courrons sus.
A quoy s'accorderét tous les autres, tellement que sans plus tarder Carmelle fut depeschée pour aller à Tesifante, & s'embarqua auecques quatre escuyers & trois damoyselles, & d'vne mer bonace print port à la
montaigne defendue, ou elle seiourna quelzques iours, attendant sauf-
conduyt du Roy Armato, qu'elle luy enuoya demander par l'vne de ses
femmes, laquelle arriuée vers luy, le trouua tant melancolique que rien
plus, ayant encores recente son infortune passée, & principallement la
mort de son filz Alforax qu'il regretoit sans cesse. Adonc luy fist entendre la Damoyselle l'occasion de sa venue vers luy, dequoy il fut si aise
qu'aussi tost cōmanda depescher le saufconduit que Carmelle demandoit, & le baillant à sa messagere, luy dist : M'amye, retournez vers vostre maistresse, & l'asseurez de par moy, qu'elle peult venir en ma court
toutesfois qu'il luy plaira, me souuenāt tresbien des seruices qu'elle m'a
faitz durant ma prison. La Damoyselle le remercia treshumblement, &
s'en retourna vers Carmelle, qui peu de iours apres vint trouuer Armato à Tesifante, ou elle luy declara amplement le fait de sa legation : la
quelle bien entendue du Roy, considerant en soymesmes, que pour de
liurer Vrgāde, il pouoit recouurer l'vn de ses plus grādz amys, & destour
ne

ner pour quelque temps l'armée des princes occidentaulx de luy courir
sus, manda incontinent Melye, & la pria auecq'grande instance, de sa-
tisfaire(pour son regard)à la volunté des Chrestiens, veu que l'offre que
ilz luy faisoient estoit aduantageuse pour luy & pour ses païs. Melye de-
sirant complaire à Armato, rompit les enchantemens qu'elle auoit mis
sus Vrgãde:& sans differer fut liurée à Carmelle, soubz cõdition qu'aussi tost qu'elle seroit de retour en Constantinople,elle feroit mettre(sem-
blablemét)en liberté le Souldan de Liquie,ce quelle luy iura & promit.
Aumoyen dequoy,prenans congé de luy, cheminerét tant ces femmes
& leur compaignie, qu'ilz vindrent en la montaigne defendue, ou Vrgande feit laisser la fuste de Carmelle, pour entrer dans son nauire de la
grand'Serpente,qu'elle y trouua encores, & commença à voguer d'elle-
mesmes,ainsi qu'elle auoit tousiours fait au parauãt la prison de sa maistresse,de sorte que sans destourbier vint s'arrester au port de Constantinople,ou les princes & seigneurs y estans, descendirent pour faire honneur à Vrgãde: au deuãt de laquelle ilz furét iusques à la sortie de l'eaue.
Et pensans la conduire au palais, elle les pria attendre l'accomplissemét
d'vne prophetie qui deuoit aduenir auãt soleil couché. Ce qu'ilz luy accorderent aisément,tant pour luy complaire, que desirans veoir que ce
seroit. Adoncques furent esbahis, que le nauire de la grand'Serpente se
meit à bõdir en mer,comme si toutes les tempestes de l'Occean l'eussent
enuironnée,combien que la tranquillité fust moult grãde,sinon autour
d'elle,ou l'eaue escumoit à merueilles. Mais ce qui espouentoit plus les
regardans, ce vaisseau iettoit de si horribles criz, que les cheueulx dressoient au plus asseuré de la trouppe.Puis ayãt cõtinué ceste façon de faire l'espace de demie heure ou enuiron, la Serpente meit la teste en l'eaue
& s'abysma qu'oncques puis elle ne fut veue. Et quasi aussi tost apperceu
rent de loing vn grand rocher, lequel poussé par les vndes s'approcha à
vn traict d'arc du riuage,& estoit au plus hault vne femme descheuelée,
couuerte seulement d'vn simple linge,qui luy cachoit les parties honteu
ses, & laquelle mille serpens grands & petitz enuironnoient de toutes
parts,luy faisant tant d'oultrages qu'elle pleuroit & se lamétoit piteusé-
ment. Dont les Cheualiers de la grand Bretaigne eurent telle compassion,qu'ilz voulurent entrer aux nauires du port, & aller la secourir. Ce
que Vrgande leur interdit, car (disoit elle) oultre les dangers ou vous
pourriez tomber,vous y perdriez voz peines: pource que celle que vous
voyez (qui est la damoiselle enchanteresse) l'a ainsi ordonné. Et acheuant ceste parole,le rocher se perdit en l'eaue, & s'esuanouit la damoiselle, toutesfois elle se representa peu apres sur les vagues, fuyant la fureur d'vn monstre marin qui la poursuyuoit la gueulle ouuerte, prest à
l'engloutir,de sorte qu'elle se vint rendre droict au riuage du port,criant
à haulte voix contre Esplandian : Secourez moy gentil Empereur: car

V

aultre

aultre que vous ne me peult garentir. A ce cry s'esmeut Esplandian,
& tenant la bonne espée qu'il conquit au palais ruiné, y courut legiere-
ment : & approchant ce monstre, la damoiselle qui fuyoit, luy saisit
l'espée, & maulgré luy l'emporta en mer ou elle se lança, & le monstre
apres. Dont chascun se meit à rire, disans à l'Empereur, que si vne damoiselle la luy auoit predestinée & gardée par long temps : qu'vne aultre, ou elle mesmes la luy auoit tolue & fait perdre en vn moment : & sur
ce point feut Vrgande conduite en la cité, & menée au palais : ou l'Empereur & les aultres Rois & Cheualiers l'acompaignerent. Si feut tost
apres deliuré le Souldan de Liquie, & r'enuoyé à Tesifante : & sur le
commencement de l'aultre sepmaine l'armée des princes Occidentaulx
r'entra en mer. Et eulx embarquez auecq' Vrgande (commandant l'Empereur à la garde de nostre seigneur) feirent voile : & tant singlerent que
finablement chascun d'eulx arriua à port de salut selon leur desir, mesmes le Roy Amadis : lequel trouua Oriane fort triste pour la mort de
sa mere nouuellement decedée : & de trop plus se rengregea son ennuy,
quand elle sceut certainemét celle du Roy Lisuart. Toutesfois le temps
& sa vertu meisrent fin à sa douleur : non pas si proprement qu'Amadis
eust bien voulu.

Comme l'Empereur Esplan-
dian enuoya Norandel, prendre possession des païs
qu'il luy auoit donnez : & de la prinse
de Tesifante.

Chapitre LV.

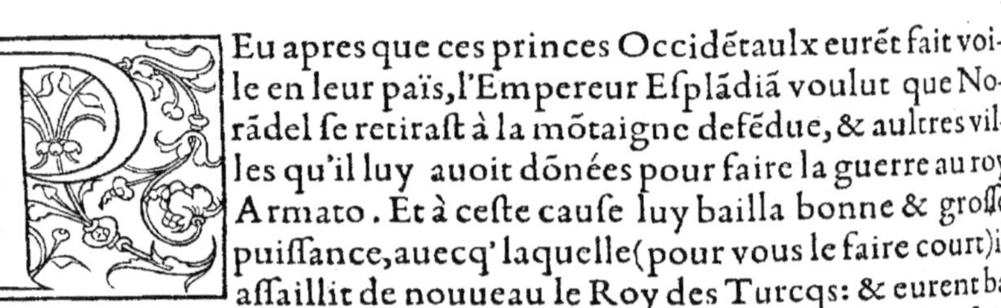

Eu apres que ces princes Occidétaulx eurét fait voile en leur païs, l'Empereur Espládiá voulut que Norádel se retirast à la môtaigne deféndue, & aultres villes qu'il luy auoit dônées pour faire la guerre au roy
Armato. Et à ceste cause luy bailla bonne & grosse
puissance, auecq' laquelle (pour vous le faire court) il
assaillit de nouueau le Roy des Turcqs : & eurent bataille l'vn contre l'aultre, ou moururét maintz preudhómes. Toutesfois
la victoire demoura à Norandel, & chauffa les esperons à Armato par
vne legiere fuite qu'il feit : se retirát en sa ville de Tesifante, ce que venu à
la cognoissance de l'Empereur, partit soubdain de Côstátinople, & passa en la

fa en la Turquie auecq' vn fi merueilleux renfort, que luy & Norandel
iointz enfemble, afsiegerét Tefifante. Mais la peur meit aux talös d'Armato fi bonnes aeles, qu'il trouua moyen d'euader abandonnant fa ville, laquelle peu de iours apres feut prinfe, & la belle Heliaxe admenée à
l'Empereur, qui la traicta tant humainement, qu'il la r'enuoya au Roy
Amphion de Mede fon pere, & luy feit maintz beaulx prefens. La nouuelle efpádue par toute la Turquie, tant de la premiere fuite d'Armato,
que du fac de Tefifante: plufieurs villes & citez fe vindrent rendre à Efplandian qui en inueftit femblablemét Norandel. Et pour ce que l'yuer
eftoit defia fort grand, fe retira en Trace ou le vindrent trouuer deux de
fes coufins, filz de Galaor, expreffément pour eftre faitz Cheualiers. Ce
qu'il leur accorda, & oultre leur donna armes & cheuaulx, efperant les
faire paffer à Tefifante vers Norandel, pour cömencer le train de Cheua
lerie: mais ilz aimerent trop mieulx prendre le chemin de Californie: ou
Manely & Talanque menoient forte guerre à leurs voifins. L'Empereur
cognoiffant qu'ilzle vouloient ainfi, leur feit deliurer tout ce qui leur e-
ftoit befoing pour fi long voyage, auecq' fi bons pillotes qu'ilz vindrent à
bout de leur entreprinfe: acquerans proueffe, grand honneur, & eftime
entre les meilleurs Cheualiers. Toutesfois afin de n'entrer trop auant en
matiere, nous nous en tairons à prefent. Suffife vous, qu'apres maintes
reuolutions d'années, Perion fucceda au Royaulme de fon pere: & Garinter fe maria es parties du Leuant auecq' Helctria Roïne de Cytha-
rée, qui fut le meilleur Cheualier du monde. Et partant que telle hiftoire
eft amplement declarée aux fix & feptiefme liures fuiuantz, nous paffe-
rons oultre.

Cöme Vrgande la defcogneue

enuoya prier le Roy Amadis, l'Empereur Efplandian,
dom Galaor Roy de Sobradife & aultres, d'eulx
trouuer en l'Ifle ferme, & des merueilleux
enchantemens qu'elle feit fur eulx.

Chapitre   LVI.

Rgande la defcogneue eftát en fon Ifle non defcouuerte, prenant plaifir à bien entédre les liures de Me
lyc, cogneut par fon grád fçauoir la mort eftre prochaine aux Rois & princes qu'elle aimoit le plus. Et
ayát regret que les vers ioyffent de chair tát precieu-
fe, f'aduifa d'y mettre remede: & pource faire étra en
mer, acópaignée de fes deux niepces Iuliande & So-
lifée, auecq' plufieurs aultres damoifelles, & vint en l'Ifle ferme. Ou arriuée enuoy a vers l'Empereur Efpládian, Amadis, Galaor, Floreftan, A-
graies & Grafandor, les priant affectueufemét la venir trouuer au Palais
d'Apolidon pour leur fingulier proufit, aultremét qu'ilz fe tinffent affeu
rez que mal leur bafteroit auát peu de iours, & que le maiftre Elelizabel
portaft quát & luy le liure auquel il auoit redige par efcrit les aduentures de fon temps aux Cheualiers qu'il cognoiffoit, & oultre qu'ilz adme-
naffent leurs femmes, Ardan le Nain, Carmelle, Gandalin & la damoifelle de Dannemarc. Ces princes ayant entendu le vouloir d'Vrgande ne
faillirent à luy obeyr, tellement qu'ilz fe trouuerent tous en l'Ifle Ferme,
en mefme iour qu'elle leur mandoit. Si les receut Vrgande, non pas a-
uecq'vn vifaige riant comme elle fouloit : mais ayant les larmes aux y-
eulx. Dequoy eulx trop esbahis la fupplierét leur en declarer la caufe, ce
qui luy feut impofsible de prime face, tát auoit le coeur ferre. Toutesfois
à la fin elle reprit fes efpritz, & leur dit: Mes amis, tout ainfi que par la pre
fence & grande bonte du feigneur Dieu toutes chofes ont efte eftablies,
aufsi luy a il pleu que toutes chofes temporelles fe paffent & prennent
fin par mort differente, felon la qualite de ce qu'il a cree. Ce que confide
rant plufieurs grands perfonnages, ont trauaille (durant leurs iours) en
maintes fortes, pour laiffer d'eulx (apres leur mort) quelque memoire, ne
voulans enfepuelir leur renommée auecq' leurs corps. Or fçay-ie pour
certain, que la fin de voz ans eft prochaine : parquoy il eft trefrequis que
vous foyez conftans, & vous monftriez telz que vous auez efte au com-
mécemét. Neantmoins premier que mort vous furprenne, ie vous veulx
à tous monftrer l'amour que ie vous ay portée, & feray tant auecq' l'aide de Dieu que (fans mourir) demourerez endormis, iufques au temps
qu'vn defcendant de vous, vous deliurera de ce fommeil, & ferez aufsi
bien que vous feuftes oncques regnans en voz païs. Aultrement affeure
vous que premier qu'il foit fix mois nul de vous ne viura, ains ferez fait
pafture aux vers. Ainfi chafcun me die fa volunte, puis ie pouruoirray a
demourant. Certes cefte harengue & femonce de mort leur feut fi dur
à comprendre, qu'il n'y eut celuy en la cópaignie qui ne changeaft cou
leur, & enduraft en foy vne trifteffe d'efprit quafi infuportable. Et com
me ilz fe regardoient l'vn l'aultre, le Roy Amadis fe móftrant le moir
eftonne de tous, refpondit à Vrgande : Madame, nous fçauons cerain
ment q

ment que nul de nous ny aultre viuant peult cognoiſtre tant perfaite-
ment ce qui nous eſt neceſſaire que vous meſmes : parquoy ordonnez de
noz perſonnes ainſi qu'il vous plaira, & nous vous obeyrons. Il ſuffit, dit
Vrgande, or vous armez doncq' tous ny plus ny moins que ſi vouliez
combatre, & que chacun de vous tienne au poing ſon eſpée nue, puis les
fit entrer en la chambre defendue & aſſeoir en leurs chaiſes Royalles, &
leurs femmes au plus pres d'eulx. Et quaſi auſsi toſt les deux niepces d'Vr
gande, Iuliande & Soliſée luy apporterent en deux baſsins d'or certaine
compoſition, de laquelle elle les pria lauer leurs viſages, ce qu'ilz feirent.
Dont il aduint qu'a l'inſtant la beaulte que l'aage & le temps leur auoit
flaitrie reuerdit en eulx, en auſsi grand' perfection qu'elle auoit oncques
eſte, & eurent les dames tant agreable ceſte aduenture, qu'elles commen
cerent à regarder l'vne l'autre, & leurs maris meſmes à ſ'esbahir grandement. Adonc Vrgãde appella le maiſtre Eliſabel, & le prenãt par la main
le conduit en la prochaine chambre, ou ſemblablemẽt elle le ſeit aſſeoir,
& luy mettant es mains le liure qu'il auoit apporte, ſeit ſigne à Gandalin
& à la damoyſelle de Dannemarc qu'ilz la ſuyuiſſent, & paſſants ſoubz
l'arc des loyaux amans, entrerent au iardin ou eſtoient les effigies d'Apo
lidon & Grimanaiſe, au deſſoubz deſquelles elle les aſsit, & Ardan le
Nain aupres. Puis leur dit : Mes amis, les loyaulx & vrais amants ont eſte
dignes de veoir ces effigies au parauant l'arc deſenchante : auſsi meritez
vous ce lieu pour la loyaulte & vray amour que vous auez eu à voz mai-
ſtres. Par ainſi gardez vous bien ſur voz vies d'en partir doreſnauant pour
choſe que vous oyez ou voyez. Ce fait retourna ou elle auoit laiſſe l'Empereur, & prenant Carmelle par la main luy dit deuant tous : Carmelle,
vous feuſtes de baſſe cõdition, mais la vertu & generoſite de voſtre coeur
vous a tant anoblie que vous ſerez miſe aux piedz de l'Empereur pour rẽ-
dre veritable la promeſſe que vous luy auez faite, de iamais ne l'abandonner de voſtre volunté. Puis ſ'adreſſa au Roy Amadis & aux aultres
princes & princeſſes, les priant ne ſe mouuoir iuſques à ce qu'elle retour-
naſt vers eulx, & montant en l'vne des tours du palais portoit ſoubz ſon
bras le principal des liures de Medée que Melye auoit recouuert ſor-
tant des mains de la damoyſelle enchantereſſe. Et cõme elle feut au plus
hault, oſta ſon acouſtrement de teſte & demoura toute deſcheuelée. Lors
ſe meit à lire certaines coniurations, & ſe tournant puis ça puis la, vers les
quatre parts du monde, faiſant ſignes & caracteres de ſes doigs, ſembloit
à veoir la rougeur de ſon viſage que le feu luy ſortiſt des yeulx : à linſtant
ſuruint tel tremblement de terre, & ſi grand orage d'eſclairs & tonner-
res, qu'il ſembloit que les elemens voulſiſſent combatre l'vn l'autre. Ceſte tempeſte ayant continue par l'eſpace de trois quarts d'heure, ceulx
qu'elle auoit fait aſſeoir (comme vous auez entendu) demeurerent ainſi
trãſiz ſans cognoiſſãce, ny plus ny moins que ſ ilz euſſent eſté ſans ames.

V iii　　　　Et ſuruint

Et furuint vne nuée obfcure, qui enuironna tout le lieu, de forte qu'iil ne fut depuis veu de creature viuante, iufques à ce que Lifuart de Grece, filz d'Efpandain donna fin à tous enchantemens, par le moyen d'vne efpée qu'il cõquift, comme il vous fera amplement recite en noftre fixiefme liure. Auquel eft defcripte vne des plus belles hiftoires qui ait efte mife en lumiere de noftre temps. Lors f'efueilleront tous ces princes & dames enchantez, & non plus toft.

Or auoit l'Empereur Efplandian vn filz nomme Lifuart comme fon ayeul, aage (peult eftre) de huyt ans: le Roy Amadis vn filz & vne fille, le filz nomme Perion, & la fille Brifene, qui fut mariée au filz aifne de l'Empereur de Rome: le Roy Galaor deux filz, l'vn nõmme Perion, l'autre Garinter, defquelz il vous a efte parle cy deuant: Le Roy de Sardaigne Floreftan, deux filz, l'vn nomme Floreftan comme fon pere, qui herita de fon Royaume, & l'autre Palmineau l'Alemant, ainfi que fon bifayeul. Le Comte de Salandrie Agrayes, deux filz, l'vn appelle Languines & l'autre Galmenez. Le Roy dom Bruneau, vn filz nomme Vallade & vne fille Helifenne, qui fut mariée auec le filz de Quedragant, lequel portoit femblable nom que le pere. Et le Roy Cildadan deux filz, l'aifne appelle Abies d'Irlande comme fon ayeul, qu'Amadis mit à mort des premiers iours qu'il receut l'ordre de Cheualerie. Et combien que ces princes euffent laiffe telz hoirs, comme il vous à efte dit, fi n'y eut il celuy d'eulx qui fe voulfift donner tiltre de Roy durant l'abfence de leurs peres, efperans foubz la mifericorde de Dieu, qu'ilz retourneroient quelque fois en leur premier eftat. Et à cefte caufe eulx paruenuz en aage pour porter armes, pafferent quafi tous en Irlande, afin d'eftre faitz Cheualiers de la main du Roy Cildadan, qui eftoit lors fort vieil & caduc: & depuis fuyuirent les aduentures eftranges, faifans maintz haultz faitz d'armes, recitez amplement aux liures fubfequens, defquelz vous pourrez iouyr quelque iour, fi Dieu & le temps le permettent.

Fin du Cinqiefme liure d'Ama

dis de Gaule. Imprime nouuellement à Paris pour Ian Longis, au mois de Iuillet l'an mil cinq cens Cinquante. Auec priuilege.

Acuerdo Oluido.

E. Grouleau.